जीने का उदात्त आशय

[सन्दर्भ : कुँवर नारायण की कविता]

पंकज चतुर्वेदी

राजकमल प्रकाशन
नयी दिल्ली पटना इलाहाबाद कोलकाता

ISBN : 978-81-267-2712-4

मूल्य : ₹ 600

पहला संस्करण : 2015

प्रकाशक : राजकमल प्रकाशन प्रा. लि.
1-बी, नेताजी सुभाष मार्ग, दरियागंज
नई दिल्ली-110 002

शाखाएँ : अशोक राजपथ, साइंस कॉलेज के सामने, पटना-800 006
पहली मंजिल, दरबारी बिल्डिंग, महात्मा गांधी मार्ग, इलाहाबाद-211 001
36 ए, शेक्सपियर सरणी, कोलकाता-700 017

वेबसाइट : www.rajkamalprakashan.com
ई-मेल : info@rajkamalprakashan.com

मुद्रक : बी.के. ऑफसेट
नवीन शाहदरा, दिल्ली-110 032

JEENE KA UDAATTA AASHAY
Criticism by Pankaj Chaturvedi

यशस्वी कथाकार
एवं
सम्पादक, पहल
श्री ज्ञानरंजन
के लिए

"हम हैं समाज की तलछट, केवल इसीलिए
हमको सर्वोज्ज्वल परम्परा चाहिए।"

—गजानन माधव मुक्तिबोध

आरम्भ

हिन्दी के यशस्वी कवि कुँवर नारायण की कविता में जो बौद्धिक सान्द्रता, संवेदनात्मक गहनता, शास्त्रीय संयम और परिष्कार है; उनके संश्लिष्ट प्रभाव ने ही मुझे उनकी काव्य-दृष्टि और कविता के इस बहुआयामी और अन्तरंग विश्लेषण के लिए प्रेरित किया है। मेरे लिए यह एक स्वप्न की तरह था कि मैं इस काम को पूरा कर सकूँ; क्योंकि यह जितना मुझे प्रिय था, उससे ज़्यादा मुश्किल और चुनौतीपूर्ण। कोई अचरज नहीं कि यह तब सम्भव हुआ, जब असम्भाव्यता की हद तक पहुँच गया। इससे मुझे एक भोर का सुखद एहसास हो रहा है, जो रात के सबसे सघन हो जाने पर ही जन्म लेती है। प्रकृति और मनुष्य के क्रिया-व्यापारों में कितना सादृश्य है! कुँवर नारायण एक कविता में कल्पना करते हैं कि पूरब में उगता हुआ सूर्य दरअसल अँधेरे को पराजित करनेवाले किसी योद्धा का रक्तरंजित शीश है। लेकिन वे इससे भी बड़ी बात कहते हैं कि अँधेरे और रौशनी का यह संग्राम मनुष्यों के युद्धों के इतिहास तक सीमित नहीं, बल्कि ''*पृथ्वी के जन्म से भी बहुत पहले से / चले आ रहे सृष्टि के तारान्तरीय जीवनक्रम का / अटूट हिस्सा है।*''इसी के समान्तर उनकी यह महत्त्वपूर्ण वैज्ञानिक स्थापना ग़ौरतलब है कि ''*कविता का उत्स जैविक है। उसके लक्षण हमारे जीवाश्मों में बसे हैं।*'' ये दो उदाहरण ही साबित करने के लिए काफ़ी हैं कि जीवन के सुन्दर, उदात्त और संवेदनशील रूप के प्रति उनकी आस्था के सशक्त वैचारिक आधार हैं। इसीलिए उनकी कविता में अकाट्य नैतिक सौन्दर्य है; जिससे जुड़ना मेरे लिए श्रेयस्कर ही नहीं, अपरिहार्य भी था। बोर्ख़ेस के शब्दों में—जो उन्हें बेहद पसन्द हैं—सचाई यह है—

> *"...Life is, I am sure,*
> *made of poetry...*
> *perfect things in poetry*

do not seem strange;
they seem inevitable."

कुँवर नारायण ने कविता के अपने सफ़र में कभी किसी एक विचारधारा के प्रभुत्व को स्वीकार नहीं किया। सत्य को उन्होंने इतिहास और भूगोल के विस्तृत पटल पर एक गतिशील, द्वन्द्वात्मक और बहुविषयक अवधारणा के रूप में आत्मसात् और अभिव्यक्त किया है। इसकी एक वजह भारत की समृद्ध और बहुलतावादी संवाद-परम्परा से उनकी संसक्ति है; दूसरी, उनका यह मंतव्य कि *''धार्मिक कलाओं, साहित्यों और विचारों की विराट् सृष्टि को सोचें; तो असम्भव हो जाता है उनके अर्थ को किसी एक धर्म या मत में सीमित कर पाना।''* फिर भी यह द्रष्टव्य है कि मिथक, इतिहास और मानवीय नियति के शाश्वत प्रश्नों की पड़ताल वे अपने समय के ही सन्दर्भ में करते हैं और उनका मक़सद सिर्फ़ सामाजिक-आर्थिक यथार्थ को उजागर करना नहीं; बल्कि साहित्य, दर्शन, कला, नैतिकता, विज्ञान आदि की दृष्टि से इतिहास के एक वृहत्तर सांस्कृतिक बोध को उपलब्ध करना है। समग्रता में चीज़ों को परिभाषित करने की यह कोशिश ही उनके अन्तरसम्बन्धों को पहचानने और उनके ज़रिए अपने समय के एक अधिक संश्लिष्ट और मानवीय पाठ की रचना में उन्हें समर्थ बनाती है। इसी मायने में वे व्यक्ति और समाज, अन्तर्जगत् और बहिर्जगत्, सत्य और सौन्दर्य के बीच किसी विभाजन को मंजूर नहीं करते। यों उनकी काव्य-दृष्टि नव-ऐतिहासिकतावाद के नज़दीक है, जो *'व्यक्तिगत'* और *'सांस्कृतिक'* को अलग-अलग नहीं मानता; बल्कि *''डब्ल्यू. मॉरिस के अनुसार 'Poetry derives from both' (1972), यानी काव्य सांस्कृतिक परिवेश से भी निदेशित होता है और व्यक्तिगत प्रतिभा से भी।''*

निरे भौतिक विकास की होड़ में शरीक होने से मनुष्य के आत्मिक मूल्यों का क्षरण और उसकी आत्मिक ऊर्जा का अपव्यय न हो; कुँवर नारायण की कविता की यह केन्द्रीय चिन्ता है। नैतिकता को वे मनुष्य का स्थायी सरोकार मानते हैं; जिसके सन्दर्भ बदलते रहते हैं, पर प्रासंगिकता कमज़ोर नहीं पड़ सकती। लोक-हित की परियोजनाओं में *'आर्थिक मनुष्य'* को ही केन्द्र में रखने और उसकी शैक्षिक एवं सांस्कृतिक ज़रूरतों को उपेक्षित किए जाने की विडम्बना से सावधान करते हुए वे कहते हैं— *''इधर अंधाधुंध औद्योगिक, तकनीकी और*

आर्थिक विकास के परिप्रेक्ष्य में मनुष्य और पर्यावरण पर पड़ रहे विपरीत प्रभावों ने विकास के नैतिक पक्ष को फिर से एक बार प्रासंगिक बना दिया है।'' इस सिलसिले में वे *'क्रान्ति'* के अर्थ को आत्मिक दिशाओं में विस्तृत करने और उसे नई तरह *'इतिहासित'* करने की ज़रूरत पर ज़ोर देते हैं। इसीलिए क्लासिक्स की नई मानवीय सार्थकता की खोज में भी बराबर उनकी दिलचस्पी रही है। यों इसे वे *'परिवर्तनों के बीच भी हमारे नैतिक विवेक और सौन्दर्य-बोध को स्थिर रखने'* की कोशिश बताते हैं; मगर यह उससे बढ़कर इतिहास, संस्कृति, कला और दर्शन की समन्वित शक्ति से अपने जीवनानुभव को व्यक्त करने की सौन्दर्यात्मक चेष्टा है। आकस्मिक नहीं कि सही और उदात्त की प्रतिष्ठा के लिए—एक देश-काल में रहते हुए भी—वे एक परा-भौतिक और सार्वकालिक मानक की बात करते हैं—*''प्रसिद्ध अमरीकी विचारक रिचर्ड रॉर्टी (1931) का मानना है कि 'उत्कृष्टता' के नमूनों के लिए एक सार्वकालिक मानक चाहिए...ऐसा कुछ 'सर्वोच्च' (Transcendent), जिसकी अपेक्षा एक मानव-समुदाय सही जीवन, कर्म और विश्वासों के औचित्य को स्थापित / निर्धारित कर सके।...हर समुदाय के लिए एक 'परा-स्थिति' (Transcendent Stand-Point) का सन्दर्भ ज़रूरी होता है-(उनके सामान्य स्तर से परे एक परा भौतिक तल) जो देशकाल से परे हो।-'परम सत्य' या 'परम तत्त्व' जैसा कुछ।...'ईश्वर' या 'परम सत्य' जैसी संकल्पनाओं को हम यदि हटा भी दें, तो उनकी जगह हम लामहाला 'तर्क' या 'आदर्श' या 'विज्ञान' या 'विचारधारा' जैसे किसी विकल्प को सर्वोच्च मान लेंगे।''*

कहना ग़ैर-ज़रूरी है कि आदर्श और यथार्थ, ज्ञान और संवेदना, समय और इतिहास की द्वन्द्वात्मक संहति से कुँवर नारायण की कविता संश्लिष्ट, गहन और विचारोत्तेजक है। उससे हम अपनी आत्मा को आलोकित और समृद्ध कर सकते हैं; क्योंकि उसमें वाग्जाल नहीं, एक मार्मिक पारदर्शिता और जीवन-सत्य का दुर्लभ विवेक है। अक्सर उनकी कविता में जो क्लासिकल अनुशासन नज़र आता है; उसकी बुनियाद में बुद्ध के *'मध्यम मार्ग'* के प्रति उनकी सुचिंतित आस्था है। अतियों से भरसक बचते हुए एक द्वन्द्वात्मक सन्तुलन को वे सम्भव करते हैं, जो उनकी कविता का सच भी है और सौन्दर्य भी। गोकि इसके तल में कहीं मानवीय इतिहास का एक ट्रैजिक बोध है—

"अन्ततः शान्ति एक पूर्वनिश्चित सुलह है, लेकिन मनुष्य बिना एक महाभारत लड़े उस तक पहुँच नहीं पाता–शायद यही है जीवन की सबसे बड़ी विडम्बना।" स्वाभाविक ही है कि संघर्ष की वास्तविकता से कुँवर नारायण विमुख नहीं हैं। स्वतंत्रता का प्रश्न उन्हें विचलित करता है, व्यक्ति और राष्ट्र दोनों के सन्दर्भ में। एक ओर तो ग़रीबी, शोषण और अत्याचार के कारण हमारे देश की सामान्य जनता अभी तक ग़ुलाम है; दूसरी ओर एकध्रुवीय हो चुकी विश्व-व्यवस्था में हमारा देश भी क्या ग़ुलामी के नए संकट का सामना नहीं कर रहा? इस पूरे सन्दर्भ में कुँवर नारायण की काव्यगत प्रतिबद्धता हमारे लिए अब ज़्यादा मूल्यवान् और प्रासंगिक है; क्योंकि उनके यहाँ अस्मिता का प्रश्न कभी इकहरा नहीं रहा। उनकी कविता में वह सिर्फ़ आर्थिक-राजनीतिक नहीं; सामाजिक-सांस्कृतिक, साहित्यिक और सभ्यतागत—सभी प्रकार की अस्मिता का प्रश्न है।

इस पुस्तक के पहले निबन्ध में कुँवर नारायण के विचारों और उनकी समग्र काव्य-यात्रा से चुनी हुई कविताओं के विश्लेषण के ज़रिए उनकी काव्य-दृष्टि को समझने और उसका एक स्वरूप निर्मित करने की विनम्र चेष्टा है। बाद के निबन्धों में क्रमशः उनकी सभी काव्य-कृतियों के गहन और व्यापक मूल्यांकन की कोशिश है। शायद इसकी कोई सार्थकता है तो यह रेखांकित करने में कि वे विचारों की बहुलता, दार्शनिक बेचैनी, आत्मवत्ता, प्रेम, जीवन की समृद्धि, सौन्दर्य, अपरिग्रह और सत्य के प्रति अदम्य आस्था के कवि ही नहीं; ग़ुलामी और अन्याय के विभिन्न रूपों के प्रति युयुत्सा और प्रतिरोध से सम्पन्न, गहरे विडम्बना-बोध, करुणा, व्यंग्य और परिवर्तन एवं प्रगति की कामना के भी कवि हैं। हमारे समय में मशहूर कवि मंगलेश डबराल ने यह महत्त्वपूर्ण स्थापना की है कि *'जो अपने माध्यम का चिन्तक नहीं है, वह उसका कलाकार नहीं हो सकता।'* कुँवर नारायण के उत्कृष्ट कवि होने में उनके विचारक की बहुत बड़ी भूमिका है। प्रसंगवश, उनकी यह बात याद आ रही है कि *'हर अच्छी आलोचना में रचना का पुनर्जन्म होता है।'* इसलिए समापन के क्षणों में मेरे मन में यह सवाल उठता है कि क्या यह काम इस लायक़ है कि उनकी *'वाणी'* को—जो उनके ही शब्दों में *'ज्ञानी, अभिमानी, एकाकी, मन की पुकार...'* है—नए सिरे से सुनने-जानने की उत्कंठा पैदा कर सके?

बहरहाल। मैं सुप्रसिद्ध समालोचक प्रो. मैनेजर पाण्डेय के प्रति बेहद कृतज्ञ हूँ; जिन्होंने अपने अमूल्य परामर्श, प्रेरणा और स्नेह न दिया होता, तो मैं यह काम हर्गिज़ न कर पाता। उन्होंने मुझमें विश्वास व्यक्त किया। मैं उसी की डोर थामे चलता रहा और आख़िर इस मंज़िल पर पहुँचा। मैं भारतीय उच्च अध्ययन संस्थान, शिमला के प्रति भी आभारी हूँ; जहाँ इस किताब के दो निबन्ध लिखे गए।

मैं हार्दिक आभार मानता हूँ मशहूर कथाकार एवं विचारक श्री गिरिराज किशोर का, जिन्होंने इस किताब के पहले निबन्ध को *'कुँवर नारायण की काव्य-दृष्टि'* शीर्षक से *'अकार'* (अंक-6, नवम्बर, 2002) में प्रकाशित किया था और युवा कवि-मित्र श्री यतीन्द्र मिश्र का, जिन्होंने इसे अपने द्वारा सम्पादित संचयन *'कुँवर नारायण : उपस्थिति'* (वाणी प्रकाशन, 2002) में शामिल किया। विशेष आभार श्री किशन कालजयी का, जिन्होंने अपने सम्पादन में *'विचारों की इन्द्रधनुषी आभा'* शीर्षक *'संवेद पुस्तिका-4'* (दिसम्बर, 2008) जारी की; जिसमें *'मध्यम-मार्ग की कविता'*, *'विचारों की इन्द्रधनुषी आभा'*, *'लोकतंत्र के पतन की पीड़ा'* और *'पराक्रम की धुरी पर एक प्रगति-बिन्दु'* शीर्षक निबन्ध सम्मिलित थे। आभार युवा आलोचक श्री ज्योतिष जोशी का, जिन्होंने छठे निबन्ध को *'पराक्रम की धुरी : कुँवर नारायण'* शीर्षक से *'इन्द्रप्रस्थ भारती'* (वर्ष-20, अंक-3-4, जुलाई-दिसम्बर, 2008) में प्रकाशित किया। तीसरे निबन्ध *'जीवन की सहज स्वीकृति'* के पहले भाग *'मैं अनींद पथ हूँ जागते तपस्वी-सा'* को *'लमही'* (वर्ष-1, अंक-3, जनवरी-मार्च, 2009) और दूसरे भाग *'सृष्टि छलकन है किसी भरपूर की'* को *'आशय'* (अंक-7, जनवरी-मार्च, 2009) में छापने के लिए क्रमशः श्री विजय राय और श्री विनोद कुमार सौनकिया का आभार। चौथे निबन्ध के *'आत्मजयी : आत्मवत्ता की उपलब्धि'* शीर्षक से *'बहुवचन'* (अंक-20, जनवरी-मार्च, 2009) में प्रकाशन के लिए सुप्रसिद्ध आलोचक प्रो. राजेन्द्र कुमार और सातवें निबंध के *'फिर मुझे लड़ना है वही पुराना युद्ध'* शीर्षक से *'पहल'* (अंक-82, जनवरी-मार्च, 2006) में प्रकाशन के लिए विख्यात कथाकार श्री ज्ञानरंजन का आभार। आठवें निबन्ध *'गहनता ही उदात्तता का तर्क'* के लिए *साहित्य अकादेमी, नई दिल्ली* का आभार, क्योंकि वह उसके ही आमंत्रण पर कवि के सम्मान समारोह में 20 दिसम्बर, 2010 को मूलतः एक वक्तव्य के रूप में प्रस्तुत किया गया था। *'जीवन*

का दबाव अब ज़्यादा है' शीर्षक साक्षात्कार को *'आशय'* (अंक-3, जनवरी-सितम्बर, 2004) में जगह देने के लिए श्री विनोद कुमार सौनकिया और बाद में इसे अपने द्वारा सम्पादित, श्री कुँवर नारायण की भेंटवार्ताओं के संचयन *'तट पर हूँ पर तटस्थ नहीं'* (राजकमल प्रकाशन, 2010) में सम्मिलित करने के लिए वरिष्ठ कवि श्री विनोद भारद्वाज का आभार। अन्तिम आलेख *'आग का वादा'* को अपने ब्लॉग *'सबद'* के वास्ते लिखवाने और उसके 25 नवम्बर, 2008 के अंक में प्रकाशित करने के लिए श्री अनुराग वत्स का आभार।

युवा शोध-अध्येता श्री अखिलेश गुप्ता के प्रति आभारी हूँ, जिन्होंने आख़िरी दौर में सम्यक् निष्ठा से किताब की प्रेस-कॉपी को जाँचने में मेरी मदद की।

अन्ततः राजकमल प्रकाशन के सम्पादकीय निदेशक श्री सत्यानन्द निरुपम की विवेक-संवलित आत्मीयता मेरे लिए अविस्मरणीय है, जिन्होंने मेरे अध्यवसाय की पुस्तक-रूप में प्रकाशन हेतु संस्तुति की। प्रबन्ध निदेशक श्री अशोक महेश्वरी ने सहृदय एवं प्रबुद्ध दृष्टिकोण से इसे स्वीकार किया और इसकी गरिमामयी प्रस्तुति को सुनिश्चित किया, अतः उनका अशेष आभार।

18 सितम्बर, 2014

— डॉ. पंकज चतुर्वेदी
हिन्दी विभाग
डॉ. हरीसिंह गौर विश्वविद्यालय,
सागर-470003 (म. प्र.)

अनुक्रम

जीने का उदात्त आशय

कुँवर नारायण की काव्य-दृष्टि

कुँवर नारायण की कविता में प्रमुख तौर पर मनुष्य-जीवन की सार्थकता का विकल बौद्धिक अन्वेषण है। ज़ाहिर है कि इस प्रक्रिया में वैचारिकता से उनकी कविता की अन्तर्वस्तु निर्मित होती है और विकलता उसकी धार बनकर प्रकट होती है। कवि ने अपनी गम्भीर संवेदनात्मक अन्तर्दृष्टि को प्रत्यक्ष करने के लिए बड़ी अनूठी क्लासिकल मर्यादा के साथ एक उज्ज्वल और मज़बूत शब्द-विधान को सम्भव किया है। इसलिए उसकी रचना जितनी सुघड़ मार्मिक है, उतनी ही सान्द्र विचारोत्तेजक भी। ज्ञान अथवा संवेदना के किसी एक ध्रुवान्त की ओर ले जाकर कविता को सिर्फ़ निष्करुण तर्क-जाल या अतार्किक करुणा में ही घटा दिया जा सकता है। कुँवर नारायण इन ख़तरों के प्रति सचेत हैं। यही वजह है कि अपने कवि-जीवन के प्रारम्भ से ही उन्होंने इन दोनों ध्रुवों के बीच अपनी कविता के स्वस्थ-सन्तुलित विकास की चिन्ता की है। संक्षेप में कहें, तो कविता उनके लिए एक संवेदनशील और मेधावी मनुष्य की आत्माभिव्यक्ति का गहन पारदर्शी माध्यम है। 'तीसरा सप्तक' में प्रकाशित अपने वक्तव्य में उन्होंने सन् 1959 में ही कहा था कि *"कविता मेरे लिए कोई भावुकता की हाय-हाय न होकर यथार्थ के प्रति एक प्रौढ़ प्रतिक्रिया की मार्मिक अभिव्यक्ति है।"* [1]

कविता के जो विधायक तत्त्व होते हैं या उसकी रचना के जो विभिन्न अवयव हैं, कुँवर नारायण के यहाँ उनका संश्लिष्ट और समानुपातिक ढंग से विकसित तथा सुगठित सौन्दर्य लक्ष्य किया जा सकता है। इसके मूल में कवि की यह आस्था है कि सब अंगों के साथ-साथ समीचीन विकास में ही शक्ति और सुन्दरता निहित है—*"...शब्द, बिम्ब, लय, भाव, आदर्श के सम्मिलित वातावरण में सक्रिय एक काव्य-कारण को कुछ उसी प्रकार एक अविच्छिन्न व्यक्तित्व में विकसित होना चाहिए, जैसे उपयुक्त जल-वायु में उपजाया हुआ चेतन बीज। कविता-विशेष का यही विश्वसनीय व्यक्तित्व उसकी स्वीकृति की सच्ची दलील होगी।"* [2]

कविता को भरसक अपने अर्थ-गौरव के लिए न तो अपनी ही किन्हीं ख़ास पंक्तियों या शब्दों की प्रभविष्णुता का मोहताज़ होना चाहिए और न उसको अपने

किसी एक पक्ष में दयनीयता के रहते हुए दूसरे पक्ष की प्रगल्भता में आश्रय खोजना चाहिए। कोई एक अवयव अन्यों को छेंकता हुआ आगे बढ़ेगा, तो विकलांगता और विरूपता का कारण बनेगा। समूची कविता की एक अखंड सत्ता हो, सारे तत्त्वों की एक निविड़ आन्तरिक बुनावट हो और कविता का अर्थ आद्यन्त अनुस्यूत हो। इस तरह जहाँ कथ्य तथा संरचना एक-दूसरे से अविभाज्य तौर पर जुड़े हुए हों और रचनाकार की बुद्धि तथा हृदय के बीच कोई फाँक नहीं हो; वहाँ कविता की बनावट 'स्फटिक' या 'क्रिस्टल' सरीखी होती है। सुप्रसिद्ध समालोचक नामवर सिंह के मुताबिक़ आज की कविता में हम सख़्ती और ख़ूबसूरती की ऐसी ही अन्विति देखना चाहते हैं।[3] कुँवर नारायण की कविता अपने सर्वश्रेष्ठ रूप में हमारी इसी आकांक्षा को साकार करती है। यह सफलता इसलिए है कि ख़ुद कवि का ध्यान बराबर इस तरफ़ लगा रहा है। 'परिवेश : हम-तुम' की भूमिका में सन् 1961 में ही उन्होंने कहा था—*"कवि मूलत: विचारक नहीं, आवश्यकत: विचारक भी है। उसका काम हमें बौद्धिक बनाना नहीं, बुद्धिमत्ता के प्रति संवेदनशील बनाना है; हमारी समझ के उपकरणों को पैना रखना है, ताकि हम वास्तविकता को बुद्धि, मन और प्रज्ञा के विभिन्न स्तरों पर साथ-साथ ग्रहण कर सकें: कोई एक क्षमता दूसरों को दबाकर बर्बर या दूसरों से दबकर दुर्बल न हो जाए। मेरी दृष्टि में आज की कविता का यह पक्ष अत्यन्त महत्त्वपूर्ण है।"*[4]

हमारी ज़िन्दगी और दुनिया का जो विराट् सच है, उसमें एक सम्पूर्णता और संश्लिष्टता है। चीज़ों में व्यापक तौर पर एक अन्तरसम्बन्ध है। इसे न देख पाकर जब हम सत्य को टुकड़ों में बाँटकर समझने की कोशिश करते हैं, तो एक खंडित बोध और अधूरा एहसास ही हमारे हाथ लग सकता है। सच्चा कवि वह है, जो बहुत सारी भाव-संवेदनाओं को एक साथ सम्बोधित करने में सक्षम हो और जो चीज़ों के संश्लेष की व्याख्याओं में उतर सकता हो। उसे दृष्टि, अनुभूति, कल्पना, चिन्तन, विश्लेषण और निरूपण के विभिन्न स्तरों पर बिलकुल नए सिरे से, ख़ास अपने ढंग से काम करना होता है। कविता न तो ज्ञान के अन्य अनुशासनों की उपलब्धियों या पद्धतियों का अनुसरण करके अपना काम चला सकती है और न पहले से स्थापित या प्रदत्त सत्यों से सन्तुष्ट रहकर ही। उसे अपना सच स्वयं खोजना और गढ़ना होता है। कुँवर नारायण के शब्दों में—*"...यदि एक ही आस्था रखी जा सकती है, तो मनुष्य की उस संयत और निस्पृह बुद्धिमत्ता में ही, जो भरसक सत्यों की मौसमी गर्मी से बचकर धैर्य के साथ जीवन को उसकी सम्पूर्णता में समझने का प्रयत्न करती रही है।"*[5] यहाँ यह जोड़ना भी शायद ज़रूरी हो कि स्वतंत्र और निर्भीक बुद्धि के बल पर ही नए सवाल पूछे जा सकते हैं और तभी नए इलाक़ों में प्रवेश किया जा सकता है।

कुँवर नारायण के यहाँ किसी ख़ास विचार-सरणि के प्रति न तो कभी किसी कट्टरता का भाव रहा है और न किसी बेग़ानेपन का। उनके पास सोच का वह खुलापन है, निष्पक्ष मानवीय विवेक की वह कसौटी है, जिस पर रखकर तमाम चीज़ों और उनसे सन्दर्भित हक़ीक़तों को जाँचने-परखने के वे हामी रहे हैं। इसीलिए वे अपनी कविता के कैनवस को बहुत विस्तृत और बहुआयामी बना सके हैं। आकस्मिक नहीं कि वे व्यापक अर्थ में कविता को *'जीवन की आलोचना'*[6] मानते हैं। उनकी कविता में निरी समकालीनता और सामाजिकता की अविचारित वाचालता, चमक-दमक अथवा आतंक नहीं है। वह मनुष्य और उसकी आत्मा, मनुष्य और प्रकृति, मनुष्य और अज्ञात सत्ता, मनुष्य और समाज, मनुष्य और इतिहास—यानी प्रकट-अप्रकट सभी तरह के सम्बन्धों और सचाइयों की पड़ताल में प्रवृत्त होती है। यों अपनी कविता पर स्वयं कुँवर नारायण की यह आख्या सर्वाधिक उपयुक्त ठहरती है—*"...इससे भिन्न वह वस्तुवादी पक्ष है, जो परोक्ष के प्रति सर्वथा निरपेक्ष रहकर सामाजिक यथार्थ को ही सम्पूर्ण सत्य मानकर चलता है : जिसके लिए व्यक्ति की सामाजिक उपयोगिता ही उसके जीवन की परम सार्थकता है : जो जीवन के प्रत्यक्ष मूल्यों के आगे किसी अतिभौतिक रहस्य को नहीं मानता।...मेरी कविताओं में उपर्युक्त दोनों ही पक्षों से जीवन की तथा उसकी सांस्कृतिक, मार्मिक, नैतिक आदि संचित और सम्भावित मान्यताओं की विवेचना मिलेगी।"*[7]

विवेचना के इसी पथ से गुज़रकर कुँवर नारायण की कविता भाव की उदात्तता, दृष्टि की व्यापकता, चिन्तन की गहराई और संवेदना की तीक्ष्णता की एक बेहतरीन सूक्ष्म बुनावट बन सकी है। कविता के आसान फ़ैशनेबल मुहावरों से हमेशा दूर रहने की बदौलत वह अपने व्यक्तित्व में सबसे अलग-एक गम्भीर, शालीन, प्रखर और सुघड़ वैचारिक उपस्थिति है। आज की हिन्दी कविता में जिस 'इंटेलेक्चुअल टफ़नेस' के अभाव का रोना रोया जाता है, वही 'बौद्धिक सघनता' कुँवर नारायण की कविता की ख़ास पहचान है। लेकिन इस बौद्धिक सघनता का उत्स क्या है? वयोवृद्ध कवि त्रिलोचन की इस बात से कुँवर नारायण शायद सबसे ज़्यादा सहमत होंगे कि अच्छी कविता के लिए जितना जीवनानुभव चाहिए, उससे कम कवितानुभव भी नहीं चाहिए। कुँवर नारायण को तो न सिर्फ़ भारतीय काव्यशास्त्र और काव्य-परम्पराएँ ही; बल्कि विभिन्न भारतीय दर्शन और विचारधाराएँ भी बराबर आकृष्ट करती रही हैं। उनके लिए केवल जीवनानुभव की निकटता पर्याप्त नहीं। अंग्रेज़ी में लिखे अपने एक निबन्ध में वे कहते हैं कि *"Poetry must remain close to life, but also close to ideas that affect life today."*[8] *(...कविता को ज़िन्दगी के समीप रहना चाहिए, लेकिन उन विचारों के भी समीप रहना चाहिए, जो आज की हमारी ज़िन्दगी को प्रभावित करते हैं।)*

कविता के कथ्य का जो प्रश्न है, वह उसके शिल्प के प्रश्न से अनिवार्यत: सम्बद्ध है। वस्तु-जगत् के विभिन्न क्षेत्रों से छनकर अगर तमाम तरह की बातें कविता के भीतर आती हैं; तो वे कहने के ढंग, यानी काव्य-संरचना और कहने के माध्यम, यानी काव्य-भाषा में भी काफ़ी वैविध्य लाती हैं। ज़ाहिर है कि एक कवि की चिन्ताएँ जितनी बड़ी और पारदर्शी होंगी, उसकी भाषा और अभिव्यक्ति के रूपों में भी उतनी ही समृद्धि और स्पष्टता होगी। इसी वजह से कुँवर नारायण कहते हैं कि *''कविता मेरे लिए केवल एक अनुभव या भाव की अभिव्यक्ति मात्र नहीं, वह ज़्यादा फैले और ज़्यादा गहरे 'भाषाई जगह' (लिंग्विस्टिक स्पेस) की रचना या खोज भी है।''*[9] यहाँ यह स्मरण रखना उपयुक्त होगा कि कुँवर नारायण के यहाँ काव्य-शिल्प के बहुत-से प्रकार हैं और काव्य-भाषा के कई स्तर। इस बहुस्तरीयता का बुनियादी कारण रोज़मर्रा के सामाजिक जीवन के साथ-साथ विश्व-सभ्यता के बहुत-से समकालीन रूपों, संस्कृति, इतिहास, दर्शन और ज्ञान-विज्ञान के अनेक अनुशासनों से उनका सजग संवाद है। एक जगह उन्होंने लिखा है कि *''यह सिर्फ़ रोज़मर्रा की ज़िन्दगी की भाषा ही नहीं है, जो सृजनात्मक लेखन को थामे रखती है : एक समाज अपनी संस्कृति और इतिहास, अपने संसार और समय के हालात और ख़ुद अपने बारे में सोचने से चिन्तन की जो भाषा निर्मित करता है, उससे जीवन्त रिश्ता भी उतना ही महत्त्वपूर्ण है। जब तक सामाजिक अन्त:क्रिया का अर्थ जीवन के साथ-साथ चिन्तन के बृहत्तर सन्दर्भ शामिल कर लेने तक विस्तृत नहीं होता, तब तक काव्य-रचना के संसाधनों को समृद्ध और ऊर्जस्वित नहीं किया जा सकता। सृजनात्मक प्रक्रिया भाषा के विशेषीकृत और ग़ैर-विशेषीकृत प्रयोगों की पारस्परिक संहति और प्रच्छन्न अन्त:क्रिया के ज़रिए भाषा के नवीनीकरण का एक रास्ता भी है।''*[10]

कुँवर नारायण का काव्य-शिल्प काफ़ी स्पष्ट, सुबोध और हृदय-ग्राह्य है। इसका मतलब यह नहीं कि उनके यहाँ कोई आत्म-मंथन या अन्तर्द्वन्द्व नहीं है या काव्य-सत्य तक पहुँचने के उनके रास्ते बड़े सरलीकृत, अविशिष्ट और एकांगी हैं। उलटे कवि ने अपने भाव-जगत् की जटिलता के परिहार के लिए ही ऐसे जनोन्मुख शिल्प को विकसित किया है, जिसे मुक्तिबोध ने अपनी ख़ास शैली में 'जनतांत्रिक तकनीक'[11] की संज्ञा देते हुए कहा था— *''...यह न समझा जाए कि कवि का अन्तर्जगत् कम जटिल या ग्रन्थिल है। वस्तुत:, अपने मन की इस ग्रन्थिल जटिलता से बचाव के लिए, स्वभावत: सरल (किन्तु सार्थक) शिल्प का विकास हुआ है।''*[12] साथ ही, मुक्तिबोध ने यह टिप्पणी भी की थी कि यह शिल्प आत्म-पक्ष और बाह्य पक्ष, दोनों के सम्यक् और संश्लिष्ट चित्रण के बहुत उपयुक्त है।

कुँवर नारायण की कविता में समग्र तौर पर जो विस्तीर्णता, जटिलता और बहुस्तरीयता नज़र आती है; उसका सिर्फ़ यही रहस्य है कि वे अन्तर्जगत् और बहिर्जगत्

या व्यक्ति और समाज के बीच किसी विभाजन को स्वीकार नहीं करते। वहाँ इन दोनों के मध्य एक निरन्तर विकसनशील द्वन्द्वात्मक सम्बन्ध है। अन्तर्मुखी होने से जहाँ रचना में एक गहरी ईमानदार छटपटाहट जन्मती है, वहीं बहिर्मुखी होकर वह एक व्यापक ज़िम्मेदार अकुलाहट से गुज़रती है। एक अच्छी, बड़ी रचना के लिए इन दोनों की संहति बेहद ज़रूरी है। कुँवर नारायण इनमें से किसी एक की क़ीमत पर दूसरे का वरण नहीं करते। इसलिए वे घोषित तौर पर न तो कभी किसी विचारधारा से प्रतिबद्ध कवि रहे हैं और न बृहत् जन-समाज की जीवन-स्थितियों से कटे हुए कला-प्रेमी, बुद्धि-व्यवसायी कवि। किसी तरह का 'वर्गीकृत लेखन' या 'प्रतिबद्ध लेखन' उन्हें मानो *"रिआयती और सिफ़ारिशी आकलन की अपील करता"*[13] लगता है। इसलिए उन्होंने मनुष्य की ज़िन्दगी की बेहतरी और उसकी आत्मा के उत्थान के लिए चिन्ता और आत्म-संघर्ष के अत्यन्त कठिन पथ को सृजित किया है। इस बाह्यान्तर संघर्ष के बारे में ख़ुद कवि का यह बयान सर्वाधिक महत्त्वपूर्ण जान पड़ता है— *"'अन्तर्मुखी', 'बहिर्मुखी' सापेक्ष पद हैं। कोई भी रचना न तो पूरी तरह अन्तर्मुखी होती है, न ही पूरी तरह बहिर्मुखी। वह दोनों होती है –संश्लिष्ट–जैसे जीवन। इसीलिए समस्यामूलक भी। हम आसान पदों में, या अलग-अलग वर्गों में रखकर, उसका सरलीकरण नहीं कर सकते। ऐसा करना उसकी प्रामाणिकता को झुठलाना है, लेकिन जीवन में उनसे उनकी पूरी जटिलताओं, अस्पष्टताओं और विरोधाभासों के साथ जूझना पड़ता है।"*[14]

उपर्युक्त चर्चा की रौशनी में सबसे ग़ौरतलब बात यह है कि कुँवर नारायण के काव्य-संसार में उनके अन्तर्जगत् और बहिर्जगत् के बीच एक दुखद टकराव छिड़ा हुआ है। इसकी असंख्य स्थितियाँ उनके यहाँ मिल जाएँगी। जब कवि की अन्त:प्रकृति बाह्य प्रकृति से मेल नहीं खाती, जब इन दोनों के उद्देश्यों में बहुत विषमता होती है, तो बाहर फैली दुनिया में कवि अपनी आत्मा की राह निर्मित नहीं कर पाता। फलत: उसे अपना अस्तित्व अर्थहीन, अजनबी और विशृंखल प्रतीत होता है। इसलिए कुँवर नारायण अपने अन्तर्लोक और बाह्य संसार के बीच सामंजस्य स्थापित करने को अपने कवि-कर्म का चरम लक्ष्य मानते हैं— *"एक सहानुभूतिपूर्ण स्पर्श के लिए भीतर की प्रकृति बाह्य प्रकृति से ऐसा सम्बन्ध खोजती है; जिसका आधार सौन्दर्य हो, जिसका माध्यम मनुष्य हो और जिसकी उपलब्धि शान्ति हो। मन आन्तरिक स्तर पर पहले उस व्यवस्था और सामंजस्य को पा ले, जहाँ बाहरी जीवन के विरोध और अनास्था उसे छिन्न-भिन्न न कर सकें : तभी जीवन को कोई महत्त्वपूर्ण अर्थ दे सकना सम्भव होगा।"*[15]

ज़ाहिर है कि इस सामंजस्य के ज़रिए कवि मनुष्य-आत्मा के सौन्दर्य की रचना करना चाहता है और उसकी ज़िन्दगी की सार्थकता को हासिल करना चाहता है। यों वह श्रेष्ठ मानवीय मूल्यों से समन्वित जीवन का पक्षधर है। उसकी आस्था सिर्फ़ अपने

लिए नहीं, बल्कि सबके लिए जीने में है। मुक्तिबोध ने सन् 1964 में ही कवि के इस वैशिष्ट्य को पहचाना था और इसकी बड़ी सराहना की थी—*"...इस व्यवहार-क्षेत्र में व्यापक मानव-उद्देश्यों से मिलन नहीं है, हृदय का हृदय से सम्पर्क नहीं है।...आज, जबकि साधारणतः लेखक और कवि इसी व्यवहार-क्षेत्र में कार्य-कुशल होकर अपने को अधिकाधिक सफल और प्रभावशाली बनाने के प्रयत्न में लीन रहते हैं और इसके लिए बिक तक जाते हैं, कुँवर नारायण ऐसा कवि है, जो उसी व्यवहार-क्षेत्र के विरुद्ध तीव्र संवेदनात्मक प्रतिक्रियाएँ करता हुआ, जीवन के क्षण-क्षण को तड़िन्मय और संवेदनमय बनाने के लिए अकुलाता हुआ, पीड़ित अन्तरात्मा के स्वर को उभारता है। उसे वास्तविक मानवीय सार्थकता की तलाश है।...कवि कुँवर नारायण केवल मनुष्य बनना चाहता है। यही उसका रोग है, यही उसकी समस्या है।"*[16]

आज हमारे विश्लेषण में यह बात असाधारण महत्त्व की है कि मुक्तिबोध ने कुँवर नारायण को *"अन्तरात्मा की पीड़ित विवेक-चेतना और जीवन की आलोचना"*[17] का कवि कहा था। इतने कम शब्दों में इस कवि को इससे अधिक सुन्दर, सटीक और अर्थगर्भ 'कॉम्प्लीमेंट' शायद ही मिले, वह भी एक युगान्तरकारी कवि-आलोचक के हाथों। लेकिन इस व्यथित विवेक-चेतना की जड़ें कवि की अपनी उस प्रकृति में हैं, जो इन्द्रियों की तात्कालिक तृप्ति के स्थूल दर्शन के प्रति हमेशा विद्रोही रही है। महज़ निजी स्वार्थों के पोषण में लिप्त मनुष्य उदात्त जीवन-मूल्यों की रचना नहीं कर सकता। वह ज्ञानात्मक संवेदनशीलता और कल्पनागत उत्कृष्टता से वंचित एक उथली, संकीर्ण और मरणधर्मा ज़िन्दगी जीता है। कवि की चेतना में वे सुख अभिशाप हैं, जिन्हें भोगते हुए वह मृत्यु से हार जाए; जबकि वे कष्ट वरदान हैं, जिन्हें सहते हुए वह मृत्यु को जीत ले। वासना और लोभ की हदों को तोड़कर लोक-जागरण और लोक-कल्याण के लिए जीना—कवि के अपने शब्दों में—मनुष्य का 'अमर अर्थ'[18] में जीना है और वही उसके नश्वर जीवन की सर्वोत्तम सिद्धि है। कैसा सुखद संयोग है कि कुँवर नारायण ने सन् 1965 में 'आत्मजयी' सरीखे प्रबन्ध-काव्य की रचना की थी, जिसका नायक नचिकेता मानो कवि के ही इन मन्तव्यों और मूल्यों को चरितार्थ करता है। कवि के इस कथन से यह बात स्वतः प्रमाणित हो जाती है—*"'आत्मजयी' में उठाई गई समस्या मुख्यतः एक विचारशील व्यक्ति की समस्या है।...उसके (नचिकेता के) अन्दर वह बृहत्तर जिज्ञासा है, जिसके लिए केवल सुखी जीना काफ़ी नहीं, सार्थक जीना ज़रूरी है।"*[19]

इसी 'बृहत्तर जिज्ञासा' की बदौलत कुँवर नारायण की कविता तमाम ज्ञानात्मक संवेदनों से समृद्ध और प्रकाशित है और उसमें मनुष्यता के आत्मीय संस्पर्श की ऊष्मा भरी हुई है। कविता वैसे भी हर तरह की जड़ता के प्रतिकार के लिए खड़ी होती है और स्वयं संवाद की आकांक्षा से निःसृत होने के बदले मनुष्यों के आपसी

प्यार को घनीभूत करने का माध्यम बनती है। कभी-कभी महाकवि निराला के अन्दाज़ में, ऐसी उलटी ओर से भी—

"गहन है यह अन्ध कारा;
स्वार्थ के अवगुण्ठनों से
हुआ है लुण्ठन हमारा।
खड़ी है दीवार जड़ की घेरकर,
बोलते हैं लोग ज्यों मुँह फेरकर,
इस गगन में नहीं दिनकर,
नहीं शशधर, नहीं तारा।"

आज के समय में लोगों के बीच का यह अपरिचय और वैमनस्य क्रमश: गाढ़ा होता गया है। बढ़ती हुई आपसी भौतिक होड़ के चलते हमारे पास न समय बच रहा है, न धैर्य, न राहत और सहिष्णुता तथा प्यार की तो बात ही छोड़िए! ऐसे में कविता ही चीज़ों के सम्पूर्ण विपर्यय के बरअक्स नई सृजनात्मक सम्भावनाओं को जाग्रत करने का काम कर सकती है—

"जो मेरे घर कभी नहीं आयेंगे
मैं उनसे मिलने
उनके पास चला जाऊँगा।...
जो लगातार काम में लगे हैं
मैं फ़ुरसत से नहीं
उनसे एक ज़रूरी काम की तरह
मिलता रहूँगा।...
इसे मैं अकेली आख़िरी इच्छा की तरह
सबसे पहली इच्छा रखना चाहूँगा।"

ये पंक्तियाँ हिन्दी के सुप्रसिद्ध कवि विनोद कुमार शुक्ल के सन् 1992 में प्रकाशित संग्रह 'सब कुछ होना बचा रहेगा' से उद्धृत हैं। मज़े की बात यह है कि कुँवर नारायण ने 1959 में ही 'तीसरा सप्तक' में शामिल अपनी एक कविता में कुछ-कुछ इसी तरह का उद्‌गार व्यक्त किया था, लेकिन उसमें विश्लेषण इससे आगे का था; क्योंकि वे दरअसल उस महत्त्वपूर्ण कारण की भी शिनाख़्त करते हैं, जो उन्हें अन्यों के समीप जाने के लिए विवश करता है—

"ये पंक्तियाँ मेरे निकट आयीं नहीं,
मैं ही गया उनके निकट
उनको मनाने,
ढीठ, उच्छृंखल अबाध्य इकाइयों को

पास लाने।...
...मैं गया उनके निकट उनको बुलाने,
ग़ैर को अपना बनाने :
क्योंकि मुझमें पिण्डवासी
है कहीं कोई अकेली-सी उदासी
जो कि ऐहिक सिलसिलों से दूर
कुछ सम्बन्ध रखती उन पराई पंक्तियों से।''[20]

यह वह काव्य-दृष्टि है, जो चीज़ों और सम्बन्धों को सिर्फ़ भौतिक प्रतिमानों से जाँचे जाने का निषेध करती है, जो मनुष्य-सान्निध्य के बिना अपने को अकेला और हताश महसूस करती है और जो ज़िन्दगी के आशय को सिर्फ़ ऐन्द्रिय सुखों में खोजने की बजाय गहनतर मानवीय जिज्ञासाओं, आदर्शों और स्वप्नों की छटपटाहट में साँस लेती है—

''आमाशय,
यौनाशय,
गर्भाशय,...
जिसकी ज़िन्दगी का यही आशय,
यही इतना भोग्य,
कितना सुखी है वह,
भाग्य उसका ईर्ष्या के योग्य!
हाय, पर मेरे कलपते प्राण,
तुमको मिला कैसी चेतना का विषम जीवन मान?
जिसकी इन्द्रियों से परे
जाग्रत हैं अनेकों भूख!''[21]

कोई अचरज नहीं, अगर यह कवि दुनियादार लोगों की दुनिया में अपने लिए जगह नहीं पाता। ताक़त और पैसे के निरे उपभोग तथा अपव्यय पर टिके हुए इस तंत्र में उसकी आत्मा की हानि भी होती है और निरादर भी। इसीलिए 'परिवेश : हम-तुम' शीर्षक संग्रह की उद्घाटक कविता में कुँवर नारायण अपने शब्दों को *''अर्थ-व्यथित, युग-पीड़ित, बहिष्कृत''*[22] बताते हैं। उनकी कविता में ज़िन्दगी के निरर्थक बीत जाने का भय और इसी कारण, उसे सार्थक बनाने की कशमकश तथा वेदना बार-बार मिलती है। जीवन का नया अर्थ और नया शिल्प गढ़ने के संघर्ष की तीव्रता और उसके ख़तरों को वे बख़ूबी पहचानते हैं—

''कि या तो अ ब स की तरह बेसबब जीना है,
या सुकरात की तरह ज़हर पीना है।''[23]

कवि को मानव-सभ्यता का भविष्य-द्रष्टा कहा गया है और कितना ज़बरदस्त संयोग है कि बाद के वर्षों में, हमारी बनायी इस दुनिया में बाज़ार के जो घातक मूल्य मनुष्य के जीवन और आत्मा को निरन्तर आक्रान्त करते चले आए हैं; उनके मर्मान्तक प्रभाव को कुँवर नारायण ने सन् 1961 में ही महसूस कर लिया था। अलबत्ता वैकल्पिक मूल्य-व्यवस्था से जुड़े जीवन में अपनी सकारात्मक आस्था के 'एसर्शन' से अलहदा होकर नहीं—

''जब मैं नहीं
मेरी ओर से कोई स्थापित करेगा मेरे वर्षों बाद
कि आज भी कहीं जीवन था–
क्योंकि केवल पहियों और पंखोंवाली इस बे-सिर-पैर की
सभ्यता में
दफ़्तरों, दुकानों और कारख़ानों से अस्वीकृत होकर भी
मैंने जीना पसन्द किया!'' [24]

आज के महत्त्वपूर्ण हिन्दी कवियों में जब राजेश जोशी कहते हैं कि *''एक बाज़ारू व्यवस्था के आगे खड़े हैं हम निहत्थे!''* और जब आलोकधन्वा इस पीड़ा को ज़ाहिर करते हैं कि उनका दिमाग़ *''...भरा रहता है / लुटेरों के बाज़ार के शोर से''*; तब कुँवर नारायण न केवल आज की हमारी ज़िन्दगी, बल्कि कविता से भी एक गहरे अटूट तादात्म्य में खड़े नज़र आते हैं। उन्हीं के शब्दों में कहें, तो उनका स्वर हमें *''अदृश्य पर स्पृश्य-सा''* लगता है—वह जीवनदायी आत्मीयता और वैचारिकता से अनुस्यूत रूप में हमें सुनायी पड़ता है। 'आत्मजयी' के नायक नचिकेता की उस वाणी की तरह, जो तमाम सांसारिक बन्धनों, भोगों तथा सम्पत्तियों से ऊपर उठकर किसी ज़्यादा उदात्त और सम्पूर्ण मनुष्य-सत्य की तलाश में भटकती है—

''मुझको इस छीनाझपटी में विश्वास नहीं।
मुझको इस दुनियादारी में विश्वास नहीं।
हर प्रगति-चरण मानव का घातक पड़ता है।
हम जीते आपा-धापी और दबावों में।
हम चाहे जितना पायें कम ही लगता है
कुछ ऐसी रखी है तरकीब स्वभावों में।
यह दुनिया-यह भविष्य-
तुमको सादर वापस।
मिल सके अगर तो
एक दृष्टि चाहिए मुझे-
जीवन बच सके
अँधेरा हो जाने से,-बस!'' [25]

कुँवर नारायण का काव्य-नायक भौतिकता के प्रति अपने इसी अपरिग्रह के चलते धार्मिक पाखंड, व्यवस्थाबद्ध हिंसा और पूँजीगत विषमता पर टिके हुए वैयक्तिक सुख-भोगवाद का—यानी अन्याय और भ्रष्टता का—प्रतिकार करता है। इसीलिए तमाम दुखों के बीच भी उसका मस्तक ऊँचा है—

"ओ मस्तक विराट्,
इतना अभिमान रहे–
भ्रष्ट अभिषेकों को न दूँ मस्तक
न दूँ मान..."[26]

नचिकेता के इस संकल्प से हमें सहसा हिन्दी की गौरवशाली काव्य-परम्परा का स्मरण हो आता है, जिसकी एक झलक निराला की इन पंक्तियों में मिलती है—

"देख वैभव न हो नत शिर
समुद्धत मन सदा हो स्थिर।"

बहरहाल, हम अपने विषय पर लौटें, तो पाएँगे कि कुँवर नारायण नचिकेता के आख्यान की ही तरह भारतीय सभ्यता के धार्मिक-पौराणिक तथा ऐतिहासिक-सांस्कृतिक अतीत के बीहड़ वन-प्रान्तरों में प्रवेश करते हैं और वहाँ मौजूद चरित्रों, परिस्थितियों, घटनाओं तथा विचारधाराओं की जाँच-पड़ताल नितान्त समसामयिक सामाजिक-मनोवैज्ञानिक सन्दर्भों में करते हैं। उन्होंने अपनी कविता में आधुनिक वैज्ञानिक दृष्टि से प्राचीन मिथकों और कथाओं का कलात्मक विश्लेषण किया है। पौराणिक चमत्कारों, अन्धविश्वासों और अवतारवाद से तो वह तर्क-प्रक्रिया ही अवमूल्यित हो जाती है; जो उनके काव्य की रीढ़ है। उनकी अभिरुचि दरअसल आदि-मानव की अन्तःप्रकृति में निहित मानवीय श्रेष्ठता में है। अतीत के दर्शनों, अनुभवों और आख्यानों के अनुचिन्तन से वे उस नई मानवीय सार्थकता को आविष्कृत, परिभाषित और सृजित करते हैं; जो हमारी बिलकुल आज की जटिल जीवन-स्थितियों और मनःस्थितियों से बेहद ज़रूरी तथा मूल्यवान् रूप में जुड़ जाती है।

इस तरह कवि कुँवर नारायण ने ज़िन्दगी में निरर्थकता से निष्कृति की बहुमुखी कोशिशें की हैं और यही वजह है कि अत्यन्त निराशाजनक क्षणों में भी, अवसाद की घड़ियों में भी एक स्रष्टा के साहस के साथ उन्होंने यह कहने का जोखिम उठाया है—

"डूबते देखा समय को
जो अभी अभी सूर्य था
अपने में अस्त
मैं, शाम में इस तरह व्यस्त

कि जैसे वह हुई नहीं – मैंने की,
उसके व्यर्थ रंगों को
एक साहसिक योजना दी।"[27]

प्रकृति की शामें अलग होती होंगी, पर कविता में एक अनूठी व्याख्या के ज़रिए शाम का यह चित्रण दुर्लभ ही माना जायेगा। इसलिए कुँवर नारायण के इस कथन में (अतिशयोक्ति) गर्व की स्फीति नहीं है कि उन्होंने अपनी कविता में एक प्राकृतिक घटना को सम्भव किया है। ऐसे सृजन में वही कवि सफल हो सकता है; जो सृजन-प्रक्रिया में निहित वेदना और उसके औदात्य को भी सह-समझ सकता हो। कुँवर नारायण की ही पंक्तियाँ हैं—

"अभी दिन होगा तुम्हारा
क्योंकि तुम
निर्माण की ईश्वर-व्यथा में
जागते हो!"[28]

निर्माण की इस व्यथा का बदलाव की आकांक्षा से अन्योन्याश्रित सम्बन्ध है। यथास्थिति के कुहासे को चीरकर ही नया सूर्य उगाया जा सकता है। जो नए सिरे से कुछ बनाना चाहेगा, वह बहुत साफ़ और निर्णायक तौर पर चीज़ों को बदलते हुए भी देखना चाहेगा—

"बीत, कुछ तो बीत हम पर
ज़िन्दगी या मौत-सा स्पष्ट,
हमको अनिश्चय से चीरते क्षण...बीत..."[29]

लेकिन भारतीय समाज में इतनी चुप्पी, इतनी जड़ता, इतनी अपारदर्शिता और इतनी घुटन है कि उससे घिरकर मनुष्य की साँसें टूटती रहती हैं। समय अपनी जगह पर ठहरा रहता है और ज़िन्दगी बीत जाती है। आज़ादी के बाद के वर्षों में हमने जो राज्य-व्यवस्था निर्मित की है; उसकी जड़ें झूठ, भेद-भाव, अकर्मण्यता, अज्ञान, भ्रष्टाचार और शोषण आदि से मिल-जुलकर तैयार हुई अपसंस्कृति में बहुत गहरे गयी हैं। मुक्तिबोध ने अपने समय में ही कहा था कि *"वर्तमान (भारतीय) समाज चल नहीं सकता"*; लेकिन यह फिर भी बदस्तूर चल रहा है, तो इसमें कोई आश्चर्य करने की ज़रूरत नहीं है—यह हमारे ही समाज के प्रभु-वर्गों की ख़ुशी और ताक़त से चल रहा है। अब यह और बात है कि इस तंत्र के चलते किसी आम हिन्दुस्तानी का कोई एक दिन भी अच्छा गुज़र जाता है, तो उसे हैरत होती है—

"आज सारे दिन बाहर घूमता रहा
और कोई दुर्घटना नहीं हुई।
आज सारे दिन लोगों से मिलता रहा

और कहीं अपमानित नहीं हुआ।
आज सारे दिन सच बोलता रहा
और किसी ने बुरा न माना।
आज सबका यक़ीन किया
और कहीं धोखा नहीं खाया।
और सबसे बड़ा चमत्कार तो यह
कि घर लौटकर मैंने किसी और को नहीं
अपने ही को लौटा हुआ पाया।''[30]

भारत के सामान्य जन के जीवन में चिन्ता, अपमान और तकलीफ़ की जो असंख्य स्थितियाँ हैं; अभाव, अशिक्षा और असुरक्षा की जो असमाप्य व्याधियाँ हैं; फिर इन सबके परस्पर संघात से कुंठा, भय और अविश्वास का जो मनोविज्ञान निर्मित हो गया है; कुँवर नारायण की कविता में उसकी कई अत्यन्त मार्मिक छवियाँ मिलती हैं। यही नहीं, बल्कि सामाजिक विडम्बनाओं और विसंगतियों के पीछे छिपे षड्यंत्र को भी वे पहचानते हैं और मानो इस बृहत् ट्रेजेडी के नेपथ्य में सक्रिय शक्तियों को भी बेनक़ाब करते हैं; बड़े दिलचस्प और चोट करनेवाले अन्दाज़ में उनके चरित्र में निहित मूल्यहीनता को उजागर करते हुए—

''काँधे धरी यह पालकी
है किस कन्हैयालाल की?
फिर, एक दिन आँधी चली
ऐसी कि पर्दा उड़ गया!
अन्दर न दुलहन थी न दूल्हा
एक कौव्वा उड़ गया...
तब भेद जाकर यह खुला–हमसे किसी ने चाल की
काँधे धरी यह पालकी ला ला अशर्फी लाल की!''[31]

यह बहुत सुखद विस्मय की बात है कि कुँवर नारायण ने अपने काव्य-संग्रह '*कोई दूसरा नहीं*' में—जो संयोगवश उनका सबसे समृद्ध संग्रह भी है—अपने प्रबुद्ध '*आत्म*' का अभूतपूर्व विस्तार किया है और हमारे राष्ट्रीय जीवन के लगभग प्रत्येक क्षेत्र की समस्याओं से सीधे-सीधे सम्बोधित होते हुए प्रभावशाली कविताएँ लिखी हैं। एक तरफ़ मनुष्यता, मैत्री, प्रेम, प्रकृति, पर्यावरण, इतिहास, भाषा, कविता, नैतिकता और ईश्वर, तो दूसरी ओर भ्रष्टाचार, बेकारी, साम्प्रदायिकता, स्त्री-शोषण, ग़रीबी और ग़ुलामी के अन्यान्य सन्दर्भों से मुठभेड़ उनके यहाँ मिलेगी। कुँवर नारायण अपनी कविता के ज़रिए दरअसल हमारी संसदीय राजनीति और लोकतांत्रिक व्यवस्था, हमारी न्यायपालिका और अफ़सरशाही की समवेत विफलता

को उजागर करते हैं। इस तरह वे अंग्रेज़ों से हासिल की गई आज़ादी की सार्थकता पर ही सवाल उठाते हैं। आज इन सवालों की प्रासंगिकता और भी तीखी हो गई है, जब हमारे देश में बहुराष्ट्रीय कम्पनियों का जाल बिछाया जा रहा है। विज्ञान और टेक्नॉलॉजी, कम्प्यूटर और संचार-क्रान्ति के इस दौर ने निरी भौतिक प्रतिस्पर्धाओं में लिथड़ी हुई ऐसी अपसंस्कृति को प्रतिष्ठित किया है, जिसमें हारी हुई हिन्दुस्तानी जनता की कोई सुनवाई नहीं है—

''हम एक नाज़ुक दौर से
गुज़र रहे देश की
दर्दनाक हालत हैं,...
ज़ालिम हवाओं में
टहनी-टहनी सूखता प्यार
एक घायल दरख़्त है,
अपनी ही जड़ों पर
कुल्हाड़ी चलाते आदमी का
बहुत बुरा वक़्त है...''[32]

लेकिन इस करुण राष्ट्रीय परिस्थिति के पीछे ख़तरनाक अन्तरराष्ट्रीय साज़िश है। समूचे विश्व और ख़ास तौर पर तीसरी दुनिया के देशों पर अमरीकी पूँजीवाद और दमन-तंत्र का शिकंजा कसा हुआ है। आज सभी उसकी विकृतियों के प्रत्यक्ष या परोक्ष शिकार होने के लिए अभिशप्त हैं। कुँवर नारायण ने इस वास्तविकता को खाड़ी-युद्ध की मिसाल के ज़रिए अपनी एक कविता में चरितार्थ किया है।

आज अनियोजित उपभोक्तावाद और पूँजीवाद के अप्रत्याशित वर्चस्व के सम्मुख मनुष्य और उसकी भाषा, स्तब्ध और असहाय अवस्था में हैं। चीज़ों का महत्त्व बढ़ रहा है और आदमी की क़ीमत घट रही है। नतीजतन लोगों के व्यवहार में एक व्यावसायिक रुक्षता और तेज़ी आ गई है। उनके पास धैर्य और प्यार से कुछ भी सोचने का अवकाश लगातार सिकुड़ता जा रहा है। हमारा बाहर तो शायद समृद्ध हो रहा है, पर भीतर एक दरिद्रता घर कर रही है। इसीलिए हमारी भाषा में मानवीय मूल्यों की रौशनी क्षीण होती गई है। सामाजिक आचरण में जब विकार पैदा हो जाते हैं, तो वे भाषा को रुग्ण किए बिना नहीं छोड़ते। ऑक्तावियो पाज ने बहुत सशक्त ढंग से यह बात कही है कि *''जब कोई समाज भ्रष्ट होता है, तो उसकी भाषा गैंग्रीन की तरह गलने लगती है।''* ऐसी ही परिस्थितियों के बीच कविता के कर्तव्यों को रेखांकित करते हुए कुँवर नारायण कहते हैं— *''मेरी समझ में कविता का ख़ास काम आज भी, हमेशा की तरह, हमारे अन्दर उन सद्वृत्तियों और मानवीय भावनाओं को जगाए रखना है, जो आदमी और आदमी के बीच मधुर सम्बन्धों का आधार बन सकें। यह आधार*

केवल वस्तुगत नहीं हो सकता। आपसी सम्बन्धों को किसी-न-किसी रूप में ऐसी नैतिक, न्यायिक और मार्मिक अनुभूतियों और अनुभवों से जोड़ते रहना होगा, जिसके केन्द्र में सबका हित हो–केवल कुछ का नहीं। जीवन में बदलाव का अर्थ है हमारे आचार-विचार के उन सूत्रों का पक्का होना, जिनसे अपने और दूसरों के बीच दूरियाँ और परायापन कम हो।''[33]

अन्त में और समग्रतः यह देखकर ख़ुशी होती है कि कुँवर नारायण का काव्य-संसार उनकी ही उपर्युक्त कसौटियों पर खरा उतरता है। 'कोई दूसरा नहीं' में तो वे अपनी काव्य-चिन्ताओं को इतना विस्तृत कर लेते हैं कि दुनिया में किसी को भी अपने लिए 'दूसरा' या 'पराया' महसूस नहीं कर पाते। तब उन्हें इस सत्य का अभिज्ञान होता है कि जिस समाज में कोई व्यक्ति 'मामूली' नहीं होगा, वहीं उदात्त मानवीय मूल्यों की कोई संस्कृति विकसित हो सकेगी। इसे एक तरह से, फ़िलहाल, उस काव्य-यात्रा का शीर्ष बिन्दु (अथवा उपलब्धि) कहा जा सकता है; जो तमाम वर्षों पहले मात्र ऐन्द्रिय सुखों को अस्वीकार करती हुई, *''वास्तविक मानवीय सार्थकता''* के विकल बौद्धिक अन्वेषण के रूप में शुरू हुई थी। आज भी इस कवि का संकल्प अपने उसी मानवीय विवेक को और भी सक्षम, सजल तथा विस्तीर्ण बनाए रखने का है—

''अबकी अगर लौटा तो
मनुष्यतर लौटूँगा...
अबकी अगर लौटा तो
हताहत नहीं
सबके हिताहित को सोचता
पूर्णतर लौटूँगा।''[34]

भला कौन नहीं चाहेगा कि ऐसा *''भावुक, उदात्त और मननशील''*[35] कवि न सिर्फ़ हमारी कविता में, बल्कि हमारी ज़िन्दगी में भी बार-बार लौटे!

सन्दर्भ

1. अज्ञेय (सं.), 'तीसरा सप्तक', पृ. 163
2. वही; पृ. 163
3. नामवर सिंह, 'कविता के नए प्रतिमान', पृ. 132-40
4. कुँवर नारायण, 'परिवेश : हम-तुम', पृ. 6
5. अज्ञेय (सं.), 'तीसरा सप्तक', पृ. 162
6. वही; पृ. 162
7. वही; पृ. 163

8. अशोक वाजपेयी (सं.), 'बहुवचन', पृ. 226
9. विजय कुमार (अतिथि सं.), 'उद्भावना' (कवितांक 47–48, अक्टूबर 1997–मार्च 1998), पृ. 299
10. अशोक वाजपेयी (सं.), 'बहुवचन', पृ. 225–26
11. नेमिचन्द्र जैन (सं.), 'मुक्तिबोध रचनावली' (भाग–पाँच), पृ. 475
12. वही; पृ. 475
13. विजय कुमार (अतिथि सं.), 'उद्भावना' (कवितांक 47–48, अक्टूबर 1997–मार्च 1998), पृ. 306
14. वही; पृ. 302
15. कुँवर नारायण, 'परिवेश : हम–तुम', पृ. 6
16. नेमिचन्द्र जैन (सं.), 'मुक्तिबोध रचनावली' (भाग–पाँच), पृ. 474
17. वही; पृ. 475
18. कुँवर नारायण, 'आत्मजयी', पृ. 8
19. वही; पृ. 5
20. अज्ञेय (सं.), 'तीसरा सप्तक', पृ. 166
21. कुँवर नारायण, 'चक्रव्यूह', पृ. 39
22. कुँवर नारायण, 'परिवेश : हम–तुम', पृ. 13
23. वही; पृ. 89
24. वही; पृ. 94–95
25. कुँवर नारायण, 'आत्मजयी', पृ. 84
26. वही; पृ. 17
27. कुँवर नारायण, 'अपने सामने', पृ. 76
28. कुँवर नारायण, 'आत्मजयी', पृ. 111
29. कुँवर नारायण, 'अपने सामने', पृ. 24
30. वही; पृ. 25
31. कुँवर नारायण, 'कोई दूसरा नहीं', पृ. 14
32. वही; पृ. 72
33. विजय कुमार (अतिथि सं.), 'उद्भावना' (कवितांक 47 48, अक्टूबर 1997–मार्च 1998), पृ. 307–308
34. कुँवर नारायण, 'कोई दूसरा नहीं', पृ. 9
35. नेमिचन्द्र जैन (सं.), 'मुक्तिबोध रचनावली' (भाग–पाँच), पृ. 478

विचारों की इन्द्रधनुषी आभा

- *"न धर्मवृद्धेषु वयः समीक्ष्यते।"*[1]

–कालिदास

- *"व्यक्ति उम्र से छोटा होकर भी बड़ा हो सकता है, अगर उसने समय को गँवाया न हो। लेकिन ऐसा कभी-कभी ही होता है।"*[2]

–फ्रांसिस बेकन

- *"यही चाहा प्रौढ़ता से ज़िन्दगी निभ जाए।"*[3]

–कुँवर नारायण

हिन्दी कविता के इतिहास में कवि कुँवर नारायण का प्रवेश उनके पहले कविता-संग्रह 'चक्रव्यूह' के ज़रिए सन् 1956 में होता है। लेकिन पहले ही संग्रह में जिस गहरी अनुभूतिशीलता, बौद्धिक दृढ़ता, परिष्कृत सौन्दर्य-बोध और गरिमामय शिल्प के साथ वे सामने आए; उसकी बदौलत आलोचकों ने उन्हें अचरज और सम्मान की नज़र से देखा। शायद यह एक ऐसा कवि था, जिसने अपने समय को नष्ट नहीं किया था, इसीलिए वह अपने समय से आगे जा सका था। कैसा सुखद संयोग है कि जगदीश गुप्त को उसकी इन कविताओं से गुज़रकर यही लगा कि *"जैसे गहरे में पैठकर उसने जीवन के कण-कण और क्षण-क्षण को जीने का यत्न किया है और तमाम उलझनों और विषमताओं के बावजूद वह उसे प्यार भी करता है।"*[4] 'चक्रव्यूह' को पढ़कर बालकृष्ण राव ने लिखा कि *"वे एक ऐसे नए कवि हैं, जो 'कच्चे', 'अनगढ़' और 'अवयस्क' के मायनों में तो हर्गिज़ नए नहीं हैं। इस संग्रह से कुँवर नारायण का रंगप्रवेश भले ही हो रहा हो, वे प्रशंसनीय धीरता और ख़ासी कुशलता से मंच पर अवतरित होते हैं।–अगर यह सच है कि उन्होंने पिछले कुछ वर्षों में ही लिखना शुरू किया है, तो मैं यह ज़रूर कहूँगा कि मैं आश्चर्यचकित हूँ, बहुत ही आश्चर्यचकित।"*[5]

अज्ञेय ने 1943 में 'तार सप्तक' के कवियों में *'राहों के अन्वेषण'* की जिस प्रवृत्ति को लक्ष्य किया था, यह एक दिलचस्प ऐतिहासिक संयोग ही कहा जाएगा कि 'चक्रव्यूह' में अन्वेषण को ही आलोचकों ने समवेत रूप से कविता का केन्द्रीय

सरोकार माना। अगरचे कवि के अन्तर्मुखी, एकान्तप्रिय और मननशील स्वभाव के चलते और उसकी रचना-यात्रा की शुरूआत के कारण भी यह सबसे पहले और सबसे ज़्यादा उसके 'आत्म' का ही अन्वेषण था। दूसरे शब्दों में, आत्म-साक्षात्कार की एक गहरी, विकल और सच्ची कोशिश। बालकृष्ण राव इसकी तस्दीक़ करते हैं—*"यह अन्वेषी (कवि) जो भी खोजा जाएगा, उसका स्वागत करने को तैयार है; वह बिना इस फ़िक्र में पड़े कि क्या अन्वेषित हुआ, अन्वेषण करने के लिए व्यग्र है।"*[6] लेकिन इस खोज में *'जो भी खोजा जाएगा'* का धुँधलका नहीं है, बल्कि यह एक सही और स्पष्ट जीवन-दर्शन की तलाश है, जैसा कि जगदीश गुप्त कहते हैं—*" 'चक्रव्यूह' का कवि जीवन की घनीभूत भावनात्मक जटिलता के बीच उसकी विषमताओं का स्वयं अनुभव करते हुए एक सुस्थिर गम्भीर जीवन-दृष्टि पाने के लिए ईमानदारी के साथ यत्नशील है। किसी भी नए कवि के व्यक्तित्व की यह मौलिक मनोवैज्ञानिक आवश्यकता है।"*[7] अन्वेषण के इसी मिज़ाज को ध्यान में रखकर जगदीश गुप्त आगे कहते हैं कि *" 'चक्रव्यूह' को नई कविता का एक प्रतिनिधि संकलन कहना इसीलिए उपयुक्त है।"*[8] इसी तरह नेमिचन्द्र जैन को भी लगा कि कवि इस संग्रह में *"अपनी वास्तविक अभिव्यक्ति की खोज"*[9] कर रहा है। उन्होंने लिखा कि यह अनेक अर्थों में 'नई कविता' का संग्रह है। न सिर्फ़ काव्यार्थ, बल्कि काव्य-शिल्प के लिहाज़ से भी—*" 'चक्रव्यूह' एक से अधिक अर्थों में 'नई कविता' का संग्रह है। न केवल इन कविताओं की भाव-वस्तु हमारे देश के समकालीन व्यक्तित्व के नवीनतम चेतना-स्तर को व्यक्त करती है, बल्कि उस अभिव्यक्ति की पद्धति और सज्जा भी बहुत कुछ नई है।"*[10]

'चक्रव्यूह' को सभी ने 'नई कविता' का संग्रह तो माना, मगर कवि की विचारधारा का निर्णय न हो सका। नेमिचन्द्र जैन ने यह ज़रूर कहा कि *"कवि किसी विशिष्ट साहित्यिक दल से सम्पृक्त नहीं"*[11] है। ज़ाहिर है कि वे यह भी कहते हैं कि इस कविता के पीछे किसी *"मूढ़ हठग्राहिता अथवा पक्षधरता की नहीं, वास्तविक आत्माभिव्यक्ति की प्रेरणा है।"*[12] नतीजतन कुँवर नारायण शुरू से ही अपनी कविता में किसी पक्षधरता का अभिनय नहीं करते, न मुद्राओं का सहारा लेते हैं; बल्कि उनमें सभी तरह के भारतीय और पश्चिमी विचारों के प्रति एक जीवन्त और साहसिक खुलापन है और वे बौद्धिक काहिली और संवेदनात्मक शिथिलता से परहेज़ करते हुए बेहद सच्चे और आधुनिक नज़रिये से आत्म-विश्लेषण में प्रवृत्त होते हैं। नेमिचन्द्र जैन इसीलिए कहते हैं कि उनमें *"आधुनिकता का ढोंग, नई कविता के नाम पर बनावटी बिम्ब-शृंखलाएँ या कृत्रिम रूप में स्फीत आधुनिकता"*[13] नहीं मिलती। जगदीश गुप्त इससे सहमति जताते हुए लिखते हैं कि उनकी कविता में *'कथन की भंगिमा और चमत्कृति का छिछला स्तर दिखायी नहीं देता।'*[14] यों इस

बात पर एक क़िस्म की सर्वानुमति होते हुए भी कि कला और विचारधारा, दोनों के स्तर पर कुँवर नारायण किसी वाद के वादी नहीं हैं, बालकृष्ण राव जाने-अनजाने उनमें एक 'आधुनिकतावादी' को देख लेते हैं--*"कुल मिलाकर संग्रह एक मुकम्मल, पूरी तरह तैयार आधुनिकतावादी कवि की आमद की गवाही देता है।"*[15] ऐसा लगता है कि बालकृष्ण राव अपने इस निष्कर्ष को लेकर बहुत आश्वस्त नहीं हैं, क्योंकि वे संग्रह से कवि के *"भावी विकास की दिशा और प्रकृति का इंगित"*[16] हासिल नहीं कर पाते।

इसलिए कवि पर किसी तरह का लेबल लगाने की बजाय सही यह होगा कि हम देखें कि वह विभिन्न विचारधाराओं में अपने अनुभूत सच को ही प्रामाणिक मानता है और उनसे अर्जित अपने अनुभवों के संश्लेष के तौर पर विचारों की एक इन्द्रधनुषी आभा को रचने के लिए प्रयत्नशील है। दो चीज़ें ऐन प्रारम्भ से ही कुँवर नारायण के काव्य-सृजन की बुनियाद में हैं-एक है दृष्टियों की सतरंगी किरण और दूसरी, मानवीय पीड़ा का एहसास। एक इंटरव्यू में जब उनसे पूछा गया कि *'रचना का सुख क्या होता है'*, तो जवाब में वे कहते हैं कि *"अधिकांश लेखन पीड़ा से चाहे वह अपनी हो या दूसरों की हो, उत्पन्न होता है।"*[17] यों इन दोनों चीज़ों में अन्योन्याश्रित सम्बन्ध है। पीड़ा के बग़ैर कवि की विश्व-दृष्टि का सतरंगी कैनवस उजागर नहीं हो सकता। 'चक्रव्यूह' में सम्मिलित 'सिद्ध वेदना' शीर्षक कविता इसकी गवाह है—

"यह आग अंगीकार
उर्वर वेदना को
गगन उन्मुख कर
जगत् पर दूर तक छा दे –
अलख वह किरण
मेरे पास है सतरंगिनी
जो दर्द से गुज़रे बिना खुलती नहीं।"[18]

'चक्रव्यूह' के बिम्ब से स्पष्ट है कि कवि समय और समाज की तमाम विषमताओं के बीच ख़ुद को घिरा हुआ महसूस करता है और उनसे मुक्ति के लिए उसमें छटपटाहट है। अभी वह एक युवा कवि है, लेकिन उसकी व्यथा इतनी सान्द्र है कि नेमिचन्द्र जैन को लगता है कि उसमें *"साधारणत: प्रथम संग्रह में पायी जानेवाली यौवन के प्रथम ज्वार की भावुकता नहीं"*[19] है। यह कुछ वैसी स्थिति है, जिसके बारे में जयशंकर 'प्रसाद' ने लिखा है कि *"समझदारी आने पर यौवन चला जाता है।"*[20] ज़िन्दगी को सहते-समझते कुँवर नारायण अपने भीतर इतना गहरे उतर गए हैं कि वे युवा होकर भी युवा नहीं जान पड़ते, जैसे उन्होंने उम्र से

जुड़ी हुई बाधाओं या मजबूरियों को जीत लिया है। इसलिए उनमें सतहीपन, भावातिरेक और चंचलता के बरअक्स संयम, गम्भीरता और निष्ठा से जुटायी गई सशक्त आत्मवत्ता है। बालकृष्ण राव काव्यानुभूति की बनावट की इस प्रक्रिया को बख़ूबी अनावृत करते हैं— *''रोमांचित होने की सम्भावना से कुँवर नारायण बहुत रोमांचित नहीं दिखते। अब तक आए रोमांचों को उन्होंने ख़ुद पर गुज़र जाने दिया है। उन्हें उनसे बहुत कुछ मिला है— अनुभव और आनन्द, स्वप्न देखने और चिन्तामग्न होने की प्रेरणा। लेकिन उन्होंने उन्हें कुछ थका हुआ और 'अनुभवी' भी छोड़ा है और सहज ही है कि अब वे किशोर-सुलभ उत्साह से इन्द्रधनुष को बाँहों में थामने नहीं निकल पड़ेंगे।''*[21]

यौवन के अभाव को किसी काव्य-मूल्य की संज्ञा नहीं दी जा सकती, लेकिन कुँवर नारायण के यहाँ उसकी सुखद परिणति एक तो वैचारिक समृद्धि के रूप में होती है, दूसरे संवेदनात्मक उत्कटता और बौद्धिक सजगता के बीच द्वन्द्वात्मक सम्बन्ध के रूप में, जहाँ दोनों एक-दूसरे को भरसक अनुशासित और संस्कारित करते चलते हैं। जगदीश गुप्त ने इसीलिए लिखा होगा कि *''उनमें उत्तरोत्तर विकसित होती हुई परिपक्वता लक्षित होती है, जिसका सम्बन्ध भावना और विचार दोनों से ही है।''*[22] अलबत्ता जगदीश गुप्त ने उनके यहाँ भावना और विचार के सन्तुलन के कुछ अपवादों की ओर भी इशारा किया है। बालकृष्ण राव को उनमें *''विचार की अन्तर्वस्तु (Thought-Content) काफ़ी ही नहीं, कई बार काफ़ी से कुछ ज़्यादा होती दिखती है''*[23] और नेमिचन्द्र जैन भी उनकी कविताओं को लेकर यह शिकायत करते हैं कि *''बहुत बार वे केवल एक बौद्धिक 'पोज़' जैसी सुनाई पड़ती हैं। प्राय: उनका प्रारम्भ जिस भाव-तीव्रता से होता है, कविता के अन्त तक वह नहीं टिकता और केवल एक रूखा तर्क-जाल-सा रह जाता है। इसलिए जहाँ भाव-प्रधान काव्य में बहुत ही हल्केपन और सस्तेपन की आशंका रहती है, वहाँ इनमें निरा शब्दमोह और पथबद्ध (कभी-कभी तो वह भी नहीं!) नीरस तर्क-संगति मात्र हाथ लगती है।''*[24] ये आलोचनात्मक टिप्पणियाँ अपनी जगह पर जायज़ हैं, मगर नेमिचन्द्र जैन ने यह पहचानने में चूक नहीं की है कि *''अपनी बेचैनी से पाठक को भी विचलित कर देनेवाले स्थल भी इस संग्रह ('चक्रव्यूह') में पर्याप्त हैं।''*[25]

'चक्रव्यूह' में ईश्वर अथवा 'देवत्व' के सवाल से मुठभेड़ करती कई मार्मिक कविताएँ हैं। ये मानव-सभ्यता के इस अपरिहार्य मुद्दे पर कवि की आत्मा में छिड़ी हुई बहस, उसकी प्रश्नाकुलता की साक्ष्य हैं; प्रश्नों से कतराकर या भागकर अविचारित श्रद्धा या विवेकहीन आस्था के किसी धार्मिक द्वीप में शरण ले लेने की निशानी नहीं। कवि के अनुसार ईश्वर ने तो जैसे उमड़ते हुए भवसागर में मनुष्य को निहत्था फेंक दिया है और स्वयं निर्विकार और निर्द्वन्द्व रहकर उसके लिए असंख्य सपनों और

मनोविकारों का संघर्षमय जाल बिछा रखा है। मनुष्य की चेतना पर जैसे ईश्वर की माया का पर्दा पड़ा है— *"तेरी जड़ताओं से मुँदकर / प्राण प्रज्वलित मंद हो गए।"*[26] कैसा व्यंग्य है कि ईश्वर नाम के इस छन्द की व्याख्या मुमकिन नहीं है, क्योंकि मनुष्य के रूप में एक बेचैन प्राणी की सृष्टि करके वह स्वयं सच्चिदानन्द बना हुआ है—

"द्युति अक्षर में लिखे शून्य पर
तुम अनचीन्हे छन्द हो गए,
बोकर विकल बीज मिट्टी में
तुम सत् चित् आनन्द हो गए।"[27]

आधुनिक विश्व में ईश्वर की विदाई चाहे नहीं हो सकी, पर उसका होना सन्देह के घेरे में ज़रूर आ गया। कुँवर नारायण ठेठ आधुनिक प्रस्थान-बिन्दु से ईश्वर की अवधारणा की पड़ताल करते हैं, इसलिए उन्हें लगता है कि ईश्वर एक *'विराट् हिमपुरुष'* है, जो उनकी प्रश्नात्मकता के ताप से गल रहा है।[28] 'चक्रव्यूह' में 'शून्य और अशून्य' शीर्षक एक बहुत ही सुन्दर और अर्थपूर्ण कविता है, जिसमें अनेक अन्तरालों का ज़िक्र है और उन्हें हम कैसे भरते हैं, इसका सटीक अभिकथन है—

"एक शून्य है
मेरे और तुम्हारे बीच,
जो प्रेम से भर जाता है :

एक शून्य है
मेरे और संसार के बीच,
जो कर्म से भर जाता है :

एक शून्य है
मेरे और अज्ञात के बीच,
जो ईश्वर से भर जाता है :

एक शून्य है
मेरे हृदय के बीच
जो मुझे मुझ तक पहुँचाता है।"[29]

मनुष्य और उसके आत्म के बीच जो संवाद घटित होता है, उसमें कहीं इस शून्य की भी भूमिका है। इस अवकाश की भी अनुभूति न रह जाने पर ग़ालिब ने लिखा होगा कि *"हम वहाँ हैं जहाँ से हमको भी / कुछ हमारी ख़बर नहीं आती।"*[30] कुँवर नारायण कहना यह चाहते हैं कि जो जाना नहीं जा सकता, उसके और अपने

बीच की दूरी ईश्वर की कल्पना से भरी गई है। ख़ास बात यह है कि वे ईश्वर को ज़िन्दगी की समस्या का समाधान नहीं मानते, बल्कि उसका एक अतिरिक्त आयाम मानते हैं—*"शून्य नीलाकाश / तुम ईश्वर नहीं हो / तुम हमारे प्रश्न का विस्तार पर उत्तर नहीं हो।"*[31] नागार्जुन ने भगवान को *'कल्पना का पुत्र'* कहकर उसकी अवधारणा को ही निरस्त कर दिया था, मगर कुँवर नारायण इसे ज़्यादा समस्यात्मक और कहना चाहिए कि ज़मीनी ढंग से देखते हैं। एक मामले में ज़रूर दोनों में समानता है कि नागार्जुन जिस क्रान्तिकारी तेवर के साथ धार्मिक पाखंड पर चोट करते हैं—*"सड़ गई है आँत / पर दिखाये जा रहे हैं दाँत"*[32], कुँवर नारायण ने भी उसी तीखे अन्दाज़ में लिखा है—

"एक काँटा देह में सन्देह बन गड़ता रहा,
आदमी हर दिव्यता के बाद भी सड़ता रहा –"[33]

'कल्पना के पुत्र हे भगवान्' शीर्षक कविता में नागार्जुन ने *"मूँद आँखें शून्य का ही करूँ मैं तो ध्यान"*[34] लिखकर एक प्रकार से शून्य को ईश्वर के विकल्प या स्थानापन्न का दर्जा दे दिया है, लेकिन कुँवर नारायण ने शून्य को ईश्वर मानने से साफ़ इनकार किया है—*"शून्य नीलाकाश / तुम ईश्वर नहीं हो।"*[35] उन्होंने कहा है कि अन्ततः आदमी के दर्द को सुननेवाला जब कोई नहीं होता, तो उस वीराने में ईश्वर का भी कोई सहारा नहीं होता—

"बार बार यही लगा
कि जिसे कोई नहीं जानता
तुम वो पता हो
और जिसे किसी ने न सुना
मैं वो हाल हूँ।"[36]

नागार्जुन ने भगवान् को *'कल्पना का पुत्र'* कहा है, पर कुँवर नारायण उसे मनुष्य के भय का परिणाम—*'भय-जात'* मानते हैं और यह कि जब तक कुछ ऐसा है, जिसे देखा और समझा नहीं जा सकता, तब तक उसकी सत्ता असंदिग्ध है—

"रहेंगे भीरु को कुछ भय सदा ही नाक तक घेरे,
अमर हम तुम न हों लेकिन
अमर अंधेर अँधेरे–
न डर
निर्व्याख्या गहराइयाँ जब तक,
अलख ऊँचाइयाँ जब तक
कहीं
तब तक सुरक्षित देवता तू,
और सारी दया के आभार भी तेरे।"[37]

ईश्वर की इस पहेली का सामना करते कुँवर नारायण को सबसे प्रिय स्वाभिमान है, उसकी क़ीमत पर वे किसी सुख की आकांक्षा नहीं करते—

> *''देवता, अब तू न मुझ पर रीझ,*
> *बल थक जाएँगे तेरे।*
> *न कर अपमान अपनी लघु कृपाओं से,*
> *मुझे प्रिय दर्द ही मेरे।''*[38]

यह स्वर एक बार फिर नागार्जुन के इस विद्रोह की याद दिलाता है कि *''चाहिए मुझको नहीं वरदान / दे सको तो दो मुझे अभिशाप / प्रिय मुझे है जलन, प्रिय सन्ताप।''*[39] *कुँवर नारायण तो यहाँ तक कहते हैं कि ''ऐ अजन्मे देवता, / तू चिर मरण है, / सह नहीं पाएँगे तुझे ये प्राण।''*[40] इस कविता की सबसे ख़ूबसूरत और सशक्त पंक्तियाँ वे हैं, जिनमें ज़िन्दगी से कुछ अधिक माँगने के प्रसंग में वे 'अजन्मे देवता' के प्रति भी अपनी सहानुभूति जताते हैं और उसकी कृपा से आत्म-सम्मान को बचाये रखना पसन्द करते हैं—

> *''मत दे ज़िन्दगी से भी बड़ा वरदान!*
> *बल घट जाएँगे तेरे,*
> *बिना तेरी अव्यावहारिक दया के भी*
> *दिवस निभ जाएँगे मेरे।''*[41]

स्मरणीय है कि महादेवी वर्मा ने कभी लिखा था—*''क्या अमरों का लोक मिलेगा / तेरी करुणा का उपहार? रहने दो हे देव! अरे / यह मेरा मिटने का अधिकार!''*[42] कोई आश्चर्य नहीं कि कुँवर नारायण स्वर्ग, मोक्ष और देवत्व के मिथ्या प्रलोभनों में न पड़कर इसी दुनिया को वास्तविक मानते हैं और इसमें भी मनुष्यता उनके लिए सबसे बड़ा मूल्य है। ज्ञान और संवेदना, दोनों की कसौटी पर चलने का यही स्वाभाविक नतीजा हो सकता है कि कवि को इस भरे-पूरे संसार से, इसकी पदार्थमयता से लगाव हो और उसकी चाहत हो कि प्रश्न भी सार्थक ही पूछे जाएँ—*''पदार्थ के इस भोले संसार में, मेरे उद्‌बोध, भूलो; जीवन भरा-सा लगे / ऐसे प्रश्न पूछो-।''*[43] इसलिए कुँवर नारायण पत्थरों की पूजा से असहमति व्यक्त करते हैं और मनुष्य की कर्मठता अथवा उर्वर पृथ्वी से उसके सजीव सम्बन्ध को ही एक हरे-भरे भविष्य के रूप में देखते हैं—*''पूज्य मिट्‌टी है मगर पत्थर नहीं / कर्मभोगी आदमी बंजर नहीं।''*[44] आदमी जिस मिट्टी से पैदा हुआ है, माँ के रूप में उसे ही वह प्यार कर पाता है और वही उसे कुछ राहत या ख़ुशी दे सकती है—*''पृथ्वी सदा यूँ भी जननि / विश्राम विस्मृति दायिनी।''*[45] जीवन में तो नहीं, पर जीवन से परे कहीं ईश्वर मनुष्य को उसकी समस्याओं से मुक्त कर सकता है। चूँकि वह उसका सबसे बड़ा भय है, शायद मृत्यु से भी बड़ा, इसलिए उसके स्वरूप की

द्वन्द्वात्मकता इस तथ्य में निहित है कि मनुष्य के साहस का स्रोत भी वही है। इस विश्लेषण से समन्वित कुँवर नारायण की 'ईश्वर का मनोवैज्ञानिक रूप' शीर्षक कविता अत्यन्त महत्त्वपूर्ण है—

"तुम इस जीवन के आगे मेरा निदान निश्चय हो,
घबराकर जिसे रचा है वह महाशक्ति संचय हो,
है वहाँ काल का भय भी
कुछ फीका फीका लगता–
मेरे साहस के उद्गम! तुम मेरा अन्तिम भय हो।"[46]

ज़मीनी सचाइयों से जुड़ा इस तरह का सहज, संश्लिष्ट और गम्भीर चिन्तन कुँवर नारायण के कवि की मौलिक विशेषता है। जहाँ दूसरे कवि ऐसे अछूते विषयों पर लिखने को ही निषिद्ध मानते हैं या उनसे अपनी जान छुड़ाना चाहते हैं; वहीं इन अँधेरे इलाक़ों में प्रवेश करने का जोखिम उठाने के चलते कुँवर नारायण की कविता दुर्लभ और विशिष्ट हो जाती है। अपने ही क़िस्म की वैचारिक कशमकश इन कविताओं का सौन्दर्य है। 'चक्रव्यूह' के माध्यम से कवि जैसे अपनी सृजन-यात्रा ही नहीं, अपनी ज़िन्दगी के आत्म-निर्मम आख्यान की भी पहली सीढ़ी पर खड़ा है। नेमिचन्द्र जैन ने ठीक ही लिखा है कि *"–आत्मचेतना की प्रखरता ही इन कविताओं में है-ऐसी आत्मचेतना जो अन्तर्मन की गुह्य-से-गुह्य पर्त को चीर जाने के लिए कटिबद्ध है।"*[47] लेकिन वे यह भी कहने को विवश हैं कि *"जीवन के विस्तार और व्यापक मानवीय चेतना से दूर, दूरतर अन्तराल की ओर उन्मुख इस दृष्टि का वृत्त संकुचित होता जाता है, जिसमें भावना की तीव्रता जितनी है, उतनी ही तीखी घुटन और त्रास भी है, और एक ऐसा उलझाव का चक्रव्यूह जिससे निकलने का कोई रास्ता नहीं–एक प्रकार की नियतिबद्धता का-सा स्वर इन कविताओं में है–।"*[48] अगर हम इस संग्रह के अन्तरंग पाठ में जाएँ, तो समझना मुश्किल है कि आत्मबद्धता, नियतिवाद, वैचारिक स्फीति, यहाँ तक कि किसी तरह के आभिजात्य का आरोप भी कवि पर कैसे लगाया जा सकता है। वह तो समाज की प्रभुत्वशाली धारा से बहिष्कृत, वंचित और विरक्त-फ़क़ीरों की-सी सादगी, बेपरवाही और उदात्तता के साथ ज़िन्दगी जीने का हामी है—

"पागल-से, लुटे लुटे,
जीवन से छुटे छुटे,
ऊपर से सटे सटे,
अन्दर से हटे हटे,
कुछ ऐसे भी यह दुनिया जानी जाती है।"[49]

लोक-कल्याण के लिए बहनेवाले गंगा के पानी में कवि को साधारण जनता

की यह पुकार सुनाई पड़ती है कि *'जीवन की दुर्दम दुख कारा में सदियों से छिपे दैत्य'* को परास्त करने के लिए हम संगठित हों और अपनी शक्ति को संचित करें—

''गंगा का दानी जल
लोक हित बहता है,
वंशज भगीरथ के,
उसका कल कल निनाद
जन वाणी कहता है :
आओ, शक्ति बाँध
कमल वन के इसी क्रीड़ा जल में -
अछूती गहराइयों में उतरें -''[50]

'चक्रव्यूह' की कविताओं में किसी-किसी को अनास्था, पलायनवाद और क्षणवाद की छायाएँ भी दिखायी पड़ीं। दरअसल जिस समय में कोई कृति सामने आती है, उस समय की आलोचना में प्रचलित पदों को उस पर घटा देने की कोशिश की जाती है। इस तरह रचना के साथ न्याय तो नहीं ही हो पाता, स्वयं आलोचना स्वधर्म से भटक जाती है। भला जिस कवि की 'असन्तुष्ट चेतना' *'जीवन को किसी नए अर्थ में प्रतिष्ठित करना'*[51] चाहती हो, जो अपने को *'जीवन की सम्भावनाओं का एक दृढ़ संकेत'*[52] कहता हो, जिसने यह लिखा हो कि *'वही है अन्त जब विश्वास मर जाता'*[53]; उसमें हमें अनास्था कैसे नज़र आ सकती है? वह तो *'किसी गन्तव्य तक अपने अस्तित्व को थकने नहीं देना चाहता'*[54], विक्षोभ को सौन्दर्य कर संसार पर बिखराने और लूटने नहीं देने'[55] का ही हिमायती है और उसे उम्मीद है कि *''अस्फुट आलोकन का / पूर्ण अर्थ उभरेगा।''*[56] कवि क्षणवाद का समर्थक कैसे हो सकता है, जब उसको यह एहसास है कि *''कितना गहन / हर एक क्षण!''*[57] वह *'किसी क्षण से एक प्रगल्भ बहार-सा प्रस्फुटित'* होकर *'पुनः अपने बीज के भवितव्य ही तक लौट आने'*[58] का स्वप्न देखता है। ज़िन्दगी को उसके सातत्य और सम्पूर्णता में महसूस किए बिना ऐसी अभिव्यक्ति सम्भव नहीं थी। क्षणवाद की अस्थिर, एकांगी और कुंठित सोच के बरअक्स कुँवर नारायण लगातार जागरूक, संवेदनक्षम और दूरदर्शी हैं। वे नींद के दौरान भी चेतना की सक्रियता की शिनाख़्त करते हैं—*''नींद के परिवेश में भी सजग रहती / चेतना की, स्वप्न बन, कोई परत।''*[59] वे प्रकृति की उभयार्थता को कुछ सुन्दर सवालों के ज़रिये साकार करते हैं और ख़ुद को उसका हिस्सा समझते हुए कहते हैं कि उनका जिया हुआ वर्तमान समय या क्षण मानव-जाति के विगत इतिहास को ही और समुज्ज्वल बनाने की कोशिश है—

"कौन तमग्राही कठिन बेहोशियों में
भोर का सन्देश भर जाता?
कौन मिट्टी का अँधेरा गुदगुदाकर
फूल के दीपक जलाता?

* * *

क्या यही हूँ मैं!
उजागर इस क्षितिज से उस क्षितिज तक जागता-सा?
एक क्षण की सिद्ध, प्रामाणिक, परिष्कृत चेतना से
युग युगों को माँजता-सा?"[60]

रही पलायन की बात, तो उसके प्रत्याख्यान के लिए कुँवर नारायण की एक कविता 'उत्सर्ग' को याद कर लेना काफ़ी है। यहाँ अकेले होने को या जीवन के बीहड़ समीकरण को कवि ने चुना नहीं है, बल्कि यह अनिवार्य परिस्थिति है, जिससे जूझने को वह तैयार है। वह किसी भी त्याग के लिए प्रस्तुत है, क्योंकि वह आदर्शों को जीतते हुए ही देखना चाहता है। अमरता या देवत्व मनुष्यता से स्वायत्त कोई चीज़ें नहीं हैं, वे उसी के विकसित रूप हैं, कठिन तपस्या से हासिल हुई असाधारण ऊँचाइयाँ—

"हैं मुझे स्वीकार
मेरे वन, अकेलेपन, परिस्थिति के सभी काँटे :

ये दधीची हड्डियाँ
हर दाह में तप लें,
न जाने कौन दैवी आसुरी संघर्ष बाक़ी हों अभी,
जिसमें तपाई हड्डियाँ मेरी
यशस्वी हों,
न जाने किस घड़ी की देन से मेरी
करोड़ों त्याग के आदर्श
विजयी हों :
जिसे मैं आज सह लूँ
कल वही देवत्व हो जाए,
न जाने कौन-सा उत्सर्ग
बढ़ अमरत्व हो जाए।"[61]

आत्म के जिस अन्वेषण, मंथन, विश्लेषण और साक्षात्कार के प्रयत्न की ओर इस लेख की शुरूआत में ध्यान आकृष्ट किया गया; आत्म-संघर्ष उस प्रक्रिया

का स्वाभाविक अंग है। जगदीश गुप्त को उचित ही लगता है कि ये कविताएँ *" 'पलायन की तत्परता' के विरुद्ध कवि में, जीवन के आमने-सामने आकर तथा उसके यथार्थ भौतिक रूप को अनुभूति के क्षेत्र में उतारकर, एक दृढ़ता उपलब्ध करने की वृत्ति का संकेत करती हैं। 'पैतृक युद्ध' शीर्षक कविता-'चक्रव्यूह' के कवि के आत्म-संघर्ष का सबसे सही परिचय देती है-पलायन जिसकी मूल प्रवृत्ति रही हो, वह कवि कैसा भी क्यों न हो, इस प्रकार के दृढ़ संकल्प से युक्त पंक्तियाँ लिखने में समर्थ नहीं हो सकता।"*[62] यहाँ जिस कविता का ज़िक्र है, बाद में उसका नाम बदलकर कवि ने 'विरासत' रख दिया। इसमें युयुत्सा जिस चुस्त, अर्थ-सघन और गम्भीर भाषा में व्यक्त हुई है; वह उसकी सचाई का ही प्रमाण है—

"कौन कब तक बन सकेगा कवच मेरा?
युद्ध मेरा, मुझे लड़ना
इस महाजीवन समर में अन्त तक कटि-बद्ध :
मेरे ही लिए यह व्यूह घेरा,
मुझे हर आघात सहना,
गर्भ-निश्चित मैं नया अभिमन्यु, पैतृक-युद्ध!"[63]

कवि अपने संघर्ष को विरासत से प्राप्त हुई लड़ाई मानता है और उसमें भी अभिमन्यु के मिथक में अपनी प्रतिच्छवि देखता है। यह सामान्य जन-मानस में मौजूद स्मृतियों और प्रतीकों का कला के स्तर पर भी इस्तेमाल है और समकालीन जीवन-स्थितियों में उनको एक नया मानवीय अर्थ और व्याख्या देने की कोशिश भी। यह दरअसल समय के अनन्त सन्दर्भ में मनुष्य की नियति की पड़ताल है, जैसा कि स्वयं कुँवर नारायण ने अपने एक इंटरव्यू में कहा है— *"पौराणिक अतीत केवल हमारी स्मृति का हिस्सा नहीं है, वह बहुत कुछ आज भी हमारी मानसिकता में 'प्रतीक' रूप से जीवित और सक्रिय है। इन 'प्रतीकों' और 'स्मृतियों' के माध्यम से जनमानस तक पहुँचने की एक सशक्त और सांकेतिक भाषा हमारे अवचेतन में पहले से ही मौजूद है। कविता इस 'भाषा' में भी दूसरों से बात कर सकने की एक कला है। यह रोज़मर्रा की व्यावहारिक भाषा का निषेध नहीं, उसका समय के एक ज़्यादा बड़े आयाम में विस्तार है।-पौराणिक चरित्र मनुष्य की आशाओं-निराशाओं, आकांक्षाओं, पराजयों जैसी मूल भावनाओं के कल्पित नायकों और खलनायकों की प्रतिच्छवियाँ हैं। इनमें हम जीवन के सारतत्त्व और उसकी असारताओं के अनन्त जीवन-नाटक को पढ़ते और देखते हैं।"*[64] यों 'विरासत' के अलावा 'जन्मसिद्ध अधिकार' और 'चक्रव्यूह' एक नई अन्तर्वस्तु के सम्प्रेषण के लिए पौराणिक रूपकों को आधार बनाकर लिखी गई बेहद सफल कविताएँ हैं। इसी कारण जगदीश गुप्त

ने स्वीकार किया है कि *"किसी प्राचीन कथांश को नए सन्दर्भ का सशक्त वाहक बनाकर उसे सफलतापूर्वक निबाह ले जाने के लिए जिस सामर्थ्य की अपेक्षा होती है, वह कम कवियों में उपलब्ध होती है। कुँवर नारायण ने इस कार्य में यथेष्ट सफलता पायी है, इसमें सन्देह नहीं।"*[65] 'विरासत' शीर्षक कविता की भावभूमि को वे 'नई कविता' के दौर से सम्बद्ध मानते हैं और इसकी वजह बताते हुए लिखते हैं—*"इसमें जो सशक्त स्वर व्यक्त हुआ है, वह नई कविता के अनेक कवियों का अपना स्वर है। ऐसा क्यों है कि वर्तमान संघर्षलीन युद्ध-जर्जर युग को महाभारत की पृष्ठभूमि देकर आज का कवि अपने को अभिमन्यु के सबसे निकट पाता है?–मैं समझता हूँ कि इसका सर्वप्रमुख कारण सामाजिक विषमताओं के बीच नए कवि के मानसिक संघर्ष का वैयक्तिक रूप है।"*[66] हमें लगता है कि जहाँ 'जन्मसिद्ध अधिकार' में अँधेरा रौशनी को 'नोक भर ज़मीन' देने के लिए भी तैयार नहीं है और जहाँ इसी बात पर 'बृहदाकार युयुत्सु विकारों से सद्‌आत्माएँ' संघर्षरत हैं; वहाँ मामला महज़ वैयक्तिक चिन्ताओं और सरोकारों का नहीं हो सकता। यह सत्य या 'ज्योति के अधिकार' के लिए छिड़े असमाप्य महासमर में, जिसके रूप समय के साथ बदलते रहते हैं, अपनी निजी भूमिका को हिम्मत और ईमानदारी से पहचानने और उसे निभाने की प्रतिबद्धता है—

"दुहराया हुआ संसार :
मेरे प्राण कटु अन्याय से आक्रान्त कर दो,
शौर्य मन का
गर्व जीवन का
अकेला ही लड़ेगा,
चोट खाकर जागता अभिमान
लेगा जन्म का अधिकार।"[67]

'चक्रव्यूह' शीर्षक कविता में कुँवर नारायण का वक्तव्य *'मैं नवागत वह अजित अभिमन्यु हूँ'* होर्ख़े लुइस बोर्ख़ेस की एक कहानी 'अनिद्रा रोग' की याद दिलाता है, जिसमें लेखक ने कहा है कि *"अनिद्रा रोग सचमुच एक अमर रोग है।"* यह इसलिए कि अनिद्रा का शिकार एक व्यक्ति आख़िरकार आत्महत्या कर लेता है और कहानीकार की टिप्पणी है कि *"वह व्यक्ति तो मर गया है, लेकिन वह अभी तक सो नहीं पाया है।"*[68] एक भिन्न सन्दर्भ में कह सकते हैं कि अभिमन्यु को मारा जा सकता है, पर उसे विजित नहीं किया जा सकता। कुँवर नारायण के शब्दों में वह *'इतिहास की स्मृति'* है और *'संसार में लौटा हुआ योद्धा'* है। कविता में 'पिघलती आग-सी सन्ध्या', 'हाथ में टूटा हुआ पहिया' और 'सिर पर गिद्ध-से मँडरा रहे आकाश' के जैसे सशक्त और मार्मिक बिम्ब हैं, उनसे कवि के ज़बरदस्त

आत्म-संघर्ष का अनुमान किया जा सकता है। पर इस संघर्ष के व्यापक मानवीय उद्देश्य हैं, क्योंकि अभिमन्यु कोई व्यक्ति-विशेष ही नहीं है, वह सदियों से क़त्ल किए जा रहे और सताये जा रहे असंख्य निर्दोष इंसानों का सन्ताप भी है—

"वह जीव हूँ निष्पाप
जिसको पूजकर मारा गया,
वह शिरा जिसका रक्त सदियों तक बहा,
वह दर्द जिसको बेगुनाहों ने सहा।"[69]

यह कविता सन् 1936 में लिखी गई निराला की मशहूर कविता 'राम की शक्ति-पूजा' का स्मरण कराती है। वहाँ भी राम को युद्ध में अपनी विजय का भरोसा नहीं रह गया, क्योंकि उन्होंने पाया कि शक्ति स्वयं अन्याय का साथ दे रही हैं—"बोले रघुमणि—*"मित्रवर, विजय होगी न समर / यह नहीं रहा नर-वानर का राक्षस से रण / उतरीं पा महाशक्ति रावण से आमंत्रण / अन्याय जिधर, हैं उधर शक्ति!"* "[70] यहाँ भी अभिमन्यु को व्यूह-रक्षक वीरों की कायरता, उनका यह छल समझ में आ जाता है कि वे स्वार्थ को सत्य से बड़ा मान रहे हैं—

"जहाँ उसने विजय के चन्द घातक पलों में जाना
कि छल के लिए उद्यत व्यूह-रक्षक वीर-कायर हैं,
–जिन्होंने पक्ष अपना सत्य से ज़्यादा बड़ा माना–
जहाँ तक पहुँच उसने मृत्यु के निष्पक्ष, समयातीत घेरे में
घिरे अस्तित्व का हर पक्ष पहिचाना।"[71]

यों उपर्युक्त संघर्ष और कविता, दोनों की उपलब्धि है—मनुष्य के संकटापन्न और जुझारू अस्तित्व के हरेक आयाम का विश्लेषण और उसकी जानकारी। इसका महत्त्व निर्विवाद है, क्योंकि संवेदना अगर ज्ञान की प्रक्रिया है, तो ज्ञान का होना भी संवेदना को सही दिशा देने के लिए ज़रूरी है। अगरचे नेमिचन्द्र जैन कहते हैं कि 'चक्रव्यूह' की कविताओं में *"यौवन के प्रथम ज्वार की भावुकता नहीं; किन्तु साथ ही यौवन-सुलभ तन्मयता और आत्मदान का इतना अभाव इन कविताओं में है कि बहुत बार वे केवल एक बौद्धिक 'पोज़' जैसी सुनाई पड़ती हैं।"*[72] दूसरी ओर वे स्वीकार करते हैं कि *"कुँवर नारायण की काव्यभूमि निस्सन्देह बड़ी सूक्ष्म संवेदनशीलता की और गहनतम् जीवन-सत्यों की है-।"*[73] शायद कुछ जगहों पर बौद्धिकता और आन्तरिकता के अतिशय संश्लेषण की वजह से अपारदर्शिता आ गई, इसलिए नेमिचन्द्र जैन को कहना पड़ा कि *"कवि के अन्तर्लोक का यह क्षितिज बहुत लम्बा अवश्य है, स्पष्ट चाहे न हो।"*[74] इसके बावजूद 'चक्रव्यूह' में उन्हें एक 'अपने ढंग की स्वाभाविक आत्माभिव्यक्ति की निश्छलता' दिखायी पड़ती है और 'गूढ़ता, रहस्यमयता और उलझाव' से बोझिल कविताएँ उन्हें भले

'छूँछी, कृत्रिम और निरर्थक' लगती हैं; लेकिन वे कुँवर नारायण को अन्ततः 'एक सामान्य भावभूमि', यानी 'सहजता, व्यापकता और मानवीय सहानुभूति' की ओर बढ़ता हुआ भी पाते हैं, जिसकी बदौलत उनमें *"अधिक भावाकुलता, आत्मीयता और सार्थकता प्रकट होती जाती है।"*[75]

यह उनकी कविता में आत्म का विस्तार है, जो वास्तव में आत्मान्वेषण और आत्म-संघर्ष की ही अगली कड़ी है। कविता अगर संवाद की इच्छा से जन्म लेती है; तो वह निश्चय ही दूसरों से जुड़ने, अपने को वृहत्तर बना सकने का एक माध्यम है। इसीलिए कुँवर नारायण कहते हैं कि *"रचनात्मकता का मेरे लिए चरम क्षण वह होता है, जब यह महसूस होता है कि जो कहना चाह रहा था, वह भरपूर अभिव्यक्त हो सका है और यह अनुभवपूर्ण तभी होता है, जब वह दूसरों तक भी उतनी ही तीव्रता से पहुँच पाता है।"*[76] यों आत्म की खोज और पहचान का मक़सद दूसरों को समझने, उनके अनुभवों और विचारों में साझा कर सकने में सक्षम होना है—*"अपने को ठीक से समझे बिना हम दूसरों को भी ठीक से नहीं समझ सकते।"*[77] इन बातों से ज़ाहिर है कि कुँवर नारायण का कवि आत्म-मुग्ध और आत्मबद्ध नहीं है। इसके विपरीत उनका बयान है कि *"–आत्ममुक्त होना ज़रूरी है। अच्छे लेखन के लिए ज़रूरी है कि एक लेखक व्यापक स्तर पर अपने समाज से भी जुड़े, तभी निजी का विस्तार और साधारणीकरण हो पाता है।"*[78] इसलिए अकेलापन, जिसकी बार-बार चर्चा इस संग्रह में है, आधुनिक जीवन की विडम्बना के रूप में कवि को मिला है; यह उसके व्यक्तिवादी रुझान का परिचायक नहीं। ऐसा होता तो न वे दूसरों के दुख के प्रति सदय हो पाते, न उनके सान्निध्य में कोई सान्त्वना खोज पाते—

> *"मन कातर हुआ, तभी देखा सन्ध्या उदास है,*
> *अपनी से अधिक व्यथा औरों के पास है :*
> *जीवन को जीवन से मिलकर ही बल मिलता,*
> *औरों में जीकर ही अपना सम्बल मिलता।"*[79]

जैसा कि हमने देखा, कुँवर नारायण पारलौकिक के बरअक्स लौकिक, ईश्वर के बरअक्स मनुष्य और किसी विचार की अधीनता के बरअक्स बौद्धिक स्वतंत्रता को प्रतिष्ठित करते हैं। इस तरह जनता के श्रम से उन्हें सबसे ज़्यादा लगाव और उम्मीद है—*"पहले धरती को स्वर्ग बनाओ मेहनत से / तुम देखोगे, देवता स्वयं बन जाते हैं।"*[80] कवि अपने जीवन को समाज में ही नहीं, समय में भी विस्तृत करना चाहता है और अपनी सीमाओं को अतिक्रान्त किए बिना यह सम्भव नहीं—*"कठिन सम्पर्क से अपने / सिकुड़ती ज़िन्दगी को / दे सकूँ मैं स्वयं से आगे / किसी अमरत्व का विस्तार।"*[81] दूसरे शब्दों में, यह आकांक्षा

देवत्व के लिए मानवता के प्रतिमान तय करने और समूचे विश्व को अपनी चेतना में धारण करने की है--

"–विकसित व्यक्ति ही वह देवता है
इतर मानव जिसे केवल पूजता है;
आँक लेगा वह पनपकर
विश्व का विस्तार अपनी अस्मिता में–
सिर्फ़ उसकी बुद्धि को हर दासता से मुक्त रहने दो।"[82]

"ओ सम्पूर्ण दृश्य के स्रष्टा! तेरी दृष्टि कहाँ मैं पाऊँ?"[83] जैसी पंक्तियों में भी उस दृष्टि की चाहत प्रकट हुई है, जिससे दृश्य को उसकी सम्पूर्णता में देखा और रचा जा सके। आत्म के विस्तार की यह आकांक्षा समस्त कलात्मक सृजन की बुनियादी अन्त:प्रेरणा है, जैसा कि विश्व–विख्यात मार्क्सवादी आलोचक अंर्स्ट फिशर ने अपनी किताब 'कला की ज़रूरत' में व्याख्यायित किया है— *"स्पष्ट बात है कि मनुष्य स्वयं से बढ़कर कुछ होना चाहता है। वह एक 'सम्पूर्ण' मनुष्य बनना चाहता है। वह एक अलग–थलग व्यक्ति होकर सन्तुष्ट नहीं रहता; अपने वैयक्तिक जीवन क़ी आंशिकता से निकलकर वह उस 'परिपूर्णता' की ओर बढ़ने की कोशिश करता है, जिसे वह महसूस करता और चाहता है। वह जीवन की ऐसी परिपूर्णता की ओर बढ़ना चाहता है, जिससे वैयक्तिकता अपनी तमाम सीमाओं के कारण उसे वंचित कर देती है। वह एक ऐसी दुनिया की ओर बढ़ना चाहता है, जो अधिक बोधगम्य हो, जो अधिक न्यायसंगत दुनिया हो। वह एक ऐसी दुनिया की ओर बढ़ना चाहता है, जो 'सार्थक' हो। वह अपने निजी जीवन की घेरेबंदी में, अपने निजी व्यक्तित्व की अस्थायी और अनिश्चित सीमाओं में स्वयं को नष्ट कर डालने की मजबूरी के विरुद्ध विद्रोह करता है।– वह अपने चारों ओर की दुनिया को आत्मसात् कर लेना और उसे अपनी निजी दुनिया बना लेना चाहता है।–कला में वह अपने सीमित 'मैं' को समष्टिगत अस्तित्व से जोड़ना चाहता है, अपनी वैयक्तिकता को 'सामाजिक' बनाना चाहता है।"*[84]

'चक्रव्यूह' में कुँवर नारायण प्रेम, प्रकृति और जन–सामान्य से अपने घनिष्ठ साहचर्य के विभिन्न स्तरों पर 'मैं' को समष्टि से जोड़ने और अपनी वैयक्तिकता को 'सामाजिक' बनाने की बराबर कोशिश करते दिखायी देते हैं। कवि सौन्दर्य से अभिभूत है और उसके संसर्ग की कामना भी उसमें है; लेकिन वह उसके उस ऐश्वर्य से भी वाक़िफ़ है, जो सांसारिकता से मलिन नहीं होता— *"रूप–सागर कब किसी की चाह में मैले हुए?"*[85] यह सुन्दरता को उसकी स्वतंत्रता में चाहने और सम्मान करने की एक दुर्लभ आधुनिक चेतना से ही सम्भव है। सृजन दरअसल प्रकृति, समाज और मनुष्यता के प्रति अपने ऋण को ही चुकाना है और जिस तरह *'चोट खाकर स्वाभिमान जगता है'*, संघर्ष की ऊर्जा प्राप्त होती है; उसी तरह प्रेम की पीड़ा

से, बल्कि उसके ठोस ऐन्द्रिय अनुभव से भी व्यक्तित्व का संस्कार होता है, वह समृद्ध और आवेगशील होता है, जैसे किसी रूप में ढल जाने के लिए बेचैन वह कोई द्रवित संगीत हो—

"सृष्टि तुमसे माँगनी है
क्यों कि यह जीवन ऋणी है—
दामिनी की कसमसाहट से जलद जैसे चिटकता—
रौंदता हर अंग प्रतिपल फूट कर आवेग बहता।
एक मुझमें रागिनी है
जो कि तुमसे जागनी है।"[86]

प्रकृति के प्रति भी कवि के मन में गहरी संसक्ति है और उसके बहुत सारे दृश्य उसने अपनी भाषा में साकार किए हैं। यों कि उनकी सूक्ष्मता और नैसर्गिकता अक्षुण्ण रहे। प्रकृति का सौन्दर्य उसे कई बार इतना अलौकिक लगता है कि उससे वियुक्त किए जाने की सम्भावना भी उसे विषण्ण कर देती है और वह सजल नेत्रों से क्षितिज की ओर देखता है—

"न जाने किस व्यथा के मूल आँसू आज भी संचित
हृदय में रुक नहीं पाते :

और मैंने स्वर्ग का वह प्रकृति-हिंडोला
पुनः निज व्यथा भर देखा;
उसे भी, छीनती जो स्वर्ग पृथ्वी से,
हमारी दृष्टियों में क्षितिज-सी रेखा।"[87]

रात, ओस, चाँदनी, आकाशगंगा, झुरमुट और सितारे जिस तरह अनेक मानवीय स्थितियों, वस्तुओं और चरित्रों के सजीव रूपक बनकर एक संश्लिष्ट गत्यात्मक बिम्ब-योजना में विन्यस्त हो गए हैं; समूचे वातावरण से कवि का वह सान्द्र और पारदर्शी लगाव यहाँ द्रष्टव्य है—

"ओस-नहाई रात
गीली सकुचती आशंक,
अपने अंग पर शशि-ज्योति की संदिग्ध चादर डाल,
देखो
आ रही है व्योमगंगा से निकल
इस ओर
झुरमुट में सँवरने को—दबे पाँवों
कि उसको यों

अव्यवस्थित ही
कहीं आँखें न मग में घेर लें
लोलुप सितारों की।''[88]

अपने भीतर की गहन, जटिल और रहस्यमय दुनिया के विश्लेषण में जिसकी अभिरुचि हो; वह बाहर के संसार का भी बारीक, संश्लिष्ट और आत्मीयतापूर्ण चित्रण ही करेगा। बक़ौल जगदीश गुप्त, *''जो कवि मनोजगत् की बहुत-सी अव्यक्त जटिलताओं के प्रति जागरूक रहने में सक्षम हो, वह व्यक्त जगत्-प्रकृति के रूप-विस्तार में संलग्नता का अनुभव करे, संवेदनशील हो, यह स्वाभाविक ही है। दृश्य-जगत् के अनेक रूप-खंड कुँवर नारायण की कुछ कविताओं में जीवन्त चित्रात्मकता के साथ आलिखित हुए हैं।–ये अंश बाह्य प्रकृति का मात्र तटस्थ रूप-चित्र प्रस्तुत नहीं करते, वरन् अपने को ध्यान की सूक्ष्मता से देखनेवाली आँख और उसके पीछे उलझी वैयक्तिक भाव-सीमाओं के बीच स्पन्दित हृदय को भी लक्षित कराते हैं।–इन पंक्तियों के पढ़नेवाले को कवि-मन के डूबेपन का सहज कवित्वमय आभास मिलता है।''*[89] यही वजह है कि जिस तरह सूर्य रात का अन्त कर सबको रौशनी देता है, उसी तरह कवि अपनी कविता की आभा से इस विश्व का अभिनन्दन करना चाहता है—

''रवि रात हटा जीवन का उज्ज्वल मुख खोले,
मैं गीत रश्मि से करूँ जगत् का अभिवादन।''[90]

यों तो जीवन नश्वर है, पर व्यापक अर्थों में प्रेम या जन-साधारण से एकात्म होने की स्थिति ही इस नश्वरता से मुक्ति का शायद एक-मात्र उपाय है, वह स्वार्थ या दुनियादारी से दूर परमार्थ की एक दुर्लभ भावना है—

''अपनेपन के बन्धन में ही
मृत्योपरि स्वर्गाभास छिपा।''[91]

कुँवर नारायण आभिजात्य और उससे जुड़ी हुई परिष्कृति और भव्यता की निस्सारता और क्षणभंगुरता को पहचानते हैं। इसलिए घास उनके यहाँ आम जनता की जिजीविषा का ऐसा प्रतीक बनकर उभरती है, जो शासक वर्गों की प्रभुता पर भारी पड़ता है। ज़मीन से जुड़े हुए लोगों में ही इतनी गहराई, दृढ़ता और अंकुरित या विकसित हो आने की अपार क्षमता होती है कि वे अपनी आन्तरिक समृद्धि और ऊर्जा से प्रभु-वर्गों के पराभव का कारण बन सकते हैं और समय की सीमाओं के पार भी उनका वजूद क़ायम रहता है। 1998 में प्रकाशित आलोकधन्वा के कविता-संग्रह में कुछ इसी आशय की पंक्तियाँ हैं—

''पागल तलवारें नहीं थीं उनकी राहें
उनकी आबादी मिट नहीं गई राजाओं की तरह!
पागल हाथियों और अन्धी तोपों के मालिक

जीते जी फ़ॉसिल बन गए
लेकिन लकड़ी का हल चलानेवाले
चल रहे हैं
रानियाँ मिट गईं
जंग लगे टिन जितनी क़ीमत भी नहीं
रह गई उनकी याद की
रानियाँ मिट गईं
लेकिन क्षितिज तक फ़सल काट रही
औरतें
फ़सल काट रही हैं।''[92]

कैसा सुखद संयोग है कि कुँवर नारायण ने सन् 1956 में ही अपनी एक कविता 'चिटके स्वप्न' में इसी अभिप्राय को व्यक्त किया था—

''संगमरमर के गड़े स्तम्भ
जो देते किसी नभ को सहारा
ढह गए—
परछाइयाँ झरती रहीं जिद्दी पनपती घास पर
जो सदा बढ़कर छेंक लेती है
गिरे मीनार, क़ब्रिस्तान, खंडहर आदि—
जिसकी लहलहाती बाढ़ में
ऐश्वर्य कितने बह गए।

फिर भला कैसे न मानूँ वह वनस्पति ही अमर है
जो सदा बसती रही पिछली दरारों में समय की।''[93]

पंजाबी के मशहूर क्रान्तिकारी कवि अवतार सिंह 'पाश' ने भी 'घास' को मनुष्य की अदम्य सिसृक्षा का रूपक बनाकर आतंकवाद के सन्दर्भ में एक मार्मिक और सशक्त कविता लिखी थी, जिसका एक अंश है—

''मैं घास हूँ
मैं आपके हर किए-धरे पर उग आऊँगा
बम फेंक दो चाहे विश्वविद्यालय पर
बना दो होस्टल मलबे के ढेर
सुहागा फिरा दो भले ही हमारी झोंपड़ियों पर
मुझे क्या करोगे?
मैं तो घास हूँ, हर चीज़ ढक लूँगा
हर ढेर पर उग आऊँगा।''[94]

यह मनुष्यता की अनन्त जय-यात्रा है, जिसे आतंक, दमन और विध्वंस का सहारा लेनेवाली प्रतिगामी शक्तियाँ आकस्मिक आघात दे सकती हैं, मगर रोक नहीं सकतीं। कुँवर नारायण आदमी के इस सफ़र में श्रेष्ठ मानवीय मूल्यों के प्रवक्ता और समर्थक कवि हैं। 'कवि का सृजन मंत्र' क्या हो, इस बारे में वे लिखते हैं— *"वह एक संगठित मंत्र विचार / समर्थ बने।"*[95] लेकिन वे निरे विचार की ही खोज नहीं करते, उसके समान्तर एक मानवीय कोमलता की भी आकांक्षा रखते हैं–काश! ऐसा हो पाए— *"युद्ध का कुल प्रसंग गीता से छोटा हो? जीवन का सही वेद हिंसा से रीता हो?"*[96] इसलिए वे क्रूरता, अन्याय और विद्वेष की संस्कृति के बरअक्स उन मूल्यों की बात करते हैं, जिनसे ज़िन्दग़ी को ज़्यादा सुन्दर, सार्थक और संवेदनशील बनाया जा सके—

"ओ मानव के विवेक - ओ विचार –
बुद्धि – ज्ञान – धैर्य – प्यार –
कुछ तो तुम्हारा भी होगा इतिहास कहीं?
जीवन, चंगेज़ों का केवल अट्टहास नहीं।"[97]

कविता का एक अहम और ज़रूरी कार्य–भार यह है कि वह चीज़ों को उस दृष्टिकोण से देखे, जिससे वे पहले न देखी गई हों और आम तौर पर जैसे वे न देखी जाती हों। अगर वह वस्तु–संसार की नई और अद्वितीय पहचान कराने में समर्थ हो और इसके लिए अपने मुहावरे को लगातार तोड़ने और बदलने में भी; तभी ज़िन्दगी से हमारे लगाव और आस्था को ज़्यादा सच्चा और गहन बना सकती है। उसका यह दायित्व है कि जीवन से हमें ऊब, थकन, अरुचि या अवसाद पैदा न हो जाए। कुँवर नारायण के शब्दों में—

"जीवन से वही मेल रोज़ रोज़ धीरे धीरे,
कर न दे मलिन
आत्मदर्पण अति परिचय से।"[98]

निष्कर्षतः 'चक्रव्यूह' के साक्ष्य से हम कह सकते हैं कि कुँवर नारायण ज्ञान और संवेदना, आधुनिकता और परम्परा, भारत और पश्चिम, लोक और अभिजात, आदर्श और यथार्थ, व्यक्ति और समाज, मनुष्य और प्रकृति, कला और प्रगतिशीलता, ऐन्द्रिय और इन्द्रियातीत और काव्यात्मक और अकाव्यात्मक जैसे अनेक छोरों के बीच संवाद और संश्लेषण की प्रक्रिया से ज़िन्दगी के ज़्यादा सम्पूर्ण सच का अन्वेषण और इज़हार करनेवाले कवि हैं। वे किसी प्रसंग के प्रत्यक्ष ही नहीं, परोक्ष आयामों में भी प्रवेश करते हैं और मानते यह हैं कि किसी चीज़ पर पड़नेवाली रौशनी पर निर्भर है कि हम उससे किस तरह प्रभावित होंगे या उसकी कैसी व्याख्याएँ करेंगे—

"मैं प्रकाश का वह अन्तःकेन्द्र हूँ
जिससे गिरनेवाली वस्तुओं की छायाएँ बदल सकती हैं!

... ...

मैं संसार को नंगा ही नहीं करता,
बल्कि अस्तित्व को दूसरे अर्थों में भी प्रकाशित करता हूँ।''[99]

कुँवर नारायण ने 'आशय' शीर्षक कविता में साफ़ कहा है कि उनकी ज़िन्दगी का आशय भूख, वासना और सन्तानेच्छा के घेरों में संकुचित नहीं है, बल्कि उनकी प्रश्नाकुलता की वजहें दूसरी हैं, जो 'इन्द्रियों से परे' हैं। *''दुनिया दुहराई जाती है / चाहों में रखकर बार-बार''*[100]—कवि को इन इच्छाओं के सर्व-सामान्य चरित्र और उन्हें पूरा करने के कल्पनारहित तौर-तरीक़ों में अपने समय के नष्ट हो जाने का भय है, इसलिए वह इन सबसे उबरना चाहता है। इस पृष्ठभूमि में उसकी पीड़ा हमेशा इतने सच्चे और तीखे अन्दाज़ में व्यक्त हुई है कि जगदीश गुप्त का यह कथन याद आता है—*'''देह-पक्ष' को लेकर लिखी गई कुँवर नारायण की कई रचनाओं में गतानुगतिक क्रियाओं में क्षरित होनेवाले जीवन की कचोट तथा उससे उत्पन्न रिक्तता को पूरने की अकुलाहट स्पष्ट रूप से व्यक्त हुई है। कम कवि इतने निकट आकर अनुभव की ज्वलित रेखा को स्पर्श करते हैं।''*[101] सवाल है कि इस आग से गुज़रने का प्रयोजन क्या है? हमें ध्यान रखना होगा कि कुँवर नारायण की नज़र में *'विकसित व्यक्ति ही देवता है'* और व्यापक मानव-उद्देश्यों से *'सही गई पीड़ा ही एक दिन देवत्व में बदल जाती है और उत्सर्ग अमरत्व में।'* इसीलिए उन्होंने अपनी ज़िन्दगी के सरोकार को इस तरह रेखांकित किया है—

''भरकर अन्तर में तत्त्वों का
आदिम उद्वेल तड़पना है,
दैहिक आशय में जीवन का
दैविक अन्वेषण भरना है।''[102]

सन्दर्भ

1. कालिदास, 'कुमारसम्भवम्', 5 / 16
2. ब्रायन वाइकर्स (सं.), फ्रांसिस बेकन, पृ. 424
3. कुँवर नारायण, 'चक्रव्यूह', पृ. 125
4. यतीन्द्र मिश्र (सं.), 'कुँवर नारायण : उपस्थिति', पृ. 29
5. वही, पृ. 25
6. वही, पृ. 26
7. वही, पृ. 29
8. वही, पृ. 29
9. वही, पृ. 37
10. वही, पृ. 37

11. वही, पृ. 37
12. वही, पृ. 40
13. वही, पृ. 39
14. वही, पृ. 35
15. वही, पृ. 27
16. वही, पृ. 27
17. यतीन्द्र मिश्र (सं.), 'कुँवर नारायण : उपस्थिति', पृ. 16
18. कुँवर नारायण, 'चक्रव्यूह', पृ. 43
19. यतीन्द्र मिश्र (सं.), 'कुँवर नारायण : उपस्थिति', पृ. 38
20. नामवर सिंह, 'वाद विवाद संवाद', पृ. 144
21. यतीन्द्र मिश्र (सं.), 'कुँवर नारायण : उपस्थिति', पृ. 26
22. वही, पृ. 34
23. वही, पृ. 26
24. वही, पृ. 38–39
25. वही, पृ. 39
26. कुँवर नारायण, 'चक्रव्यूह', पृ. 84
27. वही, पृ. 84
28. वही, पृ. 83
29. वही, पृ. 85
30. अली सरदार जाफ़री (सं.), 'दीवान-ए-ग़ालिब', पृ. 120
31. कुँवर नारायण, 'चक्रव्यूह', पृ. 91
32. नागार्जुन, 'हज़ार-हज़ार बाँहों वाली', पृ. 16
33. कुँवर नारायण, 'चक्रव्यूह', पृ. 90
34. नागार्जुन, 'हज़ार-हज़ार बाँहों वाली', पृ. 17
35. कुँवर नारायण, 'चक्रव्यूह', पृ. 91
36. वही, पृ. 92
37. वही, पृ. 94–95
38. वही, पृ. 93
39. नागार्जुन, 'हज़ार-हज़ार बाँहों वाली', पृ. 15
40. कुँवर नारायण, 'चक्रव्यूह', पृ. 93
41. वही, पृ. 93–94
42. महादेवी वर्मा, 'यामा', पृ. 20
43. कुँवर नारायण, 'चक्रव्यूह', पृ. 98
44. वही, पृ. 127
45. वही, पृ. 94

46. वही, पृ. 96
47. यतीन्द्र मिश्र (सं.), 'कुँवर नारायण : उपस्थिति', पृ. 37
48. वही, पृ. 37
49. कुँवर नारायण, 'चक्रव्यूह', पृ. 120
50. वही, पृ. 102-03
51. वही, पृ. 7
52. वही, पृ. 9
53. वही, पृ. 49
54. वही, पृ. 49
55. वही, पृ. 15
56. वही, पृ. 72
57. वही, पृ. 24
58. वही, पृ. 131
59. वही, पृ. 132
60. वही, पृ. 132
61. वही, पृ. 112
62. यतीन्द्र मिश्र (सं.), 'कुँवर नारायण : उपस्थिति', पृ. 30
63. कुँवर नारायण, 'चक्रव्यूह', पृ. 109
64. यतीन्द्र मिश्र (सं.), 'कुँवर नारायण : उपस्थिति', पृ. 10
65. वही, पृ. 31-32
66. वही, पृ. 31
67. कुँवर नारायण, 'चक्रव्यूह', पृ. 105
68. होर्ख़े लुइस बोर्ख़ेस, 'कालजयी कहानियाँ', पृ. 25-26
69. वही, पृ. 134
70. रामविलास शर्मा (सं.), 'राग-विराग', पृ. 98
71. कुँवर नारायण, 'चक्रव्यूह', पृ. 134
72. यतीन्द्र मिश्र (सं.), 'कुँवर नारायण : उपस्थिति', पृ. 38
73. वही, पृ. 39
74. वही, पृ. 38
75. वही, पृ. 40
76. वही, पृ. 16
77. वही, पृ. 10
78. वही, पृ. 16
79. कुँवर नारायण, 'चक्रव्यूह', पृ. 122
80. वही, पृ. 88

81. वही, पृ. 125
82. वही, पृ. 127–28
83. वही, पृ. 84
84. अंर्स्ट फ़िशर, 'कला की ज़रूरत', पृ. 10
85. कुँवर नारायण, 'चक्रव्यूह', पृ. 37
86. वही, पृ. 37–38
87. वही, पृ. 27
88. वही, पृ. 18
89. यतीन्द्र मिश्र (सं.), 'कुँवर नारायण : उपस्थिति', पृ. 34–35
90. कुँवर नारायण, 'चक्रव्यूह', पृ. 45
91. वही, पृ. 56
92. आलोक धन्वा, 'दुनिया रोज़ बनती है', पृ. 63–64
93. कुँवर नारायण, 'चक्रव्यूह', पृ. 49
94. पाश, 'बीच का रास्ता नहीं होता', पृ. 109
95. कुँवर नारायण, 'चक्रव्यूह', पृ. 115
96. वही, पृ. 111
97. वही, पृ. 111
98. वही, पृ. 7
99. वही, पृ. 8
100. वही, पृ. 57
101. यतीन्द्र मिश्र (सं.), 'कुँवर नारायण : उपस्थिति', पृ. 33
102. कुँवर नारायण, 'चक्रव्यूह', पृ. 57

जीवन की सहज स्वीकृति

[क] मैं अनींद पथ हूँ जागते तपस्वी-सा

सन् 1956 में कुँवर नारायण के पहले कविता-संग्रह 'चक्रव्यूह' के प्रकाशन के बाद 1959 में उनकी कविताएँ सात कवियों के संकलन 'तीसरा सप्तक' में सम्मिलित की गईं और फिर 1961 में उनका दूसरा७ संग्रह 'परिवेश : हम-तुम' प्रकाशित हुआ। 'तीसरा सप्तक' और 'परिवेश : हम-तुम' में उनकी कविताएँ कमोबेश एक ही दौर की रचनाएँ हैं; इसलिए उन्हें यहाँ एक साथ, मगर क्रमशः विश्लेषित करना सार्थक और दिलचस्प होगा।

'तीसरा सप्तक' में कुँवर नारायण की इक्कीस कविताएँ शामिल हैं। ग़ौर से देखें; तो इनमें सत्य और स्वप्न, यथार्थ और अयथार्थ, हक़ीक़त और रोमेंटिसिज़्म के दरमियान चुपचाप एक बहस चलती रहती है। ज़िन्दगी के इन दोनों ही ध्रुवान्तों के प्रति कवि गम्भीर है और इनके बीच उसकी कविता का कैनवस विस्तृत है। स्वप्न से जो राहत और ख़ुशी मिलती है, वह दरअसल संघर्ष की ऊर्जा में बदल जाती है, पलायन का सबब नहीं बनती। कवि ने देश और काल के प्रश्न को किन्हीं सीमित और सुविधाजनक अर्थों में नहीं, बल्कि एक विशद स्तर पर उसकी समस्त सम्भावित जटिलता और सम्पूर्णता में हल करना चाहा है। उसके लिए सवाल सिर्फ़ समय का नहीं, 'समयातीत' का भी है और 'आदि से अन्त' ही नहीं, 'अन्त से अनन्त' का भी है; बल्कि जहाँ तक नज़र जाए, वहाँ तक के संज्ञान और आकलन का है—

"आदि से अन्त तक,
अन्त से अनन्त तक,
देखा पर्यन्त तक।"[1]

ज़ाहिर है कि सृष्टि का सच उसके लिए इकहरा नहीं, बहुस्तरीय और संश्लिष्ट है और जो इकहरा जान पड़ता है, वह समूचा सत्य नहीं, सत्य की परछाईं भर है— *"पहलदार सत्यों का छाया-तन इकहरा था।"*[2] यों सचाई को पाने की कोशिश में जीवन के विभिन्न आयामों और ध्रुवों के दरमियान उसकी सतत आवाजाही और

प्रश्नाकुलता निहित है। स्वभावत: वह अपनी स्थिति को अतीत और भविष्य के बीच लगातार घटित होते हुए वर्तमान के रूप में महसूस करता है—

"हम एक इशारा हैं दो भिन्न दिशाओं में,
हमसे होकर सदियों के प्रश्न गुज़रते हैं :
हम एक व्यवस्था हैं क्षण-भंगुर जीवन की
जो हर क्षण को सपनों से जीवित रखते हैं!"[3]

स्वप्न जैसे कवि के वजूद की शर्त है। पर उसकी यह अनिवार्यता क्यों? कुँवर नारायण का बुनियादी मंतव्य है कि ठेठ दैहिक और सांसारिक ज़रूरतों की पूर्ति के लिए जीना ज़िन्दगी के उदात्त आशयों को खोना या संकुचित करना है। उनके ही शब्दों में—"*...यांत्रिकता से थोड़ा अलग उसके (साहित्य के) लिए (हम) एक ऐसी जगह या स्पेस ज़रूर बना सकते हैं, जिसका ताल्लुक़ सबसे पहले हमारे मनुष्य होने की बुनियादी नियति से हो–यानी एक ऐसा भाव-जगत्, जिसमें कुछ समय बिताकर हमें शान्ति और शक्ति मिल सके: जहाँ हम अपने रूबरू होकर ज़िन्दगी को दैनिकता और व्यावसायिकता से ज़्यादा बड़े परिप्रेक्ष्य में रखकर सोच सकें।*"[4] इसलिए कवि को निरे दुनियावी मामलों में अपनी संलग्नता के अतिरेक से तकलीफ़ होती है और ज़मीनी संघर्ष से श्लथ और आहत होने के क्षणों में वह अपनी कल्पना के पंखों को कविता के आकाश में तौलना चाहता है—

"जितना बँध गया हूँ
देह के प्रति, विश्व के प्रति; आत्मा के नियत लौकिक दाय
उतने नहीं :
ज़्यादा थक गया हूँ
देख सूनाकाश; शायद पंख के बल आज भी निरुपाय
इतने नहीं।"[5]

प्रसंगवश, विलियम वर्ड्सवर्थ ने भी अपनी एक प्रसिद्ध कविता 'दि वर्ल्ड इज़ टू मच विद अस; लेट एंड सून' में सांसारिक व्यस्तताओं में मानवीय शक्ति के अपव्यय या 'आत्म-क्षय' की पीड़ा व्यक्त की है। अगरचे उनका आग्रह है कि प्राकृतिक सौन्दर्य से मनुष्य विमुख न हो, बल्कि उससे संवेदनशील और उदात्त सम्बन्ध रखे; क्योंकि यह सम्बन्ध अन्यथा भी अनुदार और आत्मग्रस्त होने से उसकी रक्षा करेगा—

"The world is too much with us; late and soon, Getting and spending, we lay waste our powers: Little we see in Nature that is ours; We have given our hearts away, a sordid boon! The Sea that bares her bosom to the moon; The winds that will be howling at all hours, And are up-gathered now like sleeping flowers; For this, for everything, we are out of tune; It moves us not."[6]

स्वप्न या समयातीत के प्रति आकर्षण की वजह जीवन की नृशंस वास्तविकता है, जो कई बार मनुष्य की निश्छल और मासूम आकांक्षा पर भारी पड़ती है। कुँवर नारायण ने एक कविता में उस आख्यान की पुनर्रचना की है, जिसमें एक 'दानवी माया-नगर' में भटक गया शाहज़ादा आख़िरकार 'राज़ी-ख़ुशी घर लौट आया था।' मगर अब हालात इतने विषम हैं कि इस अफ़साने पर यक़ीन करने की इच्छा नहीं होती—

"आज पर जब एक दानव
शिशु मनोरथ के घरौंदे
रौंद जाता है
न जाने क्यों सदा को एक नाता
इस व्यथा का उस कथा से
टूट जाता है,
और मुझको कहीं समयातीत
हो जाना
अधिक भाता है।"[7]

समय की ज़ंजीरों से आज़ाद होने और ज़मीनी हक़ीक़त के आततायी प्रभाव से उबरने की चेष्टा में कवि सपनों के आसमान में उड़ान का हिमायती है। पर महत्त्वाकांक्षा इतनी भी न हो कि वास्तविकता का विवेक धुँधला पड़ जाए और उस अंधी उड़ान के नतीजे में हम सम्पाती के मानिन्द अपने पंख जला बैठें— *"मोम की दीवारें / गल न जाएँ, / सपनों के लाक्षागृह / जल न जाएँ!"*[8] इसलिए रौशनी और ताप चाहिए; मगर रास्ता दिखाने और शक्ति देने के लिए, राख करने के लिए नहीं—

"धीमा कर दो प्रकाश
पर्णकुटी की छाया शीतल है,
पाँवों के नीचे फिर धरती का दृढ़ तल है।"[9]

कुँवर नारायण ऐसे कवि हैं, जो हर तरह की अति से हमें हमेशा बरजते और सावधान करते हैं। उपर्युक्त सन्दर्भ में वे यह कहने का साहस करते हैं कि जीवन को बचाये रखने और उसका पोषण करने में प्रकाश की ही नहीं, अँधेरे की भी एक ख़ास भूमिका है। इसी तरह कविता की ज़मीन अगर नहीं है, तो उसका व्योम आत्म-छल ही साबित होगा। दूसरी ओर, ज़मीन को ही सब-कुछ मान लेना एक हद तक कविता के आत्म-विस्तार में मददगार होगा, पर अन्ततः वह उसके भावी उत्कर्ष की बाधा बनेगा— *"कविता में जीवन की वास्तविकताओं से सीधे जुड़ने की जो कोशिशें हुईं, उन्होंने मनुष्य की निजी और सामाजिक दुनिया को विस्तृत किया। यह ज़रूरी भी था–कविता को हमारे लिए नई तरह प्रामाणिक और प्रासंगिक बनाने के लिए। इससे ज़रूर वह किसी हद तक हमारी ज़िन्दगियों के नज़दीक आई, लेकिन कभी-कभी*

कुछ इस तरह भी कि हमारे काव्यानुभवों का दायरा थोड़ा संकुचित हुआ। कविता की जड़ें ज़रूर ज़मीन में ही रहेंगी, लेकिन उन्हें पूरी तरह पनपने और प्रस्फुटित होने के लिए पूरी आज़ादी और खुला आकाश भी चाहिए।''[10]

यहाँ बात अधूरी रह जाएगी, अगर यह साफ़ न किया गया कि कविता की ज़मीन और आसमान से कवि के संश्लिष्ट मायने क्या हैं। सौभाग्य से, एक साक्षात्कार में कुँवर नारायण ने माओ के हवाले से इस सम्बन्ध में अपने दृष्टिकोण को सामने रखा है—*''माओ के एक उद्धरण पर ग़ौर कीजिये : ''भविष्य की चीनी कविता लोकगीत पहले और फिर क्लासिक हो। इस आधार पर हम नई कविता रच सकते हैं कि .फ़ॉर्म में तो वह लोकगीतात्मक हो तथा विषयवस्तु में दो विपरीत गुणों का सम्मिश्रण हो–यथार्थवाद और रोमांटिसिज़्म का। अत्यधिक यथार्थ-आग्रही होकर कविता नहीं लिखी जा सकती।'' (चेंगतू कान्फ्रेंस, 22 मार्च, 1958 में एक बातचीत के दौरान) क्लासिक्स, लोकगीत, यथार्थ, रोमांस –ये कविता के, और मेरी कविता के भी, ज़मीन और आसमान हैं।''*[11] कोई अचरज नहीं कि सपनों के बग़ैर ज़िन्दगी कवि को निस्पन्द और अनाकर्षक लगती है—

''कितना ख़ामोश है मेरा कुछ आस-पास,
कितनी बेख़्वाब हैं सारी चीज़ें उदास।''[12]

इसलिए उसे एहसास होता है कि *''जीवन का मूलमंत्र सपनों पर ठहरा था।''*[13] हम चलते ज़मीन पर हैं, लेकिन उसकी प्रेरणा कहाँ से पाते हैं? सपनों के बिना क्या हमारे कर्म में सौन्दर्यात्मक आवेग बना रह सकता है? मुमकिन है, वह महज़ ख़्वाब हो और कभी हक़ीक़त न बन पाए। पर यथार्थ को प्रभावित करने की उसकी क्षमता भी तो एक यथार्थ है। इसी को मद्देनज़र रखकर कवि कहता है कि प्रपंच सही, पर उसमें प्राणों को अभिभूत और ऊर्जस्वित करने की कितनी ताक़त थी—

''सत्य से कहीं अधिक स्वप्न वह गहरा था
प्राण जिन प्रपंचों में एक नींद ठहरा था।''[14]

शुक्र है कि कवि के पाँव ज़मीन पर हैं, इसलिए यथार्थ की चोट से उसका स्वप्न टूटता भी है। स्वप्नभंग की स्थिति व्यक्ति के समाज से मुख़ातब होने अथवा कवि के औरों से जुड़ने की उत्कंठा में बदल जाती है—

''तालों के समतल तल
लहरों से चौंक गए
सपनों की भीड़ छँटी ,
निद्रालस पलकों से
मँडराते चेहरों की
व्यक्तिगत रात हटी।''[15]

'तीसरा सप्तक' में कुँवर नारायण की कविताओं की प्रमुख अन्तर्वस्तु यह है कि कवि लगातार अपने से बाहर आना चाहता है और वह एक वृहत्तर विश्व से तादात्म्य के सूत्रों की बेचैन तलाश करता है। अजनबी या पराये होने का एहसास उसके लिए सबसे दारुण है—

"कभी लगता, खो गया हूँ,
और जिनके बीच मेरी वेदनाएँ डोलतीं असहाय,
अपने नहीं।"[16]

अकेलेपन को कवि ने कहीं महिमामंडित या मूल्य के तौर पर प्रस्तावित नहीं किया है। उलटे, अकेलापन उसे डराता है और अन्यों से आत्मीय होने का भाव, सम्बल प्रदान करता है। एकाकी होने पर भी। *'आपके एकान्त में कौन होता है?'*–इस प्रश्न का जवाब देते हुए कुँवर नारायण कहते हैं—*"एक विश्वास कि मैं अकेला नहीं हूँ।...कभी-कभी एक भय भी कि कहीं मैं बिलकुल अकेला तो नहीं हूँ?"*[17] ज़ाहिर है कि उनकी आस्था मनुष्यता में है और इस नाते मनुष्य से गहरे और अटूट लगाव में—*"साहित्यिक दृष्टि का मूल मानवीय है तथा 'वसुधैव कुटुम्बकम्' के आदर्श को चरितार्थ करनेवाला। अपने को अलग करके देखने का कोई भी प्रयास अन्ततः हमारे अकेलेपन और परायेपन को बढ़ाता है।"*[18] इसलिए मनुष्य से बिछुड़कर कवि को यह दुनिया सूनी और विपन्न जान पड़ती है—

"वस्तु का दर्पण उधर सुनसान,
जो अपनों बिना वीरान।"[19]

ताज्जुब नहीं कि इन कविताओं में कुँवर नारायण ने आत्मबद्धता, अकेलेपन, एकान्त, मौन और सन्नाटे का ज़बरदस्त प्रतिकार किया है। एक ऐसा आत्म-संघर्ष, जो अपनी आत्यंतिकता से विचलित कर देता है—*"टिक-टिक कर एक घड़ी चुप्पी को कुचल रही / लगता है दिल की ही धड़कन को निगल रही"*,[20] मगर जो अपनी दिशा और परिणति से उतना ही आश्वस्त भी करता है—

"लगता है, बैठा हूँ भूतों के डेरे में,
सजे हुए सीलबन्द एक बड़े कमरे में,
सदियों से दूर किसी अन्धे उजियाले में
अपनों से दूर एक पिरामिडी घेरे में :
एक-टक घूर रहीं मुझको बस दीवारें,
जी करता उन पर जा यह मत्था दे मारें,
चिल्लाकर गूँजों से पत्थर को थर्रा दें...
घेरी ख़ामोशी की दीवारें बिखरा दें,
इन मुरदा महलों की मीनारें हिल जाएँ

इन रोगी ख़्यालों की सीमाएँ घुल जाएँ,
अन्दर से बाहर आ सदियों की कुंठाएँ
बहुत बड़े जीवन की हलचल से मिल जाएँ।''[21]

कवि के लिए एक ओर '*जीवन की हलचल*' है, दूसरी ओर '*मुरदा महलों*' की क़ैद। एक तरफ़ क्रूरता, अँधेरा, निरर्थकता, अजनबीपन, चुप्पी, आत्मग्रस्तता और जड़ता है; तो दूसरी तरफ़ संवेदनशीलता, रौशनी, सार्थकता, प्रेम, सृजन, विशाल-हृदयता और गतिशीलता। कहने की ज़रूरत नहीं कि उसका चुनाव क्या है। 'तीसरा सप्तक' में कुँवर नारायण की कविताओं में सबसे ज़्यादा जिस चीज़ की कामना का इज़हार है, वह है रौशनी। रौशनी ज्ञान की प्रतीक है और प्रेम की भी। यों वह श्रेष्ठतम् मानवीय मूल्यों की प्रतिनिधि है। प्रेम के बारे में कवि का कहना है कि वह ''*मनुष्यता की सबसे सुन्दर और उदात्त अभिव्यक्ति*''[22] है। प्रेम से उसका अभिप्राय व्यक्तिगत सम्बन्ध या निजी आकांक्षाओं की तृप्ति ही नहीं है; बल्कि उससे कहीं अधिक यह समूची सृष्टि के मंगल की परिकल्पना है, जिसके मूल में मनुष्य-मात्र से उसकी दुर्लभ संसक्ति सूचित होती है। इस प्रक्रिया में जो कुछ 'अनात्म' है, उसे भी कवि आत्मीय बना लेना चाहता है। लेकिन यह काम प्रकाश के बिना—मुक्तिबोध के शब्दों में कहें, तो 'संवेदनात्मक ज्ञान' और 'ज्ञानात्मक संवेदना' के अभाव में सम्भव नहीं—

''तारा दीखा :
तम के अथाह में नन्हीं-सी ज्योति-शिखा
मन से कुछ नाता जोड़ गई।
तारा चमका :
अजनबी पराई दुनिया से ममता आकर
कुछ मोह हृदय में छोड़ गई।''[23]

इस तरह कवि ने अपने लिए जिस कविता का आदर्श निर्मित किया है, वह भीतर से प्रकाशित है और सजल भी। उसमें एक अनूठी मानवीय गरिमा और अँधेरे के प्रतिरोध की दृढ़ता है—

''तारा फूटा :
भू तक झपटी विह्वल चिनगी की दिव्य धार
तम के अलंघ्य को फोड़ गई।''[24]

* * *

''उगी किरणें-तरुण तन, सिक्त मन, आसक्त आनन,
असित तम मानो किसी अभिशाप से छूटा।''[25]

'जाड़ों की एक सुबह' शीर्षक कविता में प्रकृति-लीला में अँधेरे के निरसन के जो बिम्ब कवि ने प्रत्यक्ष किए हैं, वे अद्‌भुत हैं। ये दरअसल सांगरूपक हैं—इतने

ख़ूबसूरत और स्वायत्त कि प्रकाश को पाने और अँधेरे को पराभूत करने की कवि की इच्छाएँ उनमें अन्तर्व्याप्त हैं, आरोपित नहीं—

"चाँद कट पतंग-सा
दूर उस झुरमुट के
पीछे गिरता जाता...
किलकारी भर-भर खग
दौड़-दौड़ अम्बर में
किरण-डोर लूट रहे :
मैला तम चीर-फाड़
स्वर्ण-ज्योति मचल रही
डाह-भरी रजनी के
आभूषण कुचल रही,
फेंक रही इधर-उधर
लत्ते-सा अन्धकार।"[26]

अपने आशयों के हित में वस्तुओं के इस्तेमाल का मतलब है कि वस्तु-सान्निध्य में घनिष्ठता की कमी है। इससे अर्थ की सान्द्रता का क्षरण होता है। कुँवर नारायण अर्थ को आहत न करते हुए उस बेचैनी को व्यक्त करते हैं, जो चीज़ों को लेकर उनके मन में है। प्रभावशाली होने की बुनियादी शर्त है विश्वसनीयता, जिसकी रक्षा के लिए वे विचारों को अनुभव से और शब्द को कर्म से विच्छिन्न नहीं होने देते। वस्तु-साक्ष्यों से अभिन्नता की स्थिति में बिम्ब स्वयं अपना अर्थ देते हैं। यह कविता की चरम उपलब्धि है और उसके बहुअर्थगामी होने की प्रक्रिया भी। मसलन कुँवर नारायण के यहाँ प्यार और रौशनी एक-दूसरे से अविभाज्य हैं। इसलिए प्रिय की स्मृति उनके ज़ेहन में खिंची हुई 'किरणों की अमिट रेखा' है और ध्वनि और बिम्ब जिस धुँधलके में घुल-मिल गए हैं, वह कवि के भीतर और बाहर दोनों जगह है—

"किसी गोधूली में,
वीणा के स्वर-सी भटकती
ओ रूपवती, ज्योति के ग़ुबार में
मैंने तुझे देखा है।"[27]

जिसकी स्मृति भी 'ज्योति की रेखा' के सदृश है, उससे ही यह कहा जा सकता था—

"तुम्हीं बढ़कर
एक प्याला धूप छलका दो अँधेरे हृदय में।"[28]

कुँवर नारायण मूर्त में डूबकर ही अमूर्तन को सम्भव करते हैं। उससे विलग होकर कुछ कहने का अधैर्य या प्रलोभन उन्हें नहीं घेरता। इसलिए उनका प्रेम भी निरा वैचारिक या अवधारणात्मक नहीं, किसी जीवन्त वास्तविकता का सारभूत कथन है। अकारण नहीं कि प्रिय के सौन्दर्य, प्राकृतिक परिवेश और इनके अनुभव की आन्तरिकता में एक ही साथ वह रौशनी मौजूद है, जो इस बिम्बधर्मी अभिव्यक्ति को संश्लिष्ट और सार्थक बनाती है—

"तुम्हारा स्पर्श मन में सिमट आए
इस तरह
ज्यों एक मीठी धूप में
कोई बहुत ही शोख़ चेहरा खिलखिलाकर
सैकड़ों सूरजमुखी-सा
दृष्टि की हर वासना से लिपट जाए!"[29]

दैहिकता की इस प्रच्छन्न स्वीकृति के बावजूद कवि के लिए प्रेम किसी भोगवाद की सीढ़ी या मंज़िल नहीं है; जिसमें संशय, पराजय, दुख और अभिशाप का प्रसंग ही न उठ सकता हो या उनके प्रवेश की मनाही हो। इसके विपरीत जयशंकर 'प्रसाद' ने जिस तरह 'प्रलय' से 'हारी होड़' लगाने की बात की थी; कुँवर नारायण वह जोखिम तो उठाते हैं, पर व्यवस्था या प्रेम की प्रचलित संस्कृति से एक बहस में उतरते हुए—

"न खेलूँ अगर शतरंज ऐसी ग़लत शर्तों पर
कि जिसमें सभी चालें, बस, तुम्हारी हों?–
न हो स्वीकार यदि यह खेल मुझको
जीतना जिसको
तुम्हारी बदनीयत हो–
और जिसमें हारना मेरी नियति हो?"[30]

अगरचे जैसा किसी ने कहा है कि प्यार में असफल होना प्यार न करने से बेहतर है; अन्याय की आशंका और हार की सम्भावना से पीड़ित होकर भी कवि उस राह पर चलता है। पंत ने लिखा था कि *'हम संवेदनशील हो चले, मिला यही सुख'* और यहाँ संवेदना आश्वस्ति का सबब है, क्योंकि वह प्रेम या व्यापक अर्थ में मनुष्यता के बचे होने की निशानी है—ऐसी बुनियाद, जिस पर फिर एक तामीर मुमकिन है—

"प्यार की अतृप्त खंडित आत्मा!
आश्वस्त हो :
वह दर्द जीवित है तुम्हारा!"[31]

सवाल है कि निपट भौतिकता और भोगवाद की जिस संस्कृति का कुँवर नारायण ने अपनी कविताओं में सतत प्रतिवाद किया है, उसके किस विकल्प को वे प्रस्तावित करते हैं? जैसा कि पहले कहा गया—यह विकल्प प्यार ही है, जिसका दूसरा पहलू रौशनी है और जिसके ज़रिए वे नश्वरता, व्यर्थता, अजनबीपन और अंधकार से बाहर आने का रचनात्मक संघर्ष करते हैं—

''प्रकृति औ' पाखंड के ये घने लिपटे
बँटे, ऐंठे तार, –
जिनसे कहीं गहरा, कहीं सच्चा,
मैं समझता – प्यार,
मेरी अमरता की नहीं देंगे ये दुहाई,
छीन लेगा इन्हें हमसे देह–सा संसार।''[32]

यही प्यार, जो समूची सृष्टि की आन्तरिक प्रेरणा और शक्ति है, उसका उत्थान और सौन्दर्य—अनावृत हो सके, कवि की चरम आकांक्षा है। विडम्बना यह है कि व्यक्ति और समाज ने अपने निष्करुण व्यवहार से इसी प्यार को निषिद्ध कर रखा है। इसकी वजह है, हमारी समाज–रचना और उससे प्रभाव ग्रहण करती व्यक्ति–चेतना से जुड़ी हुई समस्याएँ, जिनकी ओर कवि ने बहुत कम शब्दों में मार्मिक संकेत किया है—*''गाँठ जो प्रत्यक्ष दिखलाई न देती–/ किन्तु हमको चाह भर खुलने न देती।''*[33] एक भिन्न सन्दर्भ में तुलसीदास ने सारे सांसारिक बंधनों और विषाद के मूल में इसी ग्रंथि को देखा था, जिसका छूटना तमाम बेचैन कोशिशों के बावजूद उन्हें मुश्किल जान पड़ा था—*''...अभ्यंतर ग्रंथि न छूटै।''*[34] मगर इस गाँठ को खोला जा सके, तो कवि को उम्मीद है कि वह प्यार और कविता और इनमें निहित जीवन–सत्य के और नज़दीक आ सकता है—

''बहुत सम्भव, चुप इन्हीं अमराइयों में
गान आ जाए,
अवांछित, डरी–सी परछाइयों में
जान आ जाए,
बहुत सम्भव है इसी उन्माद में
वह दीख जाए
जिसे हम–तुम चाहकर भी
कह न पाए।''[35]

इस रौशनी और प्यार से महरूम होकर हमारे पास जो बचता है या जो हम करते हैं, वह शक्ति का अपव्यय ही है—*''राख–सी साँझ, बुझे दिन की घिर जाएगी / वह रोज़ संसृति का अपव्यय दुहरायेगी।''*[36] यह अस्तित्व के होते हुए भी अनस्तित्व

का भय है और आशय के बावजूद आशय की हानि है—सब-कुछ में 'कुछ नहीं' की प्रतीति या उससे ख़ुद को निर्वासित किए जाने का दंश—

''घर रहेंगे, हमीं उनमें रह न पाएँगे :
समय होगा, हम अचानक बीत जाएँगे :
अनर्गल ज़िन्दगी ढोते किसी दिन हम
एक आशय तक पहुँच सहसा बहुत थक जाएँगे।''[37]

समय की कसौटी पर स्वयं को साबित न कर पाने की वेदना से निष्कृति के लिए कुँवर नारायण रौशनी की खोज करते हैं, जो बुनियादी तौर पर जीवन और समाज से सार्थक और गहन संसक्ति की कोशिश है। महत्त्वपूर्ण यह है कि रौशनी से वे अपना ही नहीं, दूसरों का अन्तःकरण भी आलोकित करना चाहते हैं। यह जिससे प्रकाश पाया है, उसी को लौटाने की मनुष्यता है—एक अनवरत द्वन्द्वात्मक प्रक्रिया, जो उनकी काव्य-दृष्टि में बद्धमूल है। इसी रास्ते पर वह काव्य-सत्य मिल सकता है, जो काल के पृष्ठ पर कवि का अमिट हस्ताक्षर है। अपने लिए यह सफ़र और गन्तव्य तय करते समय कुँवर नारायण के मन में निश्चय ही भारतीय काव्य और चिन्तन-परम्परा है; जिसके एक बड़े कवि निराला का यह आत्मविश्वास, प्रसंगवश, ग़ौरतलब है—

''दिये हैं मैंने जगत् को फूल-फल,
किया है अपनी प्रभा से चकित-चल,
पर अनश्वर था सकल पल्लवित पल।''[38]

ऐसी काव्य-साधना के लिए कुँवर नारायण तपस्या और जागृति को अपरिहार्य मानते हैं। एक जगह उन्होंने कबीर को अपना आदर्श कवि बताया है।[39] याद आना स्वाभाविक है कि कबीर ने कहा था—'*जो जागता है, वही रोता है।*' रचना के क्षेत्र में दुनियावी समीकरण नहीं चलते, बल्कि उलट जाते हैं। यहाँ स्वप्न का नाता नींद से नहीं, सत्य से है और दुख का अज्ञान की बजाय विवेक से। कबीर ने इस फ़र्क़ को स्पष्ट किया है—''*देह धरे को दंड है, सब काहू को होय / ज्ञानी भुगतै ज्ञान करि, मूरख भुगतै रोय।*'' इसके अलावा उल्लेखनीय है कि कुँवर नारायण ने अपनी सर्वाधिक प्रिय जिन दस किताबों का ज़िक्र किया है, उनमें सबसे पहले 'महाभारत' और 'भगवद्गीता' का नाम लिया है।[40] अपने एक वक्तव्य में वे इसकी वजह का खुलासा करते हैं—''*कविता से अपना पहला परिचय 'रामचरितमानस' और 'गीता' के द्वारा मान सकता हूँ। उस समय मेरे लिए ये ग्रंथ कविता से अधिक नैतिक और सांस्कृतिक परम्पराएँ थीं...।*''[41] इसलिए उनके कवि-स्वभाव के सन्दर्भ में 'गीता' का भी स्मरण हो आता है—

''या निशा सर्वभूतानाम्, तस्यां जागर्ति संयमी
यस्यां जाग्रति भूतानि, सा निशा पश्यतो मुनेः।''[42]

यानी *'दुनिया जिसे रात समझती है, उसमें संयमी जागता है और जिन चीज़ों में दुनिया की आसक्ति है, वे मुनियों के लिए अंधकार के सदृश हैं।'* इस दार्शनिक पृष्ठभूमि में कुँवर नारायण की काव्यानुभूति की संस्कृति निर्मित हुई है। वह सही और मानवीय की प्रतिष्ठा के लिए एक लगातार बेचैन कोशिश है—

''मैं अनींद पथ हूँ
एक जागते तपस्वी-सा।
भटके हुए चरणों की आहत प्रतीक्षा में।
किसी देन की उदार इच्छा से अर्थपूर्ण।''[43]

(ख) सृष्टि छलकन है किसी भरपूर की

'चक्रव्यूह' से कुँवर नारायण ने कविता के अपने सफ़र की शुरूआत की थी, इसलिए उसमें 'आत्म' पर ध्यान का अधिक केन्द्रित होना स्वाभाविक था। आत्म-संघर्ष और आत्म-विश्लेषण के ज़रिए आत्म की खोज जहाँ इस संग्रह की प्रमुख 'थीम' है; वहीं 'परिवेश : हम-तुम' शीर्षक दूसरे संग्रह में प्रेम, प्रकृति और समाज से ज़्यादा सहज, स्नेहिल, सुन्दर और उदात्त संसक्ति को कवि ने अर्जित किया है। कविता अपनी संरचना और मिज़ाज में अधिक बहिर्मुख, संवादधर्मी और उन्मुक्त हुई है। अगरचे विशिष्टता को गँवाकर नहीं। कवि अपने इस आग्रह पर क़ायम है—*''मैं समूह से विच्छिन्न हूँ / क्योंकि कुछ भिन्न हूँ।''*[44] मुमकिन है, लोग 'कुछ अलग' होने की यह आज़ादी भी देना न चाहें और फ़र्क़ को विरोध का समानार्थी समझते हों; इसलिए कुँवर नारायण ने संग्रह की 'भूमिका' में स्पष्ट किया है कि *'' 'मैं' जिस संसार का आरम्भ है, 'हम' उस संसार का अन्त नहीं—दूसरा रूप है। दोनों ही यथार्थ हैं और एक-दूसरे पर निर्भर हैं... ।''*[45] मानवीय मूल्यों की रक्षा के लिए समाज और राज्य के नियम उन्हें स्वीकार हैं, पर इस हद तक नहीं कि *''व्यक्ति के अधिकांश सर्जक और सांस्कृतिक स्रोतों को कुंठित कर दें।''*[46] अभिव्यक्तियों के दमन से समाज का विकास नहीं हो सकता। वृहत्तर जीवन में सार्थक हिस्सेदारी के लिए ज़रूरी है कि व्यक्ति पहले अपने को ठीक से पहचाने। इसी प्रतिश्रुति के कारण कवि का बयान है—*''...'चक्रव्यूह' मेरे लिए एक मानसिक यात्रा रहा है—एक भटकता हुआ सौन्दर्य-बोध, जो जीवन को टटोलता है, स्वीकृत होने के लिए।''*[47] अब इस दूसरे संग्रह में मानो उसने वह सही सौन्दर्य-दृष्टि हासिल कर ली है, जिसकी उसे तलाश थी। इसलिए वह अपने चारों ओर बिखरी ज़िन्दगी के कई सुन्दर और संवेदनशील पक्षों का आत्मीय चित्रण कर सका है और उसके स्वर में आत्मविश्वास की खनक है— *''बाहरी जीवन को स्नेह और समझदारी से छूने का प्रयत्न किया*

गया है, कभी गम्भीरता से, कभी छोटे-छोटे खिलवाड़ी वाक्-चित्रों द्वारा। जीवन के कई हल्के-भारी खंड-चित्र हैं, जो एक स्थायी सौन्दर्य-बोध द्वारा विभिन्न तथ्यों में रूपबद्ध होते हैं। अधिकांश कविताओं में उस प्रकार का आत्म-मन्थन नहीं, जैसा 'चक्रव्यूह' में; जीवन के प्रति सहज स्वीकृति का भाव है।''[48] हालाँकि यह भीतर और बाहर के बीच निरे सामंजस्य की भी स्थिति नहीं, पर उस तनाव के बावजूद कवि ने स्वयं को विघटित होने से बचा लिया है और रचना की ज़मीन पर अपने होने को साबित किया है—

''यह सब जो लिख रहा हूँ –
होगा –साक्षी –
कि मैंने जीने का प्रयत्न किया,
अजीब लोगों के बीच
जो मुझे अजीब समझते रहे,
लांछित और अपमानित लोग
जो मुझे ग़रीब समझते रहे,
मैंने अनष्ट रखा –
अपने को पाया, सिद्ध किया और दे गया।''[49]

'परिवेश : हम-तुम' उन दिनों आया; जब 'नई कविता' पर एकरसता, शुष्कता और रूढ़िबद्धता के आरोप लगाए जा रहे थे। ऐसे में, इस संग्रह ने न सिर्फ़ कवि की मानसिकता और रुझानों में विकास और बदलाव को रेखांकित किया, बल्कि उपर्युक्त आलोचना की सीमाएँ भी उजागर कीं। दरअसल कवि के मन में 'बाहर' के प्रति जो संशय और झिझक थी, उसमें काफ़ी कमी आई थी; इसलिए जीवन से उसका लगाव प्रगाढ़ रूप में सामने आ सका था। डॉ. देवीशंकर अवस्थी ने इस प्रक्रिया की बारीक और वस्तुपरक शिनाख़्त की है—*'' 'चक्रव्यूह' अपने पौराणिक अर्थ में भी वैयक्तिक द्वन्द्व को प्रकट करता है और 'परिवेश' ही नहीं, उसी के सन्दर्भ में हम-तुम (या हम-तुम के सन्दर्भ में 'परिवेश') ज़्यादा सहज ज़िन्दगी के नज़दीक लाते प्रतीत होते हैं।...व्यक्ति का गहराता हुआ आत्म-मंथन जिन अनजाने एवं अपरिचित रास्तों की ओर मुड़ता है, वे 'चक्रव्यूह' में निषेधपरक शब्दों द्वारा बार-बार प्रकट हुए हैं। पर 'परिवेश : हम-तुम' में निषेधपरक शब्दों का वह प्रयोग जिस मात्रा में कम पड़ा है, उसी मात्रा में यथार्थ का परिचय घनिष्ठ हुआ है...।''*[50] यों तो कविता के प्रसंग में कुँवर नारायण शुरू से ही संवेदना या विचार के वजूद को एक-दूसरे से बिछुड़ने की हालत में ग़ैर-प्रामाणिक मानते आए हैं; पर 'चक्रव्यूह' में शायद बुद्धि-तत्त्व की सघनता से उनके एहसास इस क़दर एकात्म थे कि उसके अनुगामी मालूम होते थे। नए संग्रह में संवेदना

जैसे बुनियादी और मुख्य भूमिका में आ गई या यों कहें कि अनुभव के आघात से विचारों के जन्मने और विकसने की प्रक्रिया का रूप साफ़ तौर पर नज़र आया। मुक्तिबोध ने इसीलिए लिखा कि *" 'परिवेश : हम-तुम' में जिस व्यथित विवेक-चेतना का उद्भास है, वह बौद्धिक नहीं, विशुद्ध आत्मीय और स्वानुभवगत है।"*[51] यही नहीं, कुँवर नारायण की कविता के बारे में प्रचलित 'कॉमनसेंस' के विरुद्ध उनके समकालीन कवि दुष्यन्त कुमार ने 'परिवेश : हम-तुम' के सन्दर्भ में अपनी यह राय ज़ाहिर की—*"लगता है, सर्वेश्वर और कुँवर नारायण दोनों पर कविता नाज़िल होती है और वे बिना उसे लिखे, यानी बिना उस आक्रमण से बचे जैसे रह ही नहीं पाते। इन दोनों कवियों की भोग-प्रक्रिया के सम्बन्ध में मुझे कुछ ऐसा लगता है कि एक विचार या एक अनुभव जब उन्हें छूता है, तो उनमें दूर तक उतर जाता है और उसकी अभिव्यक्ति इनके लिए विवशता बन जाती है...।"*[52]

इस सिलसिले में डॉ. देवीशंकर अवस्थी की एक बात महत्त्वपूर्ण है कि स्वाधीन भारत के पहले दशक में परिस्थितियाँ ज़्यादा विषम और तनावपूर्ण थीं। इसलिए 'चक्रव्यूह' (1956) में अभिव्यक्ति का दुरूह और जटिल होना आकस्मिक न था। मगर 'परिवेश : हम-तुम' शायद कुछ राहत के समय (1961) में आया। इसलिए उनके मुताबिक़—*"यह संग्रह बदली हुई युगीन मन:स्थिति का भी सूचक (इंडिकेटर)"*[53] है। हालाँकि इसी वजह से वे मानते हैं कि इसमें पहले की तरह *"रुख़ गहराई (इंटेंसिटी) का भी है"*, पर न जाने क्यों इसे 'चक्रव्यूह' से कम महत्त्व दे पाते हैं—*"यह संकलन मर्मस्पर्शी अधिक है-बड़ा कम।"*[54] इसके बावजूद कि यह 'चक्रव्यूह' से बिलकुल अलग ज़मीन पर नहीं है और *"अभिव्यंजना और दृष्टि की आन्तरिक एकता दोनों (संग्रहों) में विद्यमान है।"*[55] इस पड़ताल में कारण और परिणाम की जो असंगति प्रत्यक्ष है, उस पर क्या कहा जाए? कविता के आशय अधिक सुन्दर, मार्मिक और पारदर्शी रूप में सामने आ सकें; तो उन्हीं लोगों को ख़ुशी होती है, जिन्हें कविता की उदात्तता के साथ-साथ उसकी व्यापकता प्रिय हो और जो जन और अभिजन, दोनों की पसन्दगी और अधिकार से उसे जोड़कर देखते हों। जैसा कि मीर ने कहा है—

"शे'र मेरे हैं सब ख़्वास पसन्द
पर मुझे गुफ़्तगू अवाम से है।"[56]

बहरहाल। 'परिवेश : हम-तुम' में कुँवर नारायण भौतिकता के वर्चस्व के बरअक्स संवेदनात्मक ज्ञान, प्रेम और लोक-मंगल से सम्बद्ध मूल्यों की प्रतिष्ठा चाहते हैं। वे सामाजिकता के उस दमनकारी स्वरूप से असहमत हैं, जो मनुष्य की निजता का अपहरण कर ले और उसे निरीह बना दे। उनके शब्दों ने सभ्यता की

मुख्यधारा में शरीक होना मंजूर नहीं किया और न इन्हें यह अर्थ-युग ही अपना सका; इसलिए ये शब्द हृदय की समूची सचाई और विनम्रता के साथ अपने मित्र-पाठकों की तलाश में दर-दर भटकते हैं—

''अर्थ-व्यथित, युग-पीड़ित, बहिष्कृत
कृत्रिमता परित्याग
भिक्षु-शब्द भटक रहे द्वार-द्वार :
भिक्षा दो कृपा-दृष्टि,
यूँ ही स्वीकार करो सुहृद जनों
यह वाणी -
ज्ञानी, अभिमानी, एकाकी, मन की पुकार... ''[57]

आख़िरी पंक्ति कवि के अपने मिज़ाज, कविता-विषयक उसके आदर्श की अत्यन्त सुन्दर और सान्द्र अभिव्यक्ति है। नेरुदा ने कहीं लिखा है कि *'कविता मनुष्य की आत्मा की पुकार है'* और उसके इसी धर्म से प्रतिश्रुत होने के चलते कुँवर नारायण के मन में अधिकाधिक लोगों तक पहुँचने की उत्कंठा है—

''सीले, व्यथावादी अक्षरों के बीच
ताज़ी धूप आने दो :
इन्हें लाखों दिलों की ख़ुशी में
जी भर नहाने दो।''[58]

इन्हीं पंक्तियों के प्रसंग में मुक्तिबोध ने अपनी प्रसन्नता व्यक्त की थी—*''मुझे, व्यक्तिशः, इस बात की बहुत ख़ुशी है कि लेखक 'लाखों दिलों' से चौकन्ना है।''*[59] सच तो यह है कि सृजनात्मक शब्द स्वप्न, प्रेम, इतिहास और मनुष्यता के अथाह चेतन सान्निध्य से उपजा हुआ अमिट नाम है। वह जितना सामयिक है, उतना ही समयातीत। मरण से कवि की मुक्ति का साधन—

''बीत जाते स्वप्न सोते-जागते :
पर, शब्द...
लाखों स्वप्न के संसर्ग से उत्पन्न अक्षय नाम,
जो तुम मर्म बनकर
मोह के हर संस्करण पर छूट जाओगे,
असंगत नाम!
दैनिक वाङ्मय में किसी विश्वातीत के सूचक
मरण के पूत क्षण में याद आओगे,
हमारे पास कितने सूक्ष्म अर्थों में
अजामिल-मुक्ति लाओगे।''[60]

अजामिल के मिथक को कवि ने धार्मिक-पौराणिक प्रभामंडल से मुक्त कर रचना की प्रक्रिया, पवित्रता, यातना और उसकी वैकल्पिक तथा समान्तर दुनिया के सर्वथा नए आशयों से सम्पन्न किया है। *'दैनिक वाङ्मय में किसी विश्वातीत के सूचक नाम'*को *'असंगत'* कहना अर्थ-संश्लिष्ट है। जहाँ यह किसी पारलौकिक सत्ता का नकार है, वहीं काव्य-शब्द के अपार्थिव और अनश्वर होने का संकेत भी। यही सोच कवि को सांसारिक प्रलोभनों और महत्त्वाकांक्षाओं से विरत रहने और दुनियावी शक्ति-केन्द्रों के सम्मुख विनत और कातर न होने का आत्म-बल प्रदान करती है—

''ज़िन्दगी आख़िर रहे क्यों
याचना जैसे किसी मजबूर की?
बन्धु, यह तो
देन है अच्युत लबालब आत्मा की,
सृष्टि छलकन है किसी भरपूर की।''[61]

इस काव्य-दृष्टि की जड़ें भारतीय चिन्तन-परम्परा में जाती हैं। स्मरणीय है कि कवि के प्रिय ग्रन्थ 'गीता' में 'आत्म' की परिकल्पना समुद्र के रूप में की गई है, जो चारों ओर से पूरा भरा हुआ है और जिसकी प्रतिष्ठा अचल है—

''आपूर्यमाणमचलप्रतिष्ठम् समुद्रमापः प्रविशन्ति यद्वत्
तद्वत्कामा यं प्रविशन्ति सर्वे स शान्तिमाप्नोति न कामकामी।''[62]

'ऐसे समुद्र में जिस तरह विभिन्न प्रकार के जल प्रवेश करते हैं और वह विचलित नहीं होता; वैसे ही जिस व्यक्ति की चेतना में काम प्रवेश करते हैं, वह शान्ति को उपलब्ध करता है, कामों की कामनाएँ करनेवाला नहीं।' अच्युत लबालब आत्मा की देन कहकर कवि ने प्यार को ज़िन्दगी की मूलभूत कारक शक्ति माना है। इस शब्दावली के धार्मिक निहितार्थ नहीं हैं। आधुनिक समय में ईश्वर का वजूद ही सन्देह और सवालों के घेरे में है। इसलिए उसके प्रति आस्था संशय से बिंधी हुई है। मगर इस संदिग्ध ईश्वर की ओर भी कवि का इशारा नहीं है, यह उसने साफ़ किया है—*''और वह स्रष्टा / वही स्रष्टा नहीं है / आस्था जिसके सृजन में / कभी रक्खी / कभी चकनाचूर की।''*[63] इस स्रष्टा के बरअक्स कुँवर नारायण *''ईश्वर सरीखे किसी तद्भव रूप''*[64] की बात करते हैं; जिसमें डूबा हुआ एकान्त या व्यथा—*'जो अभिमान है या दृष्टि'*—उन्हें प्रिय है, किसी अज्ञात मेहरबान की दया नहीं।[65] ईश्वर का तद्भव रूप या तो मनुष्य ही है या उसका एकान्त, जिसमें ईश्वर की उसकी अपनी मौलिक और आधी-अधूरी या अनगढ़ कल्पना का वास है। निश्चय ही कवि, पाब्लो नेरुदा के इस विचार के नज़दीक है कि *'प्राचीन काल में जो पुरोहित था; आज के ज़माने में वही कवि है। फ़र्क़ यह है*

कि पुरोहितों ने अंधकार से संधियाँ की थीं और कवियों को प्रकाश की व्याख्या करनी होगी।' ग़ौरतलब है कि रौशनी की जिस आकांक्षा का इज़हार 'तीसरा सप्तक' की कविताओं में बार-बार मिलता है, वह 'परिवेश : हम-तुम' में भी अनेक रूपों में व्यक्त हुई है। यह रौशनी आग से जन्मी है और कहीं स्वयं हमारी ज़िन्दगी है, कहीं हमारी जीवन-ऊर्जा का स्रोत—

''किरण एक
जो आग-सी बुझ न जाए,
लपककर जमे दृश्य पर फैल जाए,
कहीं प्राण बनकर, कहीं प्राणदा
इस क़दर ज़िन्दगी हो समझ में न आए!''[66]

रौशनी झूठ, अज्ञान, हिंसा, कुरूपता, नश्वरता, विनाश और व्यर्थता के विरुद्ध कुँवर नारायण की कविता में सचाई, ज्ञान, प्रेम, सौन्दर्य, अमरता, सृजन और सार्थकता के बहुआयामी एवं संश्लिष्ट प्रतीक के तौर पर विन्यस्त है। वह लोक-निर्माण और लोक-मंगल के लिए मनुष्यता को एकजुट करने का सम्बल और आदर्श है—

''विश्वास रक्खो,
मैं तुम्हारे साथ हूँ।
उस तम-विवश उम्मीद में
जो रोशनी को प्यार करती है।
उस गति-विवश विश्वास में प्रतिक्षण
कि ये राहें कहीं पहुँचा रही हैं!''[67]

सार्थकता के लिए संघर्ष की इस यात्रा में कवि अपने मनुष्य के साथ है। उसकी आस्था और प्रेम के एक सिरे पर मनुष्यता है, तो दूसरे पर आलोक और दोनों में अन्योन्याश्रित सम्बन्ध है। याद आता है कि निराला ने काव्य की देवी सरस्वती से प्रकाश का ही वर माँगा था। स्वतंत्रता का प्रिय उद्घोष और अमरता की नई चेतना। अँधेरे हृदय की विभिन्न शृंखलाएँ काटकर। इस तरह रौशनी में अपनी ही नहीं, सबकी मुक्ति की कामना थी—*''कलुष-भेद-तम हर, प्रकाश भर / जगमग जग कर दे!''*[68] इसी परम्परा में कुँवर नारायण शब्द की जगमग दुनिया बसाना चाहते हैं—

''कवि विरचित
सारस्वत शब्दलोक
गलकर आलोक-वस्तु
ढलकर संसार बने...''[69]

यह रौशनी संसार और प्यार की आधार है। इसीलिए प्रेम की ऋतु वसन्त को वह हवा जगाती है, जो कवि के *"स्वप्न के आलोक-मंडित गुम्बदों को चूमकर आई"*[70] है। प्यार में टूटा हुआ हृदय भी उसकी स्मृति से प्रकाशित रहता है—

"दिल एक आईना है जो टूटकर भी
समूचे चाँद को ग्रहण करता है,
और
मृत्यु-पर्यन्त
उस चमकते रूप से चमकते रहने का प्रण करता है।"[71]

समूचे जीवन बने रहनेवाले प्रेम के इसी असर के बारे में मीर ने कहा है—

"रोज़ आने प नहीं निस्बत-ए-इश्क़ी मौक़ूफ़
उम्र-भर एक मुलाक़ात चली जाती है।"[72]

इसके अलावा प्रेम मनुष्य को और सुन्दर अभिव्यक्तियों के लिए प्रेरित करता है। जैसे सुन्दरता की मौजूदगी उसकी कामना ही नहीं, सिसृक्षा को भी प्रज्वलित करती है। एक ऐसी स्पर्द्धा, जिसमें हारना भी सौन्दर्य का स्तवन है—

"मैंने चाहा
तुमसे भी अधिक सुन्दर कुछ कहूँ,
उस विरल क्षण की अद्वितीय व्याख्या में
सदियों तक रहूँ,
लेकिन अव्यक्त
लिये मीठा-सा दर्द,
बिखर गए इधर-उधर
मोहताज़ शब्द...।"[73]

कालिदास की कविता के साक्ष्य से भारतीय प्रेम की जिन दो अनिवार्य विशेषताओं का ज़िक्र डॉ. विश्वनाथ त्रिपाठी ने किया है—अनन्यता और अमरता—उनका निर्वाह या समावेश इन प्रेम-विषयक कविताओं में मिलता है। इसीलिए 'किरण के रास्ते' के बतौर कवि ने प्रेम को पहचाना है। रात पारम्परिक भाव-बोध में प्रेम के निकट मानी जाती रही है, पर यहाँ उसके मायने ही नए हैं। यों कि अँधेरा प्रेम को बाधित करनेवाली स्थितियों का प्रतीक है—

"किरण के रास्तों पर
रात गुमसुम
विभाजन करती-
वही सब कुछ,
बदलते
सन्दर्भ : हम तुम।"[74]

कवि ने उन ताक़तों का विरोध किया है; जो धर्म, संस्कृति और परम्परा के नाम पर प्यार पर 'बेतुके पहरे' लगाती हैं, उसकी पवित्र एकांतिकता को भंग करने का गुनाह करती हैं और उसकी कोमलता की दुश्मन हैं —

"हज़ारों साल बूढ़े मन्दिरो
तुम चुप रहो,
आत्मीय है वह नाम जो अज्ञात –
उसको पूछने से पाप लगता,
फूल हैं उसकी ख़ुशी की देन
उनको पोंछने से दाग़ लगता!"[75]

स्वभावतः सौन्दर्य के जन्म और विकास के लिए उसने सम्पूर्ण मुक्ति का आह्वान किया है—

"वनजात है सौन्दर्य की भाषा!
उसे स्वच्छन्द रहने दो।"[76]

'तीसरा सप्तक' में *'प्यार की अतृप्त खंडित आत्मा'* को कवि ने यह कहकर आश्वस्त किया था कि *'दर्द जीवित है तुम्हारा!'* इस संग्रह में भी उसने सौन्दर्य-कमल को खिलने के लिए अपनी सजल आँखों में आमंत्रित किया है; भले इस ख़ुशी का अन्त कितनी ही तकलीफ़ में हो—

"मानसर सनीर नयन,
रूपों के नील-कमल :
दर्द सही बार-बार,
कर जाओ फिर पागल।"[77]

प्यार की उत्कंठा इतनी बढ़ गई है कि कवि एकदम साफ़ लफ़्ज़ों में यह कहने को मजबूर है —

"तुम्हारे लिए मेरा मन ललचता है,
तुम्हारे बिना कुछ नहीं जँचता है।"[78]

भाषा का इतने निथरे हुए, जीवन्त और प्रवहमान साँचे में ढल जाना अपने में अनूठा है। इसकी बुनियादी वजह है प्यार की ज़रूरत को लेकर नैतिक और सौन्दर्यबोधात्मक, दोनों स्तरों पर कवि का निर्भीक और निःसंशय होना—

"आह, मत झिझको,
यही सुख कदाचित् वह प्रथम अनुभव हो
जिसे आरम्भ करते
सृष्टि रोमांचित हुई थी।"[79]

इस क्रम में 'दो नीली, परदेशी आँखों से' कवि का मर्मस्पर्शी लगाव और बिछोह हरिवंशराय 'बच्चन' के इस गीत की याद दिलाता है— *"तुम्हारे नील झील-से नैन /*

नीर निर्झर-से लहरे केश।''[80] हालाँकि बच्चन के गीत से लगता है कि वस्तु-वर्णन में उनका मन कम लगा है और कविता के छन्द, लय और अनुप्रास-योजना में ज़्यादा और कहीं-कहीं तो 'प्रिय का बाँहों में होना' इतना अहम और 'लाउड' है कि प्रकृति वहाँ बाद में या सायास लायी गई जान पड़ती है— *''तुम्हें अपनी बाँहों में देख / नहीं कर पाता मैं अनुमान / प्रकृति में तुम बिम्बित चहुँ ओर / कि तुममें बिम्बित प्रकृति अशेष।''*[81] इसके विपरीत, कुँवर नारायण के यहाँ भावावेश बहुत नियंत्रित है और प्रिय की आँखों और आसमान के सौन्दर्य के रंग और प्रभाव परस्पर घुल-मिल गए हैं—

''दो ख़ुश नीली आँखों में
एक अजीब चहल-पहल, उत्सव –
जैसे सवेरे-सवेरे नीलाकाश में
झुंड की झुंड चिड़ियों का कलरव –
बस, इसी तरह याद है
दो नीली आँखों का अथाह वैभव।''[82]

प्रकृति और प्रेम के सादृश्य के बेहद सुन्दर, गत्यात्मक और ऐन्द्रिय बिम्ब 'पहाड़ी झील' शीर्षक कविता में हैं; जहाँ दैहिक आकर्षण की वजह अस्तित्व की पृथकता नहीं, बल्कि एकात्मता का एहसास है और प्रणय-जन्य चपलता, हर्ष और कोमलता के गहन संवेदन एक अद्‌भुत सौन्दर्य में संश्लिष्ट हो गए हैं। देह के प्रसंग में उत्कंठा के साथ शालीनता का यह संयोग दुर्लभ है—

''तुम्हारी देह के प्रति
अंगता महसूस करता हूँ –
कि उन अंधी अतल ऊँचाइयों से फिसल
रुई की तरह
आराम से उस नर्म कुहरे पर उतर आऊँ –
और –
बनकर इन्द्रधनुषी बिम्ब
चंचल डुबानों में खिलखिलाकर हँस पड़ूँ।''[83]

यहाँ भी 'अंधी ऊँचाइयों' से नीचे आने में दृष्टि-सम्पन्न और विनम्र होने का आशय निहित है और हँसते हुए इन्द्रधनुषी बिम्ब में प्रसन्न सौन्दर्य का संकेत। कुँवर नारायण के यहाँ प्रेम और सौन्दर्य, मनुष्यता, विवेक, मांगलिकता और रचनाशीलता के कारक हैं; अपनी अनुपस्थिति में भी—

''और तुम जो पास ही अदृश्य पर स्पृश्य-से लगते,
तुम्हारे लिए मेरे प्राण
बनकर गान
मुक्ताकाश में बिखरे चले जाते।''[84]

प्रिय के साथ होने पर भी उसके साथ का अलग से अनुभव न होना सम्पूर्ण तादात्म्य की स्थिति है और इस प्रसंग में मोमिन का यह शे'र मशहूर है—*"तुम जब पास होते हो / गोया कोई दूसरा नहीं होता।"* इसी तरह साथ न होने पर भी साथ का महसूस होना देखने में उलट, पर तत्त्वतः यही स्थिति है, इसका दूसरा पहलू; जिसकी झलक कुँवर नारायण की कविता में है। शमशेर बहादुर सिंह की एक कविता का अंश इस बात को समझने में और मदद करता है—

"ख़ुश हूँ कि अकेला हूँ,
कोई पास नहीं है –
बजुज़ एक सुराही के,
बजुज़ एक चटाई के,
बजुज़ एक ज़रा-से आकाश के,
जो मेरा पड़ोसी है मेरी छत पर
(बजुज़ उसके, जो तुम होतीं-मगर हो फिर भी
यहीं कहीं अजब तौर से।)"[85]

यों हम देख सकते हैं कि दैहिकता के ज़रूरी स्वीकार के बावजूद प्रेम के आत्मिक पहलू को कुँवर नारायण नज़रअन्दाज़ नहीं होने देते। वे दोनों के बीच एक सन्तुलन क़ायम करते हैं, जिसमें उनका झुकाव उस भावात्मक पूँजी की तरफ़ है, जिसका दूसरा नाम प्रेम है। इसीलिए वे प्रेम के देह की आकांक्षा में सिमट जाने की सम्भावना तक का प्रतिकार करते हैं, जैसे यह अपने को ही एक चेतावनी हो—

"तुम्हें पाने की अदम्य आकांक्षा
देह की बन्दी है।"[86]

* * *

"यह मन का नहीं देह का लेना देना है,
यह सुख कुण्ठित है, यह सहवास समर्पण।"[87]

कवि महज़ देह का आकांक्षी नहीं है। वह समर्पण नहीं, सम्बन्ध चाहता है। बराबरी की ज़मीन पर।...और यह तभी मुमकिन है, जब प्रेयसी का भी अपना व्यक्तित्व हो। ऐसी स्त्री से ही संवाद हो सकता है। इस स्थिति में नक्षत्र भी अगर उसके सौन्दर्य का स्मरण कराते हैं, तो यह दोहरी यातना है; क्योंकि इसमें अँधेरा और चुप्पी दोनों शामिल हैं—

"ये सितारे तुम्हारी दूरी को दुहराते हैं,
मन को आकाश-सा सूना कर जाते हैं।
तुम्हारा मौन जैसे नदी के उस ओर का अँधियार,
कहने के लिए उस पार-सहने के लिए इस पार!"[88]

कवि के लिए प्रेम एक जीता-जागता स्वप्न है। ज़ाहिर है कि इसे वह विस्मृति या सुषुप्ति में नहीं, जागृति में ही साकार करना चाहता है। आख़िर वही चीज़ें टिकेंगी, जिनके फ़ैसले होशमन्दी में किए जाएँगे—

''लगता है,
यह सब भूल जाना है—
एक कहानी—
जो सुलाने का बहाना है।
तुम और तुम्हारा प्यार, एक तमाशा
जो मेरे बाद न होगा।
और ज़िन्दगी, एक टूटा हुआ ख़्वाब
जो हमें याद न होगा।''[89]

प्रेम कवि के यहाँ समूची ज़िन्दगी को प्रभावित करनेवाली सचाई है। ज़िन्दगी उससे सँवर भी सकती है और बिखर भी सकती है। ऐसी कविताएँ याद नहीं रहतीं, जिनमें प्यार को कभी न भूलने के लम्बे-चौड़े वायदे या उसके उच्छ्वसित बयान होते हैं; क्योंकि हक़ीक़त यह है कि जीवन की आपाधापी में न भूलने की कौन कहे, याद रखना मुश्किल है। बड़ी कविता तकलीफ़देह सच का सामना करती है, उसका अन्यथाकरण या अवमूल्यन करके उसे अपने लिए आसान और सुविधाजनक नहीं बना लेती। मसलन कबीर के शब्द हैं—

''पात उड़ंता कह रहा, सुन तरुबर बनराइ!
अब के बिछुड़े कब मिलैंगे, दूर पड़ैंगे जाइ॥''

यह आत्म-निर्मम यथार्थ-चेतना कुँवर नारायण की कविता में प्रकट प्रेम को भी सच्चा और मार्मिक बनाती है। सच के दो-टूक कथन से वे लौह-शृंखला जैसी कठोर, पारम्परिक, सामाजिक संरचना को झकझोरना चाहते हैं; जिसमें यह नहीं कि दो हृदय मिल नहीं सकते, बल्कि यह कि लोग सहृदय रह नहीं सकते—

''दो समानान्तर पटरियाँ
जो कभी भी मिल न सकतीं।
उस नियम की शृंखला में बद्ध
जिसमें हिल न सकतीं।
ज्यामितिक
दो सरल रेखाएँ समय-विस्तार की
जो दिल न रखतीं!''[90]

सिर्फ़ देह की इच्छा रखनेवाला प्यार मरणधर्मा होता है; क्योंकि जब तक देह है, तब तक वह भी है। उसके बाद उसे अक्षुण्ण रखने की चिन्ता या ज़रूरत नहीं रहती।

लेकिन कुँवर नारायण, जैसा कि पहले भी कहा गया, अपने प्यार को अमरता देना चाहते हैं। वह एक रौशनी है, जिससे पूरा जीवन जगमगा सकता है और जिसके बग़ैर वह अंधकारमय भी हो जा सकता है। रौशनी उनके यहाँ सार्थकता की पर्याय है। ये सारी चीज़ें उनके काव्य-दर्शन में परस्पर सम्बद्ध और अन्योन्याश्रित हैं। इसलिए प्यार के बिना जीवन ही निरर्थक है—अँधेरा, निरुपाय, नश्वर और महत्त्वहीन! उसके अभाव में उन्हें ऐसा लगता है कि *"जिये बिना उम्र घटी / चले बिना राह कटी।"*[91] यहाँ तक कि *"सारा भविष्य / जैसे बिन बीते ही जीते जी अतीत हुआ!"*[92] अशोक वाजपेयी की एक कविता भी बड़े मार्मिक और प्रभावशाली ढंग से इसी भय को प्रत्यक्ष करती है—

> *"उस दिन जब*
> *तुम नहीं आओगे*
> *तो क्या यह दिन आएगा*
> *मेरी आयु में?...*
> *सब कुछ होगा और दिनों की ही तरह*
> *बस दिन ही नहीं होगा*
> *उस दिन*
> *जब तुम नहीं आओगे।"*[93]

इसलिए कवि को एक सुनहरे, अतार्किक-से इंतिज़ार के धोखे में रहना पसन्द नहीं। सच्चा प्यार इतना उत्कट और आवेगशील होता है कि वह तत्काल अपने को साबित करना चाहता है। उसके पास वर्तमान का कोई विकल्प नहीं होता। समय के साथ जो स्वप्न टूट जाता है, किसी दूसरे समय में उसकी पुनर्रचना नहीं हो सकती— *"मुझे अब उस स्वप्न से लगाव नहीं / जिसकी प्रतीक्षा करते-करते प्यार / अपनी ही आग में जल गया।"*[94] दूसरे समय में उस स्वप्न के सिर्फ़ टुकड़े बीने जा सकते हैं—

> *"...तब जब कि यह समूची दुनिया*
> *मेरे हाथों से गिरकर टूट चुकी होगी*
> *और मैं अस्तित्व के किसी विघटित प्रतीक में ही*
> *पाया जा सकूँगा।*
> *हमारी पछताती आत्माएँ अनन्त काल तक भटकेंगी*
> *उस अर्थ के लिए*
> *जो हम आज एक दूसरे को दे सकते हैं।"*[95]

महज़ संयोग नहीं कि कुँवर नारायण के समकालीन कवि केदारनाथ सिंह न केवल यह लिखते हैं कि *'प्रतीक्षा...एक ग़लत शब्द है...आदमी को सिर्फ़ तैयार रहना चाहिए',*[96] बल्कि यह भी—

"इंतज़ार मत करो
जो कहना हो कह डालो
क्योंकि हो सकता है फिर कहने का
कोई अर्थ न रह जाए।"[97]

बिछोह के क्षणों में कवि इतना निराश है कि नदी का समुद्र से मिलना उसे प्यार की सफलता का रूपक नहीं लगता; बल्कि प्रिय के मिलते ही अपने न रह जाने अथवा उसके वजूद में खो जाने की सम्भावना उसे घेर लेती है—

"क्या तुम्हें मालूम है कैसे एक नदी
सागर हो जाती है?
वह, बस, भटकती रहती है और एक दिन
किनारा पाकर खो जाती है।"[98]

यह कुछ वैसी स्थिति है, जिसका बयान ग़ालिब के इस शे'र में है—

"परतव-ए-ख़ुर से है शबनम को, फ़ना की तालीम
मैं भी हूँ, एक इनायत की नज़र होने तक।"[99]

यानी, *'ओस को यह मालूम है कि सूरज की किरण के आने पर उसे मिट जाना है। इसी तरह अपने प्रिय से नेह-भरी निगाह मिलने तक ही मेरा भी अस्तित्व है।'* यों कुँवर नारायण के प्रेम में एक सिरे पर द्वैत को नकारने की आत्म-विभोर मनोदशा या दार्शनिकता है; तो दूसरी ओर वह संशय, जो उसे अनिवार्यत. आधुनिक बनाता है—

"वह गुलाबी प्यार-अच्छा तो है,
लेकिन शक होता है-सच्चा तो है?"[100]

इसीलिए देवीशंकर अवस्थी ने लिखा था—*"उसके (प्यार-सम्बन्धी काव्यानुभव) उद्भव से लेकर मोहभंग के जिस सुबोध तक बार-बार उसे नए संवेदनात्मक स्तर पर रखा गया है, यह प्यार आधुनिक सन्देहशील युवक का ही हो सकता है, छायावादी विश्वासी व्यक्ति का नहीं।"*[101] शक की एक और वजह यह है कि प्रेम के प्रति कुँवर नारायण की मानसिकता देहवादी या उपभोगवादी नहीं है। वे प्रेम में सार्थकता की तलाश करते हैं, जो इस अनुभव को अमर कर सके। उन्हें ऐसा प्यार पसन्द नहीं—

"जिसकी अदा दूसरी हो,
जिसका असर ऊपरी हो,
जो एक बात में छल जाए,
जो एक रात में ढल जाए"[102]

अन्ततः वे उस सच्चे, गम्भीर और उदात्त प्रेम की बात करते हैं; जिसमें एक-दूसरे के व्यक्तित्व और एकान्त को विचलित, विसर्जित या नष्ट होने के लिए मजबूर

न किया जाए—

"क्यों चाहते हो समर्पित कर दूँ तुम्हें
वह मुक्ति भी –
जो तुम नहीं हो।
हम नहीं हैं।
– सिर्फ़ मैं हूँ।"[103]

*   *   *

"वह अनुभूति–वह अपमान! –
औ' वह अस्वीकृत अभिमान –
जो मैं हूँ...उसे क्यों चाहते हो?"[104]

मुक्तिबोध ने इस कविता की व्याख्या कुछ यों की थी कि कवि अपने 'निभृत' आत्म या 'अन्तर्व्यक्तित्व' को 'समाज या मानवता की दृष्टि से ओझल' या छुपाकर रखना चाहता है और 'अपनी विशेषता या निजता की रक्षा के लिए' वह अलगाव का रास्ता पकड़ता है। उनकी नज़र में यह रवैया मुनासिब नहीं था, क्योंकि *"समाज और मानवता हमेशा व्यक्ति के अन्तर्निहित निभृत (अन्तर्लोक) में भी गहरी मानवीय दिलचस्पी लेती रही है।"*[105] हमारी समझ में यहाँ कवि का आशय वह नहीं है, जिसकी मुक्तिबोध कल्पना कर लेते हैं! यह एक क़िस्म की व्याख्यात्मक चूक है। दरअसल, कुँवर नारायण प्यार के एक भिन्न एहसास, उसकी परिवर्तित अवधारणा से लगाव रखनेवाले कवि हैं। सभ्यता की रूढ़ियों और प्रचलनों के बरअक्स वे इस सन्दर्भ में हमारी चेतना में उस विकास और परिपक्वता के आकांक्षी हैं, जिसकी ज़रूरत को मशहूर जर्मन कवि राइनेर मारिया रिल्के ने एक युवा कवि फ्रांज़ ज़ेवियर काप्पुस के नाम 14 मई, 1904 को लिखे अपने पत्र में रेखांकित किया था— *"(शुरूआत में दूर किए गए लोगों की इच्छा के काफ़ी विरुद्ध) यह प्रगति प्यार के अनुभव को रूपांतरित करेगी, जो कि इस समय ग़लतियों से भरा हुआ है; यह उसे बुनियादी तौर पर बदलकर ऐसे सम्बन्ध में पुनर्निर्मित करेगी, जो दो मनुष्यों के बीच होगा, पुरुष और स्त्री के बीच नहीं। और यह ज़्यादा मानवीय प्यार (जो अपने को असीम सहानुभूति, सज्जनता और बन्धन और मुक्ति के स्पष्ट विवेक और कोमलता से समृद्ध करेगा) उस रूप से मिलता-जुलता होगा, जिसकी तैयारी हम इस वक़्त एक बड़ी जद्दोजहद और तकलीफ़ के साथ कर रहे हैं–वह प्यार, जो एक-दूसरे के एकान्त की रक्षा करने, उसका सम्मान और अभिनन्दन करने में निहित होगा।"*[106] क्या हम आज भी समाज और व्यक्ति और स्त्री और पुरुष के बीच इस गहरे, मानवीय, सन्तुलित सम्बन्ध का वांछित विवेक अर्जित कर पाए हैं; जिससे दोनों की ही स्वतंत्र गरिमा या आत्मवत्ता की हानि न हो? ग़ौरतलब है कि कुँवर नारायण के आत्म-

संघर्ष के केन्द्र में प्रेम की यही विकसित चेतना है, जो उनके 'आत्म' के विस्तार में मदद करती है--

"अ-व्यक्ति प्यार के सन्तोष तक उठ सकें,
चाहों में शक्ति कहाँ?-
तुमको हर चेहरे के सुख-दुख में देख सकें,
ऐसी अनुरक्ति कहाँ?"[107]

सामान्य जन-समाज की सुख-दुखात्मक जीवन-स्थितियों से वास्तविक और आत्मीय सम्पृक्ति के मूल में प्रेम का होना अनिवार्य है। दोनों एक-दूसरे को बाधित नहीं, समृद्ध और पुनरुज्जीवित करनेवाले सच हैं—

"किसी सम्बन्ध के डोरे
हमें अस्तित्व की हर वेदना से बाँधते हैं।"[108]

इसलिए कवि बहुत सौम्य और कोमल स्वर में समग्र मानवता के सपने को चरितार्थ करने के लिए निज के योगदान को प्रस्तावित करता है—

"मैं तुम्हारे साथ हूँ
उस स्वप्न में-
जो तुम्हारा है।
हमारा है।
सिर्फ़ मेरा नहीं।...
अपनी दृष्टि के विस्तार में हम साथ हैं:
विश्वास रक्खो...।"[109]

कुँवर नारायण के यहाँ प्रेम लोक-हित की उनकी आकांक्षा का निकष है। एक आईना, जिसमें अपने रूप के साथ-साथ बाक़ी दुनिया भी हमसे और अभिन्न हो उठती है। लेकिन यह नाता टूटने पर जैसे सारा संसार ही अपनेपन से इनकार करता है—

"वह जो तुमसे अपनी थी ज़िन्दगी,
आज अपनों में पराई है।...
... ...
रात-और ऐसी रात
कि एक भी तारा नहीं!
बात-बस इतनी बात -
तुम नहीं, कोई हमारा नहीं।"[110]

वैयक्तिकता और सामाजिकता के अभिप्राय उनकी कविता में कई बार इतने संश्लिष्ट हैं कि वे अपनी सौन्दर्यात्मक अन्विति में बेजोड़ हैं। मसलन इस बिम्ब में

मातृत्व, सामाजिक संवेदनशीलता और प्रणय से वंचित किसी बच्चे, किसी नागरिक और किसी प्रेमी की पीड़ाएँ इतनी उत्कटता से घुल-मिल गई हैं कि उन्हें जीवन की समग्र वास्तविकता के पैमाने पर ही समझा जा सकता है—

"आहत । प्रेमी । शिशु –
संसार एक स्तन जो नहीं मिला।"[111]

एहसास की गहनता के इसी बिन्दु पर सारे वर्गीकरण मिथ्या हो जाते हैं और पक्षधरताएँ किसी खंडित बोध से मुख़ातब जान पड़ती हैं। तुलसीदास के लिए राम के रूप का साँवला बादल अगर लोक-मंगल का कारक था, तो वह उनकी सौन्दर्य-कामना की तृप्ति का स्रोत भी था। आश्चर्य नहीं कि जिन 'नील-कमलों' से कुँवर नारायण 'नयनों के मान-सरोवर' में खिलने का अनुरोध करते हैं, उनसे धरती को अभिसिंचित करने का आग्रह भी—

"बरसो हे जलद दिनों
इसी पार धरती पर,
पारदर्शी असीम
बूँदों से धुँधला कर।"[112]

इस तरह एक ही इच्छा व्यक्तिगत संवेदना से लेकर विश्व-परिस्थिति तक में किसी बड़े विप्लव की उत्कंठा में बदल गई है—

"जीवन की नस-नस में
बिजली-सी कड़क जाए,
एक बार क्षितिजों तक
दृश्य-दृश्य तड़प जाए।"[113]

प्रसंगवश, शमशेर की एक ग़ज़ल याद आती है—

"वही उम्र का एक पल कोई लाए
तड़पती हुई-सी ग़ज़ल कोई लाए

* * *

"हक़ीक़त को लाए तख़ैयुल से बाहर
मेरी मुश्किलों का जो हल कोई लाए
कहीं सर्द ख़ूँ में तड़पती है बिजली
ज़माने का रद्दो-बदल कोई लाए।"[114]

प्यार करने के नतीजे में जो सुन्दर और प्रकाशित हो उठता है, वह अपनी इस समृद्धि को ही दुनिया को लौटाता है। कुँवर नारायण की कविता में प्रेम-सम्बन्धी दर्शन की यही गतिशील सम्पूर्णता या तार्किक निष्पत्ति है—

"यह एक स्नेह-वल्लरी
जो उठी

और फूल ही फूल हुई,
माँगती रही केवल अपना निसर्ग
किरण का प्यार –
बदले में देती रंग, रूप, गंध, स्पर्श,
दिशाओं भर आत्मोत्सर्ग।''[115]

लोक-रंजन और लोक-मंगल करनेवाली प्रकृति के सौन्दर्य का स्तवन 'परिवेश : हम-तुम' की अनेक कविताओं की विशेषता है। ख़ास बात यह है कि कवि किसी सिद्धान्त-कथन, उपदेश या दार्शनिक विवेचन के लिए इन दृश्यों या वस्तुओं का इस्तेमाल नहीं करता; बल्कि उनसे अकुंठ और निश्छल लगाव के वशीभूत होकर उनका प्रभावशाली चित्रण करता है। यह उसकी मनुष्यता का विस्तार है, जिसे उसकी कला ने दोहरी गरिमा और सार्थकता प्रदान की है। या कहें कि उसने संवेदना को कला और कला को संवेदना की शर्तों पर जिया है। मुक्तिबोध ने इसीलिए सराहना करते हुए लिखा था— *''कवि कुँवर नारायण ने जो बाह्य सौन्दर्य-चित्र प्रस्तुत किए हैं, चाहे वे घर में आई किरन के हों, या नारी रूप के, धूप के अथवा सिर्फ़ ख़ुशी के, तो हमें यह कहना पड़ता है कि वे शब्द-चित्र बहुत प्रभावोत्पादक हैं और साथ ही 'नई कविता' के विकसित रूप को सूचित करते हैं। इस प्रकार के उनके चित्र उन्हें एक संवेदनशील और कुशल कलाकार के रूप में ही प्रस्तुत करते हैं।''*[116] सच्ची आत्मीयता के कारण प्रकृति को वे अपने हस्तक्षेप से आहत या 'अनुशासित' नहीं करते, उसके ख़ूबसूरत वजूद के स्नेहिल सान्निध्य में यक़ीन रखते हैं। मनुष्य-स्वभाव की विडम्बना है कि वह चीज़ों को अपनी इच्छाओं और मंतव्यों के अधीन देखना चाहता है, जबकि सापेक्षिक स्वायत्तता के बिना गरिमा और सौन्दर्य सम्भव नहीं है। यही सजगता कुँवर नारायण की कविता को विशिष्ट बनाती है। देवीशंकर अवस्थी के शब्दों में— *''इस प्रकृति-काव्य में जो उपमान आए हैं, वे मात्र अप्रस्तुत विधान बनकर प्रस्तुत को स्पष्टता नहीं प्रदान करते, बल्कि उसे नए अर्थों से भरकर स्वयं प्रस्तुत का अंश बन जाते हैं।''*[117] जैसे कि यह कामना, स्वयं सौन्दर्य की आन्तरिक ऊर्जा से नि:सृत या संयुक्त जान पड़ती है—

''रंग की कलगी सजाए
दुधमुँही कलियाँ चटककर फूल हों।
सम्पुटित पँखुड़ियाँ –
हवा में ज्यों उठी निर्भीक बाँधी मुट्ठियाँ
उत्फुल्ल अपनी दिग्विजय की छींटती किलकारियाँ...
क्यों धूल हों''[118]

इस सिलसिले में समुद्र पर सूर्यास्त और बारिश के दौरान बादलों के गर्जन के ये अनूठे बिम्ब द्रष्टव्य हैं —

"साँझ की कगारों से
टकराकर टूट गया,
सोने का वह जहाज़
पानी में डूब गया।" [119]

*   *   *

"बिजली की एक चमक
फिर एक धमक
इतनी भयानक
जैसे मीलों तक
बादल नहीं शीशे का एक समुद्र लटका हो
जो किसी पहाड़ से टकराकर अभी-अभी चिटका हो।" [120]

अलग-अलग समय और हालात में मनुष्यों, मनुष्येतर प्राणियों और शेष चराचर सृष्टि के क्रिया-व्यापारों में समानता और सादृश्य के मद्देनज़र इतने संश्लिष्ट और मार्मिक बिम्बों की रचना कवि ने की है कि इससे उसकी व्यापक और बहुलवादी चेतना का ही सत्यापन होता है। दुष्यन्त कुमार ने इन कविताओं से प्रभावित होकर लिखा था कि ये *"प्रकृति के 'पर्सोनिफ़िकेशन' के ऐसे ताज़े, सहज और घरेलू चित्र हैं, जिनका निर्माण कुँवर जैसे संवेदनशील कवि के लिए ही सम्भव है।"* [121] उदाहरण के तौर पर—

"हवा और दरवाज़ों में बहस होती रही,
दीवारें सुनती रहीं।
धूप चुपचाप एक कुरसी पर बैठी
किरणों के ऊन का स्वेटर बुनती रही।
सहसा किसी बात पर बिगड़कर
हवा ने दरवाज़े को तड़ से
एक थप्पड़ जड़ दिया।" [122]

थप्पड़ की वजह साफ़ न होने के बावजूद इंसानी दुनिया के दैनंदिन व्यवहारों का यह सांगरूपक इतना आकर्षक है कि अपनी अर्थवत्ता में सम्पूर्ण है। चीज़ें एक निरंतरता में घट रही हैं, जिसमें थप्पड़ अस्थायी खलल की तरह है। जीवन को अगर हम कुछ दूर से देखें; तो गति ही प्रमुख अन्तर्वस्तु है, जिसने थप्पड़ के व्यतिक्रम को सहकर, उसे पीछे धकेल दिया है। इसी गतिशीलता के कुछ और ख़ूबसूरत, नाज़ुक और तीखे बिम्ब; जो मन पर गहरा असर डालते हैं—

"...चाँद
जैसे खुले मैदान में एक डरा हुआ जंगली ख़रगोश –

बिदकते बछड़ों-सी लापरवाह हवा।''[123]

*   *   *

''तारों की लालची आँखें
(किसी आशा से चमकतीं!)
नग्न पृथ्वी पर गड़ी,
और मीलों तक अकेली प्रकृति
दम साधे पड़ी...।''[124]

*   *   *

''नदी-पथ पर डगमगाते चन्द्रमा के पाँव।
नदी-तट पर खोजते शायद प्रिया का गाँव!''[125]

प्रकृति के सामीप्य के ताज़ा, सुखद, पवित्र और सुन्दर एहसास कैसे माँ के सौन्दर्य, पावनता, प्यार और कोमलता की अनुभूतियों के समान ही नहीं; उनसे लगे-लिपटे हैं, 'सवेरे-सवेरे' शीर्षक कविता इसकी उत्कृष्ट बानगी है, जिसे पूरा उद्धृत करने के सिवा कोई चारा नहीं—

''कार्तिक की एक हँसमुख सुबह।
नदी-तट से लौटतीं गंगा नहाकर
सुवासित भीगी हवाएँ
सदापावन
माँ सरीखी
अभी जैसे मंदिरों में चढ़ाकर ख़ुशरंग फूल
ठंड से सीत्कारती घर में घुसी हों,
और सोते देख मुझको जगाती हों—
सिरहाने रख एक अंजलि फूल हरसिंगार के,
नर्म ठंडी उँगलियों से गाल छूकर प्यार से,
बाल बिखरे हुए तनिक सँवार के...''[126]

ऐसी कविताएँ अपने संवेदनात्मक आशयों के गहन संश्लेष में ही नहीं, कलात्मक परिष्कृति में भी सर्वथा निर्दोष और परिपक्व हो सकी हैं। ये अपनी सौन्दर्य-योजना में इतनी संघटित और सम्पूर्ण हैं कि इनकी किन्हीं पंक्तियों का अलग से उल्लेख करना बाक़ी पंक्तियों के साथ अन्याय है। यह शब्द और अर्थ, बाहर और भीतर या इच्छा और वास्तविकता के चरम तादात्म्य की स्थिति है। इसी विशेषता को लक्ष्य करके दुष्यन्त कुमार ने लिखा होगा—*''...कुँवर नारायण ऐसे कवि हैं; जो अपनी अभिव्यक्ति में बेहद सादे, कथ्य में अत्यन्त पैने और प्रभाव उत्पन्न करने योग्य भाषा के निर्माण में बेजोड़ हैं। उनकी बाज़ रचनाएँ पढ़कर तो लगता है कि उनके पास कोई*

ऐसा साँचा है, जिसमें कविता कथ्य के अनुरूप ख़ुद-ब-ख़ुद ढलती है। न एक शब्द इधर, न उधर। न अभिव्यक्ति में असन्तुलन, न अनुपात में दोष।'' [127]

मिथक के मुताबिक़ कामदेव, शिव को सम्मोहित करने की कोशिश में उनके क्रोध का शिकार हुआ और उनके तीसरे नेत्र की ज्वाला में भस्म हो गया। बाद में उसकी पत्नी रति के विलाप से द्रवित होकर, शंकर ने कामदेव को 'अनंग' के रूप में सृष्टि में विद्यमान और सक्रिय रहने का वर दिया। वसन्त ख़ास तौर पर प्रणय की ऋतु है और अनंग प्रणय के देवता। कुँवर नारायण भारतीय चित्त में संस्कार-रूप में अन्तर्व्याप्त इस मिथकीय अवधारणा को वसन्त की अपनी सौन्दर्य-चेतना से संयुक्त करते हैं और इस तरह उसे एक नया मानवीय अर्थ देते हैं। उनके लिए कामदेव, वसन्त से भिन्न कोई सत्ता नहीं है या कहें कि वसन्त ही कामदेव है। उसके सिंहासन का ख़ाली रहना अत्यन्त सार्थक प्रतीक है। फूलों से खिली हुई लता के ज़रिए कवि उसके सौन्दर्य का चित्र ही नहीं खींचता, उसके प्रति अपना सम्मान और संसक्ति भी निवेदित करता है—

''मुट्ठी भर सुनहले फूल
उस फूली लता पर खिलखिलाते,
डोलता मानो चँवर
ख़ाली सिंहासन पर।
अनंग ऋतुराज,
हर पतझर में तुम याद आते हो।
(तुम्हें क्या नाम दूँ?)'' [128]

वसन्त का यह स्वागत ऐकांतिक, दीन-दुनिया की मुश्किलों और व्याधियों से विमुख, अपने समय के ख़तरों और विडम्बनाओं से अनजान, गद्‌गद और रोमानी क़िस्म का नहीं है। महानगरीय सभ्यता के वर्चस्व और आतंक के चलते जन-मानस में वसन्त की चेतना और जीवन में उसके अवकाश का छीजते चले जाना कवि की चिन्ता का सबब है। हालाँकि वह वसन्त को भीड़, धूल और सवारियों के विषम यांत्रिक कोलाहल में न्यौतने की असम्भव चेष्टा के बजाय उससे 'प्रसूनयुत् छबीलकुंज मार्ग' से आने का अनुरोध करता है; पर उसी क्षण इस तकलीफ़देह सच को जानता है कि मकानों और दुकानों की यह सभ्यता वसन्त नहीं, उसके अन्त की ओर ही बढ़ सकती है—

''ये मकान भी अजीब आदमी!
बने-ठने
तने-तने
न फूल हैं न पत्तियाँ–

बेज़बान मुँह असंख्य
खिड़कियाँ खुली हुई पुकारतीं–
'बस अन्त आ, बस अन्त आ!' ''[129]

जिस सामाजिक यथार्थ के बीच कवि साँस ले रहा है, उसकी अनचाही और अपरिहार्य स्मृति ने वसन्त के एहसास को विघटित और विषण्ण कर दिया है। प्रसंगवश, रघुवीर सहाय ने 1953 में आधुनिक मनुष्य के इसी तनाव और पीड़ा को अपनी एक कविता 'वसन्त' में व्यक्त किया था—*''वही आदर्श मौसम / और मन में कुछ टूटता-सा / अनुभव से जानता हूँ कि यह वसन्त है।''*[130] कुँवर नारायण प्रकृति से मनुष्य की विच्छिन्नता या वसन्त की अगवानी में उसकी आत्मिक असमर्थता को आतिथ्य के भारतीय मूल्य की विस्मृति या हानि से भी जुड़ा हुआ मानते हैं; इसलिए यह विषय उनके यहाँ दोहरी कचोट में बदल गया है—

''समीप से सुगंधि-रथ गुज़र गए –
मन उचाट इस तरह
कि हम अतिथि शुभागमन भुला गए!''[131]

लेकिन सुन्दर और उदात्त प्रकृति और भारतीय संस्कृति से बेज़ार कौन हैं ये अजीब लोग, जो 'बने-ठने' और 'तने-तने' तो हैं; पर मनुष्यता को देने के लिए जिनके पास कुछ नहीं है—*''न फूल हैं न पत्तियाँ।''* निश्चय ही, यह शहरी मध्य-वर्ग है, जो अपनी हीनता के अनुपात में ही हिंस्र और अनुदार रहा आता है। वह भौतिक रूप से सम्पन्न, सुविधा-भोगी, मुद्राओं को ओढ़ने में माहिर और एक उथले मूल्य-विवेक से संचालित है; शायद इसीलिए व्यापक समाज की पीड़ाओं से उसका कोई लेना-देना नहीं है—

''शहरों का कूड़ा झोंपड़ियों में फैलाया
अपनी ज़रूरतों के कोड़ों से पिटवाया
इन्सान
मगर बेजान
मकानों-सा ढहता
अपने से दूर पास बस्ती के रहता,
सभ्यता
लगी नाखूनों पर पालिश जैसे
हम ठाठ फकीरी
बिकता जो पैसे-पैसे।''[132]

इसी मध्य-वर्ग को—जो संस्कृति-विमर्श का दिखावा तो ख़ूब करता है और सम्भ्रान्त और बौद्धिक होने की आत्म-मुग्धता में जीता है, मगर वस्तुतः प्रेम और मनुष्यता से रिक्त है—लक्ष्य करके अज्ञेय ने 14 अक्टूबर, 1949 की अपनी एक

कविता 'हरी घास पर क्षण भर' में लिखा था—

"और रहे बैठे तो लोग कहेंगे
धुँधले में दुबके प्रेमी बैठे हैं।
– वह हम हों भी तो यह हरी घास ही जाने –
... ...
नहीं सुनें हम वह नगरी के नागरिकों से
जिनकी भाषा में अतिशय चिकनाई है साबुन की
किन्तु नहीं है करुणा।
उठो, चलें, प्रिय।"[133]

15 जून, 1954 को अज्ञेय ने एक और कविता लिखी—'साँप', जिसमें ख़ास तरह के नागर चरित्र की केन्द्रीय विशेषताओं के रूप में विष और विश्वासघात की शिनाख़्त की गई है—

"साँप! तुम सभ्य तो हुए नहीं –
नगर में बसना भी तुम्हें नहीं आया।
एक बात पूछूँ –(उत्तर दोगे?)
तब कैसे सीखा डँसना –विष कहाँ पाया?"[134]

आकस्मिक नहीं कि 1961 में छपे संग्रह 'परिवेश : हम-तुम' में भी शहरी मध्यवर्गीय मानस में घर कर गई इसी यांत्रिकता, अजनबीपन और अमानवीयता की ओर कवि ने व्यंग्यात्मक संकेत किया है। हर साल शहर में घुस आने और राहगीरों का ध्यान बँटाने की कोशिश करनेवाले जंगली फूलों के बारे में वह कहता है—

"क्या इन्हें मालूम नहीं
कि शहरों में इसकी सख़्त मनाही है
कि कोई किसी से बिना जान-पहिचान बोले
और कहे कि देखो, बहार आई है!"[135]

अन्ततः कवि के ज़ेहन में मानो आधुनिक समय में बर्बर साम्प्रदायिकता, शस्त्रास्त्रों की निर्मम होड़ और वृहत् मशीनीकरण की स्मृति है, जिससे वह विचलित और हताश है—

"अपने ही हथियारों से घबराया मानव
पत्थर का देव और लोहे का दानव
यह युग
अपनी ही ताक़त से हारा मनुष्य।"[136]

यह एक ऐसा मनुष्य है, जिसका ईश्वर खो गया और जिसकी मनुष्यता भी

संकटापन्न है। उसकी शक्ति और साधनों का विकास जैसे अब उसके ही वजूद पर उलटकर आ पड़ा है—

"अब हर चीज़ पत्थर की
तरह कठोर
यथार्थ
या यथार्थ की बनी हुई
खेल नहीं
जिसकी दशानन बर्बरता से टकराता
मैं मनुष्य मात्र
टूट रहा...।"[137]

यथार्थ की बहुमुखी क्रूरता के दबाव में मनुष्य अपनी चेतना के विघटन का सामना कर रहा है। कवि को धक्का-सा लगता है कि एक बच्चे की मानिन्द ख़ूबसूरत और नाज़ुक दुनिया का जो सपना उसने बुना था, वह यों ही टूट गया— *"वह दुनिया / खेल की चीज़ / खेल ही खेल में टूट गई।"*[138] ज़ाहिर है कि जिस तरह बच्चे खेल-खेल में घरौंदे बनाते हैं, वैसे ही एक खेल वह है, जिसे अपने हृदय की समूची निश्छलता और प्यार के साथ संवेदनशील कलाकार खेलते हैं और अपनी सृजनात्मक अन्तर्दृष्टि से बेहतर दुनिया का स्वप्न निर्मित करते हैं। दूसरा खेल वह है, जिसे इस स्वप्न के विनाश के लिए आततायी शक्तियाँ खेलती हैं। कविता इन दोनों तरह की इच्छाओं और ताक़तों के द्वन्द्व में सम्भव होती है। वह सचाई के सरल, एकरैखिक और खंडित दर्शन से प्राप्य नहीं है। उसके लिए विभिन्न चीज़ों के अन्तरसम्बन्धों के जटिल ताने-बाने में उतरना, अनेक स्तरों पर उनकी भूमिका और सक्रियता को जाँचना और विरोधी स्थितियों का समक्षीकरण करना अनिवार्य है। कवि के मुताबिक़, यथार्थ के आत्यन्तिक आग्रह से कविता नहीं लिखी जा सकती। उसे 'क्लासिक्स, लोकगीत, यथार्थ और रोमांस', इन सबसे संश्लिष्ट ढंग से मुख़ातब होना होगा। इसका मतलब वास्तविकता का निषेध, अल्प-कथन या अवमूल्यन नहीं, बल्कि उसके वृहत्तर आशय को मूर्त करना है। बक़ौल कवि, *"रोमांटिक या कल्पनाशील होना अपने समय की दुनिया से पलायन नहीं, अपने समय में होने के एहसास को विस्तृत कर सकने की क्षमता भी है।"*[139] इसलिए समीक्षा जिस 'सामाजिक यथार्थवाद' को व्याख्यायित और परिभाषित करती है, उसके परिसर को व्यापक और बहुल बनाने की चुनौती को उसने रेखांकित किया है— *"...आज समीक्षा-प्रेरित लेखन से बचने की ज़रूरत है। मैं यहाँ समीक्षा को डाउन-ग्रेड नहीं कर रहा हूँ, दिशा नहीं दिखा रहा हूँ, लेकिन इन दो विरोधों को मन में रखना चाहिए कि एक रचनाकार के लिए रियलिज़्म जो है, वो सीमित नहीं है। वो कहीं से भी*

अपने लिए प्रेरणा ले सकता है। उसके चारों तरफ़ जो कुछ भी है, वो यथार्थ है उसके लिए। मैं इसमें फैंटेसी या कल्पना जैसी चीज़ों को भी अयथार्थ नहीं मानता हूँ। कल्पना अयथार्थ हो सकती है, लेकिन कल्पनाशील होना अयथार्थ नहीं है, वो भी यथार्थ है।''[140] इस काव्य-दृष्टि को समझने के लिए कुँवर नारायण की तीन कविताओं की मिसाल दी जा सकती है, जिनमें वह शायद अपने सर्वश्रेष्ठ रूप में चरितार्थ हुई है। पहली कविता है—'तीन 'तुम' : एक फ़ोटोग्राफ़'—

''तुम – अद्वितीय सौन्दर्य – उस तरफ़ – धूप में,
बीच में चिलमन,
चिलमन पर तुम्हारा कटा-पिटा रूप :
दृष्टि में तीन 'तुम'—
धूप में, चिलमन पर,
फ़र्श पर कुबड़ी-सी छाया कुरूप!''[141]

प्रेम के सन्दर्भ में, प्रिय के अनूठे सौन्दर्य की सराहना करते हुए भी जिस वस्तुनिष्ठता के साथ उसके अन्य निहितार्थों की व्यंजना की गई है; वह अपनी अन्विति में अचूक और असाधारण है। वह हमें कोमल और उदार बनाती है, पर साथ ही परिस्थिति की विषमता और उसके चलते सौन्दर्य की 'कुरूप' सम्भावना से सचेत भी करती है। कविता बाह्य रूप पर एकान्त भाव से मुग्ध होने और उसके अतिरेक में बह जाने की छूट नहीं देती; क्योंकि वह उसके 'आत्म-पक्ष' या नैतिक अभिप्रायों की खोज करती है, जो उसके लिए सबसे अहम हैं। वह परोक्ष को संज्ञान में लिये बिना प्रत्यक्ष भर से सन्तुष्ट नहीं रह सकती। जीवन-वास्तव को सम्पूर्णता में देखने के लिए प्रभाव के साथ पृष्ठभूमि और परिणति को निगाह में रखना उसके तईं ज़रूरी है, यानी वर्तमान के साथ-साथ अतीत और भविष्य को। इसलिए दूसरी कविता 'एक चित्र : दो पट' में रात की चुप्पी और अँधेरे में नदी-तट का जो वृक्ष 'न-कुछ-सा' लगता है और गाढ़े कोहरे में डूबा हुआ पूरा दृश्य 'फ़ोटोग्राफ़ के धुँधले नेगेटिव' जैसा; सवेरे फिर वह एक जीवन्त और आलोकित संसार में बदल जाता है—

''सुबह सब कुछ पुन: आभासित,
समूचा दृश्य तीखी रोशनी में
जी उठे चलचित्र-सा रंगीन –
चंचल पल्लवों में किरण-कोलाहल,
हज़ारों पंछियों का बसा पूरा शहर!
बरगद का पुराना पेड़,
सरयू तीर...''[142]

यों दुनिया वही नहीं है, जैसी वह एक बार में नज़र आती है; बल्कि वह लगातार बनती-बदलती और नई होती रहती है। सच्ची कविता जीवन को उसकी परिवर्तनशील गत्यात्मकता में पकड़ने की चेष्टा करती है। प्रक्रिया के सचेतन एहसास से ही उसमें ऊर्जा और धार पैदा होती है और उसके शब्द जीवन-प्रवाह में शामिल होने के आवेग से भर उठते हैं। इसके मूल में संवाद की इच्छा या पाठकों से जुड़ने की उत्कट कामना है, जिससे उसका जन्म हुआ है। जन-चेतना के ज़रिए पुनः व्यापक सृष्टि से अभिन्न हो जाना उसके होने की चरम सार्थकता है। विशिष्टता और एकात्मता का यह द्वन्द्व और सहकार प्रेम की तरह सृजन के क्षेत्र का भी बहुआयामी, नव-नवोन्मेषशाली और अनिवार्य सच है। इसके अलावा, 'प्रदत्त' के सतत प्रत्याख्यान के तौर पर कविता विकल्पों की अन्तहीन तलाश भी है। प्रमाण है ग़ालिब का यह शे'र—

''हुई मुद्दत, कि ग़ालिब मर गया, पर याद आता है
वह हर इक बात पर कहना, कि यों होता, तो क्या होता'' [143]

किसी भी व्यक्ति, वस्तु, घटना या परिस्थिति के अधिकतम आयामों को दृष्टि में रखने पर उसके साथ न्यूनतम अन्याय की गुंजाइश रहती है। इसी तरह विकल्पों की खोज मुक्ति की बेचैनी के बिना सम्भव नहीं है। इस सिलसिले में कुँवर नारायण की तीसरी कविता 'घबराहट' से यह बात अपने दोनों मायनों में सत्यापित हो जाती है। धाराप्रवाह बारिश, अँधेरे, बादलों के गरजने और बिजली के चमकने से मिले-जुले दहशत-भरे माहौल में कोई अनजान आदमी दरवाज़े पर दस्तक देता हुआ पुकारता है। *'फ़र्श पर ख़ून के ताज़े निशान'* हैं और *'बाहर बरामदे में लड़ती हुई बिल्लियाँ'*। वाचक इतना भयभीत है कि दरवाज़ा नहीं खोलता—

''क्या पता आदमी ऊपर से ठीक-ठाक हो
लेकिन अन्दर से भेड़िये-सा ख़तरनाक हो!'' [144]

यह असमंजस कुछ देर चलता है और बाहर 'आगन्तुक पानी में खड़ा रहता' है। वाचक चाहता है कि वह चला जाय और यह मुसीबत टले। थोड़ी देर बाद सचमुच ख़ामोशी छा जाती है। मगर इस बिन्दु पर वाचक को अजीब-सा द्वन्द्व घेर लेता है और उसे अपना निजी डर मनुष्यता के महत् सरोकार या उस आदमी का साथ न दे पाने के घातक अपराध-बोध के सामने बहुत मामूली और विडम्बनापूर्ण लगने लगता है—

''सारी परिस्थिति की एक और भी सूरत थी–
शायद उस आदमी को मदद की ज़रूरत थी।'' [145]

इस तरह कवि न तो यथार्थ का आधा-अधूरा, अविशिष्ट और सरलीकृत चित्रण करना चाहता है; न अपने से घिरा हुआ, जोखिम-रहित और स्वप्नहीन जीवन जीना। उसका संघर्ष झूठ, अ-जानकारी, जड़ता और अन्याय से है। बक़ौल मुक्तिबोध,

उसमें *'जीवन के क्षण-क्षण को तड़िन्मय और संवेदनमय बनाने'*[146] की छटपटाहट है। इसीलिए किसी दिन के निष्फल रह जाने पर उसे भारी पछतावा होता है—

''अपूर्ण दिन और अधूरे काम,
पाप के पश्चात् पश्चात्ताप-सी यह शाम।''[147]

सांसारिकता के आकर्षण या वस्तु-मोह से वह इतना दूर है कि उसके जंजाल की अन्दरूनी व्यर्थता को पहचानता है और उसकी गिरफ़्त में रहने की मजबूरी का उसे अफ़सोस है—

''ये तमाम ऊल-जलूल चीज़ें
जो मेरी वजह से ज़िन्दा हैं,
और जिनको चाहकर
मेरी चाहें शर्मिन्दा हैं।''[148]

इसलिए उसकी केन्द्रीय मुश्किल यह है कि ये चीज़ें उसका रास्ता रोक लेती हैं और वह जीवन के मार्मिक सच तक पहुँच नहीं पाता। प्रसंगवश, 'ईशावास्योपनिषद्' के रचयिता ने यह प्रार्थना की है कि *'सत्य का मुख सोने के पात्र से ढँका हुआ है, इसलिए हे पोषणकर्ता! सत्य और धर्म के दर्शन के लिए आप उसको हटा दें!'*—

''हिरण्मयेन पात्रेण सत्यस्यापिहितम् मुखम्
तत्त्वं पूषन्नपावृणु सत्यधर्माय दृष्टये।''[149]

कामना के साम्य के बावजूद फ़र्क़ यह है कि आधुनिक मनुष्य के पास प्रार्थना की सुविधा नहीं है। अब विकल्प सिर्फ़ यह है कि असफलता के क्षणों में वह अवसाद से आक्रान्त न हो; बल्कि उसके वस्तु-साक्ष्यों और ज़िम्मेदार कारकों में प्रवेश करे और शिनाख़्त और आलोचना के ज़रिए उनके प्रतिकार की ज़मीन तैयार करे। कुँवर नारायण यथार्थ के बरअक्स स्वप्न और व्यर्थता के बरअक्स विचारशीलता को रखकर कविता के रूप में इसी संवेदनात्मक तनाव को निर्मित करते हैं। मुक्तिबोध के शब्दों में, *''उसे (कवि को) वास्तविक मानवीय सार्थकता की तलाश है। यह वास्तविक मानवीय सार्थकता उसे कहीं भी नहीं मिल पाती। इसलिए, उसका चित्त खिन्न हो जाता है। अतएव, वह केवल दुख के काले रंगों में घिरकर छुप नहीं जाता, वरन् मानव के हृदय-विस्तार की क्रिया में जो एक मूल समस्यात्मक बाधा है, उस बाधा के वस्तुगत रूप का भी स्पष्ट चित्रण करता है। उसका स्वर उदात्त और नैतिक महत्त्व धारण कर लेता है। कुँवर नारायण, मूलतः, आदर्शवादी कवि हैं।''*[150]

आदर्श में आस्था या उसके प्रति गहन संसक्ति की पृष्ठभूमि में भी कुँवर नारायण में यह धीरज और विवेक है कि वे अपने अनुभवों को एक रचनात्मक दूरी से देख सकें। दुष्यन्त कुमार इसकी तस्दीक़ करते हैं— *''...रागात्मक तल्लीनता श्रेष्ठ काव्य-सृजन के लिए आवश्यक है, किन्तु इसके साथ वह वस्तुपरकता भी आवश्यक है,*

जो अपनी ही रचना को एक अजनबी की तरह फ़ासले के साथ देखनेवाली दृष्टि दे। शायद यह दृष्टि कुछ हद तक कुँवर नारायण के पास है...।''[151] आत्मगत और वस्तुनिष्ठ के बीच सार्थक संवाद, अन्त:क्रिया और सामंजस्य को वे इस तरह घटित करते हैं कि दोनों के प्रभाव अपना अस्तित्व खोए बिना एक सहज, सुन्दर और सशक्त विन्यास में ढल जाते हैं। मुक्तिबोध ने उनकी इस विशेषता को रेखांकित किया है—*''...कुँवर नारायण ने अपना एक शिल्प विकसित कर लिया है, जिसमें कहने की सादगी, संवेदना की तीव्रता, रंगों की गहराई और ख़यालों की लकीरें साफ़-साफ़ उभरकर आती हैं। फलत:, न केवल आत्म-पक्ष का, वरन् बाह्य पक्ष का भी चित्रण हो जाता है। मुख्य बात यह है कि रंगों की गहराई में ख़यालों की लकीरें खो नहीं जातीं, एक भाव का दूसरे भाव से जो अन्त:सम्बन्ध है, वह स्पष्ट प्रस्तुत होता है। फलत: पूरा भाव-चित्र, पूरा विचार-चित्र सामने आ जाता है, जिसमें आत्म-पक्ष और वस्तु-पक्ष दोनों का सन्तुलनपूर्ण योग रहता है।''*[152] शायद इसी मुश्किल सन्तुलन या आत्म और बाह्य के द्वन्द्व और संहति से जन्मी एक क़िस्म की सम्पूर्णता के आलोक में दुष्यन्त कुमार को लगता है कि जब कुँवर नारायण निजी दुनिया के प्रश्नों-सन्दर्भों को उठाते हैं, तो वे *''व्यक्तिगत होने पर भी मुझे बाहर की दुनिया से काटते नहीं, बल्कि और आत्मीयता से जोड़ जाते हैं। जो कहने भर को व्यक्तिगत हैं, सहने को सामाजिक।''*[153] क्या विचार और संवेदना की एकता आत्म की इस विशालता या सार्थक सम्प्रेषणीयता का सबब है, जैसा कि नित्यानन्द तिवारी कहते हैं—*''विचारानुभव की पीड़ा की तीव्रता अन्तिम कविताओं 'समझौता' और 'एक स्थापना' में सफलता से अभिव्यक्त हो सकी है। वहाँ विचार पीड़ित भावना का स्तर प्राप्त कर सके हैं और अन्वित संवेदना (Unified Sensibility) का सृजन हो सका है।''*[154] मसलन जो अनुभूति 'परिवेश : हम-तुम' में सबसे सघन, मार्मिक और मूल्यवान् रूप में व्यक्त हुई है; उसका सन्दर्भ है—स्वार्थ से आक्रान्त विश्व में कवि का अपने को 'अजनबी' पाना और उदात्त मानव-उद्देश्यों से विच्छिन्न जीवन का सतही, कामचलाऊ और निरर्थक होना। ऐसे में, कवि आधुनिक मनुष्य को लेकर चिंतित है; जिसे मूल्यों से प्रतिश्रुति की राह में विकट संघर्ष देखकर यह 'बदनसीब ख़्याल' आता है कि *''एक जीती-जागती हलाहल पीड़ा से / क्या बुरा है फ़िलहाल चलता-फिरता कीड़ा?''*[155] लेकिन इस दारुण परिस्थिति में कोई अगर आत्मवत्ता को गँवाना न चाहे और उसे सुन्दर, सार्थक और संवेदनशील बनाने की लगातार कोशिश करे; तो उसे ज़हर ही पीना पड़ेगा, दूसरा रास्ता नहीं है—

''या तो अ ब स की तरह बेसबब जीना है,
या सुकरात की तरह ज़हर पीना है!''[156]

ग़ालिब का शे'र याद आता है—

"ज़ह्र मिलता ही नहीं मुझको, सितमगर वर्न—
क्या क़सम है तिरे मिलने की, कि खा भी न सकूँ।"[157]

'ज़ह्र का न मिलना' दरअसल कवि का उस विकल्प को नामंज़ूर करना है। लेकिन ज़हर की हद तक सोचना उसके प्यार की उत्कटता का सुबूत है। प्यार, जिसके बिना कुँवर नारायण के मुताबिक़ *'यह जीवन असत्य'*[158] है। दूसरे, आधुनिक सभ्यता पर अर्थ का वर्चस्व है और सारे रिश्ते पूँजी पर टिके हुए हैं। उसमें कवि अपने शब्दों को 'अर्थ-व्यथित, युग-पीड़ित, बहिष्कृत' महसूस करता है। वह अन्याय और विचारहीनता के बरअक्स प्रेम और उदात्तता को प्रतिष्ठित देखना चाहता है। इन मूल्यों से बनी संस्कृति उसके सृजनात्मक संघर्ष की धुरी है। आज वह मुख्यधारा में स्वीकृत हो न हो, मगर हाशिये पर रहने और सपनों की आग को जलाये रखने में उसकी आस्था है। उसे समय पर उतना नहीं, जितना अपनी कविता पर भरोसा है; क्योंकि कविता 'काल-यात्री' है। वह दूसरे समयों में भी अपनी नैतिक शक्ति और ज़रूरत को साबित करती है। जन-चेतना का अभिन्न हिस्सा हो जाने में, उसके विवेकशील प्यार में ही कवि और कविता, दोनों की सच्ची मुक्ति है—

"आज नहीं,
अपने वर्षों बाद शायद पा सकूँ
वह विशेष संवेदना जिसमें उचित हूँ।
मुझे सोचता हुआ कोई इन्सान,
मुझे प्यार करती हुई कोई स्त्री,
जब मुझे समझेंगे—ताना नहीं देंगे;
जब मैं उन्हें नहीं—वे मुझे पाएँगे,
तब मुझे जीवन मिलेगा...
तब तक अपरिचित हूँ।"[159]

सन्दर्भ

[क] : मैं अनींद पथ हूँ जागते तपस्वी-सा

1. अज्ञेय (सं.), 'तीसरा सप्तक', पृ. 167
2. वही, पृ. 167
3. वही, पृ. 184
4. कुँवर नारायण, 'मेरे साक्षात्कार', पृ. 105
5. अज्ञेय (सं.), 'तीसरा सप्तक', पृ. 182
6. विस्काउंट ग्रे ऑफ़ फ़ैलॉडन (सं.), 'विलियम वर्ड्सवर्थ', पृ. 292

7. वही, पृ. 175
8. वही, पृ. 180
9. वही, पृ. 181
10. कुँवर नारायण, 'मेरे साक्षात्कार', पृ. 114
11. वही, पृ. 77-78
12. अज्ञेय (सं.), 'तीसरा सप्तक', पृ. 168
13. वही, पृ. 167
14. वही, पृ. 167
15. वही, पृ. 170
16. वही, पृ. 182
17. कुँवर नारायण, 'मेरे साक्षात्कार', पृ. 85
18. वही, पृ. 105
19. अज्ञेय (सं.), 'तीसरा सप्तक', पृ. 167
20. वही, पृ. 168
21. वही, पृ. 168-69
22. कुँवर नारायण, 'मेरे साक्षात्कार', पृ. 86
23. अज्ञेय (सं.), 'तीसरा सप्तक', पृ. 181
24. वही, पृ. 182
25. वही, पृ. 179
26. वही, पृ. 171
27. वही, पृ. 185
28. वही, पृ. 174
29. वही, पृ. 174
30. वही, पृ. 178
31. वही, पृ. 172
32. वही, पृ. 183
33. वही, पृ. 173
34. गोरवागी तुलसीदास, 'विनय-पत्रिका', पृ. 270
35. अज्ञेय (सं.), 'तीसरा सप्तक', पृ. 173
36. वही, पृ. 183
37. वही, पृ. 183
38. रामविलास शर्मा (सं.), 'राग-विराग', पृ. 129
39. कुँवर नारायण, 'मेरे साक्षात्कार', पृ. 87
40. वही, पृ. 90

41. वही, पृ. 101
42. 'श्रीमद्भगवद्गीता', 2 / 69
43. अज्ञेय (सं.), 'तीसरा सप्तक', पृ. 186

[ख] : सृष्टि छलकन है किसी भरपूर की

44. कुँवर नारायण, 'परिवेश : हम-तुम', पृ. 34
45. वही, पृ. 5
46. वही, पृ. 5
47. वही, पृ. 6
48. वही, पृ. 6-7
49. वही, पृ. 94
50. यतीन्द्र मिश्र (सं.), 'कुँवर नारायण : उपस्थिति', पृ. 49
51. वही, पृ. 48
52. वही, पृ. 53
53. वही, पृ. 50
54. वही, पृ. 50
55. वही, पृ. 50
56. अली सरदार जाफ़री (सं.), 'दीवान-ए-मीर', पृ. 230
57. कुँवर नारायण, 'परिवेश : हम-तुम', पृ. 13
58. वही, पृ. 56
59. यतीन्द्र मिश्र (सं.), 'कुँवर नारायण : उपस्थिति', पृ. 45
60. कुँवर नारायण, 'परिवेश : हम-तुम', पृ. 22
61. वही, पृ. 57
62. 'श्रीमद्भगवद्गीता', 2 / 70
63. कुँवर नारायण, 'परिवेश : हम-तुम', पृ. 57
64. वही, पृ. 42
65. वही, पृ. 42
66. वही, पृ. 64
67. वही, पृ. 85
68. रामविलास शर्मा (सं.), 'राग-विराग', पृ. 75
69. कुँवर नारायण, 'परिवेश : हम-तुम', पृ. 13
70. वही, पृ. 21
71. वही, पृ. 46
72. अली सरदार जाफ़री (सं.), 'दीवान-ए-मीर', पृ. 216
73. कुँवर नारायण, 'परिवेश : हम-तुम', पृ. 24

74. वही, पृ. 20
75. वही, पृ. 18
76. वही, पृ. 18
77. वही, पृ. 17
78. वही, पृ. 25
79. वही, पृ. 20
80. बालकृष्ण राव, सुमित्रानन्दन पन्त, नगेन्द्र (सं.), 'कवि-भारती', पृ. 560
81. वही, पृ. 561
82. कुँवर नारायण, 'परिवेश : हम-तुम', पृ. 67
83. वही, पृ. 65
84. वही, पृ. 84
85. शमशेर बहादुर सिंह, 'टूटी हुई, बिखरी हुई', सं.-अशोक वाजपेयी; पृ. 148
86. कुँवर नारायण, 'परिवेश : हम-तुम', पृ. 29
87. वही, पृ. 40
88. वही, पृ. 29
89. वही, पृ. 30
90. वही, पृ. 35
91. वही, पृ. 31
92. वही, पृ. 31
93. अशोक वाजपेयी, 'थोड़ी-सी जगह', पृ. 144-45
94. कुँवर नारायण, 'परिवेश : हम-तुम', पृ. 47
95. वही, पृ. 34
96. केदारनाथ सिंह, 'ज़मीन पक रही है', पृ. 18-19
97. केदारनाथ सिंह, 'यहाँ से देखो', पृ. 45
98. कुँवर नारायण, 'परिवेश : हम-तुम', पृ. 44
99. अली सरदार जाफ़री (सं.), 'दीवान-ए-ग़ालिब', पृ. 70
100. कुँवर नारायण, 'परिवेश : हम-तुम', पृ. 25
101. यतीन्द्र मिश्र (सं.), 'कुँवर नारायण : उपस्थिति', पृ. 51
102. कुँवर नारायण, 'परिवेश : हम-तुम', पृ. 26
103. वही, पृ. 85
104. वही, पृ. 86
105. यतीन्द्र मिश्र (सं.), 'कुँवर नारायण : उपस्थिति', पृ. 46
106. राइनेर मारिया रिल्के, 'लेटर्स टु ए यंग पोएट', पृ. 78
107. कुँवर नारायण, 'परिवेश : हम-तुम', पृ. 29
108. वही, पृ. 83

109. वही, पृ. 86
110. वही, पृ. 43-44
111. वही, पृ. 37
112. वही, पृ. 17
113. वही, पृ. 17
114. शमशेर बहादुर सिंह, 'सुकून की तलाश', पृ. 39
115. कुँवर नारायण, 'परिवेश : हम-तुम', पृ. 20
116. यतीन्द्र मिश्र (सं.), 'कुँवर नारायण : उपस्थिति', पृ. 48
117. वही, पृ. 51
118. कुँवर नारायण, 'परिवेश : हम-तुम', पृ. 54
119. वही, पृ. 45
120. वही, पृ. 91
121. यतीन्द्र मिश्र (सं.), 'कुँवर नारायण : उपस्थिति', पृ. 53
122. कुँवर नारायण, 'परिवेश : हम-तुम', पृ. 62
123. वही, पृ. 76
124. वही, पृ. 76
125. वही, पृ. 77
126. वही, पृ. 58
127. यतीन्द्र मिश्र (सं.), 'कुँवर नारायण : उपस्थिति', पृ. 52
128. कुँवर नारायण, 'परिवेश : हम-तुम', पृ. 21
129. वही, पृ. 68
130. रघुवीर सहाय रचनावली (भाग-एक); पृ. 85
131. कुँवर नारायण, 'परिवेश : हम-तुम', पृ. 68
132. वही, पृ. 90
133. अज्ञेय, 'सदानीरा' (भाग-एक), पृ. 237
134. वही, पृ. 269
135. कुँवर नारायण, 'परिवेश : हम-तुम', पृ. 63
136. वही, पृ. 90
137. वही, पृ. 87
138. वही, पृ. 87
139. कुँवर नारायण, 'मेरे साक्षात्कार', पृ. 49
140. वही, पृ. 97
141. कुँवर नारायण, 'परिवेश : हम-तुम', पृ. 28
142. वही, पृ. 71
143. अली सरदार जाफ़री (सं.), 'दीवान-ए-ग़ालिब', पृ. 42

144. कुँवर नारायण, 'परिवेश : हम-तुम', पृ. 92
145. कुँवर नारायण, 'परिवेश : हम-तुम', पृ. 92
146. यतीन्द्र मिश्र (सं.), 'कुँवर नारायण : उपस्थिति', पृ. 44
147. कुँवर नारायण, 'परिवेश : हम-तुम', पृ. 80
148. वही, पृ. 89
149. 'ईशावास्योपनिषद्', मंत्र सं.-15
150. यतीन्द्र मिश्र (सं.), 'कुँवर नारायण : उपस्थिति', पृ. 44
151. वही, पृ. 54
152. वही, पृ. 44
153. वही, पृ. 56
154. वही, पृ. 59-60
155. कुँवर नारायण, 'परिवेश : हम-तुम', पृ. 89
156. कुँवर नारायण, 'परिवेश : हम-तुम', पृ. 89
157. अली सरदार जाफ़री (सं.), 'दीवान-ए-ग़ालिब', पृ. 76
158. कुँवर नारायण, 'परिवेश : हम-तुम', पृ. 31
159. वही, पृ. 94

आत्मवत्ता की उपलब्धि

सन् 1965 में कुँवर नारायण ने अपने प्रबन्ध-काव्य 'आत्मजयी' को प्रकाशित किया, जो 'कठोपनिषद्' में उपलब्ध नचिकेता के आख्यान पर आधारित है। यहाँ कविता की अन्तर्वस्तु और संरचना पर ग़ौर करें, तो कवि के स्वभाव की तीन बुनियादी विशेषताएँ अपनी सम्पूर्ण गरिमा के साथ मौजूद हैं। एक तो प्रबन्ध-काव्य के शिल्प में जाना उनके क्लासिकल रुझान का सुबूत है। दूसरे, उपनिषद् की कथा से लगाव और नचिकेता में ख़ुद को पहचानने की चेष्टा या उससे अभिन्नता अपनी जातीय परम्परा और संस्कृति से उनके गहन और उत्कट संवाद का नतीजा है। तीसरे, कविता की शर्तों पर दार्शनिक गम्भीरता और बौद्धिक दृढ़ता को उन्होंने सम्भव किया है। इसीलिए 'आत्मजयी' में न सिर्फ़ नन्ददुलारे वाजपेयी को *'दार्शनिकता का अधिक गहरा आभास मिलता है',*[1] बल्कि वागीश शुक्ल को भी 28 कविताओं की इस शृंखला के बारे में लगता है कि *''कविताओं का क्रम मोटे तौर पर 'कठोपनिषद्' के आख्यान का अनुसरण करते हुए भी कवि की रुचि के अनुरूप दार्शनिक अन्तर्वस्तु को प्रक्षिप्त करने की स्वतंत्रता बनाए रखता है।''*[2] इस तरह 'आत्मजयी' की सफलता ज्ञान के संवेदनात्मक रूपान्तरण, जातीय स्मृति की पुनर्रचना और व्यापक मनुष्यता के सन्दर्भ में दार्शनिक प्रत्ययों की प्रासंगिकता को स्थापित करने में है; जैसा कि प्रभाकर श्रोत्रिय कहते हैं— *''क्या किसी कृति की इससे बड़ी कोई सफलता हो सकती है कि वह ज्ञान को पूरी गम्भीरता से झेलते हुए भी अनुभव में बदल सके? जातीय स्मृति को वर्तमान के फलक पर सामंजस्य और गत्यात्मकता से अन्वेषित और पुनर्सृजित कर सके? और व्यक्ति-साध्य अनुभव को अवधारणा द्वारा वृहत्तर मानव-समाज से जोड़ सके? क्या यह अन्तःप्रज्ञा का एक सुनिश्चित प्रमाण नहीं है?''*[3]

कविता के आशय और मूल्य को समझने में आसानी होगी, अगर हम सबसे पहले 'कठोपनिषद्' के आख्यान को आत्मसात् करें। ऋषि वाजश्रवा 'विश्वजित' नामक यज्ञ कर रहे हैं, जिसमें उन्हें अपनी सारी सम्पत्ति दान कर देनी है। लेकिन उनका बेटा नचिकेता देखता है कि दक्षिणा के नाम पर ब्राह्मणों को देने के लिए वे बूढ़ी गाएँ लायी जा रही हैं; जो अब न पानी पी सकती हैं, न घास चर सकती हैं,

जिनका दूध दुहा जा चुका और इन्द्रियाँ बेकार हो गई हैं। वह सोचता है कि ऐसा निरर्थक और पाखंडपूर्ण दान-यज्ञ करनेवाला तो आनन्द-रहित या निकृष्ट लोकों को प्राप्त होगा—

"पीतोदका जग्धतृणा दुग्धदोहा निरिन्द्रियाः।
अनन्दा नाम ते लोकास्तान् स गच्छति ता ददत्॥"[4]

इस विडम्बना से आहत होकर और अपने पिता को सम्भावित अनिष्ट से बचाने के लिए नचिकेता आत्म-बलिदान की इच्छा से उनसे पूछता है कि *'पिताजी, मुझे आप किसको देंगे?'* पिता के उत्तर न देने पर वह बार-बार यही प्रश्न करता है। अन्ततः क्रोध से भरकर वे कहते हैं, *'तुझे मैं मृत्यु को देता हूँ'*—

"मृत्यवे त्वा ददामीति।"[5]

हालाँकि पिता ने दुख और आवेश में ऐसा कह दिया था, मगर उनकी बात को सच मानकर आज्ञाकारी नचिकेता मृत्यु (यमराज) के पास चला जाता है। उसकी यह मान्यता है कि अनित्य जीवन के लिए मनुष्य को कभी सत्य का मार्ग नहीं छोड़ना चाहिए। सत्य से मनुष्य अमर हो सकता है; जबकि अन्यथा वह मरणधर्मा अनाज की तरह पकता है, यानी जराजीर्ण होकर मर जाता है और अनाज की ही तरह फिर पैदा होता है—

"सस्यमिव मर्त्यः पच्यते सस्यमिवाजायते पुनः।"[6]

नचिकेता यम के घर पहुँचता है, पर वहाँ उसे पता चलता है कि वे कहीं बाहर गए हुए हैं। इसलिए वह तीन दिन और तीन रातों तक भूखा-प्यासा रहकर यम के दरवाज़े पर उनकी प्रतीक्षा करता है। लौटने पर उनकी पत्नी कहती हैं कि जिसके घर में ब्राह्मण अतिथि को भोजन न मिले; उस मन्दबुद्धि व्यक्ति की समस्त सम्पत्ति, सुख और प्रतिष्ठा का नाश हो जाता है। यों अतिथि के असत्कार का प्रायश्चित्त करने के लिए यम नचिकेता से तीन रातों के अनशन के बदले तीन वर माँगने को कहते हैं। नचिकेता माँगता है कि (1) यमलोक से वापस जाने पर उसके पिता क्रोध या शोक से रहित होकर आश्वस्त, प्रसन्न और स्नेहिल भाव से उसे स्वीकार करें। (2) चूँकि स्वर्ग-लोक भय, मृत्यु, जरा, भूख, प्यास वग़ैरह सभी दुखों और व्याधियों से परे है; इसलिए अमरत्व को अर्जित करने के उपाय के रूप में उसे अग्नि-विद्या का रहस्य बताया जाए। और (3) मरे हुए मनुष्य के विषय में, उसकी आत्मा के रहने या न रहने को लेकर जो संशय है; उसका निराकरण किया जाए। यम पहले दोनों वर तो प्रदान करते हैं, इस अतिरिक्त वर के साथ कि स्वर्ग को प्राप्त कराने में समर्थ अग्नि को लोग नचिकेता के ही नाम से जानेंगे; मगर तीसरे वर के प्रश्न पर वे कहते हैं कि *'नचिकेता, मरण के सम्बन्ध में मत पूछो!'*—

"नचिकेतो मरणं मानुप्राक्षीः।"[7]

तीसरे वर के रूप में गुरुज्ञान माँगा गया था; इसलिए यम उसके एवज़ में कोई और वर माँगने को कहते हैं और विकल्प के तौर पर अपार पूँजी, सुख, विलास-सामग्री, राजसत्ता तथा अमरता को देने का प्रस्ताव रखते हैं। किन्तु नचिकेता को यह सब नहीं चाहिए। वह अपने हठ से विचलित नहीं होता, क्योंकि उसने देखा है कि धन से मनुष्य को कभी भी तृप्त नहीं किया जा सकता—

''न वित्तेन तर्पणीयो मनुष्यो।''[8]

आख़िरकार यम नचिकेता के अपरिग्रह एवं सत्यनिष्ठा से प्रभावित होकर उसे सूक्ष्म आत्म-तत्त्व के ज्ञान से सम्बन्धित यह अत्यन्त दुर्लभ और कठिन वर प्रदान करते हैं। सांसारिक सुख-भोग के साधनों से नचिकेता का आकृष्ट न होना उचित एवं अपरिहार्य ही था; क्योंकि बाद में यम ने स्वयं कहा है कि *'अनित्य (नश्वर) वस्तुओं से नित्य (अविनाशी आत्म-ज्ञान) की प्राप्ति नहीं हो सकती'*—

''न ह्यध्रुवैः प्राप्यते हि ध्रुवं तत।''[9]

'कठोपनिषद्' में आत्मा को उस देव की संज्ञा दी गई है, जो ऐश्वर्य के मद से उन्मत्त नहीं होता—*''मदामदं देवं।''*[10] जहाँ सर्वव्यापी और निराकार पुरुष के ध्यान में मन, बुद्धि तथा पाँचों ज्ञानेन्द्रियों की समवेत एकाग्रता एवं निश्चलता को 'योग' माना गया है; वहाँ साधक का भी प्रमादरहित होना अनिवार्य है, क्योंकि योग उदय और अस्त होनेवाला है—*''अप्रमत्तस्तदा भवति योगो हि प्रभवाप्ययौ।''*[11] इसलिए जिसके हृदय में स्थित सभी कामनाओं का समग्र निराकरण हो जाता है; वही मरणधर्मा मनुष्य अमृतत्व को हासिल करता है और इसी लोक अथवा शरीर में ब्रह्म को अनुभव कर पाता है—

''यदा सर्वे प्रमुच्यन्ते कामा येऽस्य हृदि श्रिताः।
अथ मर्त्योऽमृतो भवत्यत्र ब्रह्म समश्नुते॥''[12]

नचिकेता जीवन के इसी अमर अर्थ की तलाश करता है। कुँवर नारायण के मुताबिक़—*'' 'अमर जीवन' से तात्पर्य उन अमर जीवन-मूल्यों से है, जो व्यक्ति-जगत् का अतिक्रमण करके सार्वकालिक और सार्वजनीन बन जाते हैं।''*[13] मुक्तिबोध के शब्दों में कहें, तो जो कुछ *'अशिव है, अशोभन है, मिथ्या है'*; नचिकेता उसे अस्वीकार करता है। स्वार्थ और नश्वरता की सीमाओं को अतिक्रान्त करके लोक-हित और शाश्वत सत्य के लिए मनुष्य जी सके, इसी में उसके होने की चरम सार्थकता है। यही विचार 'आत्मजयी' की रचना का नाभिक है। बक़ौल कवि—*'' 'आत्मजयी' में उठाई गई समस्या मुख्यतः एक विचारशील व्यक्ति की समस्या है। कथानक का नायक नचिकेता मात्र सुखों को अस्वीकार करता है : तात्कालिक आवश्यकताओं की पूर्ति-भर ही उसके लिए पर्याप्त नहीं। उसके अन्दर वह बृहत्तर जिज्ञासा है, जिसके लिए केवल सुखी जीना काफ़ी नहीं, सार्थक जीना ज़रूरी है।''*[14]

सत्य की इस राह पर चलने के अपने जोखिम हैं, पर नचिकेता के निकट उसका कोई विकल्प नहीं है। वह ऐश्वर्य के प्रलोभन में मूल्यों से समझौता नहीं कर सकता—*"वह अपने आपको इस धोखे में नहीं रखता कि सत्य से उसे सामान्य अर्थों में सुख ही मिलेगा; लेकिन उसके बिना उसे किसी भी अर्थ में सन्तोष मिल सकेगा, इस बारे में उसे घातक सन्देह है। यम से–साक्षात् मृत्यु तक से–उसका हठ एक दृढ़ जिज्ञासु का हठ है, जिसे कोई भी सांसारिक वरदान डिगा नहीं सकता।"*[15] निश्चय ही, सत्य और लोक-मंगल के लिए जीना एक चुनौती है; जिसकी कठिनता का एहसास हमें 'कठोपनिषद्' के इस आह्वान से होता है कि *'उठो, जागो और श्रेष्ठ जनों के सत्संग से ज्ञान प्राप्त करो; क्योंकि कवि ज्ञान के मार्ग को छुरे की पैनी की हुई दुस्तर धार की तरह दुर्गम बतलाते हैं'*—

> *"उत्तिष्ठत जाग्रत प्राप्य वरान्निबोधत।*
> *क्षुरस्य धारा निशिता दुरत्यया दुर्गं पथस्तत्कवयो वदन्ति॥"*[16]

'आत्मजयी' की दार्शनिकता धार्मिक या प्रतिगामी क़िस्म की नहीं, बल्कि भारत की प्राचीन दार्शनिक परम्परा के मूल स्रोतों से मुख़ातब होते हुए भी इसका स्वरूप बहुत-कुछ आधुनिक और वैचारिक है। कारण यह कि एक ओर नचिकेता के प्रसंग को कवि ने इसलिए चुना है कि *"वह मुख्यत: धार्मिक क्षेत्र का न होकर दार्शनिक क्षेत्र का ही रहा, जहाँ वैचारिक स्वतंत्रता के लिए अधिक गुंजाइश है"*; दूसरी ओर इसमें *"आख्यान के पुराकथात्मक पक्ष को ही इस प्रकार लिया गया है कि वह आज के मनुष्य की जटिल मन:स्थितियों को बेहतर अभिव्यक्ति दे सके।"*[17] कहने की ज़रूरत नहीं कि रचना के स्तर पर कुँवर नारायण उस मानसिक अन्तर्द्वन्द्व और समस्या को प्रमुखता देते हैं, जिससे समकालीन मनुष्य का सीधा सामना है। इसलिए वे आज के अनुभव के बीचोबीच, आधुनिक दृष्टि-बिन्दु से उपर्युक्त आख्यान की वैचारिक अन्तर्वस्तु की मीमांसा करते हैं। यह दरअसल परम्परा में निहित मानवीय सार्थकता की खोज है और नए सन्दर्भ में उसकी प्रासंगिकता को पाने की चेष्टा। प्रभाकर श्रोत्रिय ने इसकी तस्दीक़ की है— *"कुँवर नारायण 'आत्मजयी' में धर्म से लिपटे अध्यात्म को अस्वीकार करते हुए दर्शन की प्रश्न-चेतना और तत्त्व-चिन्तन को स्वीकारते हैं और उसे नई दृष्टि और अर्थ देते हैं।"*[18]

ख़ास बात यह है कि नचिकेता का व्यक्तित्व आधुनिक भाव-बोध से बहुत आत्मीय है। उसमें एक अदम्य जिज्ञासा और प्रश्नाकुलता है और वह संशय, जो ज्ञान की प्रक्रिया है। प्रदत्त संरचनाओं और मूल्यों से वह विद्रोह ही नहीं करता, नैतिकता के निकष पर इनकी गहरी और विशद आलोचना भी करता है। व्यवस्था का यही विरोध उसके आत्म-संघर्ष में बदल जाता है, जो इस लड़ाई में उसकी ईमानदारी और पारदर्शिता का सुबूत है। मारियोला ओफ़्रेदी ने 'आत्मजयी' में उसकी उपस्थिति और

भूमिका का सही विश्लेषण किया है—*''नचिकेता आज्ञाकारी पुत्र नहीं है, बल्कि एक विद्रोही आत्मा है; आज्ञाकारिता के पारम्परिक गुण से नवाज़े जाने की जगह उसमें संवेदना का आधुनिक लक्षण है और वह अपने पिता की क्रुद्ध आज्ञा को एक शाप की तरह महसूस करते हुए ख़ुद को मारने की कोशिश करता है। वाजश्रवा भी ऋषि नहीं, बल्कि एक शासक हैं। मगर सर्वाधिक महत्त्वपूर्ण बात यह है कि कुँवर नारायण यथार्थ के अनुभव का प्रतिनिधित्व करनेवाले एक संवेगात्मक प्रतीक के रूप में नचिकेता का उपयोग करते हैं।''*[19] इसी पृष्ठभूमि में प्रभाकर श्रोत्रिय छायावाद से इस कृति के प्रभाव को अलगाते हैं और काव्यानुभूति की संस्कृति तथा प्रक्रिया में घटित हुए बुनियादी बदलाव को रेखांकित करते हैं। इसकी वजह है, जीवन-स्थितियों का अधिक संश्लिष्ट, तनावपूर्ण और जटिल हो जाना और उसी अनुपात में आधुनिक दिमाग़ का सजग, पीड़ित और बेचैन हो उठना—*''छायावाद जिन दार्शनिक प्रश्नों को अतिमानस के भावमूलक धरातल पर उठाता था, उन्हें नई आधुनिकता मानवीय और बौद्धिक स्तर पर उठाती है।-'मनन' की अपेक्षा 'मंथन', 'कल्पना' की अपेक्षा 'अन्वेषण', 'समाधि' की अपेक्षा 'व्याकुलता' आधुनिक संशयग्रस्त मनुष्य की अनिवार्य माँग है। तभी 'कामायनी' के मनु अन्ततः 'अखंड आनन्द' में लीन हो जाते हैं, जबकि 'मुक्ति-बोध' के क्षणों में भी नचिकेता के सामने फिर-फिर सवाल उठते रहते हैं और 'आत्मजयी' का अन्त उपलब्धि में नहीं, प्रश्न में होता है।''*[20]

भारत की दार्शनिक परम्परा एकरैखिक नहीं, बहुल और संवादधर्मी है। उसके किसी एक पक्ष से जुड़ने का अनिवार्य अर्थ दूसरे पक्ष से बहस में उतरना है। कुँवर नारायण ने नचिकेता और वाजश्रवा के संघर्ष में नई और पुरानी पीढ़ी के ही नहीं; बल्कि वैदिककालीन वस्तुवादी दृष्टिकोण और उपनिषत्कालीन आध्यात्मिक दृष्टिकोण के संघर्ष को भी मूर्त किया है, जिनके प्रतीक क्रमशः वाजश्रवा और नचिकेता हैं। अन्ततः इस संघर्ष की सार्थकता हमारे लिए यह है कि हम अपने समय में सही चुनाव कर सकें। अगर भौतिक विकास की तुलना में आत्म-विकास उपेक्षित रह जाता है; तो यह असन्तुलन हम पर भारी पड़ेगा और किसी आत्मघात से कम न होगा। स्वयं कवि के अनुसार—*''नचिकेता और वाजश्रवा की असहमति तथा वाजश्रवा का क्रोध में नचिकेता को मृत्यु को दे देना, न केवल नई और पुरानी पीढ़ी के संघर्ष का प्रतीक है; बल्कि उन वस्तुपरक वैदिक तथा आत्मपरक उपनिषत्कालीन दृष्टिकोणों का भी प्रतीक है, जिनका एक रूप हम अपने आज के जीवन में भी पाते हैं। एक ओर तो हमारी भयावह भौतिक उन्नति; दूसरी ओर आत्मिक स्तर पर वह घोर असंयम, जो इस भौतिक प्रगति को अपने ही लिए अभिशाप बनाए ले रहा है।''*[21] पीढ़ियों अथवा दृष्टियों के इस संघर्ष में ग़ौरतलब है कि रूढ़ि परम्परा का त्याज्य हिस्सा है, जिसे हम मनुष्यता की विकास-यात्रा में आगे नहीं ले जा सकते। उसे निरस्त करते हुए

कुँवर नारायण परम्परा के अग्रगामी और सार्थक तत्त्वों को दाय के रूप में वहन करते हैं। 'आत्मजयी' में आख्यान की पुनर्निर्मिति से भी यह ज़ाहिर है, जैसा कि प्रभाकर श्रोत्रिय ने लक्ष्य किया है—*"...मूल कथा के वरदानों में से 'पिता की क्रोध-शान्ति' का वरदान काव्य में स्वीकार करने से लगता है कि कवि नई पीढ़ी को समस्त पितृ-परम्परा की द्रोही नहीं, वरन् ग़लत परम्परा की द्रोही मानता है।"*[22]

नचिकेता राजपरिवार का सदस्य होते हुए भी सत्ता-संस्कृति की मुख़ालफ़त करता है; क्योंकि उसमें उसे आत्म-तत्त्व का अभाव या विपन्नता महसूस होती है। कवि के शब्दों में, *"...नचिकेता के सारे असन्तोष और विद्रोह का मूल कारण ही वह वस्तुवादी दृष्टिकोण है, जो मृत्यु के आगे उसे कोई सान्त्वना नहीं दे पाता।"*[23] मृत्यु को अतिक्रांत करने का आत्मविश्वास अर्जित करने के लिए आत्यन्तिक रूप से मूल्यनिष्ठ जीवन जीना ज़रूरी है। कवि ने किसी ख़ास दार्शनिक, नैतिक, धार्मिक या सामाजिक विचार-सरणि को प्रस्तावित नहीं किया है; सिर्फ़ इस नज़रिए को सामने रखने की कोशिश की है—*"जीवन के पूर्णानुभव के लिए किसी ऐसे मूल्य के लिए जीना आवश्यक है, जो जीवन की अनश्वरता का बोध कराये। यही मनुष्य को सान्त्वना दे सकता है कि मर्त्य होते हुए भी वह किसी अमर अर्थ में जी सकता है।–'आत्मजयी' मूलतः जीवन की सृजनात्मक सम्भावनाओं में आस्था के पुनर्लाभ की कहानी है।"*[24] ज़ाहिर है कि कुँवर नारायण समाज और संस्कृति के क्षेत्र में किसी दी हुई, प्रचलित या वर्चस्ववादी मूल्य-दृष्टि के प्रवक्ता नहीं हैं। न वे परम्परा की शरण में जाते हैं और न समकाल से ही विमुख हैं। स्वभावतः 'आत्मजयी' 'कठोपनिषद्' पर आधारित भी है और साथ ही उससे मुक्त भी। रचनाकार के वक्तव्य से ही नहीं, रचना की प्रकृति और प्रभाव से भी यह बात सत्यापित होती है। इसी वजह से मारियोला ओफ़्रेदी एक ओर तो यह कहती हैं कि *"वस्तुतः 'आत्मजयी' का दार्शनिक आधार उपनिषदीय अद्वैतवाद है, जिसका एक सिद्धान्त आत्मा की अमरता है, जो एक है और सर्वव्यापी है, अनगिनत अंशों में विच्छिन्न है, और व्यक्तियों के मनो-शारीरिक संघटकों से निर्धारित होती है और न कभी जन्म लेती है, न मरती है"*;[25] दूसरी ओर वे यह साफ़ करना ज़रूरी समझती हैं कि विश्लेषण का मिजाज सनातनी और धार्मिक होने की बजाय मौलिक और विवेकसम्मत है—*"मृत्यु और आत्मा के अस्तित्व के बारे में प्रश्न का उत्तर नितान्त अद्वैतवादी है। यह उस तरह धार्मिक नहीं है; जिस तरह हम, जिनमें आस्तिकता (जो संवेगात्मक शक्ति से ओत-प्रोत होती है) ख़ामख़्वाह भरी हुई है, इस शब्द को समझते हैं, मगर इसका एक 'काल्पनिक' या बौद्धिक धर्म से वास्ता है।"*[26] कुँवर नारायण की कविता बेशक परम्परा और संस्कृति में बद्धमूल है, पर उसका वास्ता सृजन और विचारशीलता की आधुनिक दुनिया से है। वह कवि-प्रतिभा; जिसे 'नव-नवोन्मेषशालिनी बुद्धि'

कहा गया है; के सहारे अपना विकास करती है। यों मारियोला ओफ्रेदी का यह निष्कर्ष आश्चर्यजनक नहीं—*"एक बार नचिकेता का चरित्र चुन लेने के बाद, जिसकी साधारण-सी कथा में बहुत गहरा विषाद है, क्योंकि यह एक ऐसे पिता की कहानी है, जो अपने पुत्र को मृत्यु को अर्पित कर देता है; कुँवर नारायण उसे अपनी व्यक्तिगत दृष्टि के प्रक्षेपण के उपकरण में बदलते हैं।"*[27]

कुँवर नारायण सांस्कृतिक, मुक्तिधर्मी और रचनात्मक दृष्टिकोण के कवि हैं। वे अतीत की विचार-सम्पदा के उत्कृष्ट और सार्थक भाग से अपना नाता जोड़ते हैं और उसके जड़ संस्कारों को अतिक्रमित करते हैं। सचाई को खोजने, उस पर इसरार करने के गहरे और अविचलित हठ के आधार पर वे चुपचाप—आक्रामक या विश्रृंखलित हुए बिना—अपने समय की अराजकता और मूल्यहीनता का सशक्त प्रतिरोध करते हैं। उनकी रचनात्मकता भविष्योन्मुख है; क्योंकि वह ऐसे मनुष्य और दुनिया का स्वप्न है, जिसे अभी साकार किया जाना है। इस तरह समय के तीनों आयामों से उनकी कविता संवाद और अन्तःक्रिया का दुर्लभ सम्बन्ध बनाती है। जिसे वे *'आस्था का पुनर्लाभ'* कहते हैं, वह मनुष्य का आत्मवत्ता से सम्पन्न होना भी है। उनकी कोशिश है कि बाह्य जीवन के दबाव में आत्मा धूमिल न हो और उसकी हानि न हो। *'आन्तरिक जीवन के प्रति सचेत होते हुए मनुष्य अपने में उस आत्म-शक्ति का विकास करे, जो बाहरी परिस्थितियों से विचलित न हो।'*[28] जीवन से लगाव और निष्ठा और उसकी फलश्रुति के रूप में कर्मण्यता को वे अहम मानते हैं; पर *"आसक्त भाव से नहीं-आत्म-शक्ति को पूर्णतः प्राप्त करके।"*[29] उनकी निगाह में आसक्ति और विचलन की वजह है, अपने ही भीतर का ख़ालीपन और अँधेरा। इसलिए आत्मिक समृद्धि और दृढ़ता का मक़सद है कि *"जीवन से केवल कुछ पाने की ही आशा पर चलनेवाला असहाय नहीं, जीवन को कुछ दे सकनेवाला समर्थ मनुष्य"*[30] तैयार हो। कुँवर नारायण यथार्थ के द्वारा शासित नहीं, उसके नियन्ता के रूप में इन्सान को देखना चाहते हैं; जहाँ यथार्थ को वह अपनी आत्मा से प्रकाशित करता है और उसे नए सिरे से सार्थक बनाता है—*"यथार्थ अब उसके बाहर नहीं, उसमें है, उससे है-अन्यथा वह कुछ नहीं है। सम्पूर्ण बाह्य परिस्थिति या तो उसकी चेतना से विकीर्ण है-चेतना जो उसके वश में है, चीज़ों के वश में नहीं-या फिर अँधेरी है। वह चाहे तो सब कुछ अस्वीकार करके स्वयं को काल को लौटा दे : चाहे तो उसे स्वीकार करके एक नया अर्थ दे।"*[31]

'आत्मजयी' में मृत्यु से नचिकेता के साक्षात्कार की पृष्ठभूमि में मारियोला ओफ्रेदी ने कुँवर नारायण के *'किशोर वर्षों को स्याह कर देनेवाले त्रासद अनुभवों'* की मौजूदगी का संकेत किया है। इनमें टी.बी. के कारण उनकी माँ और बहन की मृत्यु के अलावा—उसके कुछ समय बाद एक ही कमरे में उनकी अजानकारी में या

नींद के दौरान हुई उनके एक मित्र की मौत भी शामिल है; जिसे वे अपनी ज़िन्दगी का सर्वाधिक विचलित कर देनेवाला अनुभव मानते हैं। फिर भी मारियोला कहती हैं कि उनकी कविता में इस आतंक के कोई निशान नहीं हैं, क्योंकि *"कवि अपने अवचेतन से मृत्यु का भय कभी न निकाल पाते हुए भी, उससे पराजित होने से इनकार करता है।"*[32] इसके बावजूद कुछ लोगों को नचिकेता का अकेलापन, निराशा, अवसाद, विरक्ति और आत्म-निर्वासन वग़ैरह को देखकर यह मुग़ालता रहा कि 'आत्मजयी' पर अस्तित्ववाद का प्रभाव है। यहाँ तक कि नचिकेता के 'जीवन के एक सुधरे या उद्‌देश्यपूर्ण संस्करण में लौटने' की घटना में भी वागीश शुक्ल जैसे आलोचकों को पश्चिम की छाया नज़र आई—*"सामान्यतः लेखक इस मानक पाश्चात्य विचार से सहमत दिखता है कि जीवन अपनी तमाम कमियों के साथ जैसा भी है, मृत्यु से श्रेयस्कर है...।"*[33] यह स्थापना ऐसे की गई है, मानो जिजीविषा या आस्था का भारतीय दर्शन में घोर अभाव हो। ग़नीमत है कि एक भिन्न सन्दर्भ में रमेशचंद्र शाह ने स्वीकार किया है—*"उनकी (कुँवर नारायण) बौद्धिक पीड़ा का अपना मौलिक रूपाकार है: दर्शन भी उनके लिए कोई शरण नहीं, बल्कि सान है। वह पश्चिम के अस्तित्ववाद की ग़रीब बिरादर नहीं है।"*[34] उतना ही अजीब यह भी है कि आख्यान की पुनर्रचना में वागीश शुक्ल भारतीयता को खोज निकालते हैं। कवि की सृजनात्मक कल्पना उन्हें वेदों से सुसंगत जान पड़ती है! जहाँ वास्तव में परम्परा से एक प्रस्थान है या आधुनिकता का हस्तक्षेप, वहाँ ऋषि और ऋषीतर के भेदभाव को प्रासंगिक बताने की चेष्टा की गई है। यह कवि पर मिथ्या आरोपण नहीं, तो और क्या है—*"कुँवर नारायण की पुनःप्रस्तुति में नचिकेता मरता नहीं, यम से उसकी भेंट स्वप्न में होती है। यह वैदिक ढाँचे के अनुरूप ही है, जहाँ ऋषीतर व्यक्तियों को ज्ञान की प्राप्ति स्वप्न के ही माध्यम से हो सकती है, क्योंकि सत्य से साक्षात्कार अनुमेय नहीं है। स्वाभाविक रूप से यह ढाँचा वास्तविक ज्ञान की एक ऐकान्तिक प्राप्ति सुनिश्चित करता है, जबकि साधकों की आनुष्ठानिक साधना सामुदायिक थी।"*[35]

कुँवर नारायण ने उस प्रक्रिया की बात की है, जब बाहरी दुनिया से सामंजस्य न होने की स्थिति में व्यक्ति आत्मबद्ध और हताश हो जाता है। ज़िन्दगी उसे निरर्थक और सारहीन लगती है। मानो संसार उसके लिए रह ही नहीं जाता। उसको जो अँधेरा और डर महसूस होता है; वह अस्तित्ववाद की जड़ों में से है, पर वह भारतीय दर्शन की केन्द्रीय विशेषता या सीमा नहीं। कवि ने इसे स्पष्ट किया है—*"पास्काल का कहना था कि इस अनन्त विस्तार का अटूट मौन मुझे भयभीत करता है। 'यह गुम्बदे मीनाई, यह आलमे तनहाई। मुझको तो डराती है इस दश्त की पहनाई।'* में इक़बाल का संकेत भी उसी 'भय' की ओर है, जिसे हम जगह-जगह साहित्य और दर्शन में व्यक्त पाते हैं और जो आधुनिक अस्तित्ववादी दर्शन के भी मूल आधारों में से है।

लेकिन इस 'भय' या 'उत्कंठा' का परिणाम अन्ततः निराशावादी ही होगा, ऐसा मानना भारतीय दर्शन के एक महत्त्वपूर्ण स्थिति-निरूपण को ही ग़लत समझना होगा।"[36] इस रौशनी में मारियोला ओफ्रेदी का यह निष्कर्ष वाजिब है कि *"संशयों का जो सम्भावित समाधान इस कविता में है, वह मार्क्सवाद या (किसिम-किसिम के) अस्तित्ववाद की पश्चिमी अवधारणाओं पर आधारित नहीं है।"*[37] बारीक पड़ताल करते हुए अस्तित्ववादी विचारधारा से कुँवर नारायण के अलगाव को उन्होंने साबित भी किया है—*"हालाँकि वे एक आधुनिक मनुष्य हैं, कवि अस्तित्ववाद के अतर्कवादी (इरैशनलिस्ट) कीर्कगार्दीय स्वरूप से आकृष्ट नहीं होता, जिसमें सिर्फ़ दैवी कृपा ही अस्तित्व की यातना से आदमी को बचा सकती है। न ही वे, हाइडेगर के विपरीत, यह मानते हैं कि मनुष्य ज़्यादा-से-ज़्यादा अपनी सीमाबद्धताओं के प्रति सजग हो सकता है, कि वह अपने अस्तित्व का तर्क नहीं समझ सकता और शून्य से आकर शून्य में लौट जाता है।"*[38]

दरअसल कुँवर नारायण अपने समय और परम्परा की विभिन्न विचारधाराओं से बराबरी की ज़मीन पर संवाद करते हैं। वे उनसे न तो आक्रान्त होते हैं, न उनका अनुकरण करते हैं। वे कविता की सापेक्ष स्वायत्तता के हिमायती हैं। इसलिए अनेक दृष्टियों से उनका प्रतिकृत होना एक नए और विशिष्ट दर्शन की ही भूमिका बन जाता है। प्रभाकर श्रोत्रिय ने उनकी विचारशील और स्वातंत्र्यकामी आत्मवत्ता की सही शिनाख़्त की है—*" 'आत्मजयी' में आत्म-ज्ञान, हृदय-परिवर्तन और सत्याग्रह जैसे मूल्य गाँधीवाद के निकट हैं। फिर भी इसे गाँधीवाद के दायरे में नहीं घसीटा जा सकता, ठीक इसी तरह यह अस्तित्ववाद से प्रभावित कृति भी नहीं है। असल में कोई सचेत मनीषा न दिक्-मूढ़ होती है, न समय-मूढ़।"*[39] नचिकेता में नश्वरता का भय और अत्याचारी शक्तियों के प्रभुत्व से असहमति और दुख ज़रूर है; पर यम से मिले ज्ञान के नतीजे में काल की निरन्तरता का एहसास उसे इससे उबारता है। अगर यूरोप में महायुद्धों के दौरान और उनके बाद आदमी के पास यही रौशनी और उम्मीद होती; तो वहाँ सामाजिक सम्बन्धों और मूल्यों का इतना बड़ा ह्रास देखने में न आता—*"यदि उसे काल की अजस्रता का बोध होता, तो वह जीवन को एक ऐसा पारगामी प्रवाह मानता; जिसमें मृत्यु एक भ्रांत विक्षेप की तरह नगण्य हो जाती और मनुष्य अपने को कटा-कटा अकेला अनुभव न करता। 'आत्मजयी' की काल-दृष्टि इस अकेले आदमी को सन्दर्भ देना चाहती है : "हर व्यक्तित्व / अपनी सृष्टि के सारांश में / अणुवत् अकेला है / उसे सन्दर्भ देना है।" "*[40] पूँजीवादी उपभोक्ता संस्कृति, जो लालच और हिंसा पर टिकी है, वैदिक वस्तुवाद का समकालीन रूप कही जा सकती है। उससे और अस्तित्ववाद से कवि का कोई नाता है, तो विरोध का। हालाँकि इस प्रतिवाद को प्रभाकर श्रोत्रिय भारत बनाम पश्चिम के समीकरण में 'रिड्यूस'

करके देखते हैं, पर कुँवर नारायण का सरोकार समूची मनुष्यता है। एक सम्पूर्ण नैतिक आत्म-परिभाषा को वे ग़लत मंतव्यों और संरचनाओं से संघर्ष की बुनियादी शर्त मानते हैं। इसी अर्थ में श्रोत्रिय का यह विश्लेषण महत्त्वपूर्ण है—*"भौतिकता के तूफ़ानी दबाव के ख़िलाफ़ पराऐहिक तत्त्वज्ञान की नवचेतना क्या स्वयं पश्चिमी दबाव के विरुद्ध भारतीय कवि की एक तीखी प्रतिक्रिया नहीं है? अस्तित्ववादियों की चरम प्रतीति है मृत्यु; जिससे टकराकर महज़ विफलता, निराशा, कुंठा, संत्रास, अकेलापन, आत्मपरायापन वग़ैरह ही हाथ लगते हैं। लेकिन नचिकेता अस्तित्व को दाँव पर लगाकर सार्थक अस्तित्व की तलाश का काव्य है। अस्तित्वीय पीड़ा केवल मृत्यु का साक्षात्कार है, मृत्यु के साक्षात्कार से उत्पन्न आत्म-प्रत्यभिज्ञान नहीं।"*[41]

'आत्मजयी' के पाठ में जाएँ, तो यह देखना सबसे दिलचस्प होगा कि नचिकेता कैसे और क्यों अपने वजूद को दाँव पर लगाता है। वह राजपुत्र है, इसलिए पितृ-परम्परा का आज्ञाकारी होने में राजत्व का आश्वासन निहित है। पर उसे ऐश्वर्य से मोह नहीं है। इसकी बजाय व्यापक मनुष्यता के हित में वह एक कठिन तपस्यामय जीवन जीना चाहता है। इसी आकांक्षा की सान्द्र और आकर्षक अभिव्यक्ति से 'आत्मजयी' की शुरूआत होती है—

"ओ मस्तक विराट्,
अभी नहीं मुकुट और अलंकार।
अभी नहीं तिलक और राज्यभार।
तेजस्वी चिन्तित ललाट। दो मुझको
सदियों तपस्याओं में जी सकने की क्षमता।
पाऊँ कदाचित् वह इष्ट कभी
कोई अमरत्व जिसे
सम्मानित करते मानवता सम्मानित हो।"[42]

ज़ाहिर है कि श्रेष्ठ मूल्यों के प्रति एक मनुष्य के समर्पित होने में समग्र मानवता का सम्मान है, उसके और समुन्नत होने की सम्भावना है। जो आदर्श वह स्थापित करता है, उसकी स्मृति लोगों के मन में हमेशा के लिए रह जाती है। इसलिए आत्मबद्धता से मुक्ति और मृत्यु को अतिक्रांत करने में अन्योन्याश्रित सम्बन्ध है। विषयों के अधीन रहकर मनुष्य न अपने आप से न्याय कर सकता है, न अपने समय से। इन्हीं कारणों से नचिकेता अपने पिता वाजश्रवा की आलोचना करता है—

"पिता, तुम भविष्य के अधिकारी नहीं,
क्योंकि तुम 'अपने' हित के आगे नहीं सोच पा रहे,
न अपने 'हित' को ही अपने सुख के आगे।
तुम वर्तमान को संज्ञा तो देते हो, पर महत्त्व नहीं।"[43]

वह अपने चारों ओर एक ऐसी व्यवस्था पाता है; जिसने ऊँचे सिद्धान्त बना रखे हैं, पर आचरण उनसे भिन्न और कपटपूर्ण है— *"नैतिक आदेशों के / पालतू मुहावरे सोते-जागते कानों में: साथ ही / एक अलग व्यापार ईमान के चोर-दरवाज़ों से।"*[44] नचिकेता जैसे मूर्तिमान सत्य है, इसलिए वह झूठ का साथ नहीं दे सकता। उसके मुताबिक़ एक ऐसे व्यवहार की, जिसके पीछे आत्मा का बल न हो, परिणतियाँ शुभ नहीं होंगी—

"पिता,
ये सब कैसे संकेत हैं जो आश्वस्त नहीं करते -
ये कैसी स्तुतियाँ हैं जिनसे
पाखंड की गन्ध आती है?"[45]

अगर मूल्य नहीं रह जाते या उनके विपर्यय को ही स्वाभाविक बना दिया जाता है, तो मनुष्य-सम्बन्ध भी विषाक्त होने से बच नहीं सकते— *"...उसी स्तर पर हममें से हर एक जी सकता है / पागलों की तरह / एक-दूसरे से त्रस्त, पीड़ित और अपमानित।"*[46] यह कितना विडम्बनापूर्ण है कि सत्ता के संघर्ष में अमानुषिकता पतन का नहीं, बल्कि अपेक्षित कौशल का प्रतीक बन जाए—

"अस्तित्व एक घातक तर्क भी हो सकता है।
एक पाशविक भावना भी-इस तरह
कि युद्ध और कलह ज़रूरी लगे,
स्वार्थ और छल से जीना मजबूरी लगे।"[47]

कुँवर नारायण प्रभु-वर्ग के 'पराक्रम', 'श्रेष्ठता' और 'विलासिता' के औचित्य को प्रश्नांकित करते हैं। जो सम्पत्ति सामान्य जनता के अधिकारों का हनन करके जुटायी गई है, उसमें सच की गरिमा नहीं है। नचिकेता उसे सुन्दर नहीं मान पाता, क्योंकि वह उसके अन्यायी आधार को देख लेता है। दूसरे, महज़ ऐन्द्रिय तृप्ति के लिए जीनेवाले शासक एक क्षयिष्णु जीवन जी रहे हैं। यह सारी भव्यता निरी सामयिक है या कहें कि परिस्थितिजन्य है। एक ख़ूबसूरत बिम्ब के ज़रिए कुँवर नारायण ने इस विडम्बना की बहुत सशक्त और मर्मस्पर्शी व्यंजना की है—

"...लगता है कि हर जगह तुम अतिरंजित हो,
इसीलिए अवास्तविक।
तुम हर जगह भूख-प्यासवाले साधारण प्राणी हो
जिसके मुकुट और सिंहासन पर
सूर्य की किरणें इस तरह पड़ रही हैं
कि तुम दिव्य दिखते हो...पर यह सारी शोभा
सूर्यास्त होते ही बिलख उठेगी।"[48]

प्रसंगवश, 'कठोपनिषद्' का एक श्लोक याद आता है कि *'जो नादान बाह्य भोगों में संलग्न रहते हैं, वे इस दुनिया में फैले हुए मृत्यु के पाश में पड़ते हैं; मगर बुद्धिमान मनुष्य नित्य अमृतत्व को जानकर अनित्य सांसारिक भोगों में से किसी की कामना नहीं करते।'*—

"पराचः कामाननुयन्ति बालास्ते मृत्योर्यन्ति विततस्य पाशम।
अथ धीरा अमृतत्वं विदित्वा ध्रुवमध्रुवेष्विह न प्रार्थयन्ते॥"[49]

उल्लेखनीय है कि 'आत्मजयी' की रचना में कवि को लगभग दस वर्षों का समय लगा और 1965 में यह प्रकाशित हुई। कमोबेश वही रचना-काल (1953-1962), जिसमें मुक्तिबोध की कविता 'अँधेरे में' लिखी गई। आकस्मिक नहीं कि मुक्तिबोध की कविताओं में उत्पीड़ित और भग्न-हृदय जनता के रूपक के तौर पर *'भूखी अस्थि-पंजर शेष, नित्य मार खाती-सी, उदासी से पुती गाएँ'* बार-बार आती हैं और उनमें वे हमारे समय का सच, इसकी चरम पीड़ा तथा भयावहता को साकार करते हैं—

"गिरस्तिन मौन माँ-बहनें
सड़क पर देखती हैं
भाव-मंथर, काल-पीड़ित ठठरियों की श्याम गो-यात्रा
उदासी से रँगे गम्भीर मुरझाये हुए प्यारे
गऊ-चेहरे।
निरखकर
पिघल उठता मन!!
रुलाई गुप्त कमरे में हृदय के उमड़ती-सी है।
नहीं आए समझ में सत्य जो शिक्षित
सुसंस्कृत बुद्धिमानों दृष्टिमानों के
उन्हें वे हैं कि मन-ही-मन
सहज पहचान लेतीं!!"[50]

इसी तरह कुँवर नारायण के यहाँ नचिकेता ने शोषण और अत्याचार से पायी गई समृद्धि का विरोध किया है, जिसके कारण जनता गाय-सी भूखी और लाचार है—

"तुम्हारे इरादों में हिंसा,
खंग पर रक्त।-
तुम्हारे इच्छा करते ही हत्या होती है!
तुम समृद्ध होगे
लेकिन उससे पहले
समझाओ मुझे अपने कल्याण का आधार
ये निरीह आहुतियाँ। यह रक्त। यह हिंसा।
ये अबोध तड़पनें। बीमार गायों-सा जन-समूह।"[51]

हमारी संस्कृति में यम को प्रथम मृतक भी माना गया है, जिसका अनुसरण करने के लिए हर प्राणी बाध्य है। यह तो नश्वरता का एक मिथकीय सन्दर्भ है, पर कुँवर नारायण आज के समाज में व्याप्त हिंसा में भी उसकी छाया देखते हैं। मनुष्य की जो क्रूरता है, वह जीवितों द्वारा जीवन को नष्ट की जानेवाली कार्रवाई है—

''मानव होकर मानव के ही विरुद्ध मैंने
कर डाला हो कोई जघन्य अक्षम्य पाप?
यह मृत्यु-मूर्ति –
साक्षात् मृत्यु –
समवेत मृत्यु –
जीवित ही द्वारा निर्मित हो
जीवन को खा जानेवाली?''[52]

इसलिए मारियोला ओफ्रेदी ठीक कहती हैं कि कवि ने जीवन और मृत्यु को द्वन्द्वात्मक दृष्टि से देखा है, यानी जीवन में मृत्यु और मृत्यु में जीवन। उनकी यह व्याख्या ग़ौरतलब है— *''मृत्यु जो जीवन की निर्मितियों में एक है, समाज की तात्त्विक हिंसा है, या बल्कि, समाज का नियम है। मृत्यु में जो जीवन है, वह आज के समाज में व्यक्ति की स्वायत्तता से बनता है।''*[53] यों 'आत्मजयी' के आख्यान में—उनके मुताबिक़—दोहरी सार्थकता है— *''एक ओर यह अपने-आप से मृत्यु के बारे में प्रश्न करने की सभी लोगों द्वारा साझा की जानेवाली व्यक्तिगत आवश्यकता को अभिव्यक्त करता है। दूसरी ओर वह आम आदमी के इस अनुभव को स्वर देता है कि सत्ता ही हिंसा है।''*[54] निश्चय ही, मृत्यु की छवि में कुँवर नारायण ने काल की निर्मम गति और मनुष्य के प्रति मनुष्य की क्रूरता के विभिन्न रूपाकारों का अद्‌भुत संश्लेषण सम्भव किया है—

''मैं महाकाल-संहार रूप –
मैं महासमर
युग-युग से चलते युद्धों का
प्राथमिक और प्रतिशोध रूप –
मन की अशान्ति,
क्रूरता,
ध्वंस...
मेरे असंख्य अवतारों को
प्रत्येक इकाई के अन्दर
दो बीच
और बहुतायत से
देखा तो होगा, नचिकेता?''[55]

जहाँ अन्त प्रकृति के आन्तरिक तर्क से होता है, वह अपने साथ एक नई शुरूआत भी लेकर आता है—*"प्रत्येक पुराने पर विराम / मैं प्रारम्भिक रचना-क्रम भी... ।"*[56] जैसे अँधेरा रौशनी के लिए एक अनिवार्य सन्दर्भ है, वैसे ही ग्रीष्म शीतलता की भूमिका तैयार करती है। यही प्रकृति की मूल्य-व्यवस्था है, उसकी अजस्र रचनाशीलता—*"तप रहा अँधेरा बिना ज्योति / यह किसकी गर्म साँस / लपटों-सी झुलसाती?"*[57] 'आत्मजयी' में यह उल्लेख है कि यम का शरीर हरा और वस्त्र लाल माना गया है। एक संश्लिष्ट बिम्ब के ज़रिए कुँवर नारायण ने इसकी इतनी प्रगाढ़ और सुन्दर व्यंजना की है कि उसका कोई सानी नहीं—

"क्या वन की हरियाली पर यह
सन्ध्या का ताज़ा रक्त
लाल अंशुक-सा मुझको दिखता है?–
या किसी महादानव का शव है हरा-हरा
जो नहीं जलाये जलता है?"[58]

कला और अन्तर्वस्तु की एकता के लिहाज़ से यहाँ काव्यात्मक उत्कर्ष द्रष्टव्य है। हरियाली का पूरी तौर से न जल पाना दरअसल मृत्यु की समस्या का कभी हल न हो पाना है। लेकिन उसमें एक आग का होना या सन्ध्या के रक्त का बिखरना जीवन और मृत्यु के जटिल सह-अस्तित्व का प्रतीक है। मिट्टी के बर्तन की तरह आदमी का वजूद क्षणभंगुर है। इसीलिए स्थूल ऐन्द्रिय ज़रूरतों की पूर्ति से होनेवाले एहसास को कवि ने 'मृणमयी तृप्ति' की संज्ञा दी है। वह एक 'निष्प्रयोजन-सा सुख' है, जिससे मनुष्य लौटता है, *"अनर्थ और बेस्वाद / मानो कुछ पाकर नहीं-खोकर।"*[59] यों जुड़ने और टूटने, बनने और बिखरने का एक अन्तहीन सिलसिला है; जिसमें लोग अपनी ऊर्जा के अपव्यय से शान्त होते हैं, किसी सच्चे लक्ष्य की प्राप्ति से नहीं—*"सिर्फ़ चलने की थकन से / विफलता को छल रहे हैं।"*[60] यह आसक्ति और वंचना की मरुभूमि है, जिसमें हम साँस लेते हैं। कुँवर नारायण भावावेश को पर्याप्त नहीं मानते। यह विवेक की अवज्ञा जैसी बात हुई। इस एकांगी रवैये से न तो जीवन पर अधिकार सम्भव है, न उसकी सिद्धि। अकारण नहीं कि यौवन के बारे में नचिकेता को लगता है—*"पकड़ नहीं वह-स्पर्श मात्र है / एक नशा-भर-जिसके साथ-साथ चलती हैं / गहरी आता निराशाएँ।...कुछ है जो असिद्ध रह जाता / अपमानित-सा होता / जैसे तर्क अन्धविश्वासों से।"*[61] इस द्वन्द्व की सबसे सघन और मार्मिक अभिव्यक्ति वहाँ है, जहाँ अनुभव से सीधा सामना है और वस्तु-साक्ष्यों के बारीक संकेत से उसकी अन्तर्निहित विडम्बना को उजागर किया गया है—

"आह, किन्तु यह विषाद देह के समीपतर!
एक तृप्ति मृणमयी

विषण्ण-मुख मरीचिका,
व्यतीत कर मुझे
अथाह प्यास में बुझा गई।
इस नंगी चपलता को गले से लिपटाकर
मैं केवल विगलित होता हूँ-शान्त नहीं
अर्थ देता हूँ शायद-अर्थ पाता नहीं।-
इस संयोग के प्रत्येक रोमांच से
घटित तो होता हूँ, पर कृतार्थ नहीं।''[62]

बाहरी दुनिया को लेकर नचिकेता ज़बरदस्त आत्म-संघर्ष से गुज़रता है। यथार्थ का उसकी चेतना पर इतना गहरा असर है कि वह उसे अपने अस्तित्व से अविभाज्य जान पड़ता है। उसमें कैसे और क्यों हस्तक्षेप करना है और उससे सम्बन्ध की प्रकृति क्या है— इसका फ़ैसला तो आभ्यंतरीकृत विश्व में ही होता है—

''बाहर नहीं है संघर्ष यह।
द्वन्द्व, प्रतिद्वन्द्व,
घात, प्रतिघात
कहीं अन्दर है।
यह समस्त विश्वरूप
जो कभी कुरूप कभी सुन्दर है,
बाह्य नहीं -
मानव का उथल-पुथल अन्तर है।''[63]

लगता है कि इस दृष्टिकोण से 'आत्मजयी' की संरचना और उसके अभिप्राय तय हुए हैं। कविता यहाँ स्वभाव से बहिर्मुख, संवादधर्मी और सामाजिक क़िस्म की होने से कहीं ज़्यादा अन्तर्मुख, आत्म-विश्लेषणपरक और विचारशील है। फिर भी यह किसी अवसाद, नकार या विभ्रम में नहीं ले जाती; बल्कि सचाई, सौन्दर्य और स्वाधीनता की राह निर्मित करती है। मारियोला ओफ्रेदी ने इसकी बहुत सुखद और मूल्यवान् पड़ताल की है— *'' 'आत्मजयी' में सब-कुछ कवि की- या मनुष्य की- अन्तश्चेतना में घटता है - वर्तमान क्षण में भी और उसकी स्मृति में भी। कविता में शुद्ध यथार्थवादी वर्णन कहीं नहीं हैं, ऐसे झरोखे नहीं हैं, जो बाहरी विश्व का प्रशान्त दर्शन करायें; सब-कुछ विषय के ज़रिए छनकर आता है। झरोखे आन्तरिक विश्व में खुलते हैं, जो अलबत्ता अँधेरा नहीं है, या कि अँधेरे के आगे समर्पण नहीं है; इसकी जगह वे शक्ति का एक बिन्दु हैं, एक ऊर्जा जिसे महसूस किया जा सकता है और इस तरह महसूस किया जा सकता है कि जैसे यह जल की कई परतों के*

ज़रिए प्रहार कर रही हो और अन्ततः यह मुक्त हो जाती है और इस मुक्ति की प्रकृति नितांत धार्मिक या दार्शनिक नहीं है, यह आन्तरिक स्व में एक ऐसा बिंदु पाने की आशा भी है, जहाँ मनुष्य को समाज की तात्त्विक हिंसा से मुक्त कराया जा सकता है।''[64] मुक्ति बाह्य आकर्षण या परवशता से ही नहीं, अपने भीतर के बंधनों से भी अनिवार्य है। इसी अर्थ में समाज में मनुष्य की स्वायत्तता की कुँवर नारायण की अवधारणा व्यक्तिवादी नहीं है। उलटे, यह 'कठोपनिषद्' में व्यक्त एक मानवीय आदर्श के अनुरूप है कि *'स्वयं उत्पन्न होनेवाले ने सभी इन्द्रियों के द्वार बहिर्मुख बनाए हैं, इसलिए मनुष्य बाहर की ही ओर देखता है, अन्तरात्मा को नहीं; जबकि किसी बुद्धिमान ने ही अमृतत्व की इच्छा से आँखों को बाहरी विषयों की ओर से लौटाकर अन्तरात्मा को देखा है।'*—

''परांचि खानि व्यतृणत् स्वयंभूस्तस्मात्पराङ्पश्यति नान्तरात्मन्।
कश्चिद्धीरः प्रत्यगात्मानमैक्षदावृत्तचक्षुरमृतत्वमिच्छन्॥''[65]

नचिकेता के अन्तर्मुख होने की वजह उसका विद्रोह भी है। उपलब्ध व्यवस्था या प्रदत्त सच को वह स्वीकार नहीं कर पाता, इसीलिए उसमें विकल्प के सृजन की बेचैनी है—

''अब यह जग पर्याप्त नहीं है।
यह प्रदत्त संसार
तुझे स्वीकार नहीं है।
अपना कुछ विशेष
अब तुझको रचना होगा।''[66]

संसार से क्षुब्ध होने के ठोस कारण हैं। मसलन भयभीत करनेवाला सत्ता-प्रतिष्ठान। निजी स्वतंत्रता पर हमला। गरिमा का हनन। प्यार, सचाई और ज्ञान के प्रति लोगों की उदासीनता। सबसे बढ़कर, इस्तेमाल किए जाने का दंश—

''ऐसा लगता कि मेरे चारों ओर
केवल प्रतिबन्ध हैं—जीवन नहीं,
लोग हैं—सम्बन्ध नहीं,
वाणी है जो बाँधती नहीं,
बुद्धियाँ हैं जो जानतीं नहीं।''[67]

* * *

''जीवन में यह कैसा कुटिल द्वैध?
ये कैसे विधान—निर्भय जीना अवैध?
जीवित हूँ? या केवल अपहृत हूँ?
संज्ञा हूँ? या केवल व्यवहृत हूँ?''[68]

नचिकेता अविचारित श्रद्धा, लालच और पाखंड की संस्कृति का तीखा विरोध करता है। इस नाते उसे अपनी सामाजिक अवस्थिति अवांछित महसूस होती है। वह सत्य या रौशनी के निरादर को सह नहीं पाता। यों उसकी व्यथा की कोई सीमा नहीं है, पर वह एक अदम्य जिज्ञासा और *'सतत जाग्रत ज्योतिर्विवेक'* के साथ *'वास्तविक मानवीय सार्थकता'* की खोज करता है—

''लोभ के वशीभूत गद्‌गद श्रद्धाओं के मेले में
भीड़ के प्रपंच बीच शंकित जिज्ञासु एक -
अशुभ उपस्थिति हूँ!''[69]

* * *

''उसकी निरपराध आँखों के अवसान में प्रति दिन
एक सूर्य की बलि दी जाती,
और वह उस व्यर्थ वेदना की
छटपटाती पराकाष्ठा से गुज़रता -
बिना अस्त हुए
बिना शान्ति पाए।''[70]

वह दुख के दरवाज़े पर ठिठका हुआ ही नहीं रह जाता, उसकी गहराई में प्रवेश करके उसके लिए ज़िम्मेदार कारणों और शक्तियों की पहचान करता है। उसमें उनके चरम प्रतिकार का साहस है। वह दिये हुए जवाबों से सन्तुष्ट नहीं है, बल्कि नए प्रश्न पूछता है। कहीं-न-कहीं उसे लगता है कि सचाई जटिल, संश्लिष्ट और दारुण है। विभिन्न शास्त्र, ऋचाएँ, स्थापित मान्यताएँ और ज्ञान-पद्धतियाँ उसे पूरी तरह अनावृत या वहन करने में सक्षम नहीं। यहाँ तक कि उनका आचरण और लहज़ा भी संदिग्ध है। इसलिए ताक़त के समूचे तंत्र का प्रत्याख्यान, उसे बेनक़ाब करना अनिवार्य है। अन्यथा जीवन आत्म-छल ही है—

''इन वेदनाओं की तहों तक
मुझको उतरने दो।
नहीं-ये विश्वास अस्वीकार।
केवल सरलताएँ?- अभी तो अग्राह्य ।
कोमल आश्वासन - कठिनतम् सन्देह!
मंत्रों, दर्शनों से -
पूज्य वाणी, गुरु-मतों से -
खोज-उन्मुख, साहसिकता को दबाने में
ज़रा संकोच होता है।
न जाने क्यों

व्यथाओं को बिना समझे हुए छलकर
हृदय को सोच होता है।"[71]

नचिकेता हिंसा, उपभोग, स्वार्थ, कट्टरता, वस्तु-पूजा और विद्वेष की प्रवृत्तियों से बार-बार आहत होता है—

"मानो हम सिद्ध नहीं-संशय हैं!
अनायास असंख्य
संघातक रेखाओं की निष्फल हिंसाएँ ।
चीज़ों से अनुशासित चीज़ों का प्रत्यय हैं ।
गुप्त, नष्टधर्मा प्रवृत्तियों से परिचालित
छीन-झपट करते कठपुतलों का अभिनय हैं।"[72]

उसके मन में जो क्षोभ और आलोचना-भाव है, वह नैतिक इसलिए है कि उसका रुख़ दूसरों की तरफ़ ही नहीं, अपनी तरफ़ भी है। इसीलिए उसके आक्रोश, तकलीफ़ और विचारों में संजीदगी और सचाई है। उसकी नज़र में भौतिकता का वर्चस्व ख़तरनाक है; क्योंकि वह मनुष्य को आत्महीन, अशक्त और अदूरदर्शी बना देता है—

"एक आँख और कई भुजाओंवाली चतुर माया
उसे कुछ पूछने नहीं देती -
किसी आकर्षक जन्तु की तरह रोज़
उसे अपने पंजों में कसती
और चूसकर छोड़ देती।"[73]

शास्त्रीय भाषा में कहें, तो यह मोह या अज्ञान है, जो सांसारिक विषयों में आसक्ति की जड़ है। ज़्यादा सही बात यह है कि आसक्ति और अज्ञान अन्योन्याश्रित हैं। कुँवर नारायण व्यक्तित्व के असन्तुलन, अराजकता और अबुद्धिवाद के ख़िलाफ़ हैं। 'गीता' के श्लोकों के मुताबिक़ विषय-चिन्तन से आसक्ति, आसक्ति से काम, काम से क्रोध, क्रोध से अज्ञान, अज्ञान से स्मृति-विभ्रम, स्मृति-भ्रंश से बुद्धि-नाश और अन्ततः बुद्धि-नाश से मनुष्य का पतन होता है।[74] निष्कर्ष यह कि ये सभी विकार संक्रामक हैं और एक-दूसरे को उत्तेजित और प्रोत्साहित करते हैं। कोई अचरज नहीं कि नचिकेता इनकी बुनियाद, तृष्णा को पहचानता है और संवेदनात्मक ज्ञान से विच्छिन्न उसके स्वरूप पर चोट करता है—

"क्या तुमने मुझे इतने आदिम आधार से चाहा?-
इतने आरम्भ से अपनाया
कि पशुत्व भी प्रीतिकर लगता?"[75]

* * *

"...भूख और चेहरा
मिलकर मेरे चारों ओर कोई जंगली उत्सव मनाते हैं
रक्त के साक्ष्य में!"[76]

एक ओर सांसारिक वस्तुओं से मोह और भौतिक उत्कर्ष की आकांक्षा, दूसरी तरफ़ निजी सम्बन्ध और कामेच्छाएँ—ऐसा नहीं कि नचिकेता इनके अधूरे एवं असफल रह जाने से उद्विग्न हो; बल्कि वह तृप्ति के चरम बिन्दु पर पहुँचकर इनकी असारता को महसूस करता है। इसलिए प्रचलित मूल्यों के सन्दर्भ में उसका आत्म-संघर्ष और सच को हासिल करने की बेचैनी कहीं भी श्लथ या निस्तेज नहीं होने पाती—

"मैथुन
मैत्री
ममत्व
महत्त्वाकांक्षाएँ...
क्योंकि इनके अन्त तक आकर भी
पूर्ण नहीं हुआ।...

... ...

क्योंकि इन समाधानों के बीच
चौंक-चौंककर पूछता रहा हूँ—
"जीवन क्या है?
मृत्यु क्यों
मुक्ति कैसे?
ईश्वर कहाँ?"[77]

'*आत्मजयी*' का समापन इन्हीं प्रश्नों से होता है। ज़ाहिर है कि उदात्ततम् मूल्यों के लिए जीने और संघर्ष करने की चिन्ता को कवि एक अनवरत प्रक्रिया मानता है। सत्य के लिए जिज्ञासा, व्यवस्था की आलोचना और सत्ता-प्रतिष्ठान का विरोध ऐसे कार्य-भार नहीं हैं; जिन्हें किसी भी मक़ाम पर स्थगित या ख़ारिज किया जा सके। जैसे झूठ, अन्याय और अनास्था अपना भरतकाम (टेपेस्ट्री) बनाते रहते हैं; वैसे ही उनका प्रति-विमर्श रचने, उन्हें अतिक्रमित करने की ज़रूरत हमेशा बनी रहती है। यह एक नैतिक ज़िम्मेदारी है; जो कवि की चेतना में—उसके सफ़र की ऐन शुरूआत से ही—बद्धमूल है। बक़ौल प्रभाकर श्रोत्रिय, *"मृत्यु-विजय की वही मानसिकता, वही परा-इन्द्रिय पिपासा-आस्था, वैसी ही मुमुक्षा, पाखंड के प्रति वही तिरस्कार-भाव, अनादि-तत्त्व-विकलता और अनवरत प्रश्नशीलता 'चक्रव्यूह' में बीज रूप में विद्यमान है (हालाँकि काफ़ी अनगढ़, स्फीत और*

बिखरी-सी), जो 'आत्मजयी' में प्रतिफलित हुई है।''[78] शायद प्रभाकर श्रोत्रिय इस ख़तरे से सावधान हैं कि 'मुमुक्षा' जैसे शब्दों को—जिनका व्यवहार उन्होंने किया है—परम्परावाद या लोकेतर अध्यात्म के अर्थ में न 'रिड्यूस' कर लिया जाए; इसलिए वे नचिकेता के चरित्र से कवि की आत्मीयता और इस आत्मीयता के मक़सद के बारे में साफ़ कहते हैं कि *''...कुँवर अपनी सबसे वयस्क कृति के लिए, दूसरे कवियों की तरह पौराणिक या मिथकीय स्रोत का चयन न करते हुए औपनिषदिक प्रसंग चुनते हैं और वह भी उनके लिए अलगनी नहीं है, वरन् धुरी है, जिससे दो युगों की प्रश्न-विकल-बल्कि प्रश्नाहत-आत्माएँ लगभग एक ही अर्थ में, एक ही इरादे से जुड़ी हैं। आत्म-मुक्ति और मानव-मुक्ति के लिए बेचैन 'नचिकेता' आरम्भ से ही कुँवर के कृतित्व में मौजूद रहा है...।''*[79] आश्चर्य नहीं कि नचिकेता पितृ-परम्परा से सहमत नहीं है। वह लीक पीटने की बजाय एक नई और वैकल्पिक संस्कृति निर्मित करना चाहता है, जो उसकी सृजनात्मकता का समुज्ज्वल साक्ष्य है—*''...हम उसे (विरासत) / तुम्हारे अनुकरण से बृहत्तर कोई विशिष्टता देना चाहते हैं।''*[80] वह अपने पिता से अनुरोध करता है कि वे उसे स्वतंत्र ढंग से विकसित होने दें; क्योंकि 'आत्म' के इसी विस्तार में उनका भविष्य है, जड़ता या संकीर्णता में नहीं—

''...यदि तुम्हारे अनुसरण से भिन्न भी
मेरी कोई सत्ता है
तो उसे आक्रान्त मत करो।...

... ...

उसे अपनी शक्ति से नष्ट मत करो,
उससे शक्ति ग्रहण करो, क्योंकि तुम्हें
अभी उसके द्वारा भविष्य में भी जीना है।''[81]

नचिकेता रूढ़िवाद, कर्मकांड और सर्वानुमति का विरोध करता है। उसका मानना है कि जहाँ आत्मा कमज़ोर और विपन्न होती है, वहीं आडम्बर अथवा बाह्य सज्जा को प्रमुखता मिलती है—

''स्वजनो,
तुम्हारी इस रचना में केवल प्रपंच मात्र, शक्ति नहीं,
क्योंकि तुम ख़ाली हो।''[82]

वह पुरातनता के बरअक्स नव्यता और संस्कार के बरअक्स विवेक का हामी है। प्रश्नातीत, तर्केतर और परोक्ष सत्ता के प्रति एकांगी श्रद्धा-भाव उसके आलोचनात्मक मिज़ाज के अनुकूल नहीं। चाहे परम्परावाद का सन्दर्भ हो या

अपने समय के भीड़-तंत्र और बहुसंख्यकवाद का, वह गतानुगतिक नहीं है; बल्कि उसकी स्थिति उसके ही द्वारा प्रयुक्त तीन विशेषणों से सबसे अच्छे और सार्थक ढंग से परिभाषित होती है, यानी *''भिन्न, प्रतिवादी, अपूर्व...।''*[83] वह मुख्यधारा की अहम्मन्यता, सफलता की कूटनीति और सचाई पर परदा डालनेवाले ऐश्वर्य की मुख़ालफ़त करता है। वह अतीत के गौरव का सहारा भी नहीं ले सकता, न उसकी शरण में जा सकता है; क्योंकि उसके लिए विचारों की कसौटी उसका अपना समय ही है। ज़ाहिर है कि यह औपनिषदिक नचिकेता की कहानी होते हुए भी उसकी प्रासंगिकता की खोज है—नचिकेता का सर्वथा आधुनिक संस्करण, जो स्वयं कवि है और किसी हद तक हमारे समय का सजग, संवेदनशील और मूल्यनिष्ठ इंसान भी—

''नया जीवन-बोध सन्तुष्ट नहीं होता
ऐसे जवाबों से जिनका सम्बन्ध
आज से नहीं अतीत से है।
तर्क से नहीं रीति से है।
यह सब धर्म नहीं–धर्म सामग्री का प्रदर्शन है।
अन्न, घृत, पशु, पुरोहित, मैं...
शायद इस निष्ठा में हर सवाल बाधा है
जिसमें मनुष्य नहीं अदृश्य का साझा है।
तुम सब चतुर और चमत्कारी।
बहुमत यही है–ऐसा ही सब करते–
कितनी शक्ति है इस स्थिति में
जिससे भिन्न सोचते ही
मैं विधर्मी हो जाता हूँ–
किसी बहुत बड़ी संख्या से घटा दिया जाता हूँ।''[84]

'किसी बहुत बड़ी संख्या से घटा दिया जाना' काव्यात्मक अभिव्यक्ति के स्तर पर बहुत कल्पनाशील और अभिनव प्रयोग है; जिससे प्रभु-वर्ग द्वारा प्रतिपक्षी विचारों के अन्यथाकरण, अवमूल्यन और उपेक्षा की सशक्त व्यंजना होती है। कैसी विडम्बना है कि एक लोकतांत्रिक व्यवस्था में सक्रिय सरकारें प्रतिरोध की आवाज़ों को बेअसर और बेमानी बना देने की ताक़त और 'वैधता' तथाकथित बहुमत से ही हासिल करती हैं। वैकल्पिक विचारों को 'विधर्मी' क़रार दिया जाना एकाधिपत्यवादी शासन-तंत्र या फिर दमनात्मक क़िस्म के सांस्कृतिक राष्ट्रवाद की ख़ासियत है और यह परिघटना आधुनिक सभ्यता में भी अपने बदले हुए रूपों में जारी है। इसीलिए इकहरी और आक्रामक धार्मिक सोच

और शक्ति-संरचना से संघर्ष करनेवाले नचिकेता का स्वर हमें बहुत आत्मीय और नया-सा लगता है—

"मैं अपनी अनास्था में अधिक सहिष्णु हूँ।
अपनी नास्तिकता में अधिक धार्मिक।
अपने अकेलेपन में अधिक मुक्त।
अपनी उदासी में अधिक उदार।"[85]

नचिकेता पुरातनपंथ के वर्चस्व, धार्मिक कट्टरता, बहुमत की तानाशाही और मुख्यधारा के आततायी उल्लास के बरअक्स एक उदात्त, संवेदनशील और मुक्तिधर्मी मनुष्य-सत्य की तलाश करता है। वह अपने सरोकार को व्यापक, विचार को बहुल और युयुत्सा को और प्रखर करना चाहता है। सत्य उसके लिए कोई अनर्जित सम्पदा नहीं, बल्कि कठिन तपस्या से हासिल हुई रौशनी है। वह अपने पिता के आत्म-मुग्ध, मूल्यहीन और हिंस्र रवैये का प्रत्याख्यान करता है; क्योंकि वह देखता है कि सच उनके साथ नहीं है—

"आह, तुम नहीं समझते पिता, नहीं समझना चाह रहे,
कि एक-एक शील पाने के लिए
कितनी महान आत्माओं ने कितना कष्ट सहा है...
सत्य, जिसे हम सब इतनी आसानी से
अपनी-अपनी तरफ़ मान लेते हैं, सदैव
विद्रोही-सा रहा है।"[86]

किसी भी मत में जाकर जड़ और दुराग्रही हो जाने की दुखद सम्भावना से सावधान करने, सत्य की दुःसाध्यता को प्रकाशित करने और उस तक पहुँचने के लिए त्याग तथा अध्यवसाय की अपरिहार्यता का मार्मिक संकेत करने के कारण कुँवर नारायण की ये पंक्तियाँ दुर्लभ और अविस्मरणीय हैं। एक ज़बरदस्त तनाव इन्हें आकर्षक बनाता है, जिसकी बुनियाद में दरअसल परम्परा और संस्कृति की स्थापित मान्यताओं से नचिकेता का आत्मिक द्वन्द्व है। जो कुछ होता आ रहा है और जो कुछ हो रहा है—इन दोनों में निहित पाखंड का वह निष्क्रिय दर्शक या अनुयायी नहीं हो सकता। आकस्मिक नहीं कि 'आत्मजयी' में जब उसका स्वप्न टूटता है और वह 'आत्मविद्' होने की दहलीज़ पर खड़ा है; तो उसे एहसास होता है कि वह 'अनुसृष्ट' नहीं, बल्कि 'स्रष्टा' के सदृश है—

"मैं
सभी दिशाओं में प्रति क्षण
उत्पन्न
विभासित

आरम्भित,
अनुसृष्ट नहीं–स्रष्टा स्वरूप।''[87]

इसके पहले यम ने भी नचिकेता से कहा है कि समय अपने आप में कोई पृथक् सत्ता नहीं है; मनुष्य ही उसे अर्थ देता है, अपने बौद्धिक हस्तक्षेप, संघर्षशीलता और सृजनात्मकता से—

''तू सक्रिय समय
शक्ति
चिन्तन,
मैं तुझमें निहित
परिस्थितियों का सही ज्ञान।
तू रचनाशील
चेतना का कण–कण में प्रसार।''[88]

यम के वक्तव्य से स्पष्ट है कि मृत्यु को अतिक्रमित करने के लिए मृत्यु–बोध अनिवार्य है; यानी समय और जगह की सीमाओं के पार जाने के लिए उनमें होना, उन्हें जीना ज़रूरी है। इसलिए मृत्यु के देवता से ही अमरता का रहस्य जानने की नचिकेता की ज़िद में एक सशक्त प्रतीकात्मक अर्थवत्ता है, जिसे प्रभाकर श्रोत्रिय ने बख़ूबी रेखांकित किया है—*''अपना रहस्य स्वयं बता देने के बाद काल की दहशत और भयानकता के चौपट होने का ख़तरा था। एक तरह से वह स्वयं उसकी मृत्यु का ही रहस्य था। लेकिन...मुमुक्षु बिना अमृतत्व को जाने टल नहीं सकता। मृण्मयी तृप्ति का उसके लिए कोई अर्थ नहीं है। ज़ाहिर है कि इस दोहरे तनाव में दर्शन के नहीं, कविता के स्पंदन हैं।''*[89] इसीलिए उन्हें लगता है कि 'आत्मजयी' में अधिकांशत: *''कविता और दर्शन की वैसी ही स्पर्धा है, जैसी कविता के शब्द और अर्थ में हुआ करती है।''*[90] मगर यह दर्शन सामाजिक–सांस्कृतिक प्रक्रिया से अलहदा रहकर नहीं, उसमें सक्रिय हिस्सेदारी और पक्षधरता से निर्मित हुआ है। उसमें प्रभु–वर्ग के स्वार्थ और छल को बेनक़ाब करने, उसकी ताक़त और वैभव को प्रश्नांकित करने का साहस है। बक़ौल श्रोत्रिय, *''...वाजश्रवा जैसे लोग 'विश्वजित' जैसे यज्ञों और ख़ूँख़्वार हिंसाओं का आयोजन करते हैं, वे छद्म दानों से अपनी उदारता का दिखावा करते हैं, लेकिन उनके मूल में सत्ता और सम्पदा के केन्द्रीकरण की लिप्सा ही है। नचिकेता इस सनातनमूलक प्रतिगामी शक्ति से संघर्ष करता है।...मृत्यु तक से जूझनेवाली अपनी दृढ़ तपस्या के बल पर नचिकेता जो परम दृष्टि उपलब्ध करता है, वह एक तरह से निहित स्वार्थों और प्रतिष्ठानों पर प्रतीकात्मक दार्शनिक प्रत्याक्रमण है।''*[91] मसलन मुकुट, आभूषण और राजतिलक की बजाय नचिकेता जिस ज़िन्दगी की कामना करता है; उससे प्रकृति की उदात्तता से उसकी संसक्ति, उसकी निर्मलता

और सादगी और सत्य तथा ज्ञान की प्रतीक रौशनी के प्रति उसकी आस्था संश्लिष्ट ढंग से सूचित होती है—

"सागर-प्रक्षालित पग,
स्फुर घन उत्तरीय,
वन प्रान्तर जटाजूट,
माथे सूरज उदीय,
...इतना पर्याप्त अभी।"[92]

एक और जगह कवि कहता है कि *'जैसे धूप हरे खेतों पर अनायास ज़िन्दगी उड़ेलती है'*, *'जैसे घाटियों को नदी पहाड़ों की आशिष'* है और *'सागर किसी ममता का महा-कोष'*; वैसे ही—

"...एक अतिरिक्त आत्मा
अपने को पहचानने की कोशिश में
इनसे कुछ पूछना चाहती है :
ऐहिक प्रयोजनों के दैनिक अपव्यय से
अपने को बचाकर
ऐसी विपुलताओं में बस रहना चाहती है!"[93]

यहाँ सृष्टि के प्रत्येक कण से एकात्मता, उसमें स्वयं के साक्षात्कार की व्यग्रता, विशाल-हृदयता और लोक-हित के लिए आत्म-दान की आकांक्षा की अभिव्यक्ति है। नचिकेता धार्मिक कर्मकांड, राजकीय वैभव और भौतिक विलास के आन्तरिक मिथ्यात्व को पहचान लेता है; इसलिए इनके सार्थक विकल्प की खोज करता है—

"धर्माधिकारी,
इन प्रासादों के वासी
इन मिथ्या सत्यों से अब मुझको मुक्त करो।
मैं युग-निर्वासित हूँ।
आजीवन वनवासी।
राजपाट परित्यागी।
भटक रहा किसी ध्येय विविध पन्थ संन्यासी।
घर से बहिष्कृत हूँ।"[94]

इस अपरिग्रह के मूल में यह एहसास है कि जीवन एक वरदान है, अगर सांसारिक सुख की प्रत्याशा में मनुष्य अपने विवेक को निछावर न करे—

"मनुष्य स्वर्ग के लालच में
अक्सर उस विवेक तक की बलि दे देता

जिस पर निर्भर करता
जीवन का वरदान लगना।''[95]

स्वर्ग यहाँ नकारात्मक अर्थ में आया है, जो इस बात का प्रमाण है कि कुँवर नारायण की काव्य-दृष्टि सनातनी और धार्मिक क़िस्म की न होकर आधुनिक और वैज्ञानिक है। वे शब्द और कर्म, सिद्धान्त और व्यवहार की एकता को सर्वोच्च मूल्य माननेवाले कवि हैं; जैसा कि उन्होंने लिखा है—*''ग़लत जीने से / सही बातें ग़लत हो जाती हैं।''*[96] इसलिए श्रेष्ठ जीवन-मूल्यों की रक्षा और विकास के लिए संघर्ष को वे अहमियत देते हैं। जहाँ कहीं सुविधा और प्रतिष्ठा है, उसके लिए कितनों को ही उजाड़ा और वंचित किया गया होगा। स्वाभाविक है कि उससे एक अपराध-बोध और पीड़ा लगी-लिपटी हो—

''आसान और सम्मानित जीवन जिया।
फिर क्यों इतना खेद? मानो पाप किया!''[97]

पहले उल्लेख हो चुका है कि 'आत्मजयी' उसी काल-खंड में लिखी गई, जिसमें मुक्तिबोध की कविता 'अँधेरे में'। महज़ संयोग नहीं कि उपर्युक्त काव्यांश में मुक्तिबोध की इन मशहूर पंक्तियों की अनुगूँज सुन पड़ती है—

''अब तक क्या किया,
जीवन क्या जिया!!
बताओ तो किस-किसके लिए तुम दौड़ गए
करुणा के दृश्यों से हाय! मुँह मोड़ गए,
बन गए पत्थर;
बहुत-बहुत ज़्यादा लिया,
दिया बहुत-बहुत कम;
मर गया देश, अरे, जीवित रह गए तुम!!''[98]

इसका मतलब यह नहीं कि कवि ने मुक्तिबोध का अनुसरण किया है, बल्कि यह है कि एक स्वार्थी, मूल्यहीन और निष्करुण जीवन की आलोचना के प्रसंग में दोनों कवि समानधर्मा हैं। इस दृष्टि से 'अँधेरे में' और 'आत्मजयी' का तुलनात्मक पाठ अत्यन्त सार्थक और दिलचस्प हो सकता है। सिद्धान्तहीन और आदर्श-विमुख लोगों के बारे में मुक्तिबोध यहाँ यह भी कहते हैं कि *''उदरंभरि बन अनात्म बन गए''*[99] और कुंवर नारायण भी भौतिक प्रतिस्पर्द्धा और दैहिक सुख की लालसा के चलते आत्मा के क्षरण से चिंतित हैं। इसीलिए उनका मंतव्य है कि भौतिक वजूद को दाँव पर लगाकर, उसके उत्सर्ग से ही किसी प्रकाश को अर्जित किया जा सकता है—

''इतनी आसानी से हार जानेवाली
इस पंचभूत सुखाग्रही पशु-प्रकृति को मर जाने दो।

भस्म होते शायद

कोई प्रकाश उपलब्ध हो''[100]

यह इच्छाओं के दमन का प्रस्ताव नहीं है। कुँवर नारायण मनुष्य को दैहिक इच्छाओं द्वारा अनुशासित ही नहीं, उनके 'मुक्त अनुशासक' के रूप में भी देखना चाहते हैं। यह तभी सम्भव है, जब वह किसी लक्ष्य के प्रति एकाग्र हो, किसी मूल्य से उसकी प्रतिबद्धता हो। मुख्यधारा की संस्कृति से अलग होने के कारण देखने में यह प्रतिश्रुति जुनून लग सकती है, मगर उसका होना ज़रूरी है—*''विश्वासों से / या किसी विचित्र तर्क से ही / जीने को कोई अर्थ दिया जा सकता है।''*[101] स्थूल ऐन्द्रिय तृप्ति तो नश्वरता को सच मान लेने पर ही जीवन का चरम उद्देश्य हो सकती है, पर कुँवर नारायण इन सीमाओं के परे उसके उत्कर्ष की कामना करते हैं—*''वह जीना मरने से बदतर / जिसमें कोई वैशिष्ट्य नहीं—कल्पना नहीं।''*[102] जीवन में ही 'अमृतत्व' की प्राप्ति सम्भव है; बशर्ते अनियंत्रित उपभोग, परवशता, आलस्य और विचारहीनता से आदमी उबर सके—

''चिन्ताशील,

स्वतंत्र,

संयमी

कर्मठ मानव के उपाय से

खनिज परिस्थितियाँ जीवन की

दिव्य रूप हो सकती हैं।''[103]

कवि सुख को अनुचित, निषिद्ध या ग़ैर-ज़रूरी नहीं मानता; पर उसकी अधीनता स्वीकार कर लेना मृत्यु के आगे समर्पण है—

''जीवन केवल सुख की साधना नहीं।

वह दिव्य शक्ति—

अनवरत खोज

अनथक प्रयास

वह मुक्ति-बोध,

उसको पशु-सा केवल तन से बाँधना नहीं!

जो केवल तन से जिया

मूर्ख वह

तन के मरते मरता है।''[104]

जीवन की चरम सार्थकता सत्य की खोज, आत्मा की विशालता, उदात्तता के लिए संघर्ष और मुक्ति के स्वप्न में है। कवि के शब्दों में वह *''किसी अपरिमित के अनुभव का / परिमित में संयोग मात्र है।''*[105] उसका अर्थ इतना 'विराट् सुन्दर और

असह्य' है कि *"शायद केवल मृत्यु तले / सन्दिग्ध क्षणों के बीच जिया जा सकता है!"*[106] यह विश्वास 'आत्मजयी' में बार-बार व्यक्त हुआ है कि अपने अस्तित्व को होम करके ही किसी प्रकाश की उपलब्धि सम्भव है। अपने पिछले संग्रह 'परिवेश : हम-तुम' में कवि ने कहा था कि *"या तो अ ब स की तरह बेसबब जीना है / या सुकरात की तरह ज़हर पीना है!"*[107] इस सन्दर्भ में विष्णु खरे ने बहुत अच्छी बात कही है कि देखने में दो विकल्प जान पड़ते हैं, पर वस्तुतः वह एक ही है—ज़हर पीना, क्योंकि एक संवेदनशील आदमी *'बेसबब जीने को तो कभी स्वीकार नहीं कर सकता।'*[108] 'आत्मजयी' में जीवन को वृहत्तर अर्थ देने और यों मृत्यु के रूप में उसकी सीमा को अतिक्रान्त करने के लिए मृत्यु के अनुभव से गुज़रना ज़रूरी माना गया है, जैसा कि नचिकेता के साथ होता है—

"यदि पीना ही हो ज़हर
उसे दो तरह पिया जा सकता है –
डरते-डरते
मरने से पहले ही मरकर :
या उसी चरम भय से
कोई अन्धा बल पा,
जीवन से भी ऊपर उठकर... ।"[109]

सारांश यह कि एक महत्तर अर्थ में जीने के लिए मरने का जोखिम उठाना अनिवार्य है। पर इस साहस का स्रोत आत्मवत्ता ही हो सकती है। स्वभावतः कवि के लिए सबसे दुखद और चिन्ताजनक है, मनुष्य का आत्महीन होकर बाह्य सुखों की तलाश में दर-दर भटकना—

"हम वस्तु नहीं हैं – वस्तु स्थित।
सुख का पीछा
जैसे अपनी दुम का पीछा करता कुत्ता –
वह स्वयं स्वयं में अनुपस्थित!"[110]

इस तरह किसी भी क़िस्म के नैतिक द्वन्द्व या आत्म-संघर्ष से पीछा छुड़ाकर ही सुख-भोग में लिप्त हुआ जा सकता है। ज़ाहिर है कि पतन और विलासिता में एक अनिवार्य अन्तरसम्बन्ध है और इसके विपरीत—

"ज्ञान कठिन ज़िम्मेदारी है।
जो ले पहले नई वयस!
– श्रम, साधना, अनिश्चय, चिन्तन, मनन, खोज
जिज्ञासाओं में
अक्सर उदासीन जीवन व्यतीत हो जाता।

खोज सत्य की करनेवाला
बहुधा उसमें ही खो जाता।''[111]

आचार्य रामचन्द्र शुक्ल के शब्दों में कहें, तो 'आत्मजयी' लोक-मंगल की सिद्धावस्था का नहीं, साधनावस्था का काव्य है। वह भौतिक प्रलोभनों में पड़कर आत्महीन हो जाने की विडम्बना के बरअक्स आत्मा की सर्वोच्चता को स्थापित करता है; जहाँ लोक-हित के लिए जीना या कहें कि अपनी नागरिकता का ऋण चुकाना सार्थकता की पूर्व-शर्त है—

''...तू आत्मा की
एक ऐसी स्वायत्तता बना
जिसमें जीवन को
वस्तुओं के शासन से मुक्त जी सके।
जहाँ अपनी इच्छाओं के अन्तर्विरोधों से
समाप्त होकर नहीं–उन्हें समाप्त करके
जीवन को कोई सन्तुष्ट अर्थ दे सके।
मरने से पूर्व
उऋण हो सके
उन सबसे जिनकी अपेक्षा
तू जीता या मरता है।''[112]

बुद्ध ने कहा था कि तृष्णा ही दुख का मूल है। इस सत्य को स्वीकारते हुए कुँवर नारायण आत्म-तत्त्व को पहचानने और उससे सम्पन्न होने की अनिवार्यता को रेखांकित करते हैं; क्योंकि आत्म-ज्ञान ही आत्म-मुक्ति और मानव-मुक्ति का स्रोत बन सकता है—

''नचिकेता, तू केवल
इन्द्रियों की अपेक्षा ही उदास है।
उस अव्यय आत्म-चेतना को पहचान
सच्चिदानन्द रूप
जो शुद्ध ज्ञान है : तुझसे दूर नहीं
तेरे ही आस-पास है।''[113]

गौरतलब है कि 'कठोपनिषद्' में कहा गया है कि *'इन्द्रियों से मन श्रेष्ठ है, मन से बुद्धि उत्तम है, बुद्धि से (उसका स्वामी) महान आत्मा ऊँचा है और आत्मा से अव्यक्त शक्ति उत्तम है। लेकिन अव्यक्त से (भी वह) व्यापक और सर्वथा निराकार पुरुष श्रेष्ठ है, जिसे जानकर जीवात्मा मुक्त हो जाता है और उसे अमृतत्व हासिल होता है।'*—

''इन्द्रियेभ्यः परं मनो मनसः सत्त्वमुत्तमम्।
सत्त्वादधि महानात्मा महतोऽव्यक्तमुत्तमम्॥

अव्यक्तात्तु परः पुरुषो व्यापकोऽलिंग एव च।
यं ज्ञात्वा मुच्यते जन्तुरमृतत्वं च गच्छति॥''[114]

'यह नित्य ज्ञानस्वरूप आत्मा न जन्मता है और न मरता है। यह न किसी से हुआ है, न इससे कोई हुआ है, यानी यह किसी का कार्य या कारण नहीं। यह अजन्मा, नित्य, एकरस और पुरातन है। शरीर के नष्ट किए जाने पर भी इसका नाश नहीं किया जा सकता। अगर कोई मारनेवाला व्यक्ति अपने को मारने में समर्थ मानता है और मारा जानेवाला व्यक्ति अपने को मारा गया समझता है; तो वे दोनों ही आत्मा को नहीं जानते, क्योंकि यह न किसी को मारता है और न मारा जाता है।'[115] यह महान और सर्वव्यापी आत्मा अस्थिर या नश्वर शरीरों में शरीर-रहित एवं अविचल भाव से स्थित है—इसे जान लेने से बुद्धिमान को कभी कोई दुख या चिन्ता नहीं होती।[116] आत्मा के ही बल पर मनुष्य रूप, रस, गन्ध, स्पर्श, शब्द जैसे इन्द्रियार्थों और स्त्री-संसर्ग वग़ैरह के सुखों को जानता है और इसी से यह भी जानता है कि इन सबके नष्ट होने पर दुनिया में क्या शेष रह जाता है, अर्थात् आत्मा ही।[117] इस सिलसिले में 'कठोपनिषद्' की सबसे सुन्दर उक्ति यह है कि *'जिस तरह सूर्य सम्पूर्ण लोक की आँख है और उससे सब-कुछ प्रकाशित है, पर वह लोगों की आँखों से होनेवाले बाह्य दोषों से लिप्त नहीं होता; उसी तरह सब प्राणियों का अन्तरात्मा एक है और वह लोक-दुःख से लिप्त नहीं होता। वह सूर्य के प्रकाश की तरह सबमें रहता हुआ भी सबसे असंग है।'*—

''सूर्यो यथा सर्वलोकस्य चक्षुर्न लिप्यते चाक्षुषैर्बाह्यदोषैः।
एकस्तथा सर्वभूतान्तरात्मा न लिप्यते लोकदुःखेन बाह्यः॥''[118]

कुँवर नारायण ने नचिकेता के आख्यान में अपनी कलात्मक अन्तर्दृष्टि से कुछ परिवर्तन किए हैं और उसे आधुनिक तथा विवेकसम्मत बनाया है। यह सृजनात्मक कल्पना के सहारे एक मिथक की पुनर्रचना है। मसलन 'आत्मजयी' में नचिकेता की मृत्यु नहीं होती, वह पिता के क्रोध से सन्तप्त होने के कारण आत्महत्या की कोशिश करते हुए मूर्च्छित हो जाता है और यम अथवा मृत्यु के देवता से उसकी भेंट स्वप्न में होती है। यहाँ हम परम्परा से सम्पृक्ति होते हुए भी उससे एक प्रस्थान देख सकते हैं। बक़ौल वागीश शुक्ल—*''...यह वैदिक ढाँचे के अनुरूप ही है, जहाँ ऋषीतर व्यक्तियों को ज्ञान की प्राप्ति स्वप्न के ही माध्यम से हो सकती है, क्योंकि सत्य से साक्षात्कार अनुमेय नहीं है। स्वाभाविक रूप से यह ढाँचा वास्तविक ज्ञान की एक ऐकान्तिक प्राप्ति सुनिश्चित करता है, जबकि साधकों की आनुष्ठानिक साधना सामुदायिक थी।''*[119] यहाँ कवि का वक्तव्य प्रासंगिक है—*''कथा को आधुनिक ढंग से देखा गया है, पौराणिक दिव्य-कथा के रूप में नहीं।''*[120] अलबत्ता प्रभाकर श्रोत्रिय इस बात से असन्तुष्ट हैं कि यम

ने 'यज्ञों की नचिकेताग्नि' के रूप में नचिकेता को जो दूसरा वर दिया था, 'आत्मजयी' में उसका ज़िक्र तक नहीं है। वे कहते हैं कि कवि ने 'अग्नि-विज्ञान'-सम्बन्धी प्रश्न को नज़रअन्दाज़ किया है, जबकि उसकी दीक्षा से ही नचिकेता अमृतत्व का अधिकारी होता है। यह उपेक्षा उन्हें *'छायावादी दृष्टि का प्रच्छन्न परिणाम'* जान पड़ती है, क्योंकि *'वास्तविक संघर्ष को स्वप्न-कल्प में बदलकर उसकी सचेत प्रश्न-विकलता को धूमिल किया गया है।'* लेकिन यह आरोप ख़ुद उनके ही इस तर्क से निरस्त हो जाता है कि 'आत्मजयी' में *''स्वप्न के दौरान नचिकेता की आन्तरिक कशमकश और जिज्ञासु व्यथा जिस शक्ति और प्रखरता से व्यक्त हुई है, उसमें हम कुछ देर के लिए भूल जाते हैं कि नचिकेता स्वप्न देख रहा है।''*[121]

दूसरी ओर, कथा की व्यंजना में भी कुछ बदलाव है। वागीश शुक्ल के मुताबिक़—*''काफ़ी स्पष्ट इंगित इस बात का भी है कि नचिकेता पिता द्वारा सत्ता की लालसा से दी जा रही पशुबलि से खिन्न है। यहाँ मूल अन्तर्वस्तु को गम्भीर रूप से बदला गया है। 'कठोपनिषद्' में नचिकेता असहज अनुभव करता है, क्योंकि उसे लगता है कि पिता यज्ञ को पूरी ईमानदारी से नहीं कर रहे, क्योंकि यज्ञ का उद्‌देश्य तमाम स्वत्व / अधिकार का परित्याग है।''*[122] यह परिवर्तन स्वाभाविक है, जैसा कि मारियोला ओफ्रेदी ने लिखा है कि 'आत्मजयी' में सत्ता को हिंसा और मृत्यु को समाज की तात्त्विक हिंसा के रूप में भी देखा गया है। उनका यह आकलन बिलकुल सही है कि कवि ने इस आख्यान को *'अपने समय के मुताबिक़ ढालते हुए 'यम' को 'मृत्यु-भय' में बदल दिया है, जिसे मनुष्य अपने भीतर लिये चलता है, और नचिकेता और यम के बीच की मुठभेड़ को अचेतन के भीतर चलनेवाले जीवन और मृत्यु के द्वन्द्व में परिवर्तित किया है।'*[123] कहने की ज़रूरत नहीं कि कथा के इस रूपांतरण की बुनियाद में कुँवर नारायण की आधुनिक और स्वातंत्र्यचेता दृष्टि है। उन्होंने स्पष्ट किया है कि 'आत्मजयी' की कविताएँ 'कठोपनिषद्' का भाष्य नहीं हैं—*'' 'कठोपनिषद्' के विभिन्न श्लोकों से केवल संकेत-भर ही लिया गया है...अक्सर कविताओं और श्लोकों के मंतव्यों में बुनियादी अन्तर तक मिल सकता है, लेकिन इस अन्तर के बावजूद प्रयत्न यही रहा है कि सम्पूर्ण कृति में वैचारिक विषमता न आने पाए।''*[124]

निश्चय ही, कवि की आकांक्षा के अनुरूप 'आत्मजयी' में एक सम्पूर्ण, सजल और पारदर्शी वैचारिकता है। उसमें अर्थ की सान्द्रता है और भावावेग की प्रखरता। कवि का जीवन-दर्शन न अन्तर्विरोधों से आक्रान्त है, न पूर्वग्रहों से ग्रस्त। उसमें अभिप्रायों की सशक्त अन्विति और संजीदगी के साथ ही संवेदनात्मक वेध्यता और खुलापन है। कुँवर नारायण एक सच्चे, सुन्दर, संवेदनशील और

मूल्यनिष्ठ समाज का स्वप्न देखते हैं; पर जानते हैं कि इसके लिए उसकी हरेक इकाई, यानी मनुष्य को आत्म-शक्ति से पूर्णतः सम्पन्न और 'आत्मविद्' होना होगा। जिस दुनिया में भौतिक मूल्यों का वर्चस्व हो, वहाँ इस लक्ष्य को हासिल करना आसान नहीं और अन्तिम रूप से हासिल कर पाना तो हर्गिज़ नहीं। लगातार एक संघर्ष करना होगा, जिसका प्रसार भीतर से बाहर तक है। 'आत्मजयी' नचिकेता के बहाने आधुनिक मनुष्य के इसी बाह्यान्तर संघर्ष और उसमें उसके द्वारा आत्मवत्ता की उपलब्धि का काव्य है। कुँवर नारायण ने 'कठोपनिषद्' की दार्शनिक प्रस्थापनाओं को स्वीकार करते हुए भी उन्हें अपने विशिष्ट और मौलिक ढंग से विकसित किया है। उनमें परम्परा से लगाव और अलगाव का अनूठा विवेक है। उन्होंने नचिकेता के आख्यान को रूढ़ आध्यात्मिक आशयों और धार्मिक-पौराणिक प्रभामंडल से मुक्त करके—नए सन्दर्भों में उसकी मानवीय सार्थकता की खोज की है। उनके संवेदनात्मक ज्ञान और ज्ञानात्मक संवेदन की पूँजी के बिना यह सृजनात्मक रूपांतरण सम्भव न था। कह सकते हैं कि 'कठोपनिषद्' से बँधा हुआ न होकर भी 'आत्मजयी' उससे सुसंगत है। उसके उदात्त और मानवीय दर्शन से। यह 'कठोपनिषद्' का ही विचार है कि *'श्रेय (कल्याण का साधन) अलग है और प्रेय (प्रिय लगनेवाले भोगों का साधन) अलग ही है; वे भिन्न-भिन्न फल देनेवाले हैं; दोनों साधन मनुष्य को आकृष्ट करते हैं; उनमें से श्रेय मार्ग पर चलनेवाले का हित होता है; लेकिन जो प्रेय (सांसारिक सुख) का वरण करता है, वह सत्य से वंचित हो जाता है। अपने सामने आनेवाले श्रेय और प्रेय मार्गों के स्वरूप को बुद्धिमान मनुष्य अलग-अलग करके समझता है और प्रेय की अपेक्षा श्रेय को ही श्रेष्ठ जानकर उसका वरण करता है; लेकिन मन्दबुद्धि मनुष्य योगक्षेम (भौतिक लाभ) की इच्छा से प्रेय को अपनाता है।'*—

> *''अन्यच्छ्रेयोऽन्यदुतैव प्रेयस्ते उभे नानार्थे पुरुषं सिनीतः।*
> *तयोः श्रेय आददानस्य साधु भवति हीयतेऽर्थाद्य उ प्रेयो वृणीते॥*
> *श्रेयश्च प्रेयश्च मनुष्यमेतस्तौ सम्परीत्य विविनक्ति धीरः।*
> *श्रेयो हि धीरोऽभि प्रेयसो वृणीते प्रेयो मन्दो योगक्षेमाद् वृणीते॥''*[125]

आत्मा को अगर हम शुद्ध नैतिक बोध के ही अर्थ में समझें, तो 'कठोपनिषद्' की यह स्थापना हमें बहुत आत्मीय और विवेकसम्मत लगती है कि *'इस जन्तु (जीवात्मा) की हृदयरूपी गुफा में रहनेवाला आत्मा सूक्ष्म से अतिसूक्ष्म और महान से भी महान है; आत्मा की उस महिमा को कामनारहित और कामनाजन्य शोक से रहित व्यक्ति ही पंचमहाभूत (पृथ्वी, जल, अग्नि, पवन और आकाश) या परब्रह्म (निर्गुण और उपाधिरहित ब्रह्म) के अनुग्रह से देख पाता है।'*[126] दिलचस्प है कि एक श्लोक में यह भी कहा गया है कि *'सूक्ष्म ज्ञान के द्वारा भी आत्मा को वह*

मनुष्य प्राप्त नहीं कर सकता; जो निकृष्ट आचरण में लिप्त है, या जो अशान्त है, या जिसके मन और इन्द्रियाँ संयत नहीं हैं, या जिसका चित्त शान्त नहीं है।'—

''नाविरतो दुश्चरितान्नाशान्तो नासमाहितः।
नाशान्तमानसो वापि प्रज्ञानेनैनमाप्नुयात् ॥''[127]

स्वभावतः जीवात्मा और आत्मा का सान्निध्य और उनके द्वारा सत्य का पान सत्कर्मों के परिणामस्वरूप ही सम्भव है। सत्कर्मों के संसार में या उनके फलस्वरूप मनुष्य-शरीर में बुद्धिरूपी गुफा और हृदय-आकाश (श्रेष्ठ आधे भाग) में वे दोनों छाया और धूप की तरह भिन्न होते हुए भी साथ-साथ रहते हैं। इनमें आत्मा असंग और अभोक्ता है, लेकिन जीवात्मा असंग नहीं रहता—*''ऋतं पिबन्तौ सुकृतस्य लोके गुहां प्रविष्टौ परमे परार्धे। छायातपौ...।''*[128] कुँवर नारायण जीवात्मा या मनुष्य को उसकी नींद से जगाते हैं और उसे आत्मा की महानता का एहसास कराते हैं। मरणधर्मा भौतिक सुखों में आसक्ति की बजाय असीम और शाश्वत सौन्दर्य से उसकी सचेतन एकात्मता का आह्वान करते हैं—

''जग एक सुखद सपना है।
कुछ सीमित निद्राओं-भर...
पर तू असंख्य आँखें है,
(आकाश भरा तारों से) जो
सदियों से अपलक है।''[129]

यह आत्मा, जैसा कि कहा गया, मनुष्य के पास रहते हुए भी उससे असंग है, लौकिक होते हुए भी अलौकिक। उसकी बदौलत, प्रत्यक्ष विषमताओं के बावजूद, प्रेम और सौन्दर्य के प्रति एक सच्ची और निविड़ संसक्ति हमेशा बनी रहती है—

''एक अद्भुत प्रेरणा-सी
सूक्ष्मतम अनुभूतियों में डोलती है,
राग के गन्धर्व
रस के दूत
हाहाकार में भी सुरक्षित,
संवेदना सौन्दर्य के प्रति खोलती है।''[130]

यही जीवन के प्रति अविचलित आस्था है, जिसका मूल्यों के सम्यक् बोध से एक अविच्छिन्न सम्बन्ध है। भारतीय दर्शन में यह विश्वास बद्धमूल है कि जो सत्य है, वही नित्य है और उसका ज्ञान ही मनुष्य का उदात्ततम लक्ष्य है, उसकी तेजस्विता का साधन—*''बुद्धि / जीवन-सत्य के कुछ श्लोक शाश्वत खोजती-सी / भूमि पर पहले-पहल मनुष्यत्व के तेजस् उदय पर।''*[131] सत्य की यह रौशनी निर्मल, उन्मुक्त

और आद्यन्त सुन्दर है; वह कण-कण में व्याप्त है और विष तथा अमंगल को नष्ट करनेवाली है। कुँवर नारायण ने यहाँ 'शिव' में श्लेष पैदा किया है, जो दरअसल एक जातीय स्मृति है; मगर प्रकृति में उसके सातत्य, अभिन्नता अथवा प्रतिच्छवि की व्यंजना करते हुए वे मिथक का यथार्थीकरण भी करते हैं—

"उस हलाहल अतल तम को
सोखती शिव-जगमगाहट
वह प्रकृति के होंठ पर
ऋतजा अकुंठित मुसकराहट।"[132]

कवि को ईश्वर का मानवीय रूप 'नृषत्' (समस्त मनुष्यों में रहनेवाला ईश्वर) ही स्वीकार है। वह रौशनी से एक सहज, उल्लसित और अन्तरंग सम्बन्ध की कामना करता है। साथ ही, किसी माँ की पवित्र और आत्यन्तिक ममता से समूचे विश्व के मंगल की प्रार्थना; जो कि उसकी सृजनात्मक कल्पना में पृथ्वी स्वयं भी है—

"सूर्य को कन्दुक बनाकर
खेलता था नृषत् ईश्वर,
और पृथ्वी
स्वस्ति-चिन्ता किसी माँ की
अटपटाती अर्चना थी।"[133]

इस तरह लोक-मंगल, सत्य और सौन्दर्य अविभाज्य तौर पर एक-दूसरे से सम्बद्ध हैं। अकारण नहीं कि कवि ने जीवन से उत्कट लगाव और आत्मा के विस्तार की इच्छा का समवेत रूप से इज़हार किया है— *"जीवन-हर नए दिन की निकटता / आत्मा-विस्तार।"*[134] ऐसी अभिव्यक्तियाँ सम्पूर्ण वस्तु-जगत् से एकात्म होने, उसमें अपने को पहचानने की आत्म-शक्ति या आत्मवत्ता ही गवाह हैं। यही 'आत्मजयी' के काव्य-नायक नचिकेता का आत्म-साक्षात्कार है, यही आत्म-ज्ञान—

"इस अपरिमित में
अपरिमित शान्ति की अनुभूति।
अक्षय प्यार का आभास।"[135]

अणु से विराट् या जल से जलधि तक में एक ही सत्य या सौन्दर्य की आभा है। इस आत्म-तत्त्व को कण-कण में प्रतिबिम्बित देखकर नचिकेता भाव-विह्वल हो उठता है और फिर अस्तित्व की सार्थकता के इस शान्त, प्रांजल और असीमित बोध के लिए समूची सृष्टि के प्रति कृतज्ञता प्रकट करता है—

"सूर्योदय।
एक अंजलि फूल!
जल से जलधि तक अभिराम।

माध्यम शब्द–अर्धोच्चरित।
जीवन धन्य हूँ।
आभार–
फिर आभार।" [136]

इस सन्दर्भ में प्रभाकर श्रोत्रिय का विश्लेषण मूल्यवान् है— *"आत्म-जगत् के प्रत्यभिज्ञान को वस्तु और भाव-जगत् के अन्वेषण में परावर्तित करके कुँवर ने एक साथ दार्शनिक, वैज्ञानिक और कवि की भूमिका निबाही है। सूर्य का बिम्ब जल से जलधि तक एक अभेद, विराट् और गहन सामंजस्य में, 'अंजलि के फूल' की तरह विसर्जित, 'अहम्' को प्रार्थना की विनई और प्रक्षालित सुन्दरता देता है। कबीर ने कहा था–'फूटा कुंभ जल जलहि समाना'...।"* [137]

'आत्मजयी' में कर्म से पलायन या भौतिक सुखों के परित्याग की सलाह नहीं दी गई है। इससे अलग हटकर कवि की इच्छा है कि यह अनुरक्ति अकुंठित और पवित्र हो— *"बेझिझक सुख-बोध / जिसकी वासना में वन्दना थी।"* [138] ग़ौरतलब है कि 'गीता' कुँवर नारायण की प्रिय पुस्तक है और उसमें साफ़ कहा गया है कि *'प्रकृति के दमन से कुछ नहीं हो सकता, क्योंकि सभी प्राणी तीनों गुणों से निर्मित अपनी प्रकृति का अनुसरण करते हैं, यहाँ तक कि ज्ञानी जन भी।'* [139] कर्म के बिना तो जीवन ही सम्भव नहीं है। इतना ही हो सकता है कि कर्म में संलग्न रहकर भी मनुष्य उससे बँधे नहीं। जो स्वतः होनेवाले लाभ से सन्तुष्ट रहता है, द्वैत-भाव से मुक्त है, ईर्ष्या नहीं करता और सफलता तथा असफलता दोनों में स्थिर रहता है; वही इस लक्ष्य को पा सकता है—

"यदृच्छालाभसन्तुष्टो द्वन्द्वातीतो विमत्सरः।
समः सिद्धावसिद्धौ च कृत्वापि न निबध्यते॥" [140]

एक दूसरी जगह स्पष्ट किया गया है कि *'द्वैत-भाव से मुक्त, नित्य शुद्ध सत्त्व में स्थित, लाभ तथा रक्षा की समस्त चिन्ताओं से मुक्त मनुष्य ही आत्मवान् है'*— *"निर्द्वन्द्वो नित्यसत्त्वस्थो निर्योगक्षेम आत्मवान्।"* [141] इसलिए 'गीता' का आह्वान है कि *'कर्मफल में आसक्त हुए बिना निरन्तर कर्तव्य के रूप में कर्म करो, क्योंकि अनासक्त होकर कर्म करने से ही मनुष्य परब्रह्म को प्राप्त करता है।'*—

"तस्मादसक्तः सततं कार्यं कर्म समाचर।
असक्तो ह्याचरन्कर्म परमाप्नोति पूरुषः॥" [142]

कोई अचरज नहीं कि नचिकेता, आत्मवान् अथवा 'आत्मजयी' होने के कारण, सांसारिक भोगों से 'छूटा रहकर' उनको ग्रहण करने के निष्कर्ष तक पहुँचता है। प्रसंगवश, शमशेर बहादुर सिंह ने जिस तरह यह आकांक्षा ज़ाहिर की थी कि *"काल, / तुझसे होड़ है मेरी: अपराजित तू – / तुझमें अपराजित मैं वास करूँ।"* [143]

कुँवर नारायण भी अपने काव्य-नायक की ओर से 'सृजक-दृष्टि' की इसी कामना को व्यक्त करते हैं। यह भौतिकता के वर्चस्व के बरअक्स आत्मिक मूल्यों की प्रतिष्ठा है। आत्म-मुक्ति और मानव-मुक्ति की तलाश। एक समय में रहकर भी उससे परे ('कालोपरि'—शमशेर) होने, उसके पार जा सकने का आत्मविश्वास; जो 'आत्मजयी' की प्रतिश्रुति है और शायद उपलब्धि भी—

"स्वयं अदृष्ट
इसी माया-वस्तु को
बार-बार धारण करूँ-इसी भोग-सामग्री को ग्रहण करूँ -
इससे छूटा रहकर।
अपनी अपूर्व रचना में
एक कलाकार ईश्वर की तरह अनुपस्थित
अथाह समय में जियूँ -
केवल आत्मा
अमरत्व
और आश्चर्य" [144]

यहाँ कुँवर नारायण जिस कला-स्वप्न की बात करते हैं, वह 'नैसर्गिक' और 'अनुपम' है।[145] निश्चय ही, प्राचीन भारतीय दर्शन और संस्कृति से गहरे सम्पृक्त एवं अनुप्राणित होने के बावजूद 'आत्मजयी' में जो ताज़गी और विशिष्टता है; उसकी वजह अपने समय-सन्दर्भ से उनका उतना ही जीवन्त और आत्मीय संवाद है। कर्म और सृजन दोनों वर्तमान में ही मुमकिन हैं, अतीत या भविष्य में नहीं। इसीलिए वे एक ओर अपने अनुभवों के निकष पर जाँचने के बाद ही अपने द्वारा अर्जित ज्ञान को सच्चा और प्रामाणिक मानते हैं; दूसरी तरफ़ रचना-प्रविधि के मामले में बेहद आधुनिक और समावेशी नज़रिया रखते हैं। 'आत्मजयी' में इसीलिए कविता और दर्शन, ज्ञान और संवेदना, मिथक और यथार्थ, भौतिकता और आत्मपरकता के बीच उन्होंने अनेक स्तरों पर अत्यन्त दुर्लभ और सार्थक अन्तःक्रिया घटित की है। 'कठोपनिषद्' पर आधारित होने के कारण हिन्दी की 'रूढ़ आध्यात्मिक शब्दावली' से इस कृति के आक्रान्त हो जाने का ख़तरा था; पर कुँवर नारायण अपनी वैज्ञानिक दृष्टि के बल पर ऐसा होने नहीं देते और अपने सौन्दर्य-बोध के मुताबिक़ अधिक-से-अधिक भाषायी 'स्पेस' को रचते हैं। ख़ास दार्शनिक और मर्मस्पर्शी अन्तर्वस्तु की बदौलत 'आत्मजयी' का जितना स्थायी महत्त्व है; फ़ंतासी, बिम्ब-बिधान और रूपकों के विभिन्न प्रयोगों के चलते यह उतनी ही प्रासंगिक और सशक्त है। 'आत्मजयी' में कथ्य और रूप एवं आत्म-जगत् और वस्तु-जगत् दोनों स्तरों पर सच की बेचैन तलाश, विचार और अनुभूति के संश्लेषण और

कलात्मक वैशिष्ट्य को देखकर ही प्रभाकर श्रोत्रिय ने लिखा होगा—*''कुँवर नारायण ने कहा है कि ''कविता उपलब्ध नहीं होती, अन्वेषित होती है : ये पंक्तियाँ मेरे निकट आईं नहीं, मैं ही गया उनके निकट उनको मनाने।'' कविता की सृजन-प्रक्रिया एक सचेत वृत्ति है। कविता अपने आप मुँह से नहीं निकल पड़ती; बल्कि उसके पीछे जिज्ञासा, विचार-संज्ञान, प्रत्यक्षण, कल्पना, प्रतीक, भाषा, अनुभव, संवेदन आदि की गहरी अवधानात्मक पृष्ठभूमि होती है। इसलिए जब कविता सहज लगती है, या शब्द जादू करते हैं; तो इसका मतलब यह होता है कि ''उन पर भी जादू हो चुका होता है।'' कविता के निर्माण में जो आलोचनात्मक श्रम और युक्तियुक्त चैतन्य सक्रिय होता है, वह मूलतः ज्ञान के क्षेत्र में आता है। याने कविता की रचना-प्रक्रिया महज़ भाव-प्रक्रिया नहीं, विचार-प्रक्रिया भी है।''*[146]

यह सही है कि 'आत्मजयी' में कवि कुँवर नारायण के वास्तविक जीवन के तीखे एहसास उनकी विचार-प्रक्रिया से अनुशासित हैं। मगर आत्मा को हम मनुष्य के सम्पूर्ण और विशुद्ध नैतिक बोध के अर्थ में स्वीकार करें, तो इसको वे अपने काव्य में विचारों से अधिक अहमियत देते हैं। सच कहें, तो उनकी दृष्टि में आत्मवत्ता ही सर्वोपरि है और 'आत्मजयी' में उसका केन्द्रीय महत्त्व है। इस आत्म-साक्षात्कार के लिए आत्म-संघर्ष एक अनिवार्य प्रक्रिया है, जो कविता के रूप में इस कृति को मूल्यवान् बनाता है। यह आत्म-संघर्ष अपनी प्रकृति में सात्त्विक है। याद करें 'कठोपनिषद्' की स्थापना कि कामनारहित और कामनाजन्य-शोकरहित व्यक्ति ही आत्मवान् हो सकता है। विशिष्ट ज्ञान के ज़रिए भी आत्मा को निकृष्ट आचरण में संलग्न, अशान्तचित्त, असंयत और अस्थिर व्यक्ति प्राप्त नहीं कर सकता। दरअसल, सांसारिक सुखों की आपातरमणीयता एवं परिणामदुःखता का रहस्य जानकर मनुष्य को उनकी ओर से विरक्त हो श्रेय-पथ का अनुसरण करना चाहिए। यही आत्म-मुक्ति है, जो मानव-मुक्ति अथवा लोक-मंगल की ज़रूरी शर्त है। इसीलिए औपनिषदिक मंतव्य है कि इन्द्रियों से मन श्रेष्ठ है, मन से बुद्धि उत्तम है और बुद्धि से महान आत्मा ऊँचा है। शायद अतिशयोक्ति नहीं कि इस दार्शनिक पृष्ठभूमि का गहरा असर कुँवर नारायण की काव्य-चेतना और काव्यानुभूति की बनावट पर पड़ा है। उनकी कविता में मूल्यों से सच्ची और अदम्य प्रतिश्रुति, बौद्धिक सान्द्रता और गम्भीरता, संयम और परिष्कार को देखकर 'कठोपनिषद्' का एक श्लोक याद आता है—

''आत्मानं रथिनं विद्धि शरीरं रथमेव तु।
बुद्धिं तु सारथिं विद्धि मनः प्रग्रहमेव च॥''[147]

इस रूपक के सहारे कह सकते हैं कि उनके काव्य-रथ का स्वामी आत्मा है, बुद्धि उसकी सारथि है और मन ही लगाम। अन्ततः 'आत्मजयी' को आत्मवत्ता की

उपलब्धि का काव्य मानना असंगत नहीं। रहा सवाल यह कि कुँवर नारायण के रचनात्मक सफ़र में उसकी क्या जगह और भूमिका है; तो इस सम्बन्ध में मारियोला ओफ़्रेदी का बयान सारगर्भित है— *''मुखर राजनीतिक प्रतिबद्धता, या इसके विपरीत, व्यक्तिवादी विद्रोह 'आत्मजयी' में अनुपस्थित है; अगर कोई अन्तर्निहित प्रतिबद्धता है तो मनुष्य-मात्र के प्रति है; और बाद के दौर की कुँवर नारायण की कविताओं के आलोक में देखें, तो यह उस दिशा में एक क़दम रखती है, जो उन्हें राजनीतिक प्रतिबद्धता की ओर ले गई और फिर उसे वापस खींचकर मनुष्य-जाति की ज़्यादा व्यापक और परिपक्व प्रतिज्ञाओं से जोड़ती है।''*[148]

सन्दर्भ

1. यतीन्द्र मिश्र (सं.), 'कुँवर नारायण : उपस्थिति', पृ. 63
2. वही, पृ. 65
3. वही, पृ. 78
4. 'कठोपनिषद्', 1 / 1 / 3
5. वही, 1 / 1 / 4
6. वही, 1 / 1 / 6
7. वही, 1 / 1 / 25
8. वही, 1 / 1 / 27
9. वही, 1 / 2 / 10
10. वही, 1 / 2 / 21
11. वही, 2 / 3 / 11
12. वही, 2 / 3 / 14
13. कुँवर नारायण, 'आत्मजयी', पृ. 5
14. वही, पृ. 5
15. वही, पृ. 5
16. 'कठोपनिषद्', 1 / 3 / 14
17. कुँवर नारायण, 'आत्मजयी', पृ. 10
18. यतीन्द्र मिश्र (सं.), 'कुँवर नारायण : उपस्थिति', पृ. 72
19. वही, पृ. 82
20. वही, पृ. 73
21. कुँवर नारायण, 'आत्मजयी', पृ. 8
22. यतीन्द्र मिश्र (सं.), 'कुँवर नारायण : उपस्थिति', पृ. 77
23. कुँवर नारायण, 'आत्मजयी', पृ. 9
24. वही, पृ. 8

25. यतीन्द्र मिश्र (सं.), **'कुँवर नारायण : उपस्थिति'**, पृ. 81–82
26. वही, पृ. 81
27. वही, पृ. 82
28. कुँवर नारायण, **'आत्मजयी'**, पृ. 6
29. वही, पृ. 9
30. वही, पृ. 6
31. वही, पृ. 6
32. यतीन्द्र मिश्र (सं.), **'कुँवर नारायण : उपस्थिति'**, पृ. 82
33. वही, पृ. 66
34. वही, पृ. 126
35. वही, पृ. 65
36. कुँवर नारायण, **'आत्मजयी'**, पृ. 6
37. यतीन्द्र मिश्र (सं.), **'कुँवर नारायण : उपस्थिति'**, पृ. 79
38. वही, पृ. 81
39. वही, पृ. 70
40. वही, पृ. 71
41. वही, पृ. 70
42. कुँवर नारायण, **'आत्मजयी'**, पृ. 15
43. वही, पृ. 18
44. वही, पृ. 25
45. वही, पृ. 20
46. वही, पृ. 21
47. वही, पृ. 21
48. वही, पृ. 19
49. 'कठोपनिषद्', 2 / 1 / 2
50. मुक्तिबोध, **'प्रतिनिधि कविताएँ'**, पृ. 87
51. कुँवर नारायण, **'आत्मजयी'**, पृ. 21
52. वही, पृ. 78
53. यतीन्द्र मिश्र (सं.), **'कुँवर नारायण : उपस्थिति'**, पृ. 84
54. वही, पृ. 81
55. कुँवर नारायण, **'आत्मजयी'**, पृ. 80–81
56. वही, पृ. 81
57. वही, पृ. 77
58. वही, पृ. 77
59. वही, पृ. 45

60. वही, पृ. 64
61. वही, पृ. 83
62. वही, पृ. 46
63. वही, पृ. 28
64. यतीन्द्र मिश्र (सं.), 'कुँवर नारायण : उपस्थिति', पृ. 80
65. 'कठोपनिषद्', 2 / 1 / 1
66. कुँवर नारायण, 'आत्मजयी', पृ. 91
67. वही, पृ. 52
68. वही, पृ. 31
69. वही, पृ. 30
70. वही, पृ. 41
71. वही, पृ. 48-49
72. वही, पृ. 29
73. वही, पृ. 41
74. 'श्रीमद्भगवद्गीता', 2 / 62-63
75. कुँवर नारायण, 'आत्मजयी', पृ. 42
76. वही, पृ. 43
77. वही, पृ. 118
78. यतीन्द्र मिश्र (सं.), 'कुँवर नारायण : उपस्थिति', पृ. 68
79. वही, पृ. 68
80. कुँवर नारायण, 'आत्मजयी', पृ. 19
81. वही, पृ. 27
82. वही, पृ. 30
83. वही, पृ. 26
84. वही, पृ. 24
85. वही, पृ. 22
86. वही, पृ. 23
87. वही, पृ. 105
88. वही, पृ. 98
89. यतीन्द्र मिश्र (सं.), 'कुँवर नारायण : उपस्थिति', पृ. 76
90. वही, पृ. 75
91. वही, पृ. 69
92. कुँवर नारायण, 'आत्मजयी', पृ. 15
93. वही, पृ. 33-34
94. वही, पृ. 31

95. वही, पृ. 25
96. वही, पृ. 20
97. वही, पृ. 39
98. मुक्तिबोध, 'प्रतिनिधि कविताएँ', पृ. 141
99. वही, पृ. 141
100. कुँवर नारायण, 'आत्मजयी', पृ. 51
101. वही, पृ. 88
102. वही, पृ. 88
103. वही, पृ. 88
104. वही, पृ. 85
105. वही, पृ. 87
106. वही, पृ. 88-89
107. कुँवर नारायण, 'परिवेश : हम-तुम', पृ. 89
108. विष्णु खरे, 'आलोचना की पहली किताब', पृ. 85
109. कुँवर नारायण, 'आत्मजयी', पृ. 89
110. वही, पृ. 85-86
111. वही, पृ. 82
112. वही, पृ. 97
113. वही, पृ. 94
114. 'कठोपनिषद्', 2 / 3 / 7-8
115. वही, 1 / 2 / 18-19
116. वही, 1 / 2 / 22
117. वही, 2 / 1 / 3
118. वही, 2 / 2 / 11
119. यतीन्द्र मिश्र (सं.), 'कुँवर नारायण : उपस्थिति', पृ. 65
120. कुँवर नारायण, 'आत्मजयी', पृ. 8
121. यतीन्द्र मिश्र (सं.), 'कुँवर नारायण : उपस्थिति', पृ. 76-77
122. वही, पृ. 66
123. वही, पृ. 82
124. कुँवर नारायण, 'आत्मजयी', पृ. 9
125. 'कठोपनिषद्', 1 / 2 / 1-2
126. वही, 1 / 2 / 20
127. वही, 1 / 2 / 24
128. वही, 1 / 3 / 1
129. कुँवर नारायण, 'आत्मजयी', पृ. 92

130. वही, पृ. 113
131. वही, पृ. 113
132. वही, पृ. 113–14
133. वही, पृ. 114
134. वही, पृ. 116
135. वही, पृ. 115
136. वही, पृ. 115
137. यतीन्द्र मिश्र (सं.), 'कुँवर नारायण : उपस्थिति', पृ. 78
138. कुँवर नारायण, 'आत्मजयी', पृ. 114
139. 'श्रीमद्भगवद्गीता', 3 / 33
140. वही, 4 / 22
141. वही, 2 / 45
142. वही, 3 / 19
143. शमशेर बहादुर सिंह, 'प्रतिनिधि कविताएँ', पृ. 172
144. कुँवर नारायण, 'आत्मजयी', पृ. 117–18
145. वही, पृ. 118
146. यतीन्द्र मिश्र (सं.), 'कुँवर नारायण : उपस्थिति', पृ. 76
147. 'कठोपनिषद्', 1 / 3 / 3
148. यतीन्द्र मिश्र (सं.), 'कुँवर नारायण : उपस्थिति', पृ. 79

लोकतंत्र के पतन की पीड़ा

''अँधेरे को काटती उसकी आँखों की लौ
छाया है? या उसकी छाया में उजाला
उसका बदन? हाँफता
पूरा वज़न। जागता जम्हाई लेकर
सतर्क पूरा वन
उसकी गति है, छलाँग है, महक है
और कितनी तरह है वह और उसकी पहचान का जोखिम
आग और पानी में दमक दाँतों की
लपलपाती एक साथ शुष्क तरल रक्त-बुझी
उसकी जीभ।''[1]

* * *

''वही शायद फिर आ गया है लौटकर
मेरे दरवाज़े पर मुझे पुकार-पुकारकर जगाता हुआ
ग़ुलामों और सुल्तानों का ज़माना।''[2]

—कुँवर नारायण

सन् 1979 में प्रकाशित कुँवर नारायण का कविता-संग्रह 'अपने सामने' भारतीय लोकतंत्र के एक फ़ासीवादी सत्ता-तंत्र में बदलने या पतित होने का मार्मिक और विचलित कर देनेवाला आख्यान है। अगर 'फ़ासीवादी' विशेषण से किसी को ऐतराज़ हो, तो हम इसे सर्वसत्तावादी, हिंस्र और भयावह दमन-तंत्र तो कह ही सकते हैं। 'अपने सामने' में तीन खंडों में विभाजित, कुल मिलाकर इकहत्तर कविताएँ हैं। साथ में यह सूचना दी गई है कि दूसरे खंड की ज़्यादातर कविताएँ 1970 से पहले की हैं। इसलिए पहले और तीसरे खंड की कविताओं पर ग़ौर करें, तो यह साफ़ हो जाता है कि आठवें दशक में राजनीति, समाज और संस्कृति में जो बदलाव घटित हुए; कवि की रचनाशीलता पर उनका गहरा और निर्णायक असर

पड़ा। अतिशयोक्ति नहीं कि देश पर हुकूमत करनेवाले लोगों की मानसिकता और आचरण से उसे धक्का लगा। किसी ठोस सन्दर्भ में जाना ही हो, तो ख़ास तौर पर 1975 में इमर्जेन्सी का लागू किया जाना स्वाधीन भारत के इतिहास की बहुत तकलीफ़देह और विडम्बनापूर्ण सचाई थी। मानो इस घटना के रक्ताक्त पंजों के निशान कुँवर नारायण की इन कविताओं में हैं। जैसा कि यहाँ शुरूआत में दिये गए काव्यांशों से ज़ाहिर है, उन्होंने ग़ुलामी के दौर की वापसी के रूप में इसकी शिनाख़्त की है।...और व्यवस्था का आतंक इतना है कि इसे पहचानना भी जोखिम उठाना है। सच बोलने के साहस, स्वाभिमान और सुन्दरता के साथ जीने की किसी को छूट नहीं है। ऐसी कोशिश भी 'जीने की चोर-कोशिश' है, इसलिए जुर्म है। सज़ा यह है कि आदमी गिरफ़्तार या नज़रबंद है और इससे बच गया, तो भय से उबर नहीं पाता। इतिहास में भी उसे अपनी इस नियति के साक्ष्य मिलते हैं, इससे बाहर आने का आश्वासन नहीं। कई कविताओं में यह पीड़ा व्यक्त हुई है—

"कभी-कभी लगता है अपने ही किसी दुःस्वप्न में क़ैद हूँ
आज से हज़ारों साल पहले
और अपराधी नहीं हूँ।"[3]

* * *

"अख़बारी अक्षरों के बीच छपे
अनेक चेहरों में एक फक् चेहरा
अपराधी की तरह पकड़ा जाता रहा बार-बार
अद्भुत कुछ जीने की चोर-कोशिश में।"[4]

* * *

"कोई गश्त लगा रहा है मेरी यादों में -
मैं पहरे में हूँ।
कितना भयानक धैर्य है इस एक लय में
जिसके साथ मेरे हृदय की धड़कन
बँध-सी गई है।"[5]

हालत यह है कि आदमी का लगातार पीछा किया जा रहा है। उसे बेदख़ल, अपमानित और ख़ामोश करने के लिए। विचारों से भयभीत सत्ता संवाद में विश्वास नहीं करती; बल्कि साधनों को उजाड़कर प्रतिपक्ष को निष्प्रभ और निरुपाय करना चाहती है—

"आज सुबह से ही उसके घर के सामने
किसी बेरहम कार्रवाई की सरगर्मी है।
वह जानता है कि वे फिर आनेवाले हैं।"[6]

मनुष्य के सपने अपने गर्भ के अँधेरे में रहने को अभिशप्त हैं, क्योंकि उसकी दृष्टि को उत्सवधर्मिता के नेपथ्य में धकेल दिया गया है—

" 'आदमी अध्यवसायी था' अगर
इतने ही की जयन्ती मनाकर
सी दी गई उसकी दृष्टि
उसके ही स्वप्न की जड़ों से। न उगने पायीं
उसकी कोशिशें। बेलोच पत्थरों के मुक़ाबले
कटकर रह गए उसके हाथ"[7]

इस परिस्थिति में कवि को अपना वजूद दो हिस्सों में बँटा हुआ जान पड़ता है। एक ओर वह अपनी ही निष्क्रियता या 'मुर्दा शान्ति' को देखकर सकते में है, दूसरी ओर उसे एक विचित्र दृश्य में कटी हुई ज़बान इंसानियत की खोज में भटकती दिखायी देती है—

"कितना अजीब है
अपने ही सिरहाने बैठकर
अपने को गहरी नींद में सोते हुए देखना।"[8]

* * *

"ख़ामोशी जिसकी अपनी ज़बान होती है
और भयानकता
जैसे एक मटमैली जिल्दोंवाली किताब
अचानक एक रात कहीं से खुल जाए
और बीच में दबी मिले एक कटी हुई जीभ
और वह निकल पड़े
अपने बाक़ी हिस्सों की तलाश में।"[9]

अभिव्यक्ति की स्वतंत्रता के बुनियादी हक़ को छीने जाने का स्वाभाविक नतीजा यह है कि लोगों की अपनी कोई पहचान नहीं रह गई है। एक तरह की आत्मग्रस्तता, एक-से-पन और गतिरोध का आलम है—जैसे सब-कुछ एक दमन के साये में सहमा हुआ है—

"...जैसे किसी ने
तमाम बदरंग लोगों और चीज़ों को इकट्ठा पीसकर
किसी सपाट जगह पर लीप दिया हो
और रक्त के सरासर जोखिम के विरुद्ध
आदमी के तमाम दबे हुए रंग
ख़ुद-ब-ख़ुद उभर आए हों।"[10]

बहस, प्रश्नाकुलता, असहमति, विरोध और आलोचना की संस्कृति को सबसे ज़्यादा नुक़सान उन्हीं तत्त्वों से पहुँचता है, जिन्हें अपने पर भरोसा नहीं होता। ऐसे तत्त्व बहुत आत्म-मुग्ध, असहनशील और आक्रामक होते हैं, चाहे वे सत्ता में हों या जनता के ही हिस्से क्यों न हों। इनके लिए स्वार्थ की अहमियत है, मानवीय सम्बन्धों की नहीं—

"वे जो अपने से जीत नहीं पाते
सही बात का भी जीतना सह नहीं पाते,
और उनकी असहिष्णुता के बीच
मैं किसी अपमानजनक नाते की तरह
बेमुरौव्वत तोड़ दिया जाता हूँ।" [11]

इसलिए कवि को विचारों की बहुलता, संवादधर्मिता और संवेदनशीलता के हनन का अफ़सोस है; क्योंकि यही चीज़ें ज़िन्दगी के अवमूल्यन का सबब बनती हैं। आदमी बस रोज़मर्रा की स्थूल भौतिक आवश्यकताओं को पूरा करने में ही लिप्त बना रहता है और उस घेरे के बाहर उसकी चेतना विकसित नहीं हो पाती। उदात्तता का यह क्षरण या उसकी असम्भाव्यता न सिर्फ़ व्यक्ति की प्रगति में बाधक है, बल्कि वह वृहत्तर स्तर पर लोकतंत्र के भीड़-तंत्र में बदलने का घातक संकेत है—

"वे सब मिलकर
मेरी बहस की हत्या कर डालते हैं
ज़रूरतों के नाम पर
और पूछते हैं कि ज़िन्दगी क्या है
ज़िन्दगी को बदनाम कर।" [12]

* * *

"...लगता है
कहीं यह भी कोई जुर्म न हो
बहुतों के मामलों में
बहुतों से अलग राय रखना!" [13]

* * *

"झूठ या सच से नहीं
इस तरह यक़ीन रखनेवालों के बहुमत से
डरता हूँ
आज भी!" [14]

इस तरह हम देखते हैं कि डरा हुआ मनुष्य कुँवर नारायण के इस संग्रह के केन्द्र में है। कहने की ज़रूरत नहीं कि वह भारत का साधारण जन है। न्यूनतम साधनों से

गुज़र-बसर करता, फिर भी निर्माण या उत्पादन की प्रक्रिया में सर्वाधिक होम होता हुआ। विडम्बना यह है कि उसकी मेहनत के फल का उपभोग निर्दोष समानधर्मा ही नहीं करते, मनुष्यहंता शक्तियाँ भी इसमें शामिल हैं। यों यह पूरी संरचना जिस तर्क की नींव पर टिकी है, उसकी निर्ममता से दहशत होती है। एक समग्र रूपक के ज़रिए, उसके स्वतंत्र आशय को आहत किए बिना, कवि ने इस स्थिति की बहुत मार्मिक और प्रभावशाली व्यंजना की है—

''सब से डरती गाय।
घास चरती गाय।
दूध देती गाय।
दूध पीता बच्चा।
दूध पीती बिल्ली।
दूध पीता साँप।
माँ, मुझको डर लगता :
मेरा घर
कैसे कैसे जीवों का घर लगता!''[15]

इस कविता के किसी एक हिस्से को उद्धृत करना उससे अन्याय होता, इसलिए समूची कविता प्रस्तुत की गई है। एक दूसरी कविता 'चिकित्सा' में कवि ने हालाँकि इस ख़ूबसूरत द्वन्द्वात्मक कथन को सम्भव किया है कि *''ज़िन्दगी / बहुत कुछ आशा है, बहुत कुछ भय''*; लेकिन व्यवस्था का भय इतना व्यापक है कि वह मृत्यु-भय में रूपांतरित हो गया है— *''ज़िन्दगी एक टेढ़ा सवाल है / मौत जिसका सीधा-सा जवाब है!''* मौत का यह समाधान इतना स्पष्ट या आसन्न है कि उसका रंग भी कवि को अपरिचित नहीं मालूम होता। सामान्यत: जो उम्मीद या सान्त्वना का रंग है, उससे हताशा हो या ज़िन्दगी की बजाय मृत्यु इतनी सुगम, साफ़-सुथरी और आकर्षक लगने लगे—तो क्या यह किसी विपर्यय का सुबूत नहीं ?—

''चलते समय मैं केवल इतना जान पाता हूँ
कि मृत्यु काली नहीं कोई सफ़ेद चीज़ है -
किसी नर्स की पोशाक की तरह सफ़ेद - बिल्कुल सफ़ेद''[16]

'वियतनाम' शीर्षक कविता राष्ट्रीय ही नहीं, वैश्विक सन्दर्भ में शासक-वर्ग की जिस हत्यारी मानसिकता को उजागर करती है, उससे ज़ाहिर है कि मृत्यु-भय का वही मूलभूत और वास्तविक कारण है। दमन का कोई औचित्य नहीं है, न युद्ध के पीछे कोई मूल्य-चेतना। विश्व-मानवता के जिन महान आदर्शों के स्मरण और उनसे प्रतिश्रुति को कुँवर नारायण अत्याचार के इतिहास से मुक्ति का साधन मानते

हैं; उन्हें विष्णु खरे ने ठीक ही रेखांकित किया है—"*...उनकी सहानुभूति असन्दिग्ध रूप से इतिहास के तमाम पीड़ितों और शोषितों के साथ है। कुँवर नारायण इतिहास के धीरोदात्त विजयी या पराजित नायकों में न हैं और न उनके साथ हैं–वे उस सामान्यजन के साथ हैं, जो हमेशा ही पिसता है। वे इस तरह के भयावह इतिहास से मुक्त होने के लिए संगठित होने का आह्वान तो नहीं करते, लेकिन क्या इतना संकेत अपर्याप्त है कि...कवि पश्चिम (यदि उसे पश्चिम कहा जा सकता है तो) में ईसा और पूर्व में बुद्ध को और उनके किसी सामंजस्य को इस तरह के इतिहास से मुक्ति का एक निकाय मानता है।*"[17] इसलिए क्या आश्चर्य कि उसके अपने समय में इन दोनों की ही अनुपस्थिति उसे विचलित कर देती है—

"कितने विषाक्त अनुभवों को दोहराता
सिर उठाता सर्प-बोध कि आओ, फिर डसें,
ज़हर भी इलाज है
विस्थापित युग की धमाचौकड़ी में । ग़लत
किन्तु सही-सा
एक तर्क युद्ध है,
न बुद्ध है
न ईसा।"[18]

चाहे जिसकी भी सत्ता हो—अमरीका की या भारत की—कवि उसके प्रपंच को समझता है और यह अपील करता है—

"ठहरो, यह मत करो,
हमें इसका उत्तर देना होगा
विज्ञापन के चतुर लहज़ों में नहीं
किसी घायल बच्चे के दर्द-सी सादी भाषा में
कि कौन-सी मृत्यु अनिवार्य है?"[19]

वीरेन डंगवाल की एक कविता है 'रामसिंह', जिसमें बड़ी तफ़सील से, बहुत संवेदनशील कलात्मकता के साथ इस बात का चित्रण है कि कैसे शराब, वर्दी, वेतन वग़ैरह की अलामतों के ज़रिए सैनिकों का एक क़िस्म का 'ब्रेन-वाश' कर दिया जाता है। उनके दिमाग़ों में यह भावना भरी जाती है कि सामने जो दुश्मन हैं, वे मनुष्य नहीं, पुतले हैं। उन पर गोली चलानी है, उनके पेट में संगीन भोंकनी है, उन्हें तबाह कर देना है। लेकिन उन्हें मनुष्य न मानने में जो क्रूरता और अंधापन है, उससे ही युद्ध या उसके जायज़ होने की प्रतीति सम्भव है। जहाँ मनुष्य-सत्य की बजाय ख़ालिस ताक़त को ही सर्वोच्च मूल्य माना जाता हो; वहाँ यह मान्यता अपने आप में शत्रुता और भेदभाव की जड़ है। उसके चलते लोकतंत्र और सैनिक

तानाशाही में बहुत फ़र्क़ नहीं रह जाता—

"और यह एक ज़बरदस्त फ़ौजी इन्तज़ाम की
कामयाबी का पक्का सबूत है
कि बन्दूक हाथ में लेते ही
हमें चारों तरफ़ दुश्मनों के सिर
अपने आप नज़र आने लगते।"[20]

कुँवर नारायण की ये कविताएँ यों तो आठवें दशक में भारतीय राजनीति के अध:पतन के विशेष सन्दर्भ से प्रेरित और प्रभावित हैं; मगर अपनी व्याप्ति में वे किसी भी समय और जगह में हमें आगाह करती हैं कि लोकतंत्र के भेष में बर्बरता पनप सकती है। तब राष्ट्रवाद का मतलब शक्ति का बेतहाशा केन्द्रीकरण, दरबार की संस्कृति, प्रतिपक्ष का उत्पीड़न और आम जनता के संसाधनों का कुछ ख़ास लोगों द्वारा शोषण और अपहरण—कुछ भी हो सकता है। अगर देश-भक्ति के जज़्बे में वृहत्तर मनुष्यता की चिन्ता शरीक नहीं है, तो उससे देश की सबसे ज़्यादा हानि सम्भावित है। आकस्मिक नहीं कि कवाफ़ी की कविता 'बर्बरों की प्रतीक्षा' इस देसी विडम्बना का आख्यान रचने में कवि के लिए 'टॉर्च-लाइट' साबित होती है—

"उनके अफ़सर, सिपाही और कोतवाल –
उनके सलाहकार, मसख़रे और नक़्क़ाल –
उनके दरबारी और उनके नमकहलाल –
उनके मुसाहिब, ख़ुशामदी और दलाल –
चारों तरफ़
छा गए हैं। वे सब के सब
वापस आ गए हैं।
शहर की सभी ख़ास और आम जगहों पर उनका क़ब्ज़ा है।
उनके जत्थे अब
लूट की खुली छूट के लिए बेताब हैं।"[21]

इस संग्रह की अन्तिम कविता 'पूरा जंगल' मानो उपर्युक्त प्रक्रिया के चरम रूप की शिनाख़्त करती है—*"पूरा जंगल उसकी नींद की शान्ति है।"*[22] हालाँकि कवि को यह दुविधा है कि *"किसे रोशनी कहूँ? किसे अँधेरा? / किसे शिकार कहूँ? किसे शिकारी?"*[23] पर उसका जन्म ताक़त के तंत्र की जटिलता या रहस्यमयता से हुआ है। इसलिए सचाई को न समझ पाना दरअसल उसके व्यूह-कौशल की ओर इशारा है। एक ऐसी सत्ता, जो किसी हिंस्र जानवर की तरह निश्चिन्त, आत्म-मुग्ध, सुन्दर और ख़ौफ़नाक एक साथ है। उसके तटस्थ, अविचलित या निरपेक्ष रहने की वजह शक्ति का उसका अहंकार है और जिन्हें हम उसकी शान्ति और उदारता समझते हैं,

वे बुनियादी तौर पर उसकी विलासप्रियता और अवज्ञा हो सकते हैं। इस बहुस्तरीय और संश्लिष्ट परिस्थिति का कुँवर नारायण ने बहुत गहरा, बारीक और प्रभावशाली चित्रण किया है—

"पेड़ों झुरमुटों में बहती
हवा। धीरे-धीरे गुज़रती देह
ऊँघती उसकी आँखें –
निमग्नता है,
शान्ति है,
दया है,
क्रूरता है,
उपेक्षा है, वह
भयानक है। वह
सुन्दर है। वह
तटस्थ है।
उसकी तटस्थता। उसका पूरा जंगल है।"[24]

जंगल के रूप में व्यवस्था की कल्पना, उस पर किसी हिंस्त्र जानवर के वर्चस्व के अभिप्राय से सुसंगत है। दूसरे, जंगल में भय, क्रूरता, अराजकता और अंधकार के आशय भी साफ़ नज़र आते हैं। कवि उसके सामने मनुष्य-सत्ता को बहुत निरीह और निष्कवच महसूस करता है—

"कुछ ठहर-सा गया है मेरे बिल्कुल पास
मुझे सूँघता हुआ।
किसी भी क्षण
आक्रमण कर सकनेवाली
एक बर्बर ताक़त।..."[25]

यह एक ग़ैर-बराबरी की लड़ाई है। आततायी पूरी तरह निरंकुश है और उसका शिकार बँधा हुआ। समूचे अस्तित्व के इस डर को कवि ने अद्‌भुत ढंग से मूर्त किया है—

"वह अपनी खुरदुरी देह को रगड़ता है
मेरी देह से जो अकड़कर वृक्ष हो गई है।
वह कुछ दूर जाकर रुक गया है।
उसे कोई जल्दी नहीं।
वह जानता है कि मैं बँधा हूँ
और वह एक खुला शिकारी है।"[26]

इस परिस्थिति में अपनी भूमिका को लेकर कवि संशयशील हो उठता है।

दरअसल, सर्व-सत्तावादी और दमनकारी व्यवस्था के शिकंजे में हर सजग और संवेदनशील नागरिक की मन:स्थिति कुछ इसी तरह की होगी। उसे अपने होने का औचित्य और सार्थकता ख़तरे में जान पड़ती है। उसका दिमाग़ दूसरे हाथों में है, इसलिए उसके हाथ भी उसके साथ नहीं—

''मेरे बायीं तरफ़
क्या मेरा बायाँ हाथ है?
मेरा दाहिना हाथ
क्या मेरे ही साथ है?
या मेरे हाथों के बल्लों से
मेरे ही सिर को
गेंद की तरह खेला जा रहा है?
मैं जो कुछ भी कर पा रहा हूँ
वह विष्टा है या विचार?
मैं दो पाँवों पर खड़ा हूँ या चार?''[27]

यह आदमी की क्षमताओं का उसके ही हितों के विरुद्ध इस्तेमाल है। इसलिए कि उसकी सृजनात्मक और प्रतिरोधी चेतना क्षीण की जा सके और उसका शोषण आसान हो। महज़ संयोग नहीं कि लगभग इसी समय, यानी सन् 1980 में कवि केदारनाथ सिंह ने निष्क्रियता और ख़ामोशी की विडम्बना से सावधान करते हुए लिखा था—

''कुछ चीज़ें हैं–जैसे साबुन का यह डिब्बा
जिसके बारे में तुम्हारी चुप्पी
सिर्फ़ उन ताक़तों को लाभ पहुँचाती है
जो तुम्हें तुम्हारे तौलिये के विरुद्ध
इस्तेमाल करना चाहती हैं
उठो उठो
और दरवाज़ा खोल दो।''[28]

कुँवर नारायण ने इस संग्रह में आम आदमी की तकलीफ़, विवशता और यंत्रणा को विभिन्न सन्दर्भों में पहचाना है। इसकी बुनियादी वजह को रेखांकित करते हुए वे कहते हैं कि मानव-सभ्यता की प्रगति की विस्तृत पृष्ठभूमि के बावजूद विषमता को दूर नहीं किया जा सका—*''क्या हम अभी भी / उन्हीं नीचाइयों में खड़े हैं / जहाँ ऊँचाइयों का असर पड़ता है?''*[29] इतिहास-प्रक्रिया में कवि बार-बार इस साधारण इंसान को घुड़सवारों की दिशा में 'घिसटकर' जाते हुए देखता है। उसका अपना कोई नाम, आवाज़ या पहचान नहीं है; बल्कि ग़ुलामी के हालात में एक तरह की असहायता और चुप्पी उसके होने की गवाही देते हैं।

राजधानी में उसकी यही हैसियत है—

''दोनों हाथ बँधे, मजबूरी में, फिर एक बार
कौन था वह? कह नहीं सकता
क्योंकि केवल दो बँधे हुए हाथ ही
दिल्ली पहुँचे थे।''[30]

लगातार इन चोटों से आदमी की चेतना दो हिस्सों में बँटी हुई है—*''एक हिस्सा पीठ / दूसरा सब्र का इतिहास / दोनों जुड़वाँ भाइयों की तरह / एक साथ बढ़ते।''*[31] यों अत्याचार और उसको सहन करने की दृढ़ता एक ही सचाई के दो पहलू हैं। इसके बरअक्स, सामान्य मनुष्य को नेस्तनाबूद कर देने की प्रभु-वर्ग की हिंसा से भी ख़तरनाक उसकी वह मानसिकता है, जो जन-साधारण के अस्तित्व मात्र को बर्दाश्त नहीं कर पाती—

''उनकी हत्या नहीं की गई।
उन्हें इजाज़त नहीं दी गई कि वे भी हों
जो उतावले हो रहे थे
खौलते जुलूसों और हंगामों की सतह पर।''[32]

इस मक़ाम पर कवि को यह एहसास होता है कि देश को अपने ही बाशिंदों की ख़ास परवाह नहीं है। लोगों की क़ीमत घट गई है, वे अपने ही बल पर ज़िन्दा हैं और उनकी स्थिति एक ही समुद्र में थके हुए तैराकों जैसी हो गई है, जो एक-दूसरे को बचाने या उबारने में सक्षम नहीं रह जाते—

''...अपने को अपने ही
देश की फटी जेब में सँभाले
एक अवमूल्यित नोट
सोचता हुआ कि प्रभो
अब कौन किसे किस-किसके नरक से निकाले?''[33]

कुल-गोत्र, धर्म-सम्प्रदाय, भाषा, प्रान्तीयता, स्त्री-पुरुष और अमीरी-ग़रीबी के भेद-भाव के अलावा रंगभेद के अभिशाप पर भी कवि की नज़र पड़ी है, जिसके कारण मनुष्य को मनुष्यता से एक दर्जा नीचे रहने और जीने को मजबूर किया जाता है। जो चीज़ें प्रकृति-प्रदत्त या जन्मजात हैं, जिनके होने या न होने पर आदमी का कोई वश नहीं; उनके चलते उसे बंधक बनाया जाना, अपमानित या हीन अवस्था में रखा जाना कितना दारुण है—कुँवर नारायण की कविता इस व्यवहार में निहित छल और क्रूरता से हमारा सामना कराती है—

''सुना है ये गा भी सकते हैं,
नाच भी सकते हैं,

पढ़ भी सकते हैं,
लिख भी सकते हैं,
प्रार्थना कर सकते हैं,
नारे लगा सकते हैं,
मगर आदमी की तरह चल नहीं सकते,
न अपना रंग बदल सकते हैं।''[34]

बाक़ी कविता के पाठ में जाएँ, तो मालूम होगा कि कैसे इनका उपहास, उत्पीड़न और दमन किया जाता है। जिस कथित पिछड़ेपन या 'असभ्यता' के कारण ये लोग प्रभु-वर्ग की हँसी और अवहेलना के पात्र बनते हैं; वह दरअसल इनकी साधनहीन, अरक्षित और निष्कपट मनोभूमि और सामाजिक अवस्थिति है—

''सुना है वे भी इन्सान हैं, मगर काले हैं,
जिन्हें कुछ गोरे जानवरों की तरह पाले हैं।
आदमी की किताब में इनकी भी
एक जात होती है–एक प्रकार होता है,
और इनकी असभ्यता से भी ज़्यादा ख़तरनाक सभ्यता में
इनका शिकार होता है।''[35]

प्रसंगवश, वीरेन डंगवाल की एक बहुत सान्द्र और व्यंजक कविता है 'पी.टी. ऊषा', जिससे पता चलता है कि काला होना किसी असुन्दरता का पर्याय नहीं है। यह दृष्टिकोण पर निर्भर है कि कोई रंग क्या भूमिका, मायने या महत्त्व रखता है। मसलन इसी रंग को कवि ने अपनी ख़ास मूल्य-चेतना की बदौलत ताक़त, सौन्दर्य और गौरव का प्रतीक बना दिया है—

''काली तरुण हिरनी
अपनी लम्बी चपल टाँगों पर
उड़ती है मेरे ग़रीब देश की बेटी।''[36]

कविता के आख़िरी हिस्से में कवि ने प्रकारांतर से वही बात कही है, जो कुँवर नारायण की उपर्युक्त कविता में है। प्रभु-वर्ग की भोगवादी मानसिकता और आडम्बर के बरअक्स जनता के संघर्ष और सचाई को यहाँ अहम माना गया है। ऊँचे और कुलीन वर्गों द्वारा दी गई सभ्यता की परिभाषा एक छद्म है। सच तो वह लालच और क्रूरता है, जिस पर यह सारा आभिजात्य टिका हुआ है—

''खाते हुए मुँह से चपचप की आवाज़ होती है?
कोई ग़म नहीं
वे जो मानते हैं बेआवाज़ जबड़े को सभ्यता
दुनिया के सबसे ख़तरनाक खाऊ लोग हैं''[37]

इसीलिए कुँवर नारायण अपने काव्यगत विश्लेषण में कहते हैं कि जनता की कथित असभ्यता से शासक-वर्ग की 'सभ्यता' ज़्यादा ख़तरनाक है। उनकी कविता में भारत के साधारण इंसान की पीड़ा को इतनी गहनता से महसूस किया गया है कि लगता है, इससे अधिक की अभिव्यक्ति सम्भव नहीं थी—

''उसकी विवशता और छटपटाहट
जिसे एक अन्तहीन मृत्यु ने
अपने सीने से चिपका रखा हो।''[38]

लेकिन सारे दैन्य और करुणा के बावजूद उल्लेखनीय है कि इस सामान्य जन की पहचान पराजय या समर्पण नहीं, अदम्य जिजीविषा और साहस है—

''उसकी लटकी हुई छाती, धँसा हुआ पेट, झुके हुए कन्धे, वह
कौन है हमेशा जिसकी हिम्मत नहीं केवल घुटने तोड़े जा सके?''[39]

ऐसी पंक्तियों से बरबस अर्नेस्ट हेमिंग्वे की याद आती है, जिनका यह कथन मशहूर है कि आदमी को नष्ट किया जा सकता है, पराजित नहीं किया जा सकता। आलोक धन्वा की कविता 'ब्रूनो की बेटियाँ' भी स्मरणीय है, जिससे स्पष्ट है कि जिन्हें समझौते या पतन के लिए राज़ी नहीं किया जा सकता, उनकी ही हत्या होती है। पर मूल्यों से यह प्रतिश्रुति ही नश्वरता को अतिक्रमित कर पाती है—

''वह क्या था उनके होने में
जिसे ख़रीदा नहीं जा सका
जिसका इस्तेमाल नहीं किया जा सका
जिसे सिर्फ़ आग से जलाना पड़ा
वह भी आधी रात में कायरों की तरह
बंदूक़ों के घेरे में?...
वह क्या था उनके होने में
जिसे जलाकर भी
नष्ट नहीं किया जा सकता!''[40]

मनुष्यता का यही जज़्बा या स्वाभिमान, उसका सार-तत्त्व सर्वोच्च और अजेय है। जीवन की विषम परिस्थिति को यहाँ मुकुट की तरह पहना गया है, उससे पीछा नहीं छुड़ाया गया। कवि का मंतव्य साफ़ है कि मनुष्य की श्रेष्ठता का इम्तिहान, उसकी सुन्दरता संघर्ष से गुज़रने में है, पलायन में नहीं। इसी विशेषता का वह स्तवन करता है—

''उसके ऊँचे उठे सिर पर एक बोझ रखा है
काँटों के मुकुट की तरह
बस इतने ही से पहचानता हूँ
आज भी
उस मनुष्य की जीत को।''[41]

इसीलिए कुँवर नारायण मानवीय सक्रियता के ज़रिए यथास्थिति में हस्तक्षेप और परिवर्तन को ही जीवन की सार्थकता के रूप में देखते हैं। इसके पीछे जहाँ एक ख़ालीपन की व्यथा है, वहीं ज़िन्दगी को किसी कारण या तर्क से सम्बद्ध करने की बेचैनी भी—

''मुझमें फिर एक अनुपस्थिति का शोक है,
और मैं उसमें ज़िन्दा हूँ।
एक अकारण शुरूआत और अकारण मृत्यु के बीच
कहाँ हूँ?''[42]

कवि यहाँ जड़ता के हमले से भयभीत है। वह न तो अपने समय को महज़ स्मृतियों में स्थगित देखना चाहता है, न संघर्ष की राह से विचलित। शब्द और कर्म के अभाव में समय के अनिर्णीत, अस्पष्ट या निरर्थक होने से बड़ी कोई पीड़ा नहीं है—

''कितनी कठिन यातना है
इस तरह अकस्मात् एक ज़िन्दा पल का ठहरे रह जाना
वहीं का वहीं / अव्यतीत / अघटित / अवाक्।''[43]

इस स्थिति को मूर्त रूप में देखना हो, तो कुँवर नारायण की अपने गृह-नगर पर लिखी कविता 'लखनऊ' महत्त्वपूर्ण उदाहरण है। इसमें इस दुख का इज़हार है कि यह शहर अतीत के अपने सांस्कृतिक वैभव और उदात्तता को गँवाकर निष्प्रभ और नाउम्मीद-सा हो गया है। नवाबी ज़माने की शानोशौकत तो अब ढल गई, बाज़ार की जगह एक अनियंत्रित भीड़-भाड़ ने ले ली और जीवन के नाम पर बेमतलब की आपाधापी ही बची है। ऐसे माहौल में कवि ने स्मृति और वर्तमान के 'कंट्रास्ट' में जिन बिम्बों की रचना की है और जिन आशयों को ध्वनित करना चाहा है; वे अपनी ख़ूबसूरती और मार्मिकता से बहुत प्रभावित करते हैं—

''कमान-कमर नवाब के झुके हुए
शरीफ़ आदाब-सा लखनऊ,
खंडहरों में सिसकते किसी बेगम के शवाब--सा लखनऊ,

... ...

... ...

किसी मरीज़ की तरह नई ज़िन्दगी के लिए तरसता,
सरशार और मजाज़ का लखनऊ,
किसी शौक़ीन और हाय किसी बेनियाज़ का लखनऊ :
यही है क़िब्ला
हमारा और आपका लखनऊ।''[44]

इन्हीं दृश्यों और अनुभवों से गुज़रकर कुँवर नारायण की कविता उस जगह पहुँचती है; जहाँ वह व्यवस्था की भयावह विसंगति को पहचानती है। मसलन 'नंगे तारों' से ही कोई ख़तरा न होना इसका सुबूत है कि चीज़ें अपने गुण-धर्म से अपसरण कर रही हैं। उनके इस तरह के क्षरण या आत्म-विस्मृति के मद्देनज़र जीवन की कल्पना करना मुश्किल है। सच पूछिये, तो अन्तर्वस्तु का छीजना या ग़ायब होना कवि के लिए दुखद अचरज का मामला है—

''तब भी कुछ नहीं हुआ।
जिन नंगे तारों को मैंने अकस्मात् छू लिया था
उनमें बिजली नहीं थी।
मुझे एक झटका लगा कि उनमें बिजली नहीं है।
मुझे अकसर एक झटका लगता है जब वहाँ
बिजली नहीं होती
जहाँ बिजली को होना चाहिए।''[45]

शुरूआती पंक्तियों में झटका बिजली के न होने से लग रहा है, जबकि वास्तविक जीवन में इससे ठीक उलट होता है। दरअसल काव्यार्थ की ओर आकृष्ट करने के लिए कवि ने इस अनूठी युक्ति का सहारा लिया है। बाद के हिस्से में बिजली का अर्थ विस्तृत होता है और वह 'वस्तु की आत्मवत्ता' की वाचक हो जाती है। इस सिलसिले में ग़ौरतलब है कि कवि एक ऐसी दुनिया में अपने को पाता है; जहाँ चीज़ों का ही नहीं, बड़ी-बड़ी अवधारणाओं और विचारों का अर्थ संकुचित हो रहा है। वे अपनी कमतर या हीन क़िस्म की परछाइयों में 'रिड्यूस' हो गई हैं। इस पराभव की वजह है—प्रतिरोध की सचाई, उसकी उत्कटता और ऊष्मा का अभाव। अन्याय की आदत पड़ जाने या यथास्थिति को मंज़ूर कर लेने पर प्रतिरोध मुमकिन नहीं। उस हालत में न कोई तकलीफ़ होती है, न ग्लानि। इन सभी बातों का संश्लिष्ट बयान ये पंक्तियाँ हैं—

''एक बार दाँत उखड़वाते वक़्त भी मुझे ऐसा ही
लगा था
कि यह एक दूसरी क्रान्ति की शुरूआत है,
एक ठंडी क्रान्ति, जिसमें न शर्म आती है
न दर्द होता है।''[46]

ऐसी कविता का विश्लेषण करते समय सन् 1979 की भारत की सामाजिक-राजनीतिक पृष्ठभूमि का ध्यान रखना ज़रूरी है, जिसमें यह रचना सम्भव हुई। इमर्जेन्सी के प्रतिकार के तौर पर सन् 1977 में जनता ने जिन शक्तियों को सत्ता सौंपी, उन्होंने ही 'सम्पूर्ण क्रान्ति' का सपना दिखाया था। लेकिन वे स्वयं वैचारिक

गतिरोध, असमंजस और अन्तर्कलह के शिकार होकर बिखर गए और पराजित हुए। व्यापक जन-समाज को कोई सार्थक राजनीतिक विकल्प हासिल नहीं हो सका। उसी अनुभव से जुड़ी हुई निराशा और कड़वाहट उपर्युक्त काव्यांश में व्यक्त हुई है। क्रान्ति जहाँ सिर्फ़ मुखौटे में तब्दील हो गई हो; वहाँ ज़ाहिर है कि दूसरी चीज़ें भी अपने आन्तरिक आशयों से विच्छिन्न होंगी। अगर लोग अभिनय और पाखंड करने लगें और वस्तुएँ अपने जाने हुए स्वभाव से अलग या प्रतिकूल व्यवहार करें; तो एक अमानुषिक व्यवस्था बनने में देर नहीं लगती। इसमें आदमी से धोखा और साज़िश होती है और एक ऐसी क्रूरता, जो रहस्य में लिपटी हुई आती है। कुँवर नारायण की 'इंतिज़ाम' शीर्षक कविता इस जटिल और विडम्बनापूर्ण ताने-बाने को अद्‍भुत ढंग से अनावृत करने के लिए मशहूर है। शुरू में कवि दिल-दिमाग़ पर चोट करती हुई एक सूचना देता है, कुछ-कुछ भय और रहस्य की मुद्रा में— *''कल फिर एक हत्या हुई / अजीब परिस्थितियों में।''*[47] इसके बाद एक-एक करके वह अस्पताल, डॉक्टर, नर्स और ऑपरेशन-रूम का ज़िक्र करता है; लेकिन यह भी कहता है कि ये अस्पताल, डॉक्टर, नर्स और ऑपरेशन-रूम नहीं हैं। यहाँ तक कि उनके पास जो 'अधमरा बच्चा' लाया गया है, वह भी 'बीमार' नहीं, 'भूखा' है। इससे साबित होता है कि एक अपारदर्शी और अन्यायमूलक व्यवस्था में विज्ञापित तथ्य और कारण वास्तविक तथ्यों और कारणों से भिन्न होते हैं। कविता का अन्तिम दृश्य विडम्बना को उसके समूचे ख़ौफ़ और क्रूरता के साथ उजागर कर देता है—

''डॉक्टर ने मेज़ पर से
ऑपरेशन का चाकू उठाया
मगर वह चाकू नहीं
ज़ंग लगा भयानक छुरा था।
छुरे को बच्चे के पेट में भोंकते हुए उसने कहा
अब यह बिल्कुल ठीक हो जाएगा।''[48]

अत्याचार से कैसे प्रतिरोध को नष्ट किया जाता है और कैसे शासक-वर्ग प्रतिरोध-हीनता को शान्ति या अमन-चैन की संज्ञा देता है; इस कविता से समझा जा सकता है। दूसरे, भूख और दर्द से होनेवाली मौत दरअसल कुपोषण और बदइंतिज़ामी के ज़रिए की गई हत्या है। उपेक्षा, तिरस्कार और दमन के कारण लोग या तो चुप रह जाते हैं या उन्हें मार दिया जाता है। इस तंत्र के कारकूनों की दिलचस्पी ऐसी घटनाओं को रोकने में नहीं, एक तटस्थ निर्ममता के साथ उनका ब्यौरा दर्ज कर लेने में है—

''हमेशा की तरह इस बार भी
पुलिस पहुँच गई थी घटनास्थल पर
घटना के काफ़ी बाद

ताकि इतिहास को सही-सही लिखा जा सके
चश्मदीद गवाहों के बयानों के मुताबिक़।''[49]

स्पष्ट है कि अपराध और हिंसा को इस तरह अबाध ढंग से होने दिया जाता है और उसके नतीजों को लेकर व्यवस्था के नियंताओं के मन में कोई करुणा नहीं है। मगर कवि इससे आहत है और उसकी संवेदना के परिसर में सिर्फ़ अपना देश नहीं, सम्पूर्ण विश्व की पीड़ित मनुष्यता है—

''अब वहाँ कोई न था गवाह
जिसने अपनी आँखों से देखा हो
... ...
... ...
...उन हत्यारों को जिन्होंने कुछ बेबस इन्सानों को
लपटों में झोंक-झोंककर होली मनायी थी...
यह सब कहाँ हुआ? इसी देश में।
यह सब क्यों होता है किसी देश में?-
बेल्सेन में -बिआफ्रा में -बेलची में -वियतनाम में-
बांग्लादेश में - ''[50]

स्वाभाविक ही है कि एक कवि इस अमानुषिकता को स्वीकार न कर पाए और उसके किसी तर्क में उसका विश्वास न हो। जिस तरह 'स्पेस' या भूगोल में कुँवर नारायण की यह संवेदनशीलता विस्तृत है, वैसे ही समय या इतिहास में भी। वे पुराने ज़माने की बर्बरता को याद करते हैं और आज के वक़्त में उसके लौट आने की कल्पना मात्र से विचलित हो जाते हैं। उनकी एक विलक्षण कविता में इब्नेबतूता सुल्तान की अंधी आँखों से देखता है—*''मशाल की फीकी रोशनी में छटपटाता / तवारीख़ का एक पन्ना''*— या एक 'बर्बर समारोह', जिसमें 'पैने बाँसों की सूलियों में बिंधे' लोगों के शरीर से ख़ून चू रहा है। तुरन्त ही इस सबको नकारते हुए, इसके प्रति आक्रोश और दुख से भरकर वह कहता है—

''कोई नहीं। कुछ नहीं। यह सब
एक गन्दा ख़्वाब है
यह सब आज का नहीं
आज से बहुत पहले का इतिहास है
आदिम दरिन्दों का
जिसका मैं साक्षी नहीं...। सुल्तान,
मुझे इजाज़त दो,
मेरी नमाज़ का वक़्त है।''[51]

कुँवर नारायण की चिन्ता समकालीन मनुष्य तक सीमित नहीं, बल्कि सदियों से सताये जा रहे इंसान को लेकर है। मानो पूरे इतिहास में इस आम आदमी को चैन का एक पल नसीब नहीं हो पाया है। यहाँ उसको लगातार संवेदनहीन बनाते आघातों और संवेदनक्षम बने रहने की उसकी कोशिशों के बीच द्वन्द्व को कवि ने बड़ी बारीकी से लक्ष्य किया है—

"...उसे देखकर लगता था
कि वह कभी नहीं सोया था । उस ठंडी सीली जगह में
उसकी अपलक आँखों का अमानुषिक दबाव, उसकी आकृति,
उसकी व्यवहारहीन भाषा–कुछ संकेत भर शेष थे
कि वह पत्थर नहीं आदमी था
और हज़ारों साल से आदमी की तरह ज़िन्दा रहने की कोशिश
कर रहा था।"[52]

ऐसे बहुत सारे संघर्ष और युद्ध हैं, जिन्हें आदमी ने चुना नहीं है, जो उस पर आरोपित हैं और जिनमें उसका सिर्फ़ इस्तेमाल किया जाता है। कवि चाहता है कि इनमें शामिल होने को वह मजबूर न हो और यह उसके चरित्र की कसौटी न हो। अगरचे वह स्वतंत्र विवेक और ज़िम्मेदारी के एहसास से काम करने को अपरिहार्य मानता है। मानवीय गरिमा के पक्ष में किसी तरह की रिआयत या दबाव दोनों का वह विरोध करता है और अवांछित मुठभेड़ या पलायन की बजाय संयमित पुरुषार्थ को महत्त्व देता है। यह कुँवर नारायण के जीवन-दर्शन के अनुरूप है, जैसा कि एक इंटरव्यू में उन्होंने कहा है—*"बहुत-सी बहसों को हम ध्रुवान्तों ('एक्स्ट्रीम्स') पर रखकर सोचते हैं, लेकिन मध्य की व्यावहारिक ज़मीन पर रखकर देखें, तो ज़्यादातर समस्या तो वहीं हल हो जाती है, जिसे बुद्ध मध्यम-मार्ग कहते हैं।"*[53] निश्चय ही मनुष्य की ओर से उन्होंने जो मंगलकामना की है, उसके नेपथ्य में यही अन्तर्दृष्टि है—

"उसकी रोज़मर्रा कोशिश
कि वह कैसे ज़िन्दा रहे उन तमाम लड़ाइयों के बीच
जो उसकी नहीं–जो उसके लिए भी नहीं–जिनमें
वह न योद्धा कहलाये न कायर,
केवल अपना फ़र्ज़ अदा करता चला जाए,
ईमानदारी से
और फिर भी अपने ही घर की दीवारों में वह
ज़िन्दा न चुनवा दिया जाए।"[54]

शताब्दियों से संघर्षरत भारतीय मनुष्य का जो संश्लिष्ट बिम्ब कवि ने निर्मित

किया है, वह इस सिलसिले में सबसे उल्लेखनीय है। एक ओर मूल्यों से प्रतिश्रुत रहने और नए मूल्यों की रचना की जद्दोजहद में वह कितनी ही बार टूटा है, फिर भी उसमें दुखों को नज़रअन्दाज़ करने का साहस है; दूसरी तरफ़ उसका देश है, जो बँटवारे के बावजूद कहीं अपनी आत्मा में एक है या यों कहें कि तमाम मुश्किलों और तनावों के बीच एक बना हुआ है। अस्तित्व के विघटन के सन्ताप और उसके ख़तरों के प्रसंग में देश और उसके नागरिक की नियति में जैसे एक अनिवार्य साझा है। वस्तु-सत्य की एक अप्रत्याशित कौंध में इस अन्तरसम्बन्ध को कवि ने जिस तरह पकड़ा है, वह उसकी अत्यन्त विशिष्ट और मर्मस्पर्शी कलात्मक चेतना का सुबूत है। कविता अपनी सम्पूर्णता में इतनी सुन्दर और अर्थपूर्ण है कि उसके किसी एक हिस्से को उद्धृत करना नाकाफ़ी है—

''रंग गेहुँआ ढंग खेतिहर
उसके माथे पर चोट का निशान
क़द 5 फुट से कम नहीं
ऐसी बात करता कि उसे कोई ग़म नहीं।
तुतलाता है।
उम्र पूछो तो हज़ारों साल से कुछ ज़्यादा बतलाता है।
देखने में पागल-सा लगता-है नहीं।
कई बार ऊँचाइयों से गिरकर टूट चुका है
इसलिए देखने पर जुड़ा हुआ लगेगा
हिन्दुस्तान के नक़्शे की तरह।''[55]

यहाँ कुँवर नारायण जिस सामान्य भारतीय नागरिक की बात कर रहे हैं; उसके व्यक्तित्व में साधारणता और असाधारणता, अबोधता और वयस्कता और दार्शनिकता और विषाद का अनूठा 'क्रॉस-सेक्शन' दिखायी पड़ता है। उन्होंने यह व्यंजना भी की है कि हज़ारों वर्षों की ऐतिहासिक प्रक्रिया इस जटिल संरचना की कारक है। ऐसी कविताओं के जिन महत्त्वपूर्ण अभिप्रायों और विशेषताओं की यहाँ चर्चा की गई है, उनका समग्र और प्रभावशाली विश्लेषण विष्णु खरे के इस वक्तव्य में है—*''...कुँवर नारायण की इतिहास-कविताएँ किसी भी गरिमा, औदात्य, सांस्कृतिक रूमान, जलाल या प्रभामंडल का इस्तेमाल नहीं करतीं।...दरअसल उन्हें इतिहास-कविताएँ कहना उतना सही नहीं है, जितना समय-कविताएँ कहना, क्योंकि इतिहास 'डॉक्युमैण्टेड' समय से अधिक कुछ नहीं है और वह भी समय के सारे आयामों को नहीं छूता...कुँवर नारायण के यहाँ समय या इतिहास में क़ैद हो जाने का या वापसी के उपक्रम का 'मोटिफ़' अनेक बार आया है...दरअसल अपनी इतिहास-कविताओं में कुँवर नारायण सदियों से पिस रही रैयत हैं या अपना आत्मसम्मान*

बचाये हुए, चुपचाप किसी की साज़िश में शरीक होने से इनकार करते हुए एक आउटसाइडर।...इतिहास के प्रति यह रवैया मानव-विरोधी नहीं है, बल्कि बहुत दर्दनाक ढंग से मानव-समर्थक है–इतना कि कवि सामान्य जन को किसी भी यूटोपिया या रामराज्य की अफ़ीम नहीं खिलाना चाहता–पुराने चिराग़ों के बदले कुँवर नारायण कोई नए चिराग़ नहीं देते–वे चिराग़ तले अँधेरे तथा अँधेरों की ओर इंगित करते हैं।''[56]

साधारणता से प्यार और उसके प्रति सम्मान की भावना का सम्बन्ध कवि के इस विचार से है कि भौतिक उत्थान की कोई सीमा नहीं है। इसलिए सांसारिक मापदंडों पर ऊँचा उठने की कोशिश अन्ततः मृगजल साबित होती है। दूसरे, ऊँचाई अगर अहंकार के अर्थ में है, तो वह भी मनुष्यता के प्रति अन्याय का एक रूप है। कोई अचरज नहीं कि कुँवर नारायण अपनी कविता में बार-बार ऊँचाई के मिथक को ध्वस्त करते हैं, हालाँकि बहुत प्रबुद्ध और शालीन ढंग से। इसके लिए वे इतिहास के साक्ष्यों का भी सहारा लेते हैं। मसलन 'क़ुतुबमीनार' शीर्षक कविता में किंचित् व्यंग्य के साथ पूछते हैं—

''क्या ये सीढ़ियाँ हमें
उस सबसे ऊँची वाली जगह पर पहुँचा सकती हैं
जहाँ मीनारें ख़त्म हो जातीं
और एक मस्तक शुरू होता
ताजपोशी के लिए?''[57]

कैसा सुखद संयोग है कि इस काव्यांश से बरबस ही सन् 1983 में छपे केदारनाथ सिंह के संग्रह 'यहाँ से देखो' की कविता 'ऊँचाई' याद आती है—

''मैं वहाँ पहुँचा
और डर गया
मेरे शहर के लोगों
यह कितना भयानक है
कि शहर की सारी सीढ़ियाँ मिलकर
जिस महान ऊँचाई तक जाती हैं
वहाँ कोई नहीं रहता!''[58]

कवि ने मीनार की कल्पना एक दूरबीन के रूप में की है, जिससे वह इतिहास के तमाम सितारों को देखता है,जो *'समय के चौथे आयाम में लक़दक़ हैं।'* यह बिल्कुल अप्रत्याशित विचार अनुभव की गहनता से जन्मा है। दरअसल, इतिहास से वह इतना अन्तरंग है कि उसे विगत का मामला नहीं मानता। यह और बात है कि जो नहीं है, उसके होने की यह प्रतीति है। उसका जीवित साहचर्य। कवि की नज़र से

देखें, तो जो कुछ आज है, वह भी कहाँ रहने वाला है, अगर वह बीते हुए की ही एक कड़ी है। यही समूचे समय से नज़दीकी का औचित्य है, गोकि उसमें एक द्वन्द्व स्वाभाविक है, जो बुनियादी तौर पर समय के निर्मम व्यंग्य की शिनाख़्त है—

"क्या मैं फिर किसी नए सितारे के समारोह में शामिल हूँ?
या अँधेरी रातों में तारे गिन रहा हूँ?"[59]

'अपने सामने' में इतिहास के प्रति कवि की संसक्ति, करुणा और विचारशीलता के अनेक प्रमाण मिलते हैं। समय के समानान्तर जीवन की निरन्तरता के दुर्लभ एहसास के कारण ये किसी व्यक्तिगत दुनिया में न जाकर उस मनुष्य की कविताएँ बन जाती हैं, जिसकी जड़ें अपने इतिहास और संस्कृति में बहुत गहरे गई हैं। इसलिए इनमें एक विरल उदात्तता और मर्मस्पर्शिता है। कवि की ये बातें, उसके दिल की कचोट हमें कितनी अपनी जान पड़ती है—

"जैसे इन जगहों में पहले भी आया हूँ
बीता हूँ।

... ...
... ...

बार-बार
इन ख़ाली जगहों में भर-भर कर रीता हूँ
रह-रह पछताया हूँ
पहले भी आया हूँ
बीता हूँ।"[60]

इतिहास महज़ पीड़ा की स्मृति नहीं, मूल्यों की प्रतिश्रुति भी है। मानवीय सार्थकता के उत्स और निकष के रूप में उससे हम जुड़ते हैं। हम पूर्वजों के दाय को उनके न होने पर भी वहन करते हैं, अपने रक्त, संस्कारों और विवेक-चेतना में। कुँवर नारायण के यहाँ परम्परा आत्म को और समृद्ध एवं उत्कर्षकामी बना सकने का ज़रिया है—

"जेतवन की परिव्राजक हवाओं में
आह, उन अनुपस्थितियों का स्पर्श,
जिनके बाद भी अस्तित्व में कुछ अर्थ बाक़ी है।"[61]

कुँवर नारायण मानव-आत्मा की विशालता और उदारता को तो गौरव की बात मानते हैं; पर भौतिक सम्पदा और उपलब्धियों को नहीं। समुन्नत मनुष्यता से निःसृत आभा ही हमारी सांस्कृतिक थाती है; जिसे विदेशी आक्रान्ता न हानि पहुँचा सकते हैं, न लूटकर अपने साथ ले जा सकते हैं। इसीलिए कवि ने 'मस्तकविहीन बुद्ध प्रतिमा' शीर्षक कविता में यमक के माध्यम से ज़बरदस्त व्यंग्य किया है—

"एक मस्तक शिखर किरीट।
एक प्रभा मंडल।
एक पुराकथा या एक सोने की चिड़िया।
कई बार पहले भी लुटेरे
ख़ाली उस सिर के लिए आए हैं
और ख़ाली सिर लेकर लौट गए!"[62]

इतिहास के साक्ष्य से कवि ने भौतिक ऐश्वर्य की नश्वरता को पहचाना है और उस पर तंज़ किया है। बेशक प्रभुता के बरअक्स जनता की समर्थक काव्य-दृष्टि ही ऐसा कर सकती है—

"ये रास्ते, जो कभी ख़ास रास्ते थे,
अब आम रास्ते नहीं।
ये महल, जो बादशाहों के लिए थे
अब किसी के वास्ते नहीं।
आश्चर्य, कि उन बेताब ज़िन्दगियों में
सब्र की गुंजाइश थी!...
और ऐसा सब्र कि अब ये पत्थर भी ऊब रहे हैं।"[63]

प्रसंगवश, मीर का एक शे'र याद आता है, जिसमें इतिहास की यह विडम्बना या कहें कि निर्ममता बहुत तीखे और सघन रूप में व्यक्त हुई है—

"दिल्ली में आज भीख भी मिलती नहीं उन्हें
था कल तलक दिमाग़ जिन्हें ताज-ओ-तख़्त का।"[64]

ताक़त के विमर्श, सत्ता और पूँजी को हासिल करने की अनैतिक और विचारहीन होड़ का कुँवर नारायण की कविता में सतत प्रत्याख्यान है। ऐसे अभियानों की सफलता आदमी को जड़ और संवेदनहीन बना देती है—*"...तुम्हें लगेगा कि कोई अन्तर नहीं बचा अब / तुममें और उन पत्थरों की कठोरता में / जिन्हें तुमने जीता है।"*[65] जीत के ख़याल या अवधारणा से कवि न तो आकृष्ट है, न सहमत। एक ओर उसे मनुष्यता का पतन नज़र आता है, जिससे युद्ध जन्मता है; दूसरी ओर तबाही, जो युद्ध का नतीजा है। एक सिरे पर उसे *'बादलों से भीगी हुई ज़मीन'* दिखती है, दूसरी तरफ़ *'धधकता आकाश, जहाँ शताब्दियाँ झुलस जाती हैं।'* इनके आपसी संघर्ष को चाहे जितना महिमान्वित किया जाए, उसका अन्त विनाश में ही हो सकता है। इसलिए *'हतो वा प्राप्स्यसि स्वर्गं, जित्वा वा भोक्ष्यसे महीम्'*[66] के जिस सुनहरे आश्वासन के साथ 'गीता' में कृष्ण ने अर्जुन को युद्ध के लिए प्रेरित किया है, क्या वह महज़ एक प्रवंचना ही नहीं? युद्ध जितना विशद है, उतना ही खोखला और उससे मानव-जाति हमेशा ख़ाली हाथ ही लौटती आई है; इतिहास का यह सबक़, इसके बिम्ब कुँवर नारायण के यहाँ हमें बार-बार मिलते हैं। उनका विन्यास जितना सुचिंतित है, व्यंजना उतनी ही मार्मिक—

"पहली दिग्विजय का वह भूरा धुँधला फाटक
धोखा था – पहला धोखा – जिसके बाद
सोने का नगर नहीं
केवल एक उजाड़ रूखी वापसी..."[67]

अचरज नहीं कि कवि की वाणी में 'गीता' के अर्जुन के विचारों की प्रतिध्वनि-सी सुन पड़ती है। दरअसल किसी-न-किसी रूप में यह युद्ध के प्रतिरोध की भारतीय परम्परा है। इसीलिए लड़ाई के अख़ीर में कवि को 'अँधेरा जंगल' मिलता है या 'गहरी उदासी का डुबाव' और वह 'सैनिकों से हटकर वाल्मीकि का आश्रम खोजना' चाहता है। उसका सवाल है—

"हमेशा की तरह
वैभव और ज़ोर-ज़बरदस्ती का रास्ता
एक बहुत ठंडी और अँधेरी घाटी में पहुँचकर
अचानक कहाँ खो जाता है?"[68]

कुछ-कुछ इसी तरह की आपत्ति अर्जुन की है—

"न च श्रेयोऽनुपश्यामि हत्वा स्वजनमाहवे।
न कांक्षे विजयं कृष्ण न च राज्यं सुखानि च॥"[69]

यानी *'अपने ही लोगों को मारने में न तो मैं कोई अच्छाई देखता हूँ और न हे कृष्ण! मैं उससे विजय, राज्य या सुखों की कामना करता हूँ।'* फिर वे कहते हैं कि युद्ध के बाद भोग्य वस्तुएँ तो ख़ून से सनी होंगी— *"भुंजीय भोगान्रुधिरप्रदिग्धान्।"*[70] इसके अलावा कुँवर नारायण लड़ाई के मैदान के बरअक्स 'घर' को रखकर एक सार्थक द्वन्द्व की रचना करते हैं। घर यहाँ प्यार, आत्मीयता, शान्ति और प्रगति का, मनुष्यता और विचारशीलता का बहुत संश्लिष्ट और प्रगाढ़ प्रतीक बनकर उभरता है। सिकन्दर की विश्व-विजय का सिलसिला वहीं टूटा, जहाँ उसके सैनिकों ने घर लौटने के लिए बग़ावत कर दी थी। इस सन्दर्भ में घर ऊर्जा को संचित करने और दुनिया में अपनी संसक्ति को क़ायम रखने का मक़ाम है। बक़ौल निराला— *"प्रिय, मुझे वह चेतना दो देह की / याद जिससे रहे वंचित गेह की / खोजता-फिरता, न पाता हुआ / मेरा हृदय हारा / गहन है यह अन्ध कारा।"*[71] यहाँ निराला कहते हैं कि स्वार्थ के कारण मनुष्य की आत्मा अनुदार और विपन्न हो गई है और उसका 'घर' खो गया है और कुँवर नारायण के यहाँ भी 'घर' वहाँ शुरू होता है, जहाँ आदमी के स्वार्थ की सीमा ख़त्म होती है—

" "घर"–मैंने इस शब्द की व्याकुल गूँज को
अक्सर ऐसी जगहों पर सुना है
जो कभी किसी विजेता के जीतों की अन्तिम हद रही है।"[72]

कुँवर नारायण नफ़रत, अज्ञान, झूठ, क्रूरता और लालच के विरुद्ध निरन्तर प्यार, विचारशीलता, सचाई, संवेदना और अपरिग्रह की प्रतिष्ठा के लिए संघर्ष करनेवाले कवि हैं। यह हिन्दी कविता की श्रेष्ठतम परम्परा के दाय का निर्वहन है। 'सरोज-स्मृति' में निराला ने लिखा था, *"लखकर अनर्थ आर्थिक पथ पर / हारता रहा मैं स्वार्थ-समर।"*[73] एक सच्चे कवि को मूल्यों की रक्षा और विकास के लिए लड़ते हुए तमाम निजी हितों का बलिदान करना ही पड़ता है। सृजन की यह अपरिहार्य और बुनियादी शर्त है। कुँवर नारायण के शब्द गवाह हैं—

"बस वहीं से लौट आया हूँ हमेशा
अपने को अधूरा छोड़कर
जहाँ झूठ है, अन्याय है, कायरता है, मूर्खता है–
... ...
... ...
वापस अपनी ही बेमुरौव्वत पीड़ा के
एकांगी अनुशासन में
किसी तरह पुनः आरम्भ होने के लिए।"[74]

बदले हुए समय-सन्दर्भ में, जब लोगों के बीच दूरियाँ बढ़ गई हैं और उनमें सन्देह, छल, अविश्वास, अपमान और भय का माहौल तैयार हो गया है; कवि एक ओर चिंतित है और यह आह्वान करता है—

"..."नज़दीक आओ, और नज़दीक,
मैं तुम्हारा
या किसी का
बुरा नहीं चाहता।
तुम क्यों मुझे घेरते हो
अपने शकों से?
मुझे एक मनुष्य की तरह पढ़ो, देखो और समझो
ताकि हमारे बीच एक सहज और खुला रिश्ता बन सके
माँद और जोखिम का रिश्ता नहीं।" "[75]

दूसरी ओर वह स्वार्थ से आक्रान्त सम्बन्धों से ही छुटकारा चाहता है, भले इसके लिए उसे अपनी ज़िन्दगी दाँव पर लगानी पड़े—

"सहयात्रियों, तुम्हारे स्वार्थ की धमकी
क्या मुझे अक्सर इसी विकल्प की ओर ढकेलती है
कि चलती ट्रेन से बाहर कूद जाऊँ।"[76]

रघुवीर सहाय ने इस कविता की सराहना करते हुए लिखा था कि *"चलती ट्रेन*

के प्रतीक का उसने सशक्त प्रयोग किया है। मानो वह सबके साथ कहीं जा रहा है, परंतु एक तरह से क़ैद भी है। एक ही साथ गति और जड़ता का घात-प्रतिघात कुँवर नारायण की अन्य कविताओं में भी है और उन्हें एक विशिष्टता प्रदान करता है।''[77] दरअसल यह कवि का आत्म-संघर्ष है, जिसकी वजह है—प्रदत्त सत्यों, व्यवस्थाओं अथवा प्रचलित क़िस्म की सामाजिक संस्कृति से उसकी असहमति और विरोध। यह अनबन बहुत गहरे और उत्कट रूप में 'अपने सामने' की कविताओं में अन्तर्व्याप्त है। इसकी जटिलता की विष्णु खरे ने विस्तृत व्याख्या की है—*''मनुष्य को 'रैशनल', 'सोशल', 'एनिमल' अवश्य कहा जाता है, लेकिन समाज में 'रैशनल' और 'सोशल' एक साथ हो पाना कम-से-कम निर्ममता की हद तक ईमानदार तथा संवेदनशील व्यक्ति के लिए सम्भव नहीं है। यह एक त्रासद सत्य है कि बेहद समतावाले समाजों में भी कवि और कलाकार पूर्णतः सामाजिक प्राणी नहीं बन पाते-जो कवि-कलाकार समाज की शर्तों पर नहीं जीते; उन्हें नैतिकता, क़ानून, पार्टी कार्यकर्ता तथा व्यवस्था, यहाँ तक कि उनके कतिपय सहधर्मी भी हमेशा एक सन्दिग्ध, साज़िशी व्यक्ति समझते हैं।''*[78]

कुँवर नारायण को सुख, समृद्धि, सफलता और शक्ति को बटोरने की सांसारिक स्पर्द्धा एक निरर्थक, नकारात्मक और मनुष्य-विरोधी क़वायद जान पड़ती है। संवेदना और प्यार की क़ीमत पर हासिल की जानेवाली सत्ता को वे त्याज्य मानते हैं, उसकी फ़ितरत पर अफ़सोस ज़ाहिर करते हैं—*''एक ओर हर सुख की व्यवस्था / दूसरी ओर प्यार आपद्धर्म है।''*[79] एक बहुत अच्छी और नायाब कविता है 'चीज़ें और आदमी'। इसमें एक बहुत बड़ा मकान है, जिसमें सुख-सुविधा की सारी चीज़ें हैं। पर उसका मालिक कोमलता और सौन्दर्य-बोध से इतना रिक्त है, इतना असहिष्णु और आक्रामक कि चीज़ें भी उसके साथ से दुखी हो गई हैं—

''इतने में वहाँ एक आदमी
भुन्नाता हुआ आया
और लगा कि हर चीज़ ने उसे
किसी मुसीबत की तरह उठाया।''[80]

आकस्मिक नहीं कि मनुष्य की अरक्षा, सन्ताप और बेचैनी की बुनियाद में कुँवर नारायण उसके अकेलेपन, व्यक्तिवाद और मतलबपरस्ती को देखते हैं। मगर इन रुझानों के पनपने में समय की भूमिका सबसे अहम है—*''वक़्त बुरा हो तो आदमी आदमी नहीं रह पाता।''*[81] हालाँकि उसका स्वभाव है 'दर्द से हमदर्द की ओर भागना', पर उसके न मिलने पर 'वह एक फँसे हुए जानवर की तरह ख़ूँख़्वार' हो सकता है। एक इंसान को दूसरे इंसान से जो स्नेह, सान्त्वना और आश्वस्ति नसीब होती है; उसका अभाव इसलिए है कि हमने मूल्यों को या तो भुला दिया है या उन्हें कभी आत्मसात् ही नहीं किया था—

"हमारे बीच मतलब का रिश्ता तो है
मगर उन शब्दों के मतलब का नहीं
जो या तो बीत गया
या था ही नहीं-सा।"[82]

'अपने सामने' में कवि यथास्थिति की जड़ता अथवा अभेद्यता से परेशान है और उसे लगता है कि समाज के मौजूदा ढाँचे में सचाई, कला, प्रेम और परिवर्तन की कामना—सब-कुछ का अवमूल्यन हो गया है—

"...झूठ एक कला है, और
हर आदमी कलाकार है जो यथार्थ को नहीं
अपने यथार्थ को
कोई न कोई अर्थ देने की कोशिश में पागल है!"[83]

जहाँ यथार्थ इस क़दर बँटा हुआ हो, वहाँ सिसृक्षा और विचारशीलता का क्या मतलब है? दूसरे शब्दों में, मानवीय अस्तित्व की सार्थकता कैसे सम्भव है? कवि को तो दुख की बनिस्बत सुख का अकेलापन अधिक पीड़ाजनक लगता है—

"...दर्द के अकेलेपन से कहीं अधिक
असह्य हो सकता है कभी-कभी
ख़ुशी का अकेलापन?"[84]

कुँवर नारायण के यहाँ समय इतना दारुण है कि वह मनुष्य को बाहर से ही प्रभावित नहीं कर रहा, बल्कि उसकी शिराओं में दाख़िल होकर अपनी आँच से उसे जला रहा है। जीवन-द्रव्य के मृदुलतम हिस्से इस आग की चपेट में हैं। कवि अपनी प्रिया को इस दाहक तनाव से, इसकी पृष्ठभूमि से आज़ाद करना चाहता है—

"एक हरा जंगल धमनियों में जलता है।
तुम्हारे आँचल में आग...
चाहता हूँ झपटकर अलग कर दूँ तुम्हें
उन तमाम सन्दर्भों से जिनमें तुम बेचैन हो।"[85]

ग़ौर करें तो कवि की यह सहानुभूति उसके निजी संसार तक सीमित नहीं, बल्कि मनुष्य-मात्र के प्रति है। समय में उसके हस्तक्षेप या कहें कि उसकी कविता के वस्तु-तत्त्व को हम *'एक नए तट की शीतल सदाशयता'* का नाम दे सकते हैं, जिसे *'लपटें छूकर लौट जाती हैं'*[86] या कम-से-कम ऐसी उसकी आकांक्षा है। कुँवर नारायण आग को अस्मिता और सृजन के लिए अपरिहार्य मानते हैं, पर उसकी अतिशयता को संवेदना-जल से संयमित करते हैं। विचारों की प्रखरता को गहराई का आयाम भी चाहिए, तभी उनमें सचाई और शक्ति का समावेश हो सकता है और उनका असर दूरगामी और निर्णायक। यह उनकी कविता की केन्द्रीय विशेषता है या

मुख्य पहचान; जैसा कि उनके नए संग्रह 'इन दिनों' की उद्घाटक कविता से भी ज़ाहिर है—*"आग का वादा--फिर मिलेंगे / नदी के किनारे।"*[87]

जिस आत्म-नियंत्रण, सन्तुलन-विवेक और संजीदगी से कुँवर नारायण अपनी बात कहते हैं, उससे कविता में दार्शनिक गहनता और विश्लेषण के नएपन का विरल संयोग घटित होता है। एक ओर उसमें आधुनिक क़िस्म की प्रखरता है, दूसरी ओर वह भारतीय बौद्धिक और सांस्कृतिक परम्परा से सुसंगत है। सच कहें तो यह पश्चिमी सभ्यता और ज्ञान के संसर्ग के नतीजे में उच्छिन्नमूल हुई आधुनिकता नहीं है, बल्कि परम्परा का पुनराविष्कार है या उसकी प्रासंगिकता की खोज। चीज़ों को ठीक से जानना भी उनकी ग़लत जानकारी का प्रतिकार है और उनके सही या वांछित मूल्य की स्थापना। मसलन 'कोणार्क' शीर्षक कविता में सौन्दर्य का सूक्ष्म और जीवन्त अनुभव एक सार्थक निष्कर्ष में रूपांतरित हो जाता है। कवि को लगता है कि प्रतिमाएँ *"एक अतीन्द्रिय तन्मयता के मांसल संकेतों में कहतीं / कि जीवन आह्लाद है, शर्म नहीं।"*[88] इस प्रसंग में वह नैतिक वर्जना, दिमाग़ी संकीर्णता और धार्मिक रूढ़ि की बहुत संयत, सघन और संश्लिष्ट शिल्प में मुख़ालफ़त करता है और प्रेम को सभी निषेधों से श्रेयस्कर मानता है—*"हम जीवन के वशीभूत देवतुल्य / उन्हीं स्फुलिंग सुखों के सहभोक्ता हैं / अन्धी गुफाओं में मुँह ढाँके धर्म नहीं।"*[89] अन्तिम पंक्तियों से स्पष्ट है कि कवि प्रणय को जीवन की चरम स्वीकृति के तौर पर देखता है, इसीलिए उसका स्वागत करता है। सौन्दर्य और काम के प्रति सहज तभी हुआ जा सकता है, जब दमन और कुंठा न हो। कलाकार की आत्मा तमाम संघर्षों की तह में उस सामंजस्य की तलाश करती है, जिसकी रचना से जीवन को नई ऊर्जा और अभिप्राय दिया जा सके—

"ये महान शिलाचित्र,
सूर्य के प्रकाश में
अकुंठित आत्मा की निष्काम व्याख्या हैं :
जीवन की भरपूर स्वीकृति,
लाखों विरोधों में
किसी आधार-संगीत की अनुकृति।"[90]

दुनिया की आपाधापी में अधैर्य, आक्रामकता, झूठ और छल से कामयाब होने की कुँवर नारायण ने हमेशा सख़्त आलोचना की है। मूल्यों से प्रतिबद्धता, आत्म-निर्मम यथार्थ-दृष्टि और संघर्षशीलता उनकी चेतना के अविभाज्य घटक हैं—

"...ज़रूरी लगता है ज़िन्दा रखना
उस नैतिक अकेलेपन को
जिसमें बन्द होकर
प्रार्थना की जाती है

या अपने से सच कहा जाता है
अपने से भागते रहने के बजाय।''[91]

कविता भी अकेलेपन में ही सम्भव है। वह समूह की गतिविधि नहीं है। जिस तरह उससे अन्तरंगता सार्वजनिक तौर पर साबित नहीं की जा सकती, उसी तरह उससे नाता टूट जाना ख़बर नहीं बन सकता। वाक्छल से हम कविता और ईमानदारी, दोनों की राह खो देते हैं—

''मैं जानता हूँ किसी को कानोकान ख़बर
न होगी
यदि टूट जाने दूँ उस नाज़ुक रिश्ते को
जिसने मुझे मेरी ही गवाही से बाँध रखा है,
और किसी बातूनी मौक़े का फ़ायदा उठाकर
उस बहस में लग जाऊँ
जिसमें व्यक्ति अपनी सारी ज़िम्मेदारियों से छूटकर
अपना वकील बन जाता है।''[92]

इन सब बातों से कुँवर नारायण का जीवन-दर्शन समझ में आता है, जिससे उनकी काव्य-दृष्टि का अनिवार्य रिश्ता है। एक जगह उन्होंने लिखा है कि *''बहुत कुछ दे सकती है कविता / क्योंकि बहुत कुछ हो सकती है कविता''*, लेकिन यहीं वे अफ़सोस के साथ कहते हैं, *''वैसे कोई चाहे तो जी सकता है / एक नितान्त कवितारहित ज़िन्दगी।''*[93] निश्चय ही कवि के लिए यह किसी दुःस्वप्न से कम नहीं; क्योंकि कविता से सम्पृक्ति उसके लिए जितनी अहम है, उससे विच्छिन्न हो जाना उतना ही दुखद—*''जैसे एक जंगली फूल की आकस्मिकता / मुझमें कौंधकर मुझसे अलग हो गई हो कविता।''*[94] अचरज नहीं कि उनका ध्यान बराबर इस तरफ़ लगा रहता है कि कविता को कैसे चरितार्थ किया जाए। इसके लिए वे सिर्फ़ संवेदना को पर्याप्त नहीं समझते, बल्कि संवेदना से विचार के एकात्म किए जाने को उसके कारगर होने की पूर्व-शर्त मानते हैं। सुबूत हैं ये पंक्तियाँ—*''वह छटपटायेगा / लेकिन छटपटाना कोई तर्क नहीं। वह मर गया है, और अब उसमें और तुममें कोई फ़र्क़ नहीं।''*[95] दूसरे, कविता में जीवन-द्रव्य की सान्द्रता और कशिश के लिए मनुष्यों से एवं वस्तु-संसार से गहरा और उत्कट लगाव होना ज़रूरी है। प्यार के ही कारण रचना-प्रक्रिया में निहित इस विडम्बना से कवि सावधान हो पाता है—

''अब उसे चित्रित करते मेरी उँगलियों के बीच से
निचुड़कर बह जाते दृश्यों के रंग,
लोगों और चीज़ों के वर्णन
भाषा के बीच की ख़ाली जगहों में गिर जाते।''[96]

तीसरे, प्यार के लिए साधारणता और साधारणता के लिए सचाई अपरिहार्य है। यही सचाई किसी-किसी को विशिष्ट बना देती है। इसलिए साधारण और असाधारण में विरोध नहीं, स्वाभाविक क़िस्म की द्वन्द्वात्मकता है। मसलन मुक्तिबोध के बारे में कवि के शब्द हैं—*"वह शायद अन्य है क्योंकि अन्यतम है"* और उनके सफ़र या शख़्सियत की भी उसने सही शिनाख़्त की है—

"...वह कहीं से भी अपने को लौटा ले सकता था
शिखर से साधारण तक,
शब्दों के अर्थजाल से केवल उनके उच्चारण तक।"[97]

सचाई पर पड़े हुए तमाम आवरणों को हटाना और उसे अन्वेषित कर सकना कवि का प्रमुख लक्ष्य है। जिन सांस्कृतिक प्रक्रियाओं में सच प्रच्छन्न है, उनकी जटिलता से उसे हैरानी होती है। इसीलिए वह वाग्जाल, अलंकृति या दुविधा की भाषा का विरोध करता है और वास्तविकता के पारदर्शी और मार्मिक बयान को अहमियत देता है—

"...क्यों खोजना पड़ता है
मिथकों में, वक्रोक्तियों में, श्लेषों में, रूपकों में
झूठ के उलटी तरफ़ क्यों इतना रास्ता चलना पड़ता है
एक साधारण सचाई तक भी पहुँच पाने के लिए?"[98]

चौथे, कुँवर नारायण के यहाँ सच और सौन्दर्य में अन्योन्याश्रित सम्बन्ध है या यों कहें कि सौन्दर्य सच को अर्जित करने के संघर्ष पर निर्भर है। वह बाह्य रूपाकारों में उतना नहीं, जितना सत्य से आत्मिक प्रतिश्रुति और उसकी निर्भय अभिव्यक्ति में है—*"एक फूल की ख़ूबसूरती से ज़्यादा ख़ूबसूरत / होती है उसकी हिम्मत...!"*[99] कवि का इम्तिहान इस बात में है कि वह जिन दबावों को अपने स्नायु-तंत्र पर सहता है, उनकी कड़वाहट को जज़्ब करे और उनके मुक्तिधर्मी सारांश को शब्द दे—

"चोटें जिनकी पाशविक खरोंच और घावों को
अपने ऊपर झेलता
और वापस करता विनम्र कर
ताकि एक रूखी कठोरता की
भीतरी सुन्दरता किसी तरह बाहर आए।"[100]

'अपने सामने' कुँवर नारायण की चौथी कविता-पुस्तक है और कह सकते हैं कि उनकी रचना-यात्रा की ढलती दोपहर में यह प्रकाशित हुई, जब उन्हें रचनारत हुए लगभग तीस वर्ष बीत चुके थे। इसलिए इसमें बार-बार एक छीजन का सन्ताप मिलता है और एक संशय सिर उठाता है कि जिस प्रतिश्रुति से यह यात्रा शुरू हुई थी, क्या वह क़ायम रह पाएगी?—

"शुरू-शुरू में सब यही चाहते हैं
कि सब कुछ शुरू से शुरू हो,
लेकिन अन्त तक पहुँचते-पहुँचते हिम्मत हार जाते हैं।
हमें कोई दिलचस्पी नहीं रहती
कि वह सब कैसे समाप्त होता है
जो इतनी धूमधाम से शुरू हुआ था
हमारे चाहने पर।"[101]

* * *

"कहाँ वे अनोखे संकल्प
कि सब कुछ नए सिरे से...
कहाँ ये टूटे प्रयास
कि ग़नीमत को ही पूर्ण उपलब्धि कहना पड़ता है।"[102]

कहीं-न-कहीं देश के बदले हुए हालात के पीछे कवि को मूल्यों के भुलाये जाने का दुख है और इस अपराध में अपनी भी हिस्सेदारी महसूस होती है। विचलन की यह आत्म-निर्मम स्वीकृति विरल ईमानदारी का साक्ष्य है—

"ताज्जुब कि हम ही उस वक़्त भी थे गवाह
जब कुछ ख़ास शब्द पैदा हुए थे
और जिनकी शान के ख़िलाफ़
हम ही आज हैं घर-घर में उनका ख़ून"[103]

नतीजतन जीवन की चरम सिद्धि के लिए कवि वह जोखिम उठाना चाहता है, जिसका कोई विकल्प नहीं। दरअसल अनुभव और अभिव्यक्ति, शब्द और कर्म के बीच की लड़ाई तलवार की धार पर चलने के बराबर है। सम्पूर्ण आशा वहीं है, जहाँ सम्पूर्ण समर्पण है। जिस बिम्ब-संयोजन के ज़रिए कुँवर नारायण ने इन विचारों की व्यंजना की है, वह अपनी शक्ति और ख़ूबसूरती में बेजोड़ तथा अविस्मरणीय है—

"पत्तों पर पानी गिरने का अर्थ
पानी पर पत्ते गिरने के अर्थ से भिन्न है।
जीवन को पूरी तरह पाने
और पूरी तरह दे जाने के बीच
एक पूरा मृत्यु-चिह्न है।"[104]

स्वाभाविक है कि सारे संशय के बावजूद कवि आख़िरकार इस निष्कर्ष पर पहुँचता है—*"कोई फ़र्क़ नहीं / सब कुछ जीत लेने में / और अन्त तक हिम्मत न हारने में।"*[105] ज़ाहिर है कि उसके लिए सौन्दर्य प्रयत्न-पक्ष में है, उपभोग-पक्ष में

नहीं। वस्तु-सत्य के प्रति जो सजग और संवेदनशील होगा, वह आत्म-मुग्ध और निष्क्रिय नहीं रह सकता। सामर्थ्य की कसौटी यथास्थिति को विचलित करना है, उसकी ग़ुलामी नहीं। इसलिए कुँवर नारायण की कविता के प्रसंग में वाल्टर बेंजामिन के शब्द याद आते हैं—*"...सफलता पर आत्म-मुग्ध होना एक ऐसी खाई में कूदने के समान है, जहाँ मैल और ठोकर के सिवा कुछ नहीं है। यदि हम इसी घेरे में रहते हैं, तो हमसे बड़ा मूर्ख कोई नहीं। शायद सफलता की यही सबसे बड़ी क़ीमत है, जो हमें चुकानी होती है। इसलिए ताक़त पहचानने के लिए असफलता ज़रूरी है।"*[106]

अकारण नहीं कि 'अपने सामने' में कुँवर नारायण ने आत्म के विस्तार की आकांक्षा को एकाधिक बार प्रकट किया है। वह समुद्र में मछली की तरह रहने की कल्पना करते हैं,[107] क्योंकि वह अपने को इस तरह देखने के हिमायती हैं, *'जैसे वह नहीं, उनकी वजह से बाक़ी सब पूरा है।'*[108] यह औरों के प्रति एवं सृष्टि की विशदता के प्रति गहरे सम्मान की उनकी भावना है। इसमें यह मंतव्य संश्लिष्ट है कि कोई समाज उतना ही पूर्ण या सार्थक होता है, जितना उसके नागरिकों की चेतना व्यापक और उदात्त हो। ग़ौर करें, तो कवि ने अपनी यात्रा में आगे चलकर 'बृहत्तर' और 'मनुष्यतर' हो सकने की जो प्रतिज्ञाएँ की हैं, उसके बीज यहाँ एक अलग क़िस्म की भाषा में मौजूद हैं—

"उसने देखा
कि एक बँधी रेखा पर सीधे बढ़ते जाने से
घेरे को बढ़ाते जाना
उसके वक़्त और जगह को अधिक माने देता था,
यानी उसे दूसरों को अधिक देने और पाने देता था।"[109]

अन्ततः यह कविता-संग्रह 'अपने सामने' आत्म के विस्तार और उन्नयन की कोशिश में कवि कुँवर नारायण के आत्यन्तिक आत्म-संघर्ष का साक्ष्य है और इस बात का भी कि उन्होंने एक जटिल और बहुआयामी यथार्थ को समग्र संश्लिष्टता में आयत्त करने की चेष्टा की है। इस प्रक्रिया में वे चरम बिन्दु पर जाकर आत्मिक और बौद्धिक ऊर्जा या शक्ति और चेतना का इस्तेमाल करते हैं—

"मैंने अक्सर इस ऊलजलूल दुनिया को
दस सिरों से सोचने और बीस हाथों से पाने की कोशिश में
अपने लिए बेहद मुश्किल बना लिया है।"[110]

किसी ट्रेजेडी को समझने के लिए उसके मूलभूत कारकों के प्रत्यक्ष और परोक्ष अन्तरसम्बन्धों की गहन पहचान और मीमांसा ज़रूरी है। महज़ संयोग नहीं कि 1983 में प्रकाशित अपने संग्रह 'यहाँ से देखो' की आख़िरी कविता में केदारनाथ सिंह ने लिखा था—

"मैं घोषित करता हूँ
कि जो सच है
वह सच नहीं है
जो जानता है
उस तक ख़बर अभी पहुँची ही नहीं"[111]

बेर्टोल्ट ब्रेष्ट की पंक्तियाँ याद आती हैं— *"जो आदमी हँस रहा है / उस तक अभी भयानक ख़बर नहीं पहुँची है।"*[112] निश्चय ही इस ख़बर को पहुँचाने का काम बुद्धिजीवियों का है। मगर क्या वे अँधेरे समय में अपनी भूमिका का सही निर्वाह कर पाते हैं? शायद एक हद तक ही। इसीलिए केदारनाथ सिंह उपर्युक्त कविता में यह भी कहते हैं कि *"जो बोल रहा है / वह कहीं-न-कहीं चुप है।"*[113] कहने की ज़रूरत नहीं कि रचना-प्रक्रिया एक कवि की रुचि और सौन्दर्य-बोध से ही अनुकूलित नहीं होती, बल्कि नेपथ्य में उसके समय के तमाम अदृश्य दबाव और 'सेंसर' भी सक्रिय रहते हैं। ऐसे में निर्भ्रान्त होकर सत्ता से सच कह सकना सबसे बड़ी चुनौती है। शायद इसी सन्दर्भ में रघुवीर सहाय ने उस भाषा को ईजाद करने की इच्छा ज़ाहिर की थी, जिसका अन्यथाकरण सम्भव न हो—

"वे मेरे शब्दों की ताक में बैठे हैं
जहाँ सुना नहीं उनका ग़लत अर्थ लिया और मुझे मारा
इसलिए कहूँगा मैं
मगर मुझे पाने दो
पहले ऐसी बोली
जिसके दो अर्थ न हों"[114]

इस रौशनी में यह कम महत्त्वपूर्ण नहीं है कि उन्होंने 'अपने सामने' के कवि को *'एक परिपक्व और अपनी जगह दृढ़ व्यक्ति'* बताते हुए, उसकी इसी विशेषता को रेखांकित किया था— *"ख़ास तौर से कुँवर नारायण में जो खोजने की चीज़ है, वह व्यक्तित्व की इकहरी बनावट का सौन्दर्य है और वही इस संग्रह को गरिमा प्रदान करता है।"*[115]

जैसा कि इस आलेख की शुरूआत में कहा गया, 'अपने सामने' प्रमुख रूप से भारतीय लोकतंत्र के एक दमन-तंत्र में 'रिड्यूस' हो जाने की ट्रैजेडी का मार्मिक आख्यान है। सत्ता के पतित और निरंकुश हो जाने के नतीजे में पीड़ा और भय की अनेक छायाएँ इसमें मौजूद हैं। सचाई से सीधी और निष्कवच मुठभेड़ करनेवाला कवि ही इतिहास की यह विचलित करनेवाली तस्वीर पेश कर सकता है। विष्णु खरे ने इसकी सबसे सही और सशक्त पड़ताल करते हुए लिखा है कि *"उनके (कुँवर नारायण के) संशय, दुविधा तथा हिचक में कोई मुद्रा नहीं है, उनकी कविता एक दुखद रूप से*

जागरूक व्यक्ति की कविता है, जो चाहकर भी स्वयं को धोखा नहीं दे सकता।''[116] मारियोला ओफ्रेदी का यह आकलन बिलकुल वाजिब है कि 'अपने सामने' में *''कुँवर नारायण ने परोक्ष अभिव्यक्ति का वह स्व-आरोपित नियम नहीं तोड़ा, जो उनकी आरंभिक कृतियों से चला आया था, तो भी राजनीतिक प्रतिबद्धता की उनकी कविताओं में दमन का कम-से-कम एक प्रत्यक्ष सन्दर्भ (चाहे व्यक्तियों का हो या आबादी का), इससे लड़ने का, या हताशा का या आतंक से व्यक्ति के पलायन का एक स्पष्ट संकेत मिलता है।''*[117] शायद अभिव्यक्ति के स्तर पर प्रत्यक्ष और परोक्ष का यह रचनात्मक तनाव अथवा द्वन्द्वात्मक सन्तुलन देखकर विष्णु खरे इन कविताओं को 'बर्फ़ीला चीत्कार' कहते हैं— *''कुँवर नारायण की यह और ऐसी कविताएँ कोई अस्तित्ववादी या काफ़्का-काम्यूनुमा छद्म नहीं हैं, वे दरअसल एक बर्फ़ीला चीत्कार हैं, जो चीज़ों को देख-समझ पानेवाले बीसवीं सदी के मस्तिष्क में लगातार गूँजता रहता है।''*[118]

उल्लेखनीय है कि 'अपने सामने' में शामिल एक कविता 'बर्बरों का आगमन' इमर्जेन्सी के दौरान सेंसरशिप के चलते मशहूर पत्रिका 'धर्मयुग' में प्रकाशित नहीं हो पायी थी। इसके अलावा 'सन्नाटा या शोर' शीर्षक कविता में पहचाननेवालों ने इंदिरा गाँधी को पहचान ही लिया— *''क्या मैं ख़ुशबू और बदबू में फ़र्क़ कर पा रहा हूँ? / क्या वह सबसे ऊँची नाक मेरी ही है / जिसकी सीध में / मैं सीधा चला जा रहा हूँ।''*[119] ज़ाहिर है कि कवि के इतने शालीन और मर्यादित लहज़े के बावजूद उसकी काव्य-वस्तु की आँच और प्रखरता को महसूस किया जा सका। ऐसा नहीं कि हिन्दी में इस संग्रह के विश्लेषण की अच्छी कोशिशें न हुई हों; फिर भी यह विडम्बनापूर्ण है कि आलोचक इन कविताओं के सन्दर्भ के तौर पर इमर्जेन्सी का ज़िक्र करने से साफ़ कतरा गए। कवि के बारे में कहा गया कि उसने 'अंडरस्टेटमेंट का फ़ॉर्म' अपनाया है[120], पर स्वयं आलोचना कितने 'अंडरस्टेटमेंट' से गुज़र रही थी, कहना ग़ैर-ज़रूरी है।

ग़नीमत है कि मुद्राराक्षस ने ग़ौर किया कि कुँवर नारायण दमनकारी राज्य-व्यवस्था के विरुद्ध समाजवाद और क्रान्ति की सरलीकृत भाषा में बात नहीं करते, बल्कि दमन के चरित्र को बहुत सार्थक ढंग से परिभाषित करते हैं।[121] कारगर संघर्ष के लिए यही मुनासिब प्रस्थान है। उन्होंने यह भी लिखा कि जिस कुँवर नारायण को 'सामाजिक यथार्थवाद' का विरोधी माना जाता रहा, उन्होंने ही *'शोषण के ख़िलाफ़ तीखी बेचैनी'* ज़ाहिर की है— *''इस संग्रह की कविताओं में एक ठंडा और सख़्त स्वर बर्बर दमन करनेवाली तानाशाही के विरुद्ध है। बल्कि शायद तानाशाही कहना उस बर्बरता को छोटा करना होगा। यह वह सत्ता है, जो आदमी को आदमी बने रहने देना पसन्द नहीं करती। इस तरह की कविताएँ पढ़ते-पढ़ते कभी-कभी आपातकाल याद आ जाता है, जिसके बारे में अक्सर इस ढंग से लिखा गया कि वह विपत्ति ही*

पिछली लगने लगी।''[122]

अलबत्ता मारियोला ओफ्रेदी के विश्लेषण में जो साफ़गोई, ईमानदारी और कवि की रचना-यात्रा में घटित हो रहे बदलाव को पकड़ने की सूक्ष्म अन्तर्दृष्टि है; वह अन्यतम है। उन्होंने लिखा है कि कुँवर नारायण जहाँ पहले जीवन के मूल्यांकन के लिए 'सांस्कृतिक, धार्मिक, नैतिक' पक्षों पर अधिक ज़ोर देते हैं; वहीं इस संग्रह में ख़ास तौर पर *'राजनीतिक दमन की आलोचना'* करते हैं और राजनीतिक रूप से उनकी यह प्रतिबद्धता नई तथा अप्रत्याशित है। पहले वे *'सभी विचारधाराओं के प्रति सशंक थे और उन्हें पूर्वग्रह से ग्रस्त मानते थे'*, जबकि अब *''उन्होंने महसूस किया है कि 'सांस्कृतिक मूल्य' भी पूर्वग्रह से ग्रस्त हैं; आपातकाल के दौरान व्यक्तिगत स्वतंत्रता के दमन का साक्षी बनते हुए, उसकी संवेदना का विस्तारित 'वृत्त' दमित व्यक्तिगत स्वाधीनता के अन्य अनुभवों के सम्पर्क में आया, उनसे उसने हाथ मिलाए और समृद्ध भी हुआ। अब वह अकेली तलाश को अस्वीकार करता है।''*[123] इस तरह 'अपने सामने' में हम पाते हैं कि कविता अपने समय की विडम्बना से अछूती नहीं रह सकती और न ही कवि किसी सर्वथा स्वायत्त लोक में घूमता रह सकता है। कविता दृश्य और ज्ञात में ही नहीं, अदृश्य और अज्ञात से उनके जटिल अन्तरसम्बन्धों की पहचान और प्रश्नाकुलता में भी निहित है। वह इस बात की समझ है कि मंच पर जो कुछ हो रहा है, नेपथ्य से उसका एक गहरा और अनिवार्य रिश्ता है—

''जितनी जगह में दिखता है एक हाथ
उसका क्या रिश्ता है उस बाक़ी जगह से
जिसमें कुछ नहीं दिखता है?
क्या वह हाथ
जो लिख रहा
उतना ही है
जितना दिख रहा?
या उसके पीछे एक और हाथ भी है
उसे लिखने के लिए बाध्य करता हुआ?''[124]

सन्दर्भ

1. कुँवर नारायण, 'अपने सामने', पृ. 108
2. वही, पृ. 97
3. वही, पृ. 16
4. वही, पृ. 13

5. वही, पृ. 17
6. वही, पृ. 26
7. वही, पृ. 34
8. वही, पृ. 102
9. वही, पृ. 33
10. वही, पृ. 50
11. वही, पृ. 64
12. वही, पृ. 64
13. वही, पृ. 68
14. वही, पृ. 91
15. वही, पृ. 71
16. वही, पृ. 57
17. यतीन्द्र मिश्र (सं.), 'कुँवर नारायण : उपस्थिति', पृ. 139-40
18. कुंवर नारायण, 'अपने सामने', पृ. 94
19. वही, पृ. 94
20. वही, पृ. 92
21. वही, पृ. 93
22. वही, पृ. 108
23. वही, पृ. 108
24. वही, पृ. 108-09
25. वही, पृ. 21
26. वही, पृ. 21
27. वही, पृ. 103
28. केदारनाथ सिंह, 'ज़मीन पक रही है', पृ. 19-20
29. कुँवर नारायण, 'अपने सामने', पृ. 88
30. वही, पृ. 87
31. वही, पृ. 22
32. वही, पृ. 19
33. वही, पृ. 27
34. वही, पृ. 95-96
35. वही, पृ. 95
36. वीरेन डंगवाल, 'इसी दुनिया में', पृ. 59
37. वही, पृ. 59
38. कुँवर नारायण, 'अपने सामने', पृ. 32
39. वही, पृ. 32

40. आलोक धन्वा, 'दुनिया रोज़ बनती है', पृ. 63
41. कुँवर नारायण, 'अपने सामने', पृ. 32
42. वही, पृ. 23
43. वही, पृ. 23
44. वही, पृ. 55
45. वही, पृ. 19
46. वही, पृ. 19
47. वही, पृ. 28
48. वही, पृ. 28-29
49. वही, पृ. 101
50. वही, पृ. 101
51. वही, पृ. 89-90
52. वही, पृ. 105
53. विनोद कुमार सौनकिया (सं.), 'आशय', अंक-3, पृ. 19
54. कुँवर नारायण, 'अपने सामने', पृ. 105
55. वही, पृ. 98
56. विष्णु खरे, 'आलोचना की पहली किताब', पृ.-93-95
57. कुँवर नारायण, 'अपने सामने', पृ. 88
58. केदारनाथ सिंह, 'यहाँ से देखो', पृ. 59
59. कुँवर नारायण, 'अपने सामने', पृ. 88
60. वही, पृ. 77
61. वही, पृ. 78
62. वही, पृ. 79
63. वही, पृ. 81
64. अली सरदार जाफ़री (सं.), 'दीवान-ए-मीर', पृ. 67
65. कुँवर नारायण, 'अपने सामने', पृ. 12
66. 'श्रीमद्भगवद्गीता', 2 / 37
67. कुँवर नारायण, 'अपने सामने', पृ. 84
68. वही, पृ. 99
69. 'श्रीमद्भगवद्गीता', 1 / 31
70. वही, 2 / 5
71. रामविलास शर्मा (सं.), 'राग-विराग', पृ. 130
72. कुँवर नारायण, 'अपने सामने', पृ. 106
73. नन्दकिशोर नवल (सं.), 'निराला रचनावली', भाग-1, पृ. 315-16
74. कुँवर नारायण, 'अपने सामने', पृ. 13

75. वही, पृ. 17
76. वही, पृ. 17
77. यतीन्द्र मिश्र (सं.), 'कुँवर नारायण : उपस्थिति', पृ. 117
78. विष्णु खरे, 'आलोचना की पहली किताब' पृ. 90
79. कुँवर नारायण, 'अपने सामने', पृ. 15
80. वही, पृ. 61
81. वही, पृ. 18
82. वही, पृ. 40
83. वही, पृ. 50
84. वही, पृ. 74
85. वही, पृ. 73
86. वही, पृ. 73
87. कुँवर नारायण, 'इन दिनों', पृ. 7
88. कुँवर नारायण, 'अपने सामने', पृ. 80
89. वही, पृ. 80
90. वही, पृ. 80
91. वही, पृ. 37
92. वही, पृ. 37-38
93. कुँवर नारायण, 'कोई दूसरा नहीं', पृ. 54
94. कुँवर नारायण, 'अपने सामने', पृ. 27
95. वही, पृ. 31
96. वही, पृ. 42
97. वही, पृ. 51
98. वही, पृ. 34
99. वही, पृ. 67
100. वही, पृ. 34
101. वही, पृ. 11
102. वही, पृ. 62
103. वही, पृ. 39
104. वही, पृ. 44
105. वही, पृ. 12
106. ज्ञानरंजन (सं.), 'पहल', अंक-69, पृ. 39
107. कुँवर नारायण, 'अपने सामने', पृ. 13
108. वही, पृ. 52-53

109. वही, पृ. 52–53
110. वही, पृ. 11
111. केदारनाथ सिंह, 'यहाँ से देखो', पृ. 87
112. विजय कुमार (अतिथि सम्पादक), 'सदी के अन्त में कविता' (उद्‌भावना कवितांक), सम्पादकीय से
113. केदारनाथ सिंह, 'यहाँ से देखो', पृ. 87
114. रघुवीर सहाय, 'प्रतिनिधि कविताएँ', पृ. 73–74
115. यतीन्द्र मिश्र (सं.), 'कुँवर नारायण : उपस्थिति', पृ. 117
116. विष्णु खरे, 'आलोचना की पहली किताब', पृ. 87
117. यतीन्द्र मिश्र (सं.), 'कुँवर नारायण : उपस्थिति', पृ. 90
118. विष्णु खरे, 'आलोचना की पहली किताब', पृ. 89–90
119. कुँवर नारायण, 'अपने सामने', पृ. 103
120. यतीन्द्र मिश्र (सं.), 'कुँवर नारायण : उपस्थिति', पृ. 160
121. वही, पृ. 169
122. वही, पृ. 168
123. वही, पृ. 88
124. कुँवर नारायण, 'अपने सामने', पृ. 43

पराक्रम की धुरी पर एक प्रगति-बिन्दु

“अबकी अगर लौटा तो
बृहत्तर लौटूँगा
चेहरे पर लगाए नोकदार मूँछें नहीं
कमर में बाँधे लोहे की पूँछें नहीं
जगह दूँगा साथ चल रहे लोगों को
तरेरकर न देखूँगा उन्हें
भूखी शेर-आँखों से
अबकी अगर लौटा तो
मनुष्यतर लौटूँगा।”[1]

यों लौटने की बात यहाँ भविष्य के सन्दर्भ में की गई है, पर कविता के साक्ष्य से हम कह सकते हैं कि यह 'अपने सामने' (1979) के चौदह वर्ष बाद 'कोई दूसरा नहीं' (1993) शीर्षक संग्रह की कविताओं में कवि का लौटना भी है। एक ज़्यादा सम्पूर्ण, सुन्दर और संवेदनशील संसार में लौटना; जिसे स्वयं कवि ने आविष्कृत और निर्मित किया है। इस कविता में जहाँ लगातार आत्महीन, आक्रामक और हिंस्र होते जाते समाज की आहट सुन पड़ती है; वहीं ताक़त, वर्चस्व और स्वार्थपरता की संस्कृति का ज़बरदस्त प्रत्याख्यान है। कुँवर नारायण को अपने समय की भयावहता का एहसास है; फिर भी—जैसा कि उन्होंने 'आत्मजयी' की भूमिका में लिखा है—वे 'उस आत्म-शक्ति के विकास' को अहम मानते हैं, *“जो बाहरी परिस्थितियों से विचलित न हो।”*[2] इसीलिए वे निराशा और पराजय की मानसिकता के विरुद्ध व्यापक मनुष्यता के हित के लिए समर्पित विचारशीलता को प्रतिष्ठित कर पाते हैं—

“अबकी अगर लौटा तो
हताहत नहीं
सबके हिताहित को सोचता
पूर्णतर लौटूँगा।”[3]

'कोई दूसरा नहीं' की पहली ही कविता है 'उत्केन्द्रित', जिसमें सभ्यता के केन्द्र से

विस्थापित किए जाने की ट्रेजेडी के बावजूद कवि ने जीवन से पलायन या मोह भंग की नहीं, बल्कि उससे गहरी सम्पृक्ति की आकांक्षा का इज़हार किया है। इस तरह कुँवर नारायण ज़िन्दगी के सबसे सुन्दर, उदात्त और मानवीय आशय की खोज करते हैं—

''मैं ज़िन्दगी से भागना नहीं
उससे जुड़ना चाहता हूँ।–
उसे झकझोरना चाहता हूँ
उसके काल्पनिक अक्ष पर
ठीक उस जगह जहाँ वह
सबसे अधिक बेध्य हो कविता द्वारा।''[4]

मशीनों और वस्तुओं के प्रभुत्व के कारण जहाँ मनुष्यता का ह्रास और अवमूल्यन हो रहा है, लोग एक बँधी-बँधाई लीक पर चलने को अभिशप्त हैं; कुँवर नारायण उस सशक्त आत्मवत्ता और संवेदना की तलाश के लिए प्रतिश्रुत हैं, जिसके बिना प्रदत्त मान्यताओं और स्थितियों की ग़ुलामी से छुटकारा—दूसरे शब्दों में, प्रगति—सम्भव नहीं है—

''नियतिबद्ध परिक्रमा से मोड़ कर
पराक्रम की धुरी पर
एक प्रगति-बिन्दु
यांत्रिकता की अपेक्षा
मनुष्यता की ओर ज़्यादा सरका हुआ...''[5]

उल्लेखनीय है कि 'प्रगति-बिन्दु' कवि के भाव-बोध में 'समत्व-बिन्दु' का समानार्थी है। मुक्ति के लिए समता अनिवार्य है और वही एक सर्वथा नए एवं उदार मानव-समाज की रचना की पूर्व-शर्त है—

''पोंछो सब: फिर लिखो शुरू से
उन्हीं उपादानों से—मनुष्य,
सही समत्व-बिन्दु से अभी और
विस्तृत करो जीवन-परिदृश्य।''[6]

यहाँ कम-से-कम दो मामलों में कुँवर नारायण और उनके एक समकालीन कवि केदारनाथ सिंह के काव्यगत सरोकारों में समानता लक्ष्य की जा सकती है। एक तो यह एहसास कि इस व्यवस्था की संरचना में कोई बुनियादी खोट है, जिसके निष्क्रमण के अनन्तर ही सच्चे और सुन्दर रूप में समाज का नव-निर्माण मुमकिन है—केदारनाथ सिंह के यहाँ भी मिलता है—

''उठो
झाड़न में

मोज़ों में
टाट में
दरियों में दबे हुए धागो उठो
उठो कि कहीं कुछ ग़लत हो गया है
उठो कि इस दुनिया का सारा कपड़ा
फिर से बुनना होगा
उठो मेरे टूटे हुए धागो
और मेरे उलझे हुए धागो उठो
उठो
कि बुनने का समय हो रहा है।''[7]

दूसरे, बदलाव की इच्छा के सन्दर्भ में केदारनाथ सिंह ख़ुद को ही प्रश्नांकित करते हैं—*''क्या मैं रख सकता हूँ / एक टूटा हुआ बाल / कार्य और कारण के बीच में?''*[8] दूसरों की आलोचना करना और उन पर सन्देह करना तभी नैतिक है; जब आदमी में आत्मालोचना की हिम्मत हो और वह अपनी सक्रियता से वास्तविकता को नया अर्थ देना चाहता हो—

''सुबह हुई
और उसने सोचा
दुनिया बदलने से पहले
मुझे बदल डालनी चाहिए अपनी चादर
जो कि मैली हो गई है।''[9]

निश्चय ही, कुँवर नारायण में आद्यन्त यह नैतिकता है कि वे अपने को जाँचे और बदले बिना बाह्य परिदृश्य में किसी परिवर्तन या सौन्दर्य की उम्मीद नहीं करते—

''अगर मुझमें अपनी दुनिया को
बदल सकने की ताक़त होती
तो सबसे पहले
उस ''मैं'' को बदलने से शुरू करता
जिसमें दुनिया को बदलने की ताक़त होती।''[10]

इसलिए दूसरों को दोष देने की बजाय वे अपनी ही निष्ठा पर सवाल उठाते हैं। इस आत्म-निर्मम यथार्थ-दृष्टि और प्रतिबद्धता के बीच का तनाव उनके यहाँ बहुत सार्थक ढंग से व्यक्त हुआ है—

''नहीं, किसी और ने नहीं
मैंने ही तोड़ दिया है कभी कभी
अपने को झूठे वादे की तरह

यह जानते हुए भी कि बार बार
लौटना है मुझे
प्रेम की तरफ़
विश्वास बनाए रखना है
मनुष्य में
सिद्ध करते रहना है
कि मैं टूटा नहीं।'' [11]

कुँवर नारायण बहुत ठोस और संजीदा मायनों में इसी दुनिया के कवि हैं। वे किसी अलौकिक सत्ता और उससे सम्बोधित धार्मिक या आध्यात्मिक विश्वासों को अपना शरण्य नहीं बनाते। इस तरह एक छद्म मुक्ति ही मिल सकती है, पर वह भयानक आत्म-छल है—

''असलियत कहीं और है कहते हुए
जब भी मैंने विश्वासों का सहारा लिया–
लगा यह ख़ाली जगहों और ख़ाली वक़्तों को
और अधिक ख़ाली करने-जैसी चेष्टा थी कि मैं उन्हें
एक ईश्वर-क़द उत्तरकांड से भर सकता हूँ।'' [12]

विभिन्न अनुभवों की छाया में वे मृत्यु-कामना, निराशा, उदासीनता और आत्मग्रस्तता जैसे विकल्पों को ख़ारिज करते हैं। अपने को ही सब-कुछ मानने में औरों का तिरस्कार है। मनुष्य की गरिमा को आहत न करना और उसके अधिकारों का सम्मान करना कुँवर नारायण की सर्वोच्च प्राथमिकता है। इसीलिए वे लिखते हैं—*''मैं ही सब कुछ हूँ कहते हुए / जब भी मैंने व्यक्त होना चाहा / दुनिया छोटी पड़ती चली गई / एक बहुत बड़ी महत्त्वाकांक्षा के सामने।''* [13] दूसरी ओर, लघुता के एहसास की परिणति आत्म-संकोच और आत्महीनता में होती है, जिसे कुँवर नारायण क़तई अस्वीकार करते हैं, क्योंकि *''दुनिया में आदमी के छोटेपन से ज़्यादा छोटा / और कुछ नहीं हो सकता।''* [14] अन्ततः उनका निष्कर्ष है कि अपनी सीमाओं का अतिक्रमण और प्रतिगामी विचारों से संघर्ष ही अपने साथ-साथ अपनी दुनिया के उत्थान का कारगर ज़रिया हो सकता है—

''पराजय यही है कहते हुए
जब भी मैंने विद्रोह किया
और अपने छोटेपन से ऊपर उठना चाहा
मुझे लगा कि अपने को बड़ा रखने की
छोटी-से-छोटी कोशिश भी
दुनिया को बड़ा रखने की कोशिश है।'' [15]

अपरिचय से परायापन पैदा होता है। जिसे हम अपना नहीं मानते, उसे महत्त्व भी नहीं देते। इस विचार-प्रक्रिया से कुँवर नारायण साबित करते हैं कि प्यार ही उदात्तता की कसौटी है—

''आम तौर पर
आम आदमी
ग़ैर होता है
इसीलिए हमारे लिए जो
ग़ैर नहीं
वह हमारे लिए
मामूली भी नहीं होता

मामूली न होने की कोशिश
दरअसल किसी के प्रति भी
ग़ैर न होने की कोशिश है।'' [16]

कविता-संग्रह के नाम 'कोई दूसरा नहीं' का सम्बन्ध इसी मंतव्य से है। किसी को भी ग़ैर या 'दूसरा' न मानना दरअसल एक ऐसी व्यवस्था के लिए संघर्ष करना है, जिसमें किसी के भी साथ अन्याय न हो। यह इस संघर्ष का हमारे समय में विस्तृत पहलू है, पर इसकी जड़ें प्राचीन भारतीय दर्शन में हैं। 'कठोपनिषद्' के एक श्लोक का आशय है कि *'जो आत्मा यहाँ है, वही वहाँ है और जो आत्मा वहाँ है, वही यहाँ भी है; वह मनुष्य मृत्यु से मृत्यु को प्राप्त होता है, यानी बार-बार जन्मता-मरता है, जो इस संसार में आत्मा को अनेक की भाँति देखता है'*—

''यदेवेह तदमुत्र यदमुत्र तदन्विह।
मृत्योः स मृत्युमाप्नोति य इह नानेव पश्यति॥'' [17]

सब जगह समान भाव से अन्तर्व्याप्त आत्म-तत्त्व या सृष्टि के केन्द्रीय सच को जान लेने पर ही वह सार्थकता हासिल हो सकती है, जो ज़िन्दगी और देह की नश्वरता से परे है। कुँवर नारायण मृत्यु से सर्वथा अछूते ऐसे ही संवेदनात्मक ज्ञान या सृजनात्मक उत्कर्ष की बेचैन तलाश करते हैं—

''ऐसा कुछ सान्त्वनीय ऐसा कुछ अर्थवान
जो न हो केवल एक देह का अवसान?
ऐसा क्या कहा जा सकता है
किसी के बारे में
जिसमें न हो उसके न-होने की याद?'' [18]

'कोई दूसरा नहीं' बीसवीं सदी के आख़िरी दशक में प्रकाशित हुई रचना है; जब आसन्न अतीत में जीवन-मूल्यों में अप्रत्याशित विघटन और उलटफेर घटित

हुआ था। संयम, सादगी, अपरिग्रह और गम्भीरता की जगह अनियंत्रित उपभोग, चकाचौंध, लालच और आक्रामकता ने ले ली। कवि के शब्दों में, 'जल्दी का ज़माना' आ गया। किसी के पास ठहरकर सोचने-विचारने की न फ़ुर्सत रह गई, न ज़रूरत। लोग एक-दूसरे से आगे बढ़ने की एक निर्मम व्यावसायिक प्रतिस्पर्द्धा में मुब्तिला हो गए। लेकिन यह दौड़ हमें आख़िर किस महान लक्ष्य तक ले जाती है, इस सवाल के आगे सभी निरुत्तर और हैरान हैं। आदमी का मिज़ाज ऐसा हो गया है कि *''उसे जब भी / धैर्य से सोचने पर बाध्य किया जाएगा / वह अधैर्य से बड़बड़ायेगा।''*[19] इस परिस्थिति में कुँवर नारायण ग़लत के बरअक्स सही और युद्ध के बरअक्स प्यार का प्रस्ताव रखते हैं—

''ग़लत से ग़लत वक़्त में भी
सही से सही बात कही जा सकती है।
हम थोड़ी देर के लिए
स्थगित कर सकते हैं युद्ध।''[20]

इस कविता में महाभारत में अपने ही बंधु-बांधवों, अग्रजों और गुरुजनों को युद्ध के लिए समुपस्थित देखकर दुखी और किंकर्तव्यविमूढ़ हो गए अर्जुन की स्मृति है। उसके संशय, अपराध-बोध और युद्ध की अनिच्छा को कुँवर नारायण बहुत मूल्यवान् और प्रासंगिक मानते हैं। अगर युद्ध का आदेश कोई ईश्वर भी दे रहा हो, तो सवाल उस पर भी उठने चाहिए—

''ऐसी विषम घड़ी में हमारे अन्तःकरण
कम से कम एक बार तो
बना सकते हैं ईश्वर को साक्षी–
माँग सकते हैं उससे भी स्पष्टीकरण...''[21]

ईश्वर यहाँ प्रभु-वर्ग की सत्ता का प्रतीक भी है और आत्मा का भी। 'कोई दूसरा नहीं' की बुनियादी स्थापना यह है कि दुनिया में कोई भी 'अन्य' या ग़ैर नहीं है। इसलिए किसी के प्रति नफ़रत या हिंसा का भाव रखना न्यायोचित नहीं। मनुष्य का विशुद्ध और सम्पूर्ण नैतिक बोध किसी तरह के ख़ून-ख़राबे या विद्वेष की इजाज़त नहीं दे सकता—

''हम चीख़ सकते हैं कि 'नहीं...
ये सब पराये नहीं मेरे हैं,
मैं इन्हें नहीं मार सकता,
मैं युद्ध नहीं करूँगा...' ''[22]

कोई कह सकता है कि युद्ध की अन्तर्वस्तु से कवि इतना आक्रान्त क्यों है और जहाँ अपने अधिकारों के लिए संघर्ष अपरिहार्य हो, वहाँ इस कातरता का क्या

मतलब है? दरअसल कुँवर नारायण की मुश्किल युद्ध नहीं, बल्कि वह जटिल सामाजिक यथार्थ है, जिसमें भाई ही भाई के क़त्ल पर आमादा है—

"किसी ने कहा–'लड़ो,
ज़िन्दगी हक़ की लड़ाई है।'
हथियार उठाया तो देखा
मेरे ख़िलाफ़ पहला आदमी
मेरा भाई है।"[23]

प्रसंगवश, कवि त्रिलोचन की मशहूर पंक्तियाँ याद आती हैं—

"कल अँधेरे में जिसने सर काटा,
नाम मत लो हमारा भाई है।"[24]

इस पृष्ठभूमि में अचरज नहीं कि कुँवर नारायण *'दुश्मनी को प्यार से निरस्त कर देनेवाले / अ-युद्ध प्रस्तावों पर / हस्ताक्षर'*[25] करते हैं। यह और बात है कि एक विषाक्त माहौल में उनकी निष्पक्षता फिर भी सन्देह के घेरे में रहे। सच यह है कि युद्ध से अर्जित की गई सत्ता, जयघोष, प्रशस्ति और यश से उन्हें कोई मोह नहीं है। पूँजी और वर्चस्व के प्रलोभनों से मुक्त जीवन उन्हें प्रिय है—*"सुखद है यह नंगे सिर नंगे पाँव यात्रा / स्वीकार करता हूँ कि मैं सूरमा नहीं / साधारण हूँ।"*[26] चूँकि वे लड़ाइयों के मनुष्यहंता और विडम्बनापूर्ण स्वरूप से वाक़िफ़ हैं; इसलिए उनके प्रतिपक्ष में और सामान्य जन के साथ हैं—

"सविनय खड़ा हूँ सबके साथ
घातों प्रतिघातों से ऊबे हुए
लोगों की क़तार में।"[27]

कुँवर नारायण के लिए जीवन भी एक युद्ध ही है, पर वे उसे अन्याय और हिंसा से नहीं, अपनी सादगी और निश्छलता से जीतना चाहते हैं। प्रमाण हैं ये पंक्तियाँ, जो उन्होंने अपने बचपन के एक गुरु की सराहना में लिखी हैं—

"वह सादा जीवन जो अनायास बीत गया
कितने निर्द्वन्द्व भाव एक युद्ध जीत गया।"[28]

कुँवर नारायण ज़ोर-ज़बरदस्ती और आतंक की भाषा में बात नहीं करते। बल-प्रयोग से अपनी बात मनवा लेना उनकी फ़ितरत नहीं, क्योंकि यह मनुष्य की स्वतंत्र अस्मिता पर हमला है। इसके विपरीत उनकी शैली रघुवीर सहाय के निकट है, जिन्होंने लिखा है कि *"मैं कभी ताक़त से नहीं बोला / उम्मीद से बोला कि शायद मैं सही हूँ / ताक़त से नहीं कि चाहे सही हूँ या नहीं हूँ / बोल मैं ही सकता हूँ।"*[29] इसीलिए कुँवर नारायण शक्ति-संरचनाओं पर सन्देह करते हैं, जो अपनी प्रकृति से ही अपारदर्शी हैं। वहाँ ऐसे 'शासक' होते हैं, जिनके बारे में श्रीकान्त वर्मा ने कहा था

कि वे *'अनसुनी करने के लिए नियुक्त किए गए हैं।'* इसके बजाय कुँवर नारायण संवाद, आलोचना और बहस की संस्कृति के हिमायती हैं—

''मुझे आशंकित करती
उन कमरों की घेराबन्दी
जिनमें होता है
सिर्फ़ एक सदर दरवाज़ा –
किसी तोप के मुँह की तरह
खुला हुआ एकतरफ़ा
और एकआवाज़ा...''[30]

पुराने ज़माने की एक कहावत है कि *'राजा कहते हैं और राजकुमार सुनते हैं।'* ज़ाहिर है कि जनता की हैसियत भी मूक श्रोता की ही थी। कुँवर नारायण अगर इस विषमता का प्रतिकार करते हैं, तो इसमें उनके जीवनानुभव की बहुत बड़ी भूमिका है। उनमें आत्यन्तिक स्तर की ईमानदारी है, जिसकी बदौलत वे रेलवे कुली के न मिलने पर—स्वयं उस श्रम के अनुभव से गुज़रने पर—उसकी पीड़ा को पहचानने और उससे एकात्म होने की घटना बयान कर पाते हैं—

''मैंने उसके चेहरे से उसे
कभी नहीं पहचाना,
केवल उस नम्बर से जाना
जो उसकी लाल कमीज़ पर टँका होता।
आज जब अपना सामान ख़ुद उठाया
एक आदमी का चेहरा याद आया।''[31]

दर्द का एहसास ही कवि को साधारण जन से जोड़ता है। इस साहचर्य में *'एक तीखी, पर मित्र-सी सोंधी ख़ुशबू'* है, जैसी नीम की *'कड़वी-मीठी औषधीय गंध'* में होती है। कवि की प्रश्नाकुलता में दरअसल भारतीय जनता को लेकर एक गहन संकेत छुपा है— *''अजीब बात है मैंने उन फूलों को जब भी सोचा / बहुवचन में सोचा।''*[32] नीम के फूलों का यह वर्णन अनायास ही कुँवर नारायण के जीवन-दर्शन को उजागर कर देता है—

''...कुछ था
उनके झरने में, खिलने से भी अधिक
शालीन और गरिमामय, जो न हर्ष था
न विषाद।
जब भी याद आता वह विशाल दीर्घायु वृक्ष
याद आते उपनिषद्: याद आती
एक स्वच्छ सरल जीवन-शैली...''[33]

बुद्ध ने यातना और आनन्द—जीवन के इन दो छोरों के बीच चलने को ही आदर्श माना था, जिसे 'मध्यमा प्रतिपदा' कहते हैं। कुँवर नारायण सुख-दुख में समत्व-भाव को सबसे श्रेयस्कर और गरिमामय स्थिति मानते हैं। औपनिषदिक समय और परिवेश को याद करने और उसके मुताबिक़ एक निर्मल और उदार जीवन का शिल्प गढ़ने के मामले में वे इस वक़्त हिन्दी के शायद अकेले कवि हैं। अशोक वाजपेयी के शब्दों में—*"कुँवर नारायण न तो किसी 'क्यू' के कवि हैं और न ही उनके पीछे कोई 'क्यू' है। उनका महत्त्व उनके अलग होने में है।"*[34] समकालीन काव्य-परिदृश्य में उनकी विशिष्टता को रेखांकित करते हुए वे कहते हैं कि उनकी कविता में 'धीरज', 'सयानी समझ' और 'भलमनसाहत' है—*"...जहाँ पक्षधरता एक चरम मूल्य के रूप में प्रतिष्ठित है, भलमनसाहत एक बहुत सीधी-सपाट अवधारणा जान पड़ती है, जिसकी जीवन और कविता दोनों में ख़ास जगह नज़र नहीं आती।...यह हाशिए पर से दुनिया को भरी नज़र देखने की कोशिश करती कविता है।...हम सब-कुछ राजनीति से जोड़कर और उसी के शक्ति-संघर्ष की पदावली में सोचने-समझने के इतने आदी हो चुके हैं कि हमें नीति व्यर्थ और हाशिए का मामला लगती है। बीसवीं सदी राजनीति की सदी है, नीति की नहीं। कुँवर नारायण को राजनीति से गुरेज़ नहीं, पर वे राजनीतिक सचाई के नैतिक आशय को विन्यस्त करने की चेष्टा करते हैं।"*[35]

एक कवि का सबसे ज़रूरी कार्य-भार यह है कि वह अपने समय में मनुष्य-सम्बन्धों में घटित हो रहे बदलाव की शिनाख़्त करे और उसमें जो-कुछ प्रतिगामी और विडम्बनापूर्ण हो, उसका प्रतिरोध भी। कुँवर नारायण जानते हैं कि जब राजनीति ने हमारी भाषा को भ्रष्ट, खोखला और निकम्मा कर दिया है; नैतिक संवेदना को केन्द्र में प्रतिष्ठित करने का कोई विकल्प नहीं है। इसकी शुरूआत वे ख़ुद से ही करते हैं—*"...एक धारावाहिक कथानक की / सूक्ष्मतम प्रतिध्वनियों में / सुन सकने का वह पूरा सन्दर्भ हूँ / जिसमें अनेक प्रार्थनाएँ और संगीत / चीख़ें और हाहाकार / आश्रित हैं एक केन्द्रीय ग्राह्यता पर।"*[36] दूसरों पर दोषारोपण करने, फ़ैसला सुनाने या उपदेश देने के आसान और प्रचलित मुहावरे से अलग हटकर हमेशा अपनी ज़िम्मेदारी से वाबस्ता रहना उनकी प्रमुख विशेषता है; जिसके बारे में अशोक वाजपेयी का कथन सुन्दर और सटीक है—*"कवि यह भलीभाँति जानता है कि उसे दूसरों पर अधिकार नहीं है, अपने पर ही है। अपने अधिकार की मर्यादा का कुँवर नारायण कभी उल्लंघन नहीं करते हैं।"*[37]

अपनी साफ़-सुथरी, निष्कपट और उदात्त चेतना के कारण वे एक ऐसी भाषा की कामना करते हैं, जिसमें *'द्विविधाओं और द्वाभाओं के सन्देहात्मक क्षितिज न हों।'*[38] यहाँ भाषा को उन्होंने सामाजिक संरचना के रूपक के तौर पर भी देखा है,

जो अनेक दुरभिसन्धियों और विचलनों की वजह से आन्तरिक विघटन की शिकार है। इसके विपरीत कवि मैत्री की तलाश करता है, जिसके बिना भाषा या समाज का सारा आयोजन निरर्थक है—

"सरल और स्पष्ट
(कुटिल और क्लिष्ट की विभाषाओं में टूटकर)
अकसर इतनी द्रुतगति से अपने रास्तों को बदलते
कि वहाँ विभाजित स्वार्थों के जाल बिछे दिखते
जहाँ अर्थपूर्ण सन्धियों को होना चाहिए।"[39]

भाषा में सचाई, संवेदनात्मक उत्कटता और काव्यात्मक सौन्दर्य का अकाल तभी पड़ता है; जब मनुष्य-सम्बन्धों में प्यार की ऊष्मा और सजलता का अभाव होता है। राजेश जोशी ने लिखा है कि *'हत्यारे में सबसे पहले मरती है / कविता की सबसे ज़रूरी पंक्ति।'* कुँवर नारायण कहते हैं कि जैसे एक पेड़ के सूखने पर सबसे पहले उसके सबसे कोमल हिस्से—फूल और पत्तियाँ—सूखते हैं; वैसे ही सामाजिक सम्बन्धों में वैमनस्य और क्रूरता के आने पर भाषा के काव्यत्व का क्षरण होता है—

"एक भाषा जब सूखती
शब्द खोने लगते अपना कवित्व
भावों की ताज़गी
विचारों की सत्यता
बढ़ने लगते लोगों के बीच
अपरिचय के उजाड़ और खाइयाँ..."[40]

यों तो कुँवर नारायण को विचारों का कवि कहा जाता है, पर ग़ौर से देखें तो यह विचारशीलता आत्मिक समृद्धि की रक्षा का निमित्त है। बेशक वे *'भाषा की पारिस्थितिकी'* को बचाना चाहते हैं, मगर जानते हैं कि यह तब तक सम्भव नहीं; जब तक कि जो साधारण जन पूरे सामाजिक ढाँचे का भार अपने कंधों पर उठाये हुए हैं, उनके प्रति हमारे दृष्टिकोण में करुणा का पुनर्वास न हो—

"सोच में हूँ कि सोच के प्रकरण में
किस तरह कुछ कहा जाए
कि सबका ध्यान उनकी ओर हो
जिनका ध्यान सबकी ओर है—
कि भाषा की ध्वस्त पारिस्थितिकी में
आग यदि लगी तो पहले वहाँ लगेगी
जहाँ ठूँठ हो चुकी होंगी
अपनी ज़मीन से रस खींच सकनेवाली शक्तियाँ।"[41]

महज़ संयोग नहीं कि 'कोई दूसरा नहीं' में ऐसी कविताओं की संख्या काफ़ी है, जो स्वयं कविता पर केन्द्रित हैं। इनमें कुँवर नारायण ने कविता को अपने ढंग से परिभाषित करने और अपने समय में उसके अस्तित्व पर घिर आए संकट की छानबीन करने की कोशिश की है। कविता को वे प्रेम की प्रतिश्रुति या एक मूल्यधर्मी हठ के रूप में ही स्वीकार करते हैं— *"कविता बराबर ही / जुड़े रहना है किसी तरह / सबसे।"* [42] वह सिद्धान्तहीनता, समर्पण और अवसरवाद से इन्कार करती है। उसकी शक्ति अद्वितीयता और अविचलित निष्ठा में है, मुख्यधारा की संस्कृति का विवश हिस्सा हो जाने में नहीं—

"वह होती है अपनी शर्तों पर या नहीं होती
वह अपने सिवाय और कुछ होने से इन्कार करती है
यह इन्कार उसकी सबसे बड़ी ताक़त है
उसका कोई विकल्प नहीं
क्योंकि वह ज़िद्दी होती है।" [43]

कुँवर नारायण यह सवाल उठाते हैं कि हमारे निर्मम व्यावसायिक तंत्र में कविता के लिए क्या सचमुच कोई गुंजाइश रह गई है या हमने उसे दिवंगत मान लिया है ? वह त्वरित सहमति नहीं; सन्देह, प्रतिवाद और तर्क करना सिखाती है, क्योंकि सच की खोज के लिए यह अनिवार्य है। कविता किस क़दर हाशिए की चीज़ है, यह उनके इस बयान से पता चलता है कि वह महज़ एक शक की बिना पर ज़िन्दा है। संशय का एक सकारात्मक या तक़रीबन आस्था के अर्थ में इस्तेमाल उनकी 'कला' से अधिक आधुनिक चेतना का सुबूत है—

"यक़ीन करनेवालों ने यक़ीन कर लिया
कि कविता मर गई,
लेकिन शक करनेवालों ने शक किया
कि ऐसा हो ही नहीं सकता
और इस तरह बच गई कविता की जान।" [44]

धूमिल ने कहा था कि *"एक सही कविता / पहले / एक सार्थक वक्तव्य होती है।"* [45] निश्चय ही, इससे असहमत होने की कोई वजह नहीं है, मगर यह परिभाषा अधूरी है, क्योंकि विचार और संवेदनाएँ वस्तु-साक्ष्यों के अभाव में विश्वसनीय और प्रभावशाली नहीं रह जातीं। इसीलिए कुँवर नारायण कविता की गवाही को सबसे अहम मानते हैं, जिसके ज़रिए वह सत्य को पाना चाहती है और एक अधिक संवेदनक्षम तथा उदात्त मानव-समाज की रचना के लिए संघर्ष करती है। मगर उसकी जद्दोजहद किसी बनावटी या सोची-समझी रणनीति के तहत नहीं होती, बल्कि अदम्य नैतिक उत्कंठा का नतीजा है—

"कविता वक्तव्य नहीं गवाह है
कभी हमारे सामने
कभी हमसे पहले
कभी हमारे बाद
कोई चाहे भी तो रोक नहीं सकता
भाषा में उसका बयान
जिसका पूरा मतलब है सचाई
जिसकी पूरी कोशिश है बेहतर इन्सान।"[46]

कुँवर नारायण 'ईश्वर' का प्रयोग अनेक अर्थों में करते हैं। कभी आत्मा, कभी प्रभु–वर्ग, तो कभी मनुष्य के सर्वाधिक विकसित रूप का वह वाचक है। ईश्वरत्व की सम्भावना चूँकि मनुष्य में ही निहित है या कम–से–कम कवि का ऐसा मंतव्य है; इसलिए उसकी अस्मिता के सकारात्मक पाठ को वह प्रस्तावित करता है—*"व्यक्ति को / विकार की ही तरह पढ़ना / जीवन का अशुद्ध पाठ है।"*[47] व्यक्ति की निजता की रक्षा, उसकी गरिमा के इसरार और उसका सम्मान करने के मामले में कुँवर नारायण बेजोड़ हैं। इसके महत्त्व को पहचानते हुए अशोक वाजपेयी ने लिखा है कि *"विराट व्यवस्थाओं के ध्वंस और उपभोक्तावाद के उत्कर्ष के युग में व्यक्ति का, उसकी सम्भावना पर ध्यानाकर्षण करना 'रैडिकल' काम है–सिर्फ़ कविता ही नहीं, उस पूरी संस्कृति में, जो अब व्यक्ति के अवमूल्यन पर टिकी जान पड़ती है।"*[48] कविता मनुष्यता की उत्कृष्टतम अभिव्यक्तियों या यों कहें कि मानवीय साधना की श्रेष्ठतम् उपलब्धियों में से एक है। इसीलिए कुँवर नारायण के लिए जहाँ एक ओर *"उसकी स्वयंता / अपने मनुष्य होने के सौभाग्य को / ईश्वर तक प्रमाणित करती हुई"*[49] है; वहीं दूसरी ओर कविता की जगह वहाँ है, *"जहाँ ज़मीन और आसमान / जहाँ आदमी और भगवान के बीच दूरी / कम से कम हो।"*[50] कोमलता और सौन्दर्य, प्रकाश और मंगल के लिए कवि चाहता है कि कविता को हम अपनी ज़िन्दगी में उसी तरह शामिल करें, *"जैसे फूलों को जगह देते हैं पेड़ / जैसे तारों को जगह देती है रात।"*[51] इस कविता के आख़िरी हिस्से में कवि प्रकट तौर पर एक विकल्प सुझा रहा है; लेकिन वस्तुतः वह अपने चारों ओर फैले दारुण यथार्थ की ओर संकेत करता है—

"वैसे कोई चाहे तो जी सकता है
एक नितान्त कवितारहित ज़िन्दगी
कर सकता है
कवितारहित प्रेम।"[52]

ग़ौर से देखें, तो कुँवर नारायण की कविता के केन्द्रीय सरोकार हैं—प्रेम,

सौन्दर्य, लोक-मंगल की आकांक्षा, अपरिग्रह, जीवन के प्रति गहन संसक्ति, सत्याग्रह और एक उदात्त विचारशीलता। आचार्य रामचन्द्र शुक्ल का बहुत मशहूर कथन है कि *'सभ्यता के विकास के साथ-साथ कवि-कर्म उत्तरोत्तर कठिन होता जाएगा।'* निश्चय ही, कवि को इस मुश्किल का सबसे तीखा एहसास है। उसके मुताबिक़— बदले हुए हालात की भाषा भिन्न हो सकती है, पर उसमें भी मूल्यों से प्रतिश्रुति सम्भव है और यह सम्भाव्यता अभिनन्दनीय है—

"कोई बात नहीं
ये कैंची
ये क़ैद
ये फूलदान
तुमने दिया तो एक कमरा
सजाने को
कहा तो मेहमान
दुख से देखा तो
उनका मुरझाना
सुन्दरता को
किसी भाषा में
दिया तो सम्मान।"[53]

कुँवर नारायण भारतीय परम्परा के श्रेष्ठतम तत्त्वों को आत्मसात करके उन्हें विकसित करते हैं। इस प्रक्रिया में उनका मानना है कि आत्मदान से ही सार्थकता हासिल की जा सकती है। इसलिए मुक्ति और लोक-मंगल के लक्ष्य उनके यहाँ पृथक् नहीं, अन्योन्याश्रित हैं—

"कामना करें जैसे किया होगा कभी प्रजापति ने
अपने पुत्रों के लिए कि सुख और शान्ति हो
समस्त पृथ्वी पर। धन्य हों अतिथि...
... ...
... ...
मुक्त हों जैसे होते हैं पुरुषार्थी वृक्ष
दे देकर सूखी ठठरियाँ तक जीवन को :
विसर्जित हों जैसे होते हैं आकाशों को चूमकर
वृक्षों के शिखर।"[54]

मित्रता की अन्तर्वस्तु पर 'स्मृति-दीर्घा' शीर्षक, जैसी सुन्दर और अविस्मरणीय कविता कुँवर नारायण ने लिखी है; समकालीन कविता में वैसी रचना अन्यत्र

अप्राप्य ही है। यहाँ प्रेम में उत्कंठा और आदर का संश्लेष ग़ौरतलब है। दूसरे, जीवन की सार्थकता का एहसास प्रेम की प्रगाढ़ता और उसमें निहित शुभकामना की *'विघ्नहर विनायक छाया'* पर अवलम्बित है। ख़ास बात यह कि कुँवर नारायण एक तरफ़ तो प्रेम का स्तवन करते हैं, वहीं दूसरी ओर बिछोह के समय को 'वानप्रस्थ' की संज्ञा देकर दुख को नई गरिमा प्रदान करते हैं—

> *''हमारे मिलने के बहुत कम वक़्त का*
> *एक बहुत बड़ा हिस्सा*
> *यों ही गुज़र गया...*
> *वह यों भी गुज़रता,*
> *पर एक शुभेच्छा की*
> *विघ्नहर विनायक छाया में*
> *अगर झुकते माथे जुड़ते हाथ*
> *तो उस जुड़ने को हम प्रेम कहते*
> *उसके बीतने को उत्सव*
> *और इस वनवास को शायद वानप्रस्थ...''*[55]

कहना ग़ैर-ज़रूरी है कि यह नव्यता भारतीय परम्परा से घनिष्ठ भाव-बोध से ही निःसृत है। दूसरे, यहाँ काव्यार्थ पूरी कविता की संरचना में समानुपातिक रूप से विन्यस्त है। इसलिए कविता के किसी अंश को उद्धृत करना उसके साथ अन्याय है। कुँवर नारायण ने बौद्धिक सान्द्रता और संवेदनात्मक उत्कटता को अद्भुत ढंग से सुन्दर एवं मज़बूत शिल्प में एकात्म किया है। परम्परा और आधुनिकता, विचार और संवेदना, संयम और प्रश्नाकुलता की इस अन्विति की सराहना में रमेशचंद्र शाह ने लिखा है—*''वेदन-तंत्र की वेध्यता के साथ बौद्धिक दृढ़ता (टफ़नेस) का वह विशिष्ट संयोग, जो 'तीसरा सप्तक' के कवियों के बीच कुँवर नारायण की अपनी अलग पहचान स्थापित करता जान पड़ा था, उसका परिपाक इन कविताओं में देखा जा सकता है। आधुनिक भाव-बोध से घनिष्ठ वह जो नई बुद्धि-ऊर्जा, बौद्धिक संस्कार, नई कविता ने स्वायत्त किया था; मुझे लगता है, उसकी सम्भावनाएँ अभी निःशेष नहीं हुई हैं...ये सभी कवि (अज्ञेय, साही और विपिन अग्रवाल)-और कुँवर नारायण भी-दुनिया को समझने के साथ-साथ दुनिया को बदलना चाहनेवाले कवि ही हैं। कुँवर नारायण के प्रश्नाकुल कवि-कर्म का यह एक महत्त्वपूर्ण पक्ष शुरू से ही रहा है। किन्तु उनमें और मुक्तिबोध-सर्वेश्वर-केदारनाथ सिंह सरीखे कवियों के बीच एक महत्त्वपूर्ण अन्तर है। वह यह कि कुँवर नारायण इन तीनों से कहीं अधिक आधुनिक भाव-बोध-सम्पन्न कवि हैं और शायद इसी कारण तीनों से कहीं अधिक अपनी परम्परा की प्रश्नाकुलता से, अपनी परम्परा के सृष्टि-बोध और*

जीवन-बोध से भी घनिष्ठ हैं। उसका तीक्ष्ण और एकाग्र समसामयिक निर्वचन कर सकने में भी कहीं अधिक समर्थ।''[56]

कुँवर नारायण के यहाँ प्रेम भी उनकी विचारशीलता से असम्पृक्त नहीं है। प्रमाण है 'चौर-पंचाशिका' के सन्दर्भ में लिखी गई कविता 'अद्यापि...'। इसमें रोमानियत और क्लासिकल रुझान, बिम्ब और विचार, स्वप्नशीलता और विद्रोह का द्वन्द्वात्मक सामंजस्य घटित हुआ है। कविता समय और जगह के विस्तृत कैनवस पर आवाजाही करती है। एक ओर *''...कवि / देखता है किसी अँधेरी शताब्दी में / तुम्हारा सौन्दर्य / एक दीये-सा जगमगाता है''*[57], दूसरी ओर—

''आज भी
तुम्हारे यौवन के एक गुलाबी मौसम से उड़कर
बेचैन कर जानेवाली हवाओं का
लड़खड़ाता झोंका
फूलों के रंगीन गवाक्षों से आता है।''[58]

लेकिन यह कोरी विलासिता और स्वार्थ में डूबा हुआ आत्म-मुग्ध प्रेम नहीं है, बल्कि राजत्व के अहंकार से लोहा लेनेवाला स्वाभिमानी प्रेम है। जोखिम उठाये बिना नए मूल्यों की रचना नहीं की जा सकती। एक ओर कवि को मालूम है कि *''काल को सम्मुख रख / कठोरतम् राजाज्ञा की अन्तिम अवज्ञा में''*[59] ही प्यार सम्भव है, दूसरी ओर इस प्यार में इतनी उत्कंठा है कि—

''आज भी
किसी प्राचीन अनुशासन की ऊँची अटारी पर क़ैद
राजकन्या-सा प्यार
एक सामान्य कवि को
स्वीकार करने का साहस दिखाता है।''[60]

हालाँकि अपने कवि-स्वभाव के अनुसार कुँवर नारायण आत्मबद्ध और आत्म-केन्द्रित होने से भरसक दूर रहे हैं; फिर भी 'कोई दूसरा नहीं' में 'कील जो गड़ती रहती' और 'हँसी' शीर्षक कम-से-कम दो कविताएँ ऐसी हैं, जिनमें उनका निजी विषाद और बेचैनी बहुत सघन और तीखे रूप में व्यक्त हुए हैं। यह सारा दुख मूल्यों के लिए संघर्ष का नतीजा है, जो इसी से ज़ाहिर है कि कवि ईसा मसीह के बिम्ब को जन-साधारण की और अपनी छवि में—समय के एक नैरन्तर्य में—प्रतिफलित होते देखता है—

''वह कील जो गड़ती रहती पाँव में
कहीं वही कील तो नहीं
जिस पर घूमती है पृथ्वी?

सिर से पाँव तक धँसी हुई
अनवरत दुखती एक पैनी तिरछी रेखा...
... ...
... ...
वह जो चढ़ाया जाता रहा सूली पर...
यह दर्द
कहीं उसी की पुनरावृत्ति तो नहीं?''[61]

यह विषाद भी मनुष्य-क्षेत्र तक सीमित नहीं रह जाता, जब कवि पृथ्वी में भी उसकी उपस्थिति की सम्भावना को ज़ाहिर करता है। कहने की ज़रूरत नहीं कि उसकी पीड़ा का क्षितिज आत्यन्तिक रूप से गहन और विस्तृत है और उसके सुदीर्घ जीवनानुभव से इसका अविभाज्य रिश्ता है। ग़ालिब का एक शे'र है—*''आगे आती थी हाल-ए-दिल प हँसी / अब किसी बात पर नहीं आती।''*[62] प्रस्तुत पंक्तियों में हम इसकी मार्मिक अनुगूँज सुन सकते हैं—

''धीरे धीरे टूटता जाता
मेरी ही हँसी से मेरा हर नाता
अकसर वह सही जगहों पर नहीं आती
अकसर वह ग़लत जगहों पर आ जाती
मानो कोई फ़र्क़ ही न हो सही और ग़लत में,
मानो हँसी मेरी हँसी नहीं अपनी मर्ज़ी हो।''[63]

कहीं यह उस माहौल की ओर गहरा संकेत है, जिसमें रहने को कवि मजबूर है और जहाँ *'सही और ग़लत का फ़र्क़'* मिट गया है। नतीजतन *'एक अधूरी, बनावटी या विक्षिप्त हँसी चेहरे की दरकती हुई जटिल नक़्क़ाशी को विकृत कर जाती है'* और—

''सिर्फ़ आँखें हँसतीं
या सिर्फ़ होंठ
बाक़ी चेहरा किसी अन्य तल के प्रशान्त में
अधडूबी चट्टान-सा झलकता जिसे
हज़ारों वर्षों में लहरों और तूफ़ानों ने
तराश कर एक मनुष्य-चेहरे का आकार दिया हो।''[64]

आत्म-विभाजन की त्रासदी का इतना बारीक, संश्लिष्ट और प्रभावशाली चित्रण कहीं और मिलना मुश्किल है। कलात्मक परिष्कृति और अनुभव की सान्द्रता का एक विरल संयोग यहाँ घटित हुआ है या कहें कि दोनों एक-दूसरे की प्रतिस्पर्द्धा से निखरकर सामने आते हैं। इसीलिए विजय कुमार जैसे आलोचक कुँवर नारायण की

कविता में प्रश्नाकुलता और 'रैशनलिटी', संवेदना और विचार, बेचैनी और दार्शनिकता की संहति को लक्ष्य करते हैं। पर अचानक उन्हें *'एक बुनियादी विसंगति-बोध के बावजूद कविता के रिस्ट्रेन और संयम के स्वर'* पर एतराज़ हो जाता है और वे 'नाटकीयता के अभाव', 'कालबोध की निरन्तरता', 'अजीब-से अधूरेपन' और 'लो-प्रोफ़ाइल' वग़ैरह की शिकायतें करने लगते हैं। न उन्हें कवि का *'आत्मपरक कन्फ़ेशन और उसकी विडम्बनाओं की तासीर'* नज़र आती है, न *'वल्नरेबिलिटी'* और न ही *'सच का आभ्यंतरीकरण'*। अन्ततः उन्हें लगता है कि इन *'सारी कविताओं के बीच अनुभव की केन्द्रीय अन्विति या उसका एमबियेंस अनुपस्थित है'* और है तो *'एक समरस और श्लथ अनुभव'*! मार्क्स ने कहा था कि *'हम भाषा में ही सोचते हैं'*, पर विजय कुमार ने एक आश्चर्यजनक स्थापना की है— *''इनकी कविताएँ लिखे गए शब्दों से बाहर किसी और दुनिया में बनती हैं और शब्दों के पास आकर चुपचाप बैठ जाती हैं।''*[65] आलोचक ने ऐसी 'इमेजरी' का प्रयोग किया है कि अच्छा-भला कवि भी शरमा जाए। दूसरे, उन्होंने एक भी काव्य-पंक्ति को उद्धृत करना ज़रूरी नहीं समझा; जिसके विश्लेषण से वे अपने आरोप साबित कर सकते। आलोचना के नाम पर यदृच्छाचार की इससे बेहतर बानगी शायद ही कहीं मिले। इससे लगता है कि कविताएँ 'किसी और दुनिया में' बनती हों या नहीं, आलोचक की दुनिया ज़रूर 'दूसरी' है। वाल्टर बेंजामिन ने सम्भवतः इसी ख़तरे के मद्देनज़र कहा था कि *'हम जिस पर लिखें, उसकी रचना से कम-से-कम एक उद्धरण ज़रूर दें।'*

बहरहाल। सवाल जब यह उठता है कि कवि के जिस सघन दुख-बोध की बात अभी हमने की, उसका सबब क्या है; तो 'कोई दूसरा नहीं' की उन बहुत-सी कविताओं पर ध्यान जाना लाज़िमी है, जो हमारे देश के मौजूदा हालात से सीधे तौर पर मुख़ातब हैं। स्मरणीय है कि 'तार-सप्तक' के एक कवि गिरिजा कुमार माथुर की कविता 'पहरुए, सावधान रहना' पहले ही स्वाधीनता-दिवस, यानी 15 अगस्त, 1947 को प्रकाशित हुई थी; जिसमें 'जीत की रात' में भी राष्ट्र के पहरेदारों को सावधान रहने की चेतावनी दी गई थी; क्योंकि—

''ऊँची हुई मशाल हमारी
आगे कठिन डगर है
शत्रु हट गया, लेकिन उसकी
छायाओं का डर है
शोषण से मृत है समाज
कमज़ोर हमारा घर है
किन्तु आ रही नई ज़िन्दगी
यह विश्वास अमर है।''

आज़ादी के बाद का इतिहास गवाह है कि अन्तिम पंक्तियों में व्यक्त विश्वास की रक्षा तो नहीं हो सकी, पर कवि की आशंकाएँ सही थीं। हम एक शोषण-मुक्त, न्यायप्रिय और समृद्ध भारत नहीं बना सके; अलबत्ता शत्रु ने अमरीकी नव-उदार पूँजीवाद, सैन्य और सांस्कृतिक साम्राज्यवाद के रूप में ग़ुलामी के शिकंजे में हमें फिर से खींच लिया। दूसरे, बीसवीं सदी के आख़िरी वर्षों में दुनिया-भर की ज़्यादातर साम्यवादी व्यवस्थाओं के बिखराव और पराभव के कारण विकल्प की आशा धूमिल हुई और जन-प्रतिरोध क्षीण पड़ गया। कुँवर नारायण इस बदलाव को हैरानी और अफ़सोस के साथ देखते हैं और अपने मिज़ाज के उलट—तल्ख़ स्वर में—इसकी आलोचना करते हैं—

"अजीब वक़्त है–
बिना लड़े ही एक देश-का-देश
स्वीकार करता चला जाता
अपनी ही तुच्छताओं की अधीनता!...

... ...
... ...

कोई तो हार जीत के नियमों में
स्वाभिमान के अर्थ को
फिर से ईजाद करता।"[66]

कवि को दुख है कि सरकार की नज़रों में *'हम आदमी नहीं आँकड़े हैं।'*[67] वह सरकार के जन-विरोधी चरित्र, ख़ास तौर पर कथनी और करनी के बीच पैदा हो गए भयावह अन्तराल की शिनाख़्त करता है। उसके लिए सबसे तकलीफ़देह यह है कि हम प्रगति के नाम पर क़दमताल कर रहे हैं और अक्सर जो लोग अपनी नेकनीयती के लिए मशहूर होते हैं, वही विपथन के शिकार पाए जाते हैं—

"याद आने लगते कुछ बढ़ते फ़ासले–
जैसे जनता और सरकार के बीच,
जैसे उसूलों और व्यवहार के बीच,
जैसे सम्पत्ति और विपत्ति के बीच,
जैसे गति और प्रगति के बीच
घेरने लगतीं कुछ असह्य नज़दीकियाँ–
जैसे दृढ़ता और विचलन के बीच..."[68]

प्रशासनिक हलक़े में आलम यह है कि तबादले महज़ अफ़सरों की तरक्की के लिए होते हैं और *"बाक़ी सब जिसे तबदील होना चाहिए था / पुरानी दरख़्वास्तें लिये / वही का वही / वहीं का वहीं"*[69] है। न्यायपालिका की मंद गति पर कवि ने

जो व्यंग्य किया है, उसे सिर्फ़ काव्य-सौन्दर्य नहीं, विषण्ण यथार्थ की दृष्टि से पढ़ा जाना चाहिए—*"जिन्हें सुनाई गई / मौत की सज़ा / कब के मर चुके थे / जिन्हें रिहाई दी गई / पूरी सज़ा काट चुके थे।"*[70] समूची व्यवस्था इतनी भ्रष्ट और नाकारा हो चुकी है कि कवि निराश होकर कहता है—*"किसी से मिलने मत जाओ / कोई आदमी नहीं है / अपनी कुर्सी पर / सच मत बोलो / वरना सब तुम्हें झूठा समझेंगे।"*[71] अन्तरराष्ट्रीय बाज़ारवाद के कारण लोग मूल्यों को बिसराकर भोगवाद और भोगवाद के लिए अपने ईमान तक की सौदेबाज़ी में ग़र्क़ हैं—

"अगर तुम मालामाल हो
तो हर आदमी एक बिकाऊ माल है
आज जबकि हर चीज़ का दाम सिर्फ़ बढ़ने की ओर है
आदमी की क़ीमत में भारी छूट का शोर है।"[72]

वैश्वीकरण की अर्थव्यवस्था और संचार तथा सूचना-क्रान्ति की बदौलत देश का एक ख़ास तबक़ा काफ़ी रईस हुआ है; जबकि बेरोज़गारी और ग़रीबी बढ़ी हैं और आसन्न अतीत में हज़ारों किसानों ने आत्महत्याएँ की हैं। प्रभु-वर्ग और बहुसंख्यक जनता के बीच जीवन-स्तर तथा आर्थिक उपलब्धियों की इतनी विषमता है कि कवि ने आत्म-व्यंग्य की शैली में लिखा है—

"ट्रेन ही नहीं एक रॉकेट भी
पकड़ना है मुझे अन्तरिक्ष के लिए
ताकि एक डब्बे में ठसाठस भरा
मेरा ग़रीब देश भी
कह सके सगर्व कि देखो
हम एक साधारण आदमी भी
पहुँचा दिए गए चाँद पर!"[73]

यों तो पूरा देश अमीर और ग़रीब, पिछड़ा और विकसित, शहरी और ग्रामीण जैसी श्रेणियों में भीतर-ही-भीतर बँट गया है; मगर सच पूछिये तो राजधानी से लेकर गाँव तक आदमी को कहीं चैन नहीं है। उसके मन में हाहाकार है कि कहाँ जाए, क्या करे?—

"दिल्ली में दो कमरे : सपनों में गाँव :
कभी इस पाँव खड़े कभी उस पाँव :
यह कैसा दिशा-बोध घबराया घबराया—
यह चेहरा बदहवास, वह चेहरा कुम्हलाया..."[74]

दो-टूक लहज़े में कुछ कहना कुँवर नारायण की फ़ितरत नहीं, पर तमाम हालात के मद्देनज़र रखकर वे यह कहने को विवश हैं—

"इस देश में हर एक को अफ़सोस के साथ जीने का
पैदाइशी हक़ है वरना
कोई माने नहीं रखते हमारी आज़ादी और प्रजातंत्र।"[75]

प्रसंगवश, रघुवीर सहाय की एक कविता 'अधिनायक' याद आती है, जिसमें जनता और शासक के सम्बन्ध में निहित ग़ुलामी की मार्मिक व्यंजना है— *"राष्ट्रगीत में भला कौन वह / भारत-भाग्य-विधाता है / फटा सुथन्ना पहने जिसका / गुन हरचरना गाता है।...कौन-कौन है वह जन-गण-मन- / अधिनायक वह महाबली / डरा हुआ मन बेमन जिसका / बाजा रोज़ बजाता है।"*[76] लगभग इसी परिस्थिति के ट्रैजिक अन्तर्विरोध को मूर्त करते हुए कुँवर नारायण भी पूछते हैं—

"काँधे धरी यह पालकी
है किस कन्हैयालाल की?
इस गाँव से उस गाँव तक
नंगे बदन, फेंटा कसे,
बारात किसकी ढो रहे?
किसकी कहारी में फँसे?
यह क़र्ज़ पुश्तैनी अभी क़िस्तें हज़ारों साल की।"[77]

लेकिन यह कविता प्रश्न तक ही महदूद नहीं रह जाती, बल्कि उसका उत्तर देती है; जिससे स्पष्ट है कि बीती अधसदी में आज़ादी के नाम पर भारतीय जनता के साथ बहुत बड़ा धोखा हुआ है। आज़ादी 1947 में भी पूँजीपतियों के हक़ में थी और आज भी है। कुँवर नारायण की विशेषता यह है कि वे एक लोक-गीत की पुनर्रचना करते हुए बेहद सहज, अन्तरंग और मर्मस्पर्शी अन्योक्ति के ज़रिए—इस सचाई को बयान करते हैं—

"फिर, एक दिन आँधी चली
ऐसी कि पर्दा उड़ गया!
अन्दर न दुलहन थी न दूल्हा
एक कौव्वा उड़ गया...
तब भेद जाकर यह खुला—हमसे किसी ने चाल की
काँधे धरी यह पालकी ला ला अशर्फी लाल की!"[78]

कुँवर नारायण ने अपने इस संग्रह में राष्ट्रीय जीवन से जुड़ी लगभग प्रत्येक समस्या की पड़ताल की है और उनके स्वर में काफ़ी अमर्ष और कटुता है। इन कविताओं में हम मूल्यों के पतन से आहत एक संवेदनशील और प्रबुद्ध—साथ ही आदर्श भारतीय नागरिक की चीख़ सुन सकते हैं। मसलन संसदीय राजनीति के प्रसंग में वे कहते हैं कि अब कोई 'धर्मक्षेत्र' या 'कुरुक्षेत्र' नहीं है, 'चुनाव-क्षेत्र' है;

जिसमें लड़ाई की शुरूआत *'जीत की प्रबल इच्छा से / इकट्ठा हुए महारथियों के / ढपोरशंखी नाद से'* होती है। वे देखते हैं *'भारत से महाभारत होता हुआ एक देश'*, क्योंकि *"दलों के दलदल में जूझ रहे / आठ धर्म अट्ठारह भाषाएँ अट्ठाईस प्रदेश...।"*[79] इसी चुनावी राजनीति का तक़ाज़ा वह हिन्दू साम्प्रदायिकता है; जिसने राम, अयोध्या और 'रामचरितमानस' की सांस्कृतिक विरासत का हिंस्र और विडम्बनापूर्ण इस्तेमाल करने में कोई संकोच नहीं किया—

"इससे बड़ा क्या हो सकता है
हमारा दुर्भाग्य
एक विवादित स्थल में सिमट कर
रह गया तुम्हारा साम्राज्य
अयोध्या इस समय तुम्हारी अयोध्या नहीं
योद्धाओं की लंका है,
'मानस' तुम्हारा 'चरित' नहीं
चुनाव का डंका है!"[80]

कवि का दुख यहाँ जितने सान्द्र रूप में व्यक्त हुआ है, राजनीतिक तत्त्वों के प्रति उसका आक्रोश भी उतना ही प्रखर है। उनकी हीनता को उजागर करने के लिए उसने तंज़ किया है—*"कहाँ तुम मर्यादा पुरुषोत्तम / और कहाँ यह नेता-युग!"*[81] मूल्यों के उलटफेर और पराभव के इस समय में सत्य जैसे कहीं खो गया है और उसकी पक्षधरता का दावा करनेवाले लोग भी संदिग्ध हैं। रघुवीर सहाय ने शायद इसीलिए आगाह किया था कि *'लड़ाई जिनके विरुद्ध है, लड़ाई के परिणाम उन्हीं के पक्ष में जा सकते हैं।'* दूसरे, कुँवर नारायण में यह स्वीकार करने का साहस है कि रावणत्व या अविवेक के व्यापक प्रसार से कविता—अपनी समस्त निष्ठा और उदात्तता के बावजूद—अकेले जीत नहीं सकती—

"हे राम,
जीवन एक कटु यथार्थ है
और तुम एक महाकाव्य!
तुम्हारे बस की नहीं
उस अविवेक पर विजय
जिसके दस बीस नहीं
अब लाखों सिर-लाखों हाथ हैं,
और विभीषण भी अब
न जाने किसके साथ है।"[82]

'देश की दर्दनाक हालत' पर विचार करते हुए कवि की निराशा सारी हदें पार

कर जाती है—

" 'राम राम' से 'मरा मरा' की ओर
लौटते क्या हम
दीमकों का घर हैं?
क्रौंच–वध पर
बिलख उठे अनुष्टुप् के
कदाचित् हम सब से करुण स्वर हैं।"[83]

देश में लड़ाइयों का इतिहास भी उसके नज़दीक इस बात का गवाह है कि हम हमेशा अराजकता, अन्तर्कलह और अदूरदर्शिता के कारण हारते और तबाह होते रहे। जो बरबाद होने से बच सका, उसकी हैसियत चाहे चींटी जितनी रही हो; पर उसने भी विदेशी आक्रान्ताओं की ही तरह अपना घर भरने के लिए सार्वजनिक संसाधनों के शोषण और लूट–खसोट को निहायत बेशर्मी से अंजाम दिया—

"जब भागे कुचले गए
अपने ही हाथियों से।
जब लड़े
आपस में।
जब मरे
भगदड़ में।

... ...
... ...

जो बच गया रौंदे जाने से
चींटी की बिसात
मगर फ़िक्र ये कि कैसे
घसीट ले जाएँ पूरे देश को
अपने बिल में।"[84]

कुँवर नारायण सिर्फ़ राजनीतिक इतिहास से वास्ता नहीं रखते; प्रकृति, संस्कृति, दर्शन और विचारों का इतिहास भी उनके लिए उतना ही अहम है। ज्ञान और संवेदना के न रहने पर भी दिखायी पड़नेवाली प्रसन्नता और समृद्धि—पानी की कमी के बावजूद उगी हुई जलकुंभी की तरह—धोखादेह और घातक है—

"यहीं कहीं वेदाचार्य सायण का घर भी था
जहाँ अब जलकुम्भी से ढँका हुआ सरोवर है।
कभी कभी यों भी पनपती है हरियाली
कि भीतर ही भीतर सूख जाते तलाब,

ऊपर की जिल्द तो हरी भरी लगती है
दीमकें चाट जाती हैं अन्दर की किताब।''[85]

सवाल यह ज़रूर उठता है कि इस बहुमुखी पतन के लिए कवि ज़िम्मेदार किसे मानता है? निश्चय ही, कुँवर नारायण कवि सोमदत्त की इन काव्य-पंक्तियों से सहमत होंगे—*''कोई एक नहीं है ज़िम्मेदार / सबकी है ज़िम्मेदारी।''* वे एकांगी और अतिवादी ढंग से किसी ख़ास व्यक्ति-समूह पर इलज़ाम नहीं लगाते, बल्कि अपराध की पृष्ठभूमि में मौजूद पूरे समाज को क़ुसूरवार ठहराते हैं। समग्र नैतिक चेतना के बिना अपने साथ-साथ सबको प्रश्नांकित करने का यह साहस मुमकिन नहीं है। 'सामूहिक बलात्कार' जैसी कविता से कवि का दृष्टिकोण समझ में आता है; जिसके मुताबिक़ 'समूह' सिर्फ़ लोगों की संख्या का नहीं, उनके व्यापक और संश्लिष्ट मूल्य-बोध का वाचक है—

''यानी 'समूह' जैसी महान संज्ञा से जन्मे
'सामूहिक' जैसे विशेषण का
एक जघन्य क्रिया से किसी भी रूप में जुड़ना
पूरे समूह का गुनहगार होना है।''[86]

कुँवर नारायण की दिलचस्पी बादशाहों की शान-शौकत, पराक्रम, उनकी आपसी लड़ाइयों और साज़िशों में नहीं; बल्कि जन-इतिहास में है। 'गोलकुंडा की एक शाम' में वे पाते हैं कि टैक्सी ड्राइवर रहमतअलीशाह या गाइड मत्सराज का जीवन-संघर्ष *'पूर्वजों के युद्धों से कहीं ज़्यादा कठिन है।'* ये दुनिया की तामीर में चुपचाप लगे, हाशिए पर गुज़र-बसर करनेवाले आम लोग हैं; जो सुख-सुविधा, सत्ता और सम्पत्ति से हमेशा महरूम किए जाते हैं। इसलिए मुसीबत के वक़्त उन्हें एक-दूसरे का ही सहारा रहता है—

''बारूद में आग लगाने के इतिहासों से अलग
एक तीसरा इतिहास भी है
रहमतशाह की बीड़ियों और
मत्सराज की माचिस के बीच सुलहों का।''[87]

'कोई दूसरा नहीं' में राहत और ख़ुशी के पल बहुत थोड़े हैं। कवि जहाँ आम जनता से मुख़ातब होता है या उसकी दुनिया को कौतूहल और प्यार से देखता है, वहीं कुछ उल्लास है—

''वही तो चौक है-वही तो बजाजा है-
वैसी ही भीड़भाड़, वैसी ही आ जा है''[88]

ऐसे रचनात्मक क्षण कुँवर नारायण के यहाँ दुर्लभ हैं; पर वे भारत के ग्रामीण-क़स्बाई यथार्थ, सामान्य जनता की कठिन जीवन-स्थितियों और उसके ठेठ जातीय

स्वभाव से उनकी अन्तरंगता के साक्ष्य हैं। एक उदाहरण द्रष्टव्य है—

''बहन को देख कर अम्मा ने आह भरी–
''छब्बिस की हो गई इस असाढ़ माधुरी'',
कहने लगीं, आले पर रखते हुए लालटेन,
''दस बीघा खेती है, थोड़ी–बहुत लेनदेन,
तीस की माँग थी, पच्चिस पर माने हैं,
बाक़ी हाल घर का तू ख़ुद ही सब जाने है।''[89]

ग़ौरतलब है कि अन्यथा उदास, निष्प्रभ और नाउम्मीद माहौल में अगर प्रतिरोध की ऊर्जा और नए ख़यालात की रौशनी कहीं है, तो युवा पीढ़ी में है—उसमें भी एक लड़की बदलाव और बेहतरी की इस सशक्त चेतना की वाहक है—

''मुझे नहीं करना है उस घुघ्घू से शादी,
कुछ माने रखती है मेरी भी आज़ादी!...
...
मुझ पर ही रहने दो तुम सब मेरा जिम्मा,
पढ़ी लिखी हूँ मैं भी, कुछ कर सकती हूँ अम्मा...''[90]

इस लड़की के अलावा बस *'कुराहा गाँव का ख़ब्ती सम्मेदीन'* है, जो निपट अकेला होते हुए भी भ्रष्टाचार से एक लड़ाई लड़ रहा है। हालाँकि जिस तरह रघुवीर सहाय की कविता में रामदास के बारे में *''सभी जानते थे यह उस दिन उसकी हत्या होगी''*[91], कुँवर नारायण के यहाँ भी दुख और दहशत पैदा करनेवाली यह सचाई एकदम स्पष्ट है— *''बदमाशों का दुश्मन / जान गँवा बैठेगा एक दिन / इतनी अकड़ कर अपने को / समाजसेवी कहनेवाला सम्मेदीन''*[92]—मगर कवि सिर्फ़ इतना चाहता है कि—

''भरपूर उजाले में रहे उसकी हिम्मत
दुनिया को ख़बर रहे
कि एक बहुत बड़े नैतिक साहस का
नाम है सम्मेदीन''[93]

यह आकांक्षा इसलिए है कि मारे जाने के बाद भी सम्मेदीन का उजाला बचा रहे और अँधेरों के ख़िलाफ़ लड़ने के काम आए। अलबत्ता कवि अपने समय की इस ख़ौफ़नाक हक़ीक़त से भी वाक़िफ़ है कि अप्रत्याशित क्रूरता से भरा हुआ खाड़ी-युद्ध इलेक्ट्रॉनिक मीडिया द्वारा ऐसे दिखाया जाता है, जैसे वह *'बच्चों का वीडियो-खेल'* हो—

''युद्ध युद्ध नहीं
बिल्कुल 'शान्ति' हो जैसे,
आकाश में यों छूटते रहे बम और रॉकेट

हर्षोल्लास के फूल बरसते हों जैसे।...

... ...

... ...

कुछ झुलसे हुए शहर
खंडहरों से भी बदतर हालत में
यहाँ वहाँ दिखे,
मानो आदमी द्वारा नहीं
प्राकृतिक कारणों से नष्ट हुए हों''[94]

ज़ाहिर है कि मीडिया के ज़रिए प्रचलित हुई 'आँखों देखे झूठ सच' की यह संस्कृति भी उसी अमरीका की कोख से जन्मी है; जो एकध्रुवीय हो चुकी नई विश्व-व्यवस्था का निरंकुश और आततायी नियंता है। एक भव्य और तेजस्वी रूप में उसकी यह प्रस्तुति अकारण नहीं—

''विजेता
हिंसा के सारे पापों, आरोपों से मुक्त
एक पवित्र धर्मयोद्धा के
प्रभामंडल से युक्त,
तेज़ रोशनी में दमकता उसका चेहरा''[95]

क्या इसी बिन्दु पर आकर हमारी दुनिया ठहर गई है; जहाँ सच और झूठ, न्याय और अन्याय, धर्म और अधर्म के सारे फ़ासले मिट गए हैं? क्या यही वह कील है, जिस पर हमारी पृथ्वी घूमती है और जो कवि के *''सिर से पाँव तक धँसी हुई / अनवरत दुखती एक पैनी तिरछी रेखा''*[96] है? वही सूली, जिस पर ईसा मसीह और कितने ही इन्सान चढ़ाये गए? कुँवर नारायण की कविता देश और काल के असीमित विस्तार में जीवन के इसी मार्मिक सच की निशानदेही करती है।

पर इतना ही नहीं। वह इस दुख की कारक शक्तियों को पहचानने और उनका प्रतिकार करने का दम-ख़म रखती है। अलबत्ता परम्परा और संस्कृति की गहन मीमांसा से समन्वित अपने विशिष्ट दार्शनिक लहज़े में—

''नर और कुन्जर के फ़र्क़ को मिटाते ही
मिट गया जो
वह एक शोकातुर पिता था।
जो बचा रह गया
हमारे बीच
जंगी प्रतिहिंसा का नरभक्षी प्रेत
पशु है न मानव–

दोनों के बीच का मिटा हुआ अन्तर है।
सज़ा सिर्फ़ इतनी थी
कि इस अन्तर को समझती हुई दृष्टि से
नरक देखना पड़ा था धर्मराज को।''[97]

अन्त में, 'कोई दूसरा नहीं' के सन्दर्भ में इस तथ्य पर ध्यान जाना ज़रूरी है कि बिना किसी पूर्वग्रह या दबाव के कुँवर नारायण ने विभिन्न विचारधाराओं से एक अनौपचारिक, अन्तरंग और 'इंटेंस' संवाद विकसित किया है। इस प्रक्रिया में वे मार्क्सवाद से भी जुड़ते हैं, पर वृहत् जीवन की समग्र जटिलता से प्रतिकृत होने के लिए उसे पर्याप्त नहीं मानते। यों रमेशचंद्र शाह की यह स्थापना विचारणीय है कि *''मार्क्सवाद को भी उन्होंने अन्य आधुनिक विचारों की तरह आत्मसात् किया है; किन्तु मानवीय अस्ति की समस्त जटिलताओं को घुला देनेवाला दर्शन वह उस तरह उनके लिए कभी नहीं बन पाया। विजयदेव नारायण साही ने अपने 'लघु मानव के बहाने हिन्दी कविता पर एक बहस' शीर्षक लेख में जो एक विचारोत्तेजक और सही स्थापना की थी कि 'अज्ञेय ने अनुभूति को दर्शन में घुलाने की बजाय, दर्शन को वापस अनुभूति में घुलाने की राह निकाली', वह बात कुँवर नारायण के कवित्व के बारे में भी प्रासंगिक जान पड़ती है।''*[98] साही का हवाला देकर दूसरी महत्त्वपूर्ण बात उन्होंने यह कही है कि एक रचनाकार को सामाजिक, पारिवारिक, मानवीय और ब्रह्मांडव्यापी—चेतना के इन सभी स्तरों पर एक साथ ज़िम्मेदार और सजग रहना होता है। अन्यथा परिवर्तन की दिशा भी कवि के हाथ से छूट जाएगी और वह उस मोर्चे पर भी कामयाब नहीं हो पाएगा। आज के सन्दर्भ में परम्परा के पुनराविष्कार, उसके नए मानवीय अर्थ की तलाश और आधुनिक विकास-पद्धति की सही आलोचना के लिए दृष्टि की समग्रता एक अनिवार्य शर्त है। अतः रमेशचंद्र शाह का विश्लेषण मूल्यवान् है— *''कुँवर नारायण की कविता में अगर यह प्रश्नचिह्न लगाने की क्षमता हमें लगातार महसूस होती रही है, तो इसीलिए कि यह कविता दायित्व के उक्त सभी स्तरों से जुड़ी हुई और अपने विरल सर्वोत्तम क्षणों में उन्हें एक साथ झंकृत कर सकती है।...उन्हीं (साही) के शब्दों में, 'यह साहित्य का बहुत बड़ा दायित्व है और ऐसा नहीं कि यह परिवर्तन के विरुद्ध पड़ता है। उलटे, यह परिवर्तन को आवश्यक गम्भीरता देता है और समाज के अन्तिम लक्ष्यों के साथ निरन्तर हमारे परिवर्तन की गति को जोड़ता है।...इस विचार से मैं बिल्कुल सहमत नहीं हूँ कि आज हम रोटी की समस्या हल कर लें, मनुष्य का मन कैसे बदलेगा, इसे इसके बाद देखेंगे। मैं समझता हूँ, मन साथ-साथ ही बदलता है। वह को-वैरिएशन है, कैजुअल वैरिएशन नहीं। सह-संचरण है, कार्य-कारण संचरण नहीं।' मैं समझता हूँ, कुँवर नारायण की कविता में-अत्यन्त आरम्भिक दिनों की कविता में भी-साहित्य के इस संश्लिष्ट*

दायित्व की, मनुष्य होने की इस त्रासजनक किन्तु गरिमापूर्ण विवशता की बड़ी तीखी और खरी पहचान मौजूद रही है।''[99]

दूसरी ओर अशोक वाजपेयी कहते हैं कि *''वे अतिरेक के नहीं, सुस्पष्टता के कवि हैं।...अगर वे कभी कुछ ऊबड़-खाबड़ में, सर्वथा अप्रत्याशित और अपरिभाषेय में जाने का भी जोखिम उठा सकते, तो अच्छा होता।...कुँवर नारायण की कविता उनके अनुभव के खुरदुरे-अधबने, कच्चे और विपर्यस्त हिस्सों को अपनी सरहद में शामिल नहीं करती है। उसकी गाँठें और घाव, उसके कुतरे-क्षरित हिस्से हमें कविता में दीख नहीं पड़ते।...कहीं-न-कहीं अपनी सारी उधेड़बुन, असमंजस और दुरूहता को भाषा में जगह देने के बारे में उसकी जो हिचकिचाहट है, वह उसे अपनी पूरी मनुष्यता पाने से अन्तत: वंचित कर देती है।''*[100] इस तरह उनकी मुख्य रूप से तीन शिकायतें हैं—कुँवर नारायण अपनी कविता में निहायत कच्चे और अटपटे को लाने का जोखिम नहीं उठाते, अपने स्वभाव का अतिक्रमण नहीं करते और इतने सिद्ध कवि होकर भी विफलता के भय से नया कुछ करने से बचते हैं। बाद में उन्होंने एक इंटरव्यू में कवि के संयमित और मूल्यनिष्ठ स्वभाव को रेखांकित करते हुए अपनी आपत्तियों को वापस लेना चाहा है— *''कुँवर जी बेहद सधे हुए, संयत व्यक्ति और कवि हैं: उनके व्यक्तित्व और कृतित्व में इस अर्थ में कोई फाँक नहीं है। उनकी कविता सुगठित है-वह इज़हार की कविता है, नकार या प्रतिकार की नहीं। वे अपने कौशल को पूरी तरह से नियंत्रित करते हैं।...कविता में जो है, उसे उसी के आधार पर देखना-परखना चाहिए, बजाय जो नहीं है उसका सहारा लेकर। अतिरेक कुँवर जी के लेखकीय स्वभाव की प्रकृति नहीं है और उसकी उनसे माँग करना व्यर्थ है।''*[101] दरअसल कुँवर नारायण की होड़ अपने आप से है, किसी और से नहीं। न उन्होंने अपनी कविता को किसी विचारधारा का उपनिवेश बनने दिया, न किसी काव्य-आन्दोलन का। अपनी आन्तरिक समृद्धि के कारण ही वह अविचलित है और इसीलिए समय ने उसे अपदस्थ नहीं किया, बल्कि अपने निकष पर खरा ही पाया है। उसकी गहराई और विशिष्टता के बारे में सबसे सुन्दर वक्तव्य अशोक वाजपेयी का है— *''उन्होंने बिना शोरगुल किए सहज काव्य-व्यवहार से द्वन्द्व का रूपक बदल दिया है। वे 'अपने सामने हैं जहाँ कोई दूसरा नहीं।' यही भलमनसाहत है, जो महान लक्ष्यों के अप्रासंगिक हो जाने के बाद भी शिथिल या धूमिल नहीं पड़ी : जिसकी अपनी आभा है, जो किसी और का प्रतिबिंबन नहीं है।''*[102]

सन्दर्भ

1. कुँवर नारायण, 'कोई दूसरा नहीं', पृ. 9
2. कुँवर नारायण, 'आत्मजयी', पृ. 6

3. कुँवर नारायण, 'कोई दूसरा नहीं', पृ. 9
4. वही, पृ. 7
5. वही, पृ. 7
6. वही, पृ. 11
7. केदारनाथ सिंह, 'यहाँ से देखो', पृ. 51-52
8. वही, पृ. 53
9. वही, पृ. 50
10. कुँवर नारायण, 'कोई दूसरा नहीं', पृ. 101
11. वही, पृ. 160
12. वही, पृ. 12
13. वही, पृ. 12
14. वही, पृ. 13
15. वही, पृ. 13
16. वही, पृ. 25
17. 'कठोपनिषद्', 2 / 1 / 10
18. कुँवर नारायण, 'कोई दूसरा नहीं', पृ. 50
19. वही, पृ. 81
20. वही, पृ. 157
21. वही, पृ. 157
22. वही, पृ. 157
23. वही, पृ. 85
24. त्रिलोचन, 'प्रतिनिधि कविताएँ', पृ. 25
25. कुँवर नारायण, 'कोई दूसरा नहीं', पृ. 103
26. वही, पृ. 103
27. वही, पृ. 103
28. वही, पृ. 148
29. रघुवीर सहाय, 'प्रतिनिधि कविताएँ', पृ. 102
30. कुँवर नारायण, 'कोई दूसरा नहीं', पृ. 126
31. वही, पृ. 92
32. वही, पृ. 154
33. वही, पृ. 154
34. अशोक वाजपेयी, 'कवि कह गया है', पृ. 125
35. वही, पृ. 124
36. कुँवर नारायण, 'कोई दूसरा नहीं', पृ. 39
37. अशोक वाजपेयी, 'कवि कह गया है', पृ. 125

38. कुँवर नारायण, 'कोई दूसरा नहीं', पृ. 26
39. वही, पृ. 26
40. वही, पृ. 41
41. वही, पृ. 41-42
42. वही, पृ. 160
43. वही, पृ. 64
44. वही, पृ. 52
45. धूमिल, 'संसद से सड़क तक', पृ. 6
46. कुँवर नारायण, 'कोई दूसरा नहीं', पृ. 53
47. वही, पृ. 48
48. अशोक वाजपेयी, 'कवि कह गया है', पृ. 127
49. कुँवर नारायण, 'कोई दूसरा नहीं', पृ. 48
50. वही, पृ. 54
51. वही, पृ. 54
52. वही, पृ. 54
53. वही, पृ. 128
54. वही, पृ. 130
55. वही, पृ. 131
56. यतीन्द्र मिश्र (सं.), 'कुँवर नारायण : उपस्थिति', पृ. 181
57. कुँवर नारायण, 'कोई दूसरा नहीं', पृ. 133
58. वही, पृ. 133
59. वही, पृ. 134
60. वही, पृ. 134
61. वही, पृ. 83
62. अली सरदार जाफ़री (सं.), 'दीवान-ए-ग़ालिब', पृ. 120
63. कुँवर नारायण, 'कोई दूसरा नहीं', पृ. 158
64. वही, पृ. 158
65. यतीन्द्र मिश्र (सं.), 'कुँवर नारायण : उपस्थिति', पृ. 224-25
66. कुँवर नारायण, 'कोई दूसरा नहीं', पृ. 21
67. वही, पृ. 47
68. वही, पृ. 27
69. वही, पृ. 74
70. वही, पृ. 105
71. वही, पृ. 113
72. वही, पृ. 114

73. वही, पृ. 28–29
74. वही, पृ. 152
75. वही, पृ. 46
76. रघुवीर सहाय, 'प्रतिनिधि कविताएँ', पृ. 46
77. कुँवर नारायण, 'कोई दूसरा नहीं', पृ. 14
78. वही, पृ. 14
79. वही, पृ. 69
80. वही, पृ. 70
81. वही, पृ. 70
82. वही, पृ. 70
83. वही, पृ. 72
84. वही, पृ. 79
85. वही, पृ. 59
86. वही, पृ. 75
87. वही, पृ. 58
88. वही, पृ. 149
89. वही, पृ. 150
90. वही, पृ. 150
91. रघुवीर सहाय, 'प्रतिनिधि कविताएँ', पृ. 82
92. कुँवर नारायण, 'कोई दूसरा नहीं', पृ. 18
93. वही, पृ. 18
94. वही, पृ. 76
95. वही, पृ. 77
96. वही, पृ. 83
97. वही, पृ. 111
98. यतीन्द्र मिश्र (सं.), 'कुँवर नारायण : उपस्थिति', पृ. 181
99. वही, पृ. 182
100. अशोक वाजपेयी, 'कवि कह गया है', पृ. 128
101. यतीन्द्र मिश्र (सं.), 'कुँवर नारायण : उपस्थिति', पृ. 363–64
102. अशोक वाजपेयी, 'कवि कह गया है', पृ. 126

युयुत्सा और प्रतिरोध

''उसकी गीली आँखों से लगता
वह एक कवि है,
सूँड़ से लगता कि वैज्ञानिक है,
माथे से लगता कि विचारक है,
कानों से लगता कि ज्ञानी है,
इतना ही होता
तो वह लिपिक होता महाभारत का
लेकिन एक उदासी में डूबा
कितना मनुष्य लगता है
एक हाथी भी।''[1]

कुँवर नारायण की कविता में भाव-ऊर्जा उनकी बुद्धि-ऊर्जा से इतनी संश्लिष्ट है कि बहुधा अलग से उसकी पहचान नामुमकिन है। शिल्प की 'क्लासिकी' और अन्तर्वस्तु की बौद्धिक सान्द्रता के लिए मशहूर इस कविता का बुनियादी उत्स संवेदना ही है, उपर्युक्त पंक्तियाँ इसकी गवाह हैं, जहाँ आँखों की सजलता को कवि होने का प्रमाण माना गया है। वैज्ञानिक दृष्टि, विचारशीलता और ज्ञान वे ज़रूरी विशेषताएँ हैं; जो संवेदना से जुड़कर किसी मनुष्य को जीवन के महाभारत की रचना में समर्थ बनाती हैं। यह प्रक्रिया इतनी गहन, जटिल और विशिष्ट है कि बहुतों को कुँवर नारायण की कविता में संवेदना की कमी महसूस होती है। दूसरे शब्दों में, एक सशक्त व्याकुलता का अभाव। प्रसंगवश, शमशेर की काव्य-पंक्तियाँ हैं—

''आह, तुम्हारे दाँतों से जो दूब के तिनके की नोक
उस पिकनिक में चिपकी रह गई थी,
आज तक मेरी नींद में गड़ती है।''[2]

डॉ. विश्वनाथ त्रिपाठी ने कहीं लिखा है कि *'नींद जैसी अमूर्त चीज़ को कवि की वेदना ने इतना सघन बनाया है कि उसमें कोई चीज़ गड़ सके!'* इसके दूसरे

छोर पर कुँवर नारायण की संवेदना इतनी विचार-सघन है कि संवेदना के प्रचलित, यहाँ तक कि उसके उत्कृष्टतम् रूपों की अभ्यस्त निगाह का धोखा खाना लाज़िम है। इस अर्थ में यह कविता के भूगोल का विस्तार है। एक तरह से वे (कवि) कविता में उस 'विज्ञान' को प्रतिष्ठित करते हैं, कलाओं के बरअक्स जिसकी बात करते हुए बर्टेण्ड रसेल ने कहा था कि *'उसका सौन्दर्य मूर्ति की भाँति सहज और अनासक्त है।'*

कुँवर नारायण की अभिव्यक्ति का लहज़ा बहुत गम्भीर, संयत और प्रशान्त है। उनमें संवेदना को प्रदर्शन की वस्तु बनाने की अधीरता नहीं, उसके आत्मसातीकरण की कोशिश है। संवेदना उनकी कविता की सतह पर नहीं मिलती, उसके आभ्यंतरिक प्रकाश-वृत्त में दिखती है। जिस गरिमा, निश्छलता और सौजन्य से वे अपनी बात कहते हैं, उसकी पृष्ठभूमि में उनका यह मंतव्य है कि *''सादगी अभाव की नहीं / एक संस्कृति की परिभाषा है।''*[3] मनुष्यता के प्रति निष्ठा और विचारशीलता से समन्वित यह उदात्त सादगी ही उनकी कविता की संस्कृति है। वे कहते हैं कि इन्सान मिट्टी से नहीं, अपने कपड़ों से मैला होता है। मिट्टी से जुड़ा रहना तो सादगी की मूलभूत शर्त है। इससे सदियों से सभ्यता के लिए अपरिहार्य मानवीय मूल्यों के प्रति कवि की आस्था प्रकट होती है। वे मूल्य, जिनसे मनुष्य को मनुष्य बने रहने और अपनी मनुष्यता को लगातार जाँचने और सुधारने की प्रेरणा मिलती है। कुँवर नारायण की कविता दरअसल एक ज़्यादा समावेशी और समुन्नत संवेदना को हासिल करने की मूलगामी वैचारिक चेष्टा करती है। इस तरह विजयदेवनारायण साही के शब्दों में, वह एक 'प्रभुत्व-सम्पन्न सन्तुलन' को अर्जित करती है; जो 'काव्यभाषा की केन्द्रीय गति' और उसे 'वास्तविक शक्ति'[4] देने के लिए अनिवार्य है। साही के मुताबिक़ *'इस सन्तुलित काव्यभाषा के इर्द-गिर्द चक्कर काटनेवालों में मुक्तिबोध जैसे धुँधुआते अग्निपुंज' ही नहीं, 'कुँवर नारायण जैसे शान्त पुरुष'*[5] भी हैं। ज़ाहिर है कि सवाल शान्त या उत्तप्त होने का उतना नहीं, जितना अन्तर्वस्तु के महत्त्व और पारदर्शिता का है। इस कसौटी पर सामाजिक-सांस्कृतिक प्रक्रिया में कुँवर नारायण की कविता वैसे ही सार्थक और निर्णायक भूमिका निभाती है, जैसे कि अन्य कवियों की रचनाएँ। बक़ौल धूमिल—

> *''...मैं जानता हूँ कि 'इनकार से भरी हुई एक चीख़'*
> *और 'एक समझदार चुप'*
> *दोनों का मतलब एक है–*
> *भविष्य गढ़ने में, 'चुप' और 'चीख़'*
> *अपनी-अपनी जगह एक ही क़िस्म से*
> *अपना-अपना फ़र्ज़ अदा करते हैं''*[6]

हम उसे प्रभुत्व-सम्पन्न सन्तुलन कहें या क्लासिकल अनुशासन, कुँवर नारायण के कवि-स्वभाव को समझने में उनकी कविता 'सम्पाति का सन्ताप' से काफ़ी मदद मिलती है। काल्पनिक ऊँचाई के प्रलोभन में एक प्रज्वलित सूर्य के समीप जाकर अपने पंखों को जला बैठने और उन्हें अकारथ कर देनेवाले सम्पाति के मिथक से हम सभी वाक़िफ़ हैं। सिंहावलोकन के क्षणों में वह पश्चात्ताप से ग्रस्त है। उसे लगता है कि वह 'कुछ कम उत्पाती हो सकता था' और उसे 'बचकाने उन्माद' से अपनी रक्षा करनी चाहिए थी। यह अराजक महत्त्वाकांक्षा न पाली गई होती, तो *"कुछ और बेहतर हो सकती थी / वह साहसिक उड़ान।"*[7] उड़ान का मतलब वास्तविकता के विवेक से पीछा छुड़ाना नहीं, बल्कि विवेक को अक्षुण्ण रखते हुए उदात्त मानव-उद्देश्यों की उपलब्धि है। कवि ने इस मिथक के ज़रिए एक बड़े अभिप्राय की रचना की है कि विभिन्न शक्तियों की टकराहट से भरे समय में संयमित और मानवीय हो सकना असमर्थता की निशानी या अपसरण नहीं, एक सार्थक चुनौती है—

"एक अन्धी शक्ति के उद्दंड प्रदर्शन से
कहीं अधिक सार्थक हो सकता था
एक पशु से मनुष्य हो सकने का
विनम्र पराक्रम।"[8]

निश्चय ही, यह किसी भी दौर में ताक़त के विमर्श का गहरा सृजनात्मक प्रतिकार है। आज, जबकि सत्ता-केन्द्रों की राजनीति ने हमारी भाषा को भ्रष्ट, खोखला और निकम्मा कर दिया है; शब्दों के इस्तेमाल में कुँवर नारायण के संकोच, शालीनता और अर्थों के प्रति उनकी गहन चिन्ता के ख़ास मानी हैं। वे इस विडम्बना से सावधान करते हैं कि ज़्यादा बोलना और ज़्यादा दिखना भी निरर्थक हो जाना है—*"हर एक के अपने-अपने ईमान धरम / इतने पारदर्शी / कि अपठनीय।"*[9] सचाई को समझने में यह ख़तरा निहित है कि हर पहलू से उसका एक ही पहलू नज़र आए और आप उसकी कोई एकांगी और अविश्वसनीय तस्वीर सामने रखें—*"उतनी ही तरफ़ों से इतनी एक-तरफ़ा / कि अपठनीय।"*[10] इसलिए यह मामला दृष्टि की अपंगता तक सीमित नहीं, बल्कि सम्यक् संघर्ष और प्रगति में बाधक है—*"भीड़ का इन्साफ़ भम्भड़ की मुआफ़ी / हर मामले में एक सरलीकरण काफ़ी।"*[11]

कुँवर नारायण की कविता बार-बार यह सवाल उठाती है कि क्या हम अपनी कोशिशों के अधूरेपन, हड़बड़ी और आलस्य से उबर नहीं सकते? इसलिए क्या इस कविता ने चुपचाप अपनी आत्मा में अधिकतम संजीदगी, प्रेम, व्याकुलता और सक्रियता के संश्लिष्ट ताप को जज़्ब नहीं कर रखा है? यहाँ 'न-होने' में सारे होने

की शुरूआत है और वैसे भी *'नीचे जल था, ऊपर हिम था'*[12]—'प्रसाद' की इस पंक्ति को याद करें तो ऊष्मा शीतलता के आवरण में ही रहती है—

''एक कथ्य है उसका ख़ालीपन...
उसके अमूर्तन में मौजूद हैं
उसकी ठंडी सतह से ढँकी
बेचैन गहराइयाँ।''[13]

इस मक़ाम को हासिल करने के लिए कवि ने एक लम्बा और मुश्किल, लेकिन सही और सुचिंतित रास्ता चुना है। उसे मालूम है कि रचना की दुनिया में 'शॉर्टकट' कहीं नहीं ले जाते। इस प्रक्रिया में सृजन की यातना का सामना वे स्वयं करते हैं, पाठकों पर उसका दबाव पड़ने नहीं देते। सुबूत वह सहजता और ख़ूबसूरती है, जिससे वे कहते हैं कि जिस ज़माने में लोगों को *'तेज़ सवारियाँ पसन्द हैं'*—

''मैं फिर इन्तज़ार करूँगा
उसी धैर्य के रास्ते पर
जिससे फूल आते हैं।''[14]

ग़ौरतलब है कि कुँवर नारायण ने अपनी काव्य-यात्रा में जिस सन्तुलन की साधना की है; वह द्वन्द्व-रहित नहीं, द्वन्द्वात्मक सन्तुलन है। कोई पूछ सकता है कि सन्तुलन का द्वन्द्व उसमें है या नहीं; पर उस स्थिति में द्वन्द्व की अवधारणा, उसका एहसास और अभिव्यक्ति कैसे सम्भव होती ? वह आश्वासन कहाँ मुमकिन था, जो उनकी कविता हमें देती है—

''आग का वादा-फिर मिलेंगे
नदी के किनारे।''[15]

इसी द्वन्द्व-चेतना की बदौलत वे कह पाते हैं कि *''तट पर हूँ / पर तटस्थ नहीं।''*[16] कवि की आत्म-स्वीकृति की पृष्ठभूमि में प्रश्न उठता है कि वह तटस्थ नहीं, तो किसका पक्षधर है? निश्चय ही, वह अँधेरे की शक्तियों के विरुद्ध है। हालाँकि घोषित रूप से वह वामपंथी नहीं, पर वाम की ओर उसका झुकाव स्पष्ट है। कभी विनयशील और सांकेतिक लहज़े में, कभी पैने और बेलाग स्वर में; पर उसकी कविता की गवाही की फ़ितरत यह है—*''काला जिस सचाई को ढँकता / सफ़ेद उसके बीच से बोलता रहता / दबी ज़बान-कभी खुलकर।''*[17] कविता यही काम करती है। वह रौशनी की प्रतिनिधि है। उसकी यह अन्दरूनी विवशता बाहरी दुनिया में उसके हस्तक्षेप की ताक़त में बदल जाती है—

''दरअसल काला तो कोई रंग ही नहीं
और सफ़ेद भी
होता है कई रंगों से मिलकर बना
एक तटस्थ रंग

लेकिन काले का घोर प्रतिवादी
और यही उसकी ताक़त है'' [18]

अँधेरे के प्रतिकार के लिए सादा, निष्कपट और निर्भीक होना बुनियादी शर्त है— *''उसकी निडर सादगी / खादी की तरह / कपट को ओढ़ने से इन्कार करती।''*[19] इन शर्तों को कवि ने अपने धर्म के रूप में अंगीकार किया है; लेकिन मुश्किल तब बढ़ जाती है, जब समय के सच को काले और सफ़ेद के विभाजन में देखना-समझना असम्भव होता है। कुँवर नारायण के नए संग्रह का नाम 'इन दिनों' इस गड्ड-मड्ड को सबसे बड़ी विडम्बना की तरह चिह्नित किए जाने से भी जुड़ा है— *''(लोग) परेशान हैं इन दिनों / काले की जगह / सफ़ेद नामक झूठ ने ले ली है / और दोनों ने मिलकर / एक बहुत बड़ी दुकान खोल ली है।''*[20] आज तमाम सत्ताओं के व्यवहार की जो प्रकृति है, उसकी इससे सटीक अभिव्यक्ति क्या होगी ? साम्प्रदायिकता, भ्रष्टाचार, आर्थिक विषमता और सरकारी दमन जैसी राष्ट्रीय समस्याओं में ही नहीं; वैश्विक स्तर पर अमरीका के नेतृत्व में चल रहे निजीकरण, बाज़ारवाद, सैनिक और साम्राजी आतंकवाद में भी झूठ और सच के मिटते हुए फ़ासिले की भयावह छायाएँ दीख पड़ती हैं। विगत वर्ष साहित्य के नोबेल विजेता हेरॉल्ड पिंटर ने पुरस्कार-समारोह के अवसर पर अपने रिकॉर्डेड भाषण में कहा था— *''...अधिसंख्य राजनीतिकों की रुचि, हमें उपलब्ध प्रमाणों के अनुसार, सत्य में नहीं होती, बल्कि सत्ता में और उस सत्ता को बरक़रार रखने में होती है। उस सत्ता को बनाए रखने के लिए यह ज़रूरी है कि लोग अज्ञान में ही पड़े रहें, कि वे सचाई के अज्ञान में जियें, यहाँ तक कि अपने जीवन की सचाई तक के। इसलिए हम जिससे घिरे रहते हैं, वह 'झूठ का भरतकाम' (टेपेस्ट्री) है, जिस पर हम पनपते हैं।''*[21] निष्कर्षतः देश से लेकर दुनिया तक, सत्तारूढ़ फ़ासीवादी तत्त्व झूठ को सच की तरह बरतने के धूर्त कारनामे में मुब्तिला हैं, इसलिए हमारा जीवन भी एकदम साफ़-सुथरा नहीं रहा—

''रोज़ धड़ल्ले से उनके रंगबिरंगे विज्ञापन छपते
कि झूठ कुछ नहीं
सिर्फ़ सच को ढँकने की कला है :
ज़िन्दगी का कारोबार
झूठ-सच की लीपापोती पर चला है।'' [22]

यहीं कवि को संशय घेरते हैं और फ़ैसला करना उसके लिए आसान नहीं रह जाता। जैसा हमारा समय है, उसे मद्देनज़र रखकर हेरॉल्ड पिंटर ने सही कहा है कि *''नाटक में सत्य एक शाश्वत मरीचिका है। आप इसे कभी नहीं पाते हैं, पर इसकी खोज एक अनिवार्यता है।''*[23] सच को खोजने की प्रक्रिया में कुँवर नारायण अपने

पर और दूसरों पर सन्देह करते हैं, इसलिए लीक से हटकर अपनी बात कहने का जोखिम उठाते हैं। यह दूसरी बात है कि गतानुगतिकता के जिस माहौल में आत्मालोचना की हिम्मत कमज़ोर पड़ गई हो, सच के और नज़दीक जाने की कोशिश को ही शक की निगाह से देखा जाए—

''कहीं ऐसा तो नहीं
कि आकाश और पाताल को मिलाती
एक काल्पनिक रेखा
जहाँ दायें बायें को काटती है
सचाई का सबसे नाजुक बिन्दु वही हो?''[24]

सत्ता-तंत्र का हिस्सा होना एक कवि की पीड़ा का सबब हो सकता है, पर उसकी समूची आत्मवत्ता का आईना नहीं। कितने विचार, स्वप्न, कल्पनाएँ और संवेदन मिलकर उसके मूल्य-बोध और सौन्दर्य-दृष्टि का निर्माण करते हैं और उसके सृजनात्मक उत्कर्ष में कितने संवेदनात्मक ज्ञान की भूमिका होती है, इसका अनुमान करना कठिन है। अपने समय के दबावों और मुश्किलों से एक रचनाकार के रिश्ते इतने संश्लिष्ट और बहुआयामी होते हैं कि कई बार ऐतिहासिक परिस्थिति और उसकी रचनाओं के बीच कोई सीधा या एकरैखिक सम्बन्ध स्थापित करते हुए हम किन्हीं सरल और भ्रान्त निष्कर्षों तक ही पहुँच सकते हैं। सत्ताएँ इस जटिलता को समझ ही नहीं सकतीं और हम इसे महसूस कर सकें, तो शायद एक हद तक इसकी व्याख्या कर पाएँ। कविता और इतिहास के द्वन्द्व और इस द्वन्द्वात्मक समीकरण के बीचोबीच एक कवि की अप्रत्याशित रूप से संवेदनशील स्थिति को कुँवर नारायण ने जिस गम्भीरता से प्रत्यक्ष किया है; उसमें इतिहास-विवेक ही नहीं, अनुभव और अभिव्यक्ति के उनके लहज़े और बनावट की भी अहम भूमिका है—

''भूल जाना मेरे बच्चे कि ख़ुसरो दरबारी था।
वह एक ख़्वाब था–
जो कभी संगीत
कभी कविता
कभी भाषा
कभी दर्शन से बनता था
वह एक नृशंस युग की सबसे जटिल पहेली था
जिसे सात बादशाहों ने बूझने की कोशिश की!
ख़ुसरो एक रहस्य था
जो एक गीत गुनगुनाते हुए
इतिहास की एक बहुत कठिन डगर से गुज़र गया था।''[25]

यों हम पाते हैं कि कविता की क्लासिकल संरचना के मूल में वह द्वन्द्वात्मक सन्तुलन है, जिसे कवि ने अपने लम्बे सफ़र में अर्जित किया है। सन्तुलन की काव्य-दृष्टि उनके यहाँ अनेक रूपों में व्यक्त होती है; मसलन बच्चों की-सी निश्छलता और कोमलता, प्रेम की केन्द्रीयता, बौद्धिक सान्द्रता, विभिन्न स्तरों पर सक्रिय सत्ताओं के प्रत्याख्यान और समकालीन जीवन में विसंगतियों की प्रतिरोधी और मार्मिक शिनाख़्त के रूपों में। कुँवर नारायण ऐसी कविता के हिमायती हैं; जो बच्चों की तरह निष्कपट और मासूम हो, जिसमें 'भाषा के फन्दे' न हों।[26] इस विशेषता को भूलकर उनकी कविता में सिर्फ़ 'बौद्धिक दृढ़ता' देखने-दिखानेवाले ग़ौर करें कि वे चाहते हैं, *'बड़े-से-बड़े विचारों की / शब्द बराबर छोटी-छोटी तस्वीरें / बच्चों के खेलने लायक़।'*[27] इसीलिए जब हमारे समय में चारों ओर 'बहुत बड़ी मशीन जैसे विकराल महासच'[28] का दबदबा है और 'तमाम माध्यमों के द्वारा' वह सीधे हमारे घरों में दाख़िल हो रहा है,[29] हमारी संस्कृति पर हमला कर रहा है; कवि 'बच्चों बराबर छोटे-छोटे सचों की जान' बचाना चाहता है।[30] ज़ाहिर है कि मनुष्यता के बुनियादी मूल्य संकट में पड़ गए हैं और उन्हें ध्वस्त करनेवाली वर्चस्वी व्यवस्था के विभिन्न रूप 'महासच' की तरह हमारे सामने हैं, जिनका कोई विकल्प नहीं। ऐसे में, कवि एक बच्चे की भोली व्याकुलता से अपने-पराये के सारे फ़ासिले मिटा देना चाहता है—

''कविता एक खेल है बच्चों के बहाने
बाहर भीतर
यह घर, वह घर
सब घर एक कर देने के माने
बच्चा ही जाने।''[31]

जो बात यहाँ खेल-खेल में कह दी गई है, वह कुँवर नारायण की कविता का एक प्रमुख सरोकार है, उसकी 'रिकरिंग थीम'। उनके शब्दों में कहें, तो यह *'एक बड़े विचार की शब्द बराबर छोटी तस्वीर है, जिससे बच्चे भी खेल सकते हैं।'*[32] इस कविता की जड़ें कवि के संवेदन-तंत्र की समकालीनता में हैं, तो दर्शन की भारतीय परम्परा में भी। उनके पिछले संग्रह का नाम था 'कोई दूसरा नहीं,' जिससे 'ईशावास्योपनिषद्' की इस महत्त्वपूर्ण स्थापना का स्मरण हो आता है—

''यस्तु सर्वाणि भूतान्यात्मन्येवानुपश्यति।
सर्वभूतेषु चात्मानं ततो न विजुगुप्सते॥''[33]

यानी, *'जो मनुष्य सभी प्राणियों को अपनी आत्मा में ही लगातार देखता है और सभी प्राणियों में आत्मा को; वह कभी किसी से नफ़रत नहीं करता।'* इस नुक़्ते पर कवि का वह अन्तर्द्वन्द्व हमारे लिए प्रासंगिक है; जिसे पहले 'प्रेम-रोग', बाद में

'एक अजीब-सी मुश्किल' शीर्षक से छपी अपनी एक मशहूर कविता में उसने व्यक्त किया है—

> *''एक अजीब-सी मुश्किल में हूँ इन दिनों-*
> *मेरी भरपूर नफ़रत कर सकने की ताक़त*
> *दिनोदिन क्षीण पड़ती जा रही।''*[34]

समस्या से बिलकुल दूसरे छोर से सम्बोधित होने के इस विरल अन्दाज़ में हमारे भीषण समय की पदचाप सुनी जा सकती है। प्रेम के सन्दर्भहीन भावोच्छ्वास या वाचाल भंगिमा की बजाय नफ़रत करने में अपनी असमर्थता ज़ाहिर करके कुँवर नारायण ने उस सकारात्मक मूल्य-चेतना का हृदयग्राही संकेत किया है, जो मनुष्य की प्रकृति में बद्धमूल है। नफ़रत न कर पाना एक मनुष्य का, उसकी स्वाभाविकता में पुनर्वास है। तमाम ख़तरों की निशानदेही के बावजूद मनुष्यता में कवि की अविचलित आस्था का सुबूत। इसका एक बहुत आत्मीय अनुरोध उनके पिछले संग्रह में है—*''विश्वास बनाए रखना / कभी बन्द नहीं होंगे दुनिया में / ईमान के खाते।''*[35] नए संग्रह में भी बुद्धिजीवियों के शब्दाडम्बर और वाग्जाल से खिन्न कवि को आम आदमी पर यक़ीन ही एक-मात्र सही विकल्प जान पड़ता है—

> *''कुछ भरोसा था*
> *तो उस भले आदमी का ही*
> *जिसने भरी अदालत में क़सम खायी थी*
> *कि सच कहूँगा*
> *सच के सिवाय और कुछ नहीं।''*[36]

मनुष्यता का यह सतत आग्रह मनुष्य के मूल्यनिष्ठ रुझान में विश्वास का प्रतिफलन है, जो एक गहन इतिहास-विवेक से संवलित है। कुँवर नारायण चीज़ों, स्थितियों, घटनाओं और चरित्रों को उनकी द्वन्द्वात्मकता में देखते हैं। इसीलिए अंग्रेज़ों से शेक्सपीयर, मुसलमानों से ग़ालिब, सिखों से गुरुनानक और दक्षिण भारतीयों से कंबन, त्यागराज और मुत्तुस्वामी नफ़रत नहीं करने देते। ग़ौरतलब है कि द्वन्द्व में पड़कर भी कवि असमंजस का शिकार नहीं होता, क्योंकि उसकी पक्षधरता स्पष्ट है। नफ़रत करने की हर शुरूआती उधेड़बुन प्रेम की एक महत्तर ज़िम्मेदारी, उसकी अपरिहार्य आन्तरिक विवशता में पर्यवसित हो जाती है। यही इस कविता में प्रकट चेतना का सौन्दर्य है। इसलिए धोखेबाज़ प्रेमिका के मिलने पर भी कवि *'ख़ून का घूँट'* नहीं, *'प्यार का घूँट पीकर रह जाता।'*[37] मुहावरे में यह सुखद और विस्मयजनक तोड़-फोड़ कविता ही नहीं, हिन्दी भाषा को कवि की एक अमूल्य भेंट है। *'ख़ून पीना'* जब मुहावरा न रहकर काफ़ी-कुछ यथार्थ हो

गया हो, तो ऐसे वक़्त में कवियों का नए मुहावरे खोजना लाज़िम है और वांछनीय भी। विषमता, वैमनस्य और भेदभाव की जिस संस्कृति को प्रभु-वर्ग का समर्थन और पोषण प्राप्त है; उसे अपने दार्शनिक और 'पैशनेट' प्रत्याख्यान से कवि ने हतप्रभ किया है—

"...होता है इसका ठीक उलटा
कोई-न-कोई, कहीं-न-कहीं, कभी-न-कभी
ऐसा मिल जाता
जिससे प्यार किए बिना रह ही नहीं पाता।"[38]

आज प्रेम एक निरापद, इकहरी, उपभोग्य वस्तु या गतिविधि नहीं; बल्कि हालात को देखते हुए जान जोखिम में डालना है। प्रेम वैसे भी प्रेमियों के लिए प्राणों का सौदा रहा है, पर यहाँ एक ज़्यादा बड़े अर्थ में उसकी आत्महंता भूमिका को पहचाना गया है। इसलिए कविता का अन्त एक आत्म-व्यंग्य में होता है— *"...मेरा यह प्रेम-रोग...किसी दिन मुझे / स्वर्ग दिखाकर ही रहेगा।"*[39] कैसी विडम्बना है कि प्रेम के इस निविड़ और आत्यन्तिक इसरार के बावजूद लोगों को लगता है कि कुँवर नारायण एहसासों से अलहदा बौद्धिकता के कवि हैं। यह कविता का कुपाठ भले न हो, पर उसका अति-पाठ या अल्प-पाठ तो निश्चय ही है। दरअसल, कुँवर नारायण कविता में अक्सर अनुभूति और विचारशीलता की सशक्त और गतिमान संहति को सम्भव करते हैं। वे इन्हें एक-दूसरे से विच्छिन्न होकर निरीह, यांत्रिक, निष्कवच या एकतरफ़ा नहीं हो जाने देते। इसीलिए प्रेम और बौद्धिकता संघटित होकर उनके यहाँ आत्मबद्धता और व्यर्थता के निरसन और प्रतिकार का समर्थ माध्यम बन जाते हैं—

"अनर्गल वस्तुओं
और आत्मरत दुनिया से विमुख
एक निरुद्वेल में
लिखकर एक अमिट हस्ताक्षर-प्रेम
उसने एक गहरी साँस ली
और भाप बनकर छिप गया
फिर एक बार बादलों के साथ
बेहद में।"[40]

इसी असीमता में कवि बार-बार अपने काम्य सन्तुलन या आत्म-शान्ति को खोजता और उपलब्ध करता है। प्रेम की व्याप्ति उसके लिए इतनी है कि वह आशा करता है कि *'जीवन की आत्मकथा'* *"किसी आकाश में ध्वनित हो सकती है / जैसे प्रेम।"*[41] इसलिए जब वह सृष्टि को 'डूबते सूरज के आधार से' देखता

है, तब उसे लगता है कि *''प्यार का एक भी पल / बहुत होता है।''*[42] यहाँ प्यार जीवन के प्रति गहन और समृद्ध संसक्ति का स्रोत है और उस तक पहुँचने का ज़रिया भी—

''इसी बहुलता को
दे जाना चाहता हूँ पूरे विश्वास से
इन विह्वल क्षणों में
कि कभी-कभी एक चमत्कार हुआ है पृथ्वी पर
जीवन के इसी गहरे स्वीकार से।''[43]

इस तरह प्रेम जीवन की अमरता के गम्भीर और उत्कंठित स्तवन में बदल गया है। वह ऐसी वेदना है, जो मनुष्यता की अपरिहार्य कसौटी है। इसीलिए कवि की ख़्वाहिश है—*''दाग़ ही लगना था तो फिर / कपड़ों पर मासूम रक्त के छींटे नहीं / आत्मा पर / किसी बहुत बड़े प्यार का ज़ख़्म होता / जो कभी न भरता।''*[44] ज़ाहिर है कि कुँवर नारायण प्रेम को एक व्यापक अर्थ में प्रतिष्ठित करते हैं। वह हिंसा और उपभोग की संस्कृति का प्रतिपक्ष है। समता और न्याय को अर्जित करने की लड़ाई का ज़रूरी सम्बल और आख़िर मनुष्य की मुक्ति का चरम साधन। प्रणय-क्रीड़ा इसी प्रेम का हिस्सा है; पर इस सीमा से परे कवि ने सरहपा और शबर-कन्या के संसर्ग के बहाने प्रेम की अनूठी और मूल्यवान् परिभाषा की है—

''दोनों मिलकर खेलते एक खेल
जिसमें दोनों जीतते हैं एक साथ।
बचा रह जाता
उस खेल का कवित्व,
और स्त्री-पुरुष, ऊँच-नीच के अभेद में
मनुष्य के मुक्त होने का अर्थ।''[45]

दरअसल, कवि की विचारशीलता प्रेम की उदात्त अवधारणा को सम्भव करती है। इसकी बदौलत वह वृहत्तर दुनिया से विमुख प्रेम के भोगवादी तिलिस्म में अपने बंदी, सम्मोहित या नष्ट हो जाने की दुखद सम्भावना से विद्रोह करता है। वह 'कामलिप्त' होने के बरअक्स 'बाहर के प्रकाश' से मुख़ातब होने को अहम मानता है और उस आत्म-मुग्ध सत्ता का आकांक्षी नहीं है, जिसके चलते समय को आसन्न संकटों के परिपार्श्व में *'एक दास की तरह प्रतीक्षा करनी पड़े।'*[46] यह एक बार फिर आत्म-विस्मृति, ऐकांतिकता और देवत्व के भावात्मक अतिरेक को विपुल जीवन-स्रोतों से समन्वित अग्रगामी विचार के बल पर सन्तुलित कर लेने की सार्थक काव्य-चेष्टा है। उपभोक्ता संस्कृति के समय में, जब हिन्दी में कुछ

लोग प्रेम के नाम पर भोगवाद का छद्म-विमर्श और काम-दग्ध काव्य-अभियान चला रहे हैं; सही मार्ग-निर्देश करनेवाली इस काव्य-दृष्टि का विशेष महत्त्व है। 'खजुराहो' बहुत-से कवि गए हैं, पर क्या इस भाव-बोध के साथ कोई वहाँ से लौटा है—*"और तभी लगा अकस्मात् / मूर्तियों के कोलाहल से भर उठा / मंडप, अन्तराल, अर्द्धमंडप / और उन सबने ज़िन्दा होकर / एक अश्लील प्रसव-वेदना की शक्ति से / मुझे / तिलमिलाते प्रकाश में बाहर ढकेल दिया।"*[47]

वैचारिक सान्द्रता के ज़रिए कुँवर नारायण वस्तुतः "मनुष्य होने का पूरा तात्पर्य संगठित"[48] करना चाहते हैं। यह संवेदनात्मक अभिप्रायों को बिखरने से बचाने और उनके तादात्म्य को शक्ति में बदलने की आकांक्षा है। एक कविता में कई कविताएँ लिखने और एक जीवन में कई ज़िन्दगियाँ जीने की संश्लिष्ट रचनात्मक कोशिश। ऐसा करते हुए वे जीवन के रूप में सम्पूर्णता और अधूरेपन के द्वन्द्व को बड़ी ख़ूबसूरती से परिभाषित करते हैं—*"छोटी-छोटी सम्पूर्णताओं का / एक अधूरा संग्रह / पूरा जीवन।"*[49] बावजूद इसके, मनुष्य एक सम्पूर्णता को पाने और रचने, तमाम उपकरणों से सौन्दर्य के अपने स्वप्न को मूर्त करने का संघर्ष करता है। इसीलिए कुँवर नारायण *'तिनके-तिनके में जीवन की खोज'*[50] करते हैं। 'चक्रवात' उन्हें *'तहस-नहस करके चला जाता है'*, पर अपनी सिसृक्षा के कारण वे उसका सामना करते हैं, उससे कतराते नहीं—*"अचानक उजड़ने और फिर भी कुछ रचते रहने की / हिम्मत में ही है हमारी दोस्ती का सबसे पक्का आधार।"*[51] इस भावभूमि से बरबस ही ग़ालिब की याद आती है—

"घर में था क्या, कि तिरा ग़म उसे ग़ारत करता
वह जो रखते थे हम इक हसरत-ए-तामीर, सो है।"[52]

वाल्टर बेंजामिन ने कहा था कि *'पराभूत नायक श्रेष्ठ चिन्तक बनता है।'*[53] कुँवर नारायण की कविता गवाह है कि श्रेष्ठ सृजन का रास्ता भी पराभव से होकर जाता है। आख़िर जिन्हें निरे भौतिक क़िस्म के प्रलोभन खींच नहीं पाते और दुनियादारी की होड़ में जिनके हाथ कुछ नहीं लगता; वे ही उस 'जोड़-तोड़' से निकलकर शब्दों के संसार में जा पाते हैं—

"जिनके हाथ आया...
उनमें से कुछ
चले गए अंकों से अक्षरों की दुनिया में।"[54]

यों 'चक्रवात' के प्रसंग में दुश्मन को दोस्त मानने की असावधानी नहीं, बल्कि चुनौती को स्वीकार करने की उदात्तता है। कुछ-कुछ ग़ालिब की-सी—*"ज़माना सख़्त कम आज़ार है बजान-ए-असद / वगरना हम तो तवक़्क़ो ज़ियादा रखते हैं।"*[55] अकारण नहीं कि कवि ने सौन्दर्य को शक्ति की अवधारणा से

संयुक्त किया है। इससे वे लोग प्रेरणा ले सकते हैं, जो संघर्ष को ग़ैर-ज़रूरी मानते हुए सुन्दरता के सुनहरे सब्ज़बाग़ दिखाने के आदी हो चुके हैं—

"इसी उम्मीद पर बनाता हूँ
फिर एक घर-सा सुन्दर कुछ
कि जब भी वह आए
कुछ तो मिले उसे
अपनी शक्ति को आज़माने के लायक़।"[56]

दिलचस्प है कि घर यहाँ आरामगाह नहीं और उसे बनाने में उसके बिखर जाने की सम्भाव्यता निहित है। कुँवर नारायण के काव्य-चिन्तन में घर कोई व्यक्तिगत, जड़, पूर्व-निर्धारित या निःशेष स्थिति नहीं है। उसे वे एक सम्भावना के रूप में देखते हैं। सृजन और संघर्ष का प्रस्थान-बिन्दु। कवि का कोई घर नहीं है और सभी घर उसके हैं। 'कोई दूसरा नहीं' में वे लिखते हैं— *"...हम जब जहाँ जिनके बीच हों / वही हो / घर पहुँचना।"*[57] समय, स्थान और स्वार्थ की सीमाओं को अतिक्रान्त करने के इस रचनात्मक उद्यम को वे ठेठ वैज्ञानिक क़िस्म की तर्क-प्रणाली से भी समर्थित और पुष्ट करते हैं—

"फिर भी एक उच्चतम विधान के तहत
मैं स्थानिक नहीं, सामुदायिक हूँ
और आणविक भी-
एक स्वायत्त सूचना-तंत्र
तमाम सूक्ष्म संचार-साधनों द्वारा
अनेक अदृश्य संसारों और प्राणियों से जुड़ा हुआ!"[58]

यों कुँवर नारायण की सबसे बड़ी कोशिश आत्म के असीमित विस्तार की है, जिसमें कोई 'दूसरा' नहीं रह जाता। मनुष्य के लिए जब वे एक पारदर्शी अन्तःकरण, धीर-गम्भीर कर्मशीलता, विशिष्ट संवेदनात्मक ज्ञान और सम्पूर्ण मुक्ति की कामना करते हैं; तो 'गीता' के कर्मयोग की याद दिलाते हैं— *"योगस्थः कुरु कर्माणि संगं त्यक्त्वा धनंजय / सिद्धयसिद्धयोः समो भूत्वा समत्वं योग उच्यते"*[59] और तुलसीदास के काव्य-नायक की उदात्तता की भी— *"प्रसन्नतां या न गताभिषेकतस्तथा न मम्ले वनवासदुःखतः।"*[60] प्रमाण हैं ये पंक्तियाँ—

"चेहरे पर कसे मुखौटे की पाबन्दी को
उतारकर बेचेहरा होते हुए
चाहिए एक ऐसी मुक्ति
जिसमें न प्रसन्नता हो, न उदासी
न किसी का प्रभाव हो, न दबाव

केवल एक दार्शनिक हो अपना सद्भाव
सबके बीच लेकिन सबसे
थोड़ा हटकर भी''[61]

कुँवर नारायण उन विरले कवियों में हैं, जिनकी कविता भारतीय चिन्तन-परम्परा और काव्य-परम्परा की तमाम स्मृतियों और अन्तर्ध्वनियों से प्रकाशित और समृद्ध है। हम अपनी हज़ारों वर्ष पुरानी सभ्यता और संस्कृति के प्रवाह को उसकी रगों में महसूस कर सकते हैं। यह मुमकिन हुआ है, क्योंकि कवि जीवन और मृत्यु को एक सातत्य में देख पाता है—*''पहाड़ों की गागर में / एक छोटा-सा सागर / मृत्यु की तरह पुरातन / जीवन की तरह सनातन।''*[62] इसीलिए उसे 'करुणा से भरी आँखों को देखकर' लगता है कि 'द्वार पर आया भिक्षुक' बुद्ध भी हो सकता है[63] और कबीर उसे आज भी 'साहित्य-समाज में अनमने-से' या 'फ़क़ीरों के भेस में' दिख जाते हैं[64] और उनकी आवाज़ सुनाई पड़ती है—

''कहाँ जाऊँगा छोड़कर
इतनी बड़ी दुनिया को
जो मेरे ही अन्दर बसी है
हज़ारों वर्षों से
यहीं रहूँगा-
इसी मिट्टी में मिलूँगा
इसी पानी में बहूँगा
इसी हवा में साँस लूँगा
इसी आग से खेलूँगा
इन्हीं क्षितिजों पर होता रहूँगा
उदय-अस्त,
इसी शून्य में दिखूँगा खोजने पर''[65]

कोई अचरज नहीं कि शाश्वत जीवन से मनुष्य की आस्तित्विक एकता के सच्चे एहसास के बावजूद कुँवर नारायण का कवि कबीर की ही तरह *'स्थूल की सीमाओं के षड्यंत्र'* से हैरान है और उसे यह आशंका घेरे हुए है कि *''वे ही उसे मारेंगे / जिन्हें उसने बेहद प्यार दिया।''*[66] 'जग की इस उलटबाँसी', जिसके कारण कबीर को काशी छोड़नी पड़ी थी,[67] कवि उसके अनेक रूपों को समकालीन भारत में देखता और सहता है। यह कुछ वैसी ही स्थिति है, मानो—

''नया-सा लगता कोई बहुत पुराना आदमी
किसी गुमनाम गली में
एक जले हुए मकान के सामने

खड़ा हैरान
कि क्या यही है उसका हिन्दुस्तान?"[68]

इस कविता से पिछले बीस-पच्चीस वर्षों में साम्प्रदायिक दंगे, आगजनी, लूटपाट और ख़ूनख़राबे की कितनी ही तस्वीरें हमारे ज़ेहन में कौंध जाती हैं। कवि को ठीक ही लगता है कि कोई व्यवस्था नहीं, बल्कि *"भीषण दुर्व्यवस्था / हमारी रक्षा कर रही।"*[69] वजह यह है कि धर्म, संस्कृति और राष्ट्र के नाम पर इकहरी, असहिष्णु सामाजिक संरचना के पैरोकार आधुनिक विवेक और तार्किकता से दुश्मनी निभा रहे हैं। नफ़रत और हिंसा उनके हथियार हैं और वे छद्म मुद्दों को वास्तविक समस्याओं की तरह पेश करते हैं—

"अक़्ल के बीचोबीच ठोंक धर्म-धुरा
समझ-बूझ जहाँ दिखे, भोंक दें छुरा
नक़ली भी चमकेगा असली की तरह
हर पहलू दिखेगा पसली की तरह"[70]

असल में, लोगों ने मूल्यों को बहुत पीछे धकेल दिया है। वे जिस सभ्यता, स्नेह, आत्मीयता और मानवता की बातें करते हैं; अपनी करनी से उनकी ही हत्या। इस स्थिति को कवि ने मार्मिक रूपक दिया है—*"जैसे एक लोहूलुहान गौरय्या / किसी मक्कार बिलौटे के पंजे में।"*[71] प्रसंगवश, जो लोग स्त्री-विमर्श के अहम कारोबार में शरीक हैं; उनमें से बहुतेरे स्त्री के सम्बन्ध में अपने वास्तविक दृष्टिकोण की जाँच-परख के लिए इन पंक्तियों पर ध्यान दे सकते हैं—*"उनके मन में नक़ली हमदर्दी / और असली कौतूहल है / कि देखें उसमें कितना आत्मबल है।"*[72] कुँवर नारायण की कविता में कई बार अर्थ के एकाधिक स्तर अन्तर्ग्रथित रहते हैं। मसलन एक स्त्री की तकलीफ़ का बयान देश में नैतिकता के ह्रास को भी सूचित करता है—*"...पत्नी बेचारी / ईमानदारी की तरह ख़ुश थी / नहीं-बराबर-जगह में भी।"*[73] इसी तरह राजधानी में एक राजनीतिक रैली से गाँव लौटते आम आदमी की ज़िन्दगी और सूरज के गाँव की तलैया में चुपचाप डूब जाने में जो मायूसी है; उसमें इस सादृश्य के अलावा राजनीतिक सत्ता-संघर्ष की जन-निरपेक्षता और जनता की दुर्दशा के आशय भी साफ़ पढ़े जा सकते हैं—*"राजधानी से गाँव लौटती बकवास में / धूल फाँकता सूरज / लाल आँखें / थका माँदा / डूब गया फिर उसी गाँव की तलैया में / जैसे वह दिन हुआ ही नहीं।"*[74]

कुँवर नारायण की कविता में बिम्ब बहुत गहरे, विशिष्ट, सांकेतिक और मर्मस्पर्शी होते हैं। जीवन की परस्पर-विरोधी स्थितियों और उनमें निहित विडम्बना के प्रति सजगता उनके यहाँ तीखे और सघन रूप में व्यक्त हुई है। वे मनुष्य की कायर, आत्मग्रस्त, रूढ़िवादी, बेईमान, परपीड़क और ग़ुलाम मानसिकता की मुख़ालफ़त

करते हैं और इससे उबरने में नाकाम होना ही उनके लेखे व्यापक मनुष्यता के अवमूल्यन का सबब है। ग़ालिब ने कहा था कि *'आदमी को भी मयस्सर नहीं, इन्साँ होना',*[75] लेकिन कुँवर नारायण इस असम्भाव्यता को विचलित कर देनेवाली परिणति से हमें रूबरू करते हैं—*''सच बताइये / अगर इन्सान ही हूँ / तो इतनी अपमानित क्यों है / इतनी बड़ी सचाई?''*[76] अपने समय के सबसे संजीदा मुद्दों से मुठभेड़ किए बिना काव्य-परम्परा में यह बदलाव और विकास नहीं किया जा सकता और न अपने समय में हुए बिना उसके पार जाया जा सकता है। इस सन्दर्भ में नरेश सक्सेना की मशहूर काव्य-पंक्तियाँ याद आती हैं—*''पुल पार करने से / पुल पार होता है / नदी पार नहीं होती / नदी पार नहीं होती नदी में धँसे बिना।''*[77]

कुँवर नारायण के यहाँ प्रेम और बौद्धिकता की जो केन्द्रीयता है; वह युद्ध, वर्चस्व, अनैतिकता, भोगवाद और शोषण की संस्कृति के सतत विरोध की कारक और निष्पत्ति, दोनों है। आज की तारीख़ में इस संस्कृति का नियंता और वाहक अमरीका है, जो नब्बे के दशक में क़ायम हुई एकध्रुवीय विश्व-व्यवस्था का सबसे ताक़तवर राष्ट्र है। उसने झूठे बहाने गढ़कर अफ़ग़ानिस्तान और इराक़ को जिस तरह तबाह किया, उसके प्रति कवि के मन में गहरा क्षोभ और प्रतिकार-भावना है। सच कहें, तो किसी ख़ास आदमी या मुल्क से नहीं, आतंकवाद और विनाश के लिए ज़िम्मेदार हर ताक़त से उसकी अनबन है। इसकी अभिव्यक्ति प्रायः व्यंग्यात्मक होती है। मसलन *''लड़ाकू विमानम् / न अन्नम् न वस्त्रम् / करें शास्त्र-चर्चा / मगर होड़ शस्त्रम्।''*[78] इसीलिए उसने कहा है—*''मिटाने औ' मिटने में / हम कम न तुम कम।''*[79] यह महज़ शब्दों का खेल नहीं, जिसकी सलाह कुछ आलोचक कवियों को हमेशा दिया करते हैं; बल्कि मूलतः शासक-वर्गों के पाखंडी, निरंकुश और मनुष्यहंता चरित्र की सटीक मीमांसा है। इससे उलट, सत्ता-तंत्र के सहायक बुद्धिजीवी, लोगों को अपने वाग्जाल में ही सम्मोहित रखने की चेष्टाएँ करते हैं; ताकि वे सचाई से प्रतिकृत न हो सकें। यह दिमाग़ों को ख़ाली करने और भटकाने की साज़िश है। बक़ौल कवि, *''महाशून्य खड्डम् / समझ गड्ड-मड्डम्।''*[80] अचरज नहीं कि मौजूदा विश्व में विचारहीनता की जगह साम्प्रदायिक बर्बरता और सैन्य आतंकवाद ने ले ली है। दुनिया के बड़े-बड़े लड़ाकों और उनकी बंदूकों का अनोखा ज़िक्र करते हुए कवि ने इस विडम्बना की ओर ध्यान आकृष्ट किया है—*''सबको दुनिया की चिन्ता / सबसे दुनिया को चिन्ता।''*[81]

इस सिलसिले में कुँवर नारायण 'विश्व-विजेताओं की उस टुकड़ी' पर व्यंग्य करते हैं, जो आदिम क़िस्म की हिंसकता से एक पूरी सभ्यता को उजाड़ देती है—*''उनकी दिलेरी के चर्चे / कल सुनेंगे स्कूलों में बच्चे।''*[82] बच्चों की चेतना पर युद्ध के ब्यौरों का जो प्रतिगामी असर पड़ता है, उसकी कल्पना से दहशत होती है।

हाल ही छपे अपने एक लेख में वीरेन डंगवाल ने लिखा है—*"हर युद्ध अन्ततः तबाही और अभिशाप है।"*[83] अमरीकी अधिनायकवाद और उत्तर-आधुनिक संस्कृति की दुरभिसंधि से जुड़ी ताक़तों पर उन्होंने सार्थक टिप्पणी की है कि वे स्वयं *'इतिहास-विहीन'* हैं—विचार से लेकर व्यवहार तक *'इतिहास के अन्त'* की उनकी कोशिश का यही तर्क है।[84] प्राचीन सभ्यताओं, उनके गौरवशाली प्रतीकों, ध्वंसावशेषों, स्मारकों और संग्रहालयों को मिटा डालने का उनका उन्माद *'सभ्यताओं के संघर्ष'* के *'एक-आयामी सभ्यतामूलक वर्गीकरण'* या इकहरी मानव-अस्मिता की यांत्रिक और विघटनकारी सोच पर टिका है। मगर यह सब क्यों, जबकि बक़ौल कवि, इतिहास के हर दौर में हमें लड़ाई के मैदानों से एक थके हुए योद्धा की तरह "ख़ाली हाथ" ही लौटना है।[85] ग़ौरतलब है कि अमर्त्य सेन ने अपनी नई किताब 'द आर्ग्यूमेंटेटिव इंडियन' में लिखा है कि 'गीता' में युद्ध की अमानुषिकता और व्यर्थता को रेखांकित करते हुए अर्जुन ने जो मंतव्य और सन्देह प्रकट किए हैं; भारत की बहुलवादी और समृद्ध संवाद-परम्परा में उनका स्थायी महत्त्व है। वे सवाल आज और भी वैध और प्रासंगिक हैं—*" 'भगवद्गीता' का सन्देश कुछ भी रहा हो, अर्जुन के युद्धविषयक तर्कों को पूरी तरह से पराजित नहीं माना जा सकता।"*[86] कुँवर नारायण की कविता को हम युद्ध के प्रतिरोध की भारतीय परम्परा की समकालीन कड़ी के रूप में देख सकते हैं—

"सिकन्दर का निर्णायक युद्ध
पोरस से नहीं
एक बीमार सिकन्दर से हुआ
जिससे लड़ते हुए वह मारा गया
नापने पर उसकी सारी जीतों का क्षेत्रफल
दो गज़ से अधिक नहीं निकला।"[87]

कुँवर नारायण की विशेषता है कि वे ज़्यादातर काव्य-संरचना की सान्द्रता, तनाव और बहुस्तरीयता को बचाकर रखते हैं और कविता को झीना, शिथिल या एकांगी बनाए बिना काव्यार्थ को सम्भव करते हैं। इस प्रक्रिया में वे जटिलता के साथ ऋजुता, प्रभाव की स्पष्टता के साथ गम्भीरता और एकाग्रता के साथ बहुअर्थगामिता के मुश्किल समन्वय या इनके बीच के द्वन्द्वात्मक सन्तुलन को अर्जित करते हैं। वे मूर्त और अमूर्त, सामान्य और विशिष्ट और गरिमा और जोखिम के अन्तर्दृष्टिपूर्ण सहकार के कवि हैं। शाश्वतता उनके यहाँ कालबद्धता का विकल्प नहीं बनने पाती और न परम्परा और संस्कृति से गहरी प्रतिश्रुति सामाजिक परिवर्तन के एजेंडे को ही अपदस्थ करती है। संवेदनशील नागरिक और दार्शनिक उनके लिए वैसे ही हैं, जैसे निश्छल और उदात्त और ये दोनों उनमें

एकात्म हैं। उनकी चिन्ता के केन्द्र में सम्पूर्ण मनुष्य है और भारतीय परिस्थिति पर बात करते हुए वैश्विक सन्दर्भ को वे ओझल नहीं करते। उनमें सौजन्य और शालीनता है; पर वह किसी भी स्तर पर अधीनस्थता या दमन की स्वीकृति और आसन्न संकट से पलायन का पर्याय नहीं है। सृजन के लिए वे स्वतंत्रता, आत्म-सम्मान, प्रेम और मूल्यनिष्ठता की संस्कृति को अनिवार्य मानते हैं और संस्कृति और सौन्दर्य के लिए संघर्ष को। मसलन *'इतिहास के अन्त'* के प्रश्न पर निजी बातचीत में उन्होंने मुझसे कहा कि *'एक तो इतिहास के बाहर जाया नहीं जा सकता; दूसरे, हम जाएँगे कहाँ?'* ज़ाहिर है कि *'इतिहास का अन्त'* घोषित करनेवाली शक्तियों से मुठभेड़ आज एक ऐतिहासिक ज़िम्मेदारी है। कवि ने इसे बड़ी शिद्दत से महसूस किया है—

''फिर उठता चारों ओर
वही पागल शोर
नसों पर फिर वही असह्य दबाव
'या तो सिद्ध करो दिग्विजय
या स्वीकार करो दास-भाव।' ''[88]

इस कविता से अफ़ग़ानिस्तान और इराक़ पर बर्बर आक्रमण करनेवाले अमरीका की चेतावनी याद आती है—*'आप या तो हमारे साथ हैं या हमारे ख़िलाफ़ हैं।'* हेरॉल्ड पिंटर के शब्द कविता को समझने में हमारी और मदद करते हैं—*''अमरीका को अपने पत्तों को मेज़ पर रखने में कोई झिझक नहीं रही है। यही मुद्दा है। इसकी अधिकृत रूप से घोषित नीति को अब 'सम्पूर्ण आधिपत्य' (फुल स्पैक्ट्रम डॉमिनेंस) के रूप में परिभाषित किया जाता है। यह मेरी शब्दावली नहीं, उनकी है। 'सम्पूर्ण आधिपत्य' से मतलब ज़मीन, समुद्र, आकाश और अन्तरिक्ष व उसके साथ के सारे संसाधन हैं।''*[89] साफ़ तौर पर अमरीका ने अपने लाभ और वर्चस्व के लिए कमज़ोर देशों की सम्प्रभुता, आर्थिक आत्मनिर्भरता और सांस्कृतिक स्वायत्तता पर हमले तेज़ कर दिये हैं। उसकी नव-साम्राज्यवादी नीतियों की पृष्ठभूमि में भारत की स्थिति का अरुन्धति रॉय ने जो विश्लेषण किया है, वह हमारी आँखें खोल देने के लिए काफ़ी है—*''हम अपने को एक बहुत ही महीन आर्थिक और रणनीतिक जाले में फँसा रहे हैं। एक बार अगर हम फँसे, तो बाहर का रास्ता नहीं मिलेगा। हम हिंस्र पशु की माँद में हैं।''*[90] जो लोग उसकी सरपरस्ती में तरक़्क़ी के ख़्वाब देख रहे हैं, अरुन्धति ने सावधान किया है कि वे *'ताबेदारी'* में जी रहे हैं और यह *''घरौंदे बनाने के लिए माक़ूल जगह नहीं होती।''*[91] निश्चय ही, ग़ुलामी इस बार वैश्वीकरण की अर्थव्यवस्था, परमाणविक सहयोग, साझा युद्धाभ्यास और उत्तर-आधुनिक वैचारिकी के छद्म-वेश में आई है; इसलिए और भी घातक है।

ऐसे में, शासक-वर्ग चाहे जितना भ्रमित हो, कवि को अपनी प्रतिरोधी भूमिका के विषय में कोई दुविधा नहीं है—

"फिर मुझे लड़ना है वही पुराना युद्ध
उसी नक़ाबपोश दुश्मन के विरुद्ध
जिसकी फ़ौजें
छिपकर अँधेरे में वार करतीं।"[92]

कैसा संयोग है कि जिस कवि ने लगभग आधी शताब्दी पहले लिखा था कि *"या तो अ ब स की तरह बेसबब जीना है / या सुकरात की तरह ज़हर पीना है"*,[93] उसे आज भी व्यर्थता से अपने संघर्ष के सिलसिले में सुकरात ही याद आते हैं। फ़र्क़ सिर्फ़ इतना है कि पहले उसके स्वर में इस दार्शनिक नियति से जो एक खिंचाव-सा था, उसने अब सहजता का रूप ले लिया है। इसलिए उसकी वैचारिकता ज़्यादा सशक्त और उदात्त हुई है और संवेदना अधिक परिष्कृत और गहन। हिन्दी में बाज़ारवाद के ख़िलाफ़ बहुत चीख़-पुकार मची है, पर कई बार उसकी सचाई संदिग्ध लगती है, क्योंकि उसका कोई आन्तरिक चेहरा नहीं होता। यहाँ हम कुँवर नारायण की कविता में एक बार फिर पीड़ा और निस्पृहता का सन्तुलन देख सकते हैं; जो अनुभव के स्तर पर जितना विचलित करता है, मूल्यों की अजेयता को लेकर उतनी ही आश्वस्ति सौंपता है। बाज़ारवाद का इतना गहरा और मार्मिक विरोध शायद ही किसी कवि ने किया हो—

"वैसे सच तो यह है कि मेरे लिए
बाज़ार एक ऐसी जगह है
जहाँ मैंने हमेशा पाया है
एक ऐसा अकेलापन जैसा मुझे
बड़े-बड़े जंगलों में भी नहीं मिला,
और एक ख़ुशी
कुछ-कुछ सुकरात की तरह
कि इतनी ढेर-सी चीज़ें
जिनकी मुझे कोई ज़रूरत नहीं!"[94]

ग़ालिब भी बार-बार जंगलों की बात करते थे। उस उजाड़ और अकेलेपन की, जो समुद्र की तरह विस्तृत है। घर से बाहर तक— *"कोई वीरानी सी वीरानी है / दश्त को देख के घर याद आया।"*[95] लेकिन कुँवर नारायण की कविता बताती है कि बाज़ार हमें एक ऐसे दौर में ले आए हैं; जो पहले कभी नहीं था। यह और बात है कि इस भयावहता का एहसास ग़ालिब से नज़दीक हुए बग़ैर मुमकिन न था। इसके बहुत-से साक्ष्य हैं कि वस्तु के ट्रीटमेंट, भाषिक विन्यास और अभिव्यक्ति के लहज़े में फ़र्क़ के बावजूद कवि के स्वभाव में कुछ ऐसा है, जो उसे ग़ालिब के सूफ़ियाना मिज़ाज से

वाबस्ता करता है। कहना ग़ैर-ज़रूरी है कि समकालीन काव्य-परिदृश्य में भारतीय काव्य और दर्शन-परम्परा से यह बहुलतावादी संसक्ति कितनी दुर्लभ और मूल्यवान् है।

इस सबके बावजूद हिन्दी सत्ता-प्रतिष्ठान पिछले चार साल से कवि के संग्रह 'इन दिनों' पर अमूमन ख़ामोश है, तो इससे उसकी ज़ेहनियत का पता चलता है। आलोचना की दुर्गति वैसे भी किसी से छिपी नहीं है। अमर्त्य सेन का प्रसिद्ध कथन है कि *'चुप्पी सामाजिक न्याय की शत्रु है।'* ज़ाहिर है कि वह साहित्यिक न्याय की भी दुश्मन हो सकती है। दूसरे, कुँवर नारायण की कविता पर जो लोग लिखते भी हैं, वे 'चुनी हुई चुप्पियों' के जाने-माने उस्ताद हैं। वे उनके यहाँ *'बौद्धिक दृढ़ता, क्लासिकल अनुशासन, संवेदनात्मक वेध्यता'* वग़ैरह का ज़िक्र तो करते हैं; पर युयुत्सा और प्रतिरोध के पूरे सन्दर्भ की अवहेलना करते हुए। दरअसल, अमरीकीकरण और बाज़ारवाद से भारत का जो प्रभु-वर्ग लाभान्वित हो रहा है, उससे इस आलोचना की साँठ-गाँठ भले न हो, पर कोई रंजिश भी नहीं है। प्रसंगवश, जब कुछ लोग इतिहास और साम्यवाद के अन्त का जश्न मना रहे थे, तब कुँवर नारायण ने कहा था कि *'कोई विचारधारा कभी समाप्त नहीं होती और मार्क्सवाद तो हिन्दी साहित्य-संसार में इस क़दर आभ्यंतरीकृत होता रहा है कि वह अब उसकी मूल्य-चेतना का अविभाज्य हिस्सा है।'*[96] 1993 में छपे अपने संग्रह में उन्होंने वादा किया था कि *''अबकी अगर लौटा तो / हताहत नहीं / सबके हिताहित को सोचता / पूर्णतर लौटूँगा।''*[97] निश्चय ही वे इसे पूरा कर सके हैं, तो इसके लिए ज़रूरी इतिहास-बोध और संघर्ष से दामन छुड़ाकर नहीं। हमारे लिए यह क्या कम है कि जिस जीवन का स्वप्न वे देखते हैं, वह उनकी कविता के रूप में हमें हासिल है—

''बाक़ी ज़िन्दगी मुझे जीने दो
सुल्तानों के हुक्म की तरह नहीं
एक कवि के ख़यालात की तरह आज़ाद
एक पद्मिनी के सौन्दर्य की तरह स्वाभिमानी
एक देवलरानी के प्यार की तरह मासूम
एक गोपालनायक के संगीत की तरह उदात्त
और एक निज़ामुद्दीन औलिया की तरह पाक।''[98]

सन्दर्भ

1. कुँवर नारायण, 'इन दिनों', पृ. 31
2. शमशेर बहादुर सिंह, 'प्रतिनिधि कविताएँ', पृ. 112
3. कुँवर नारायण, 'इन दिनों', पृ. 85
4. विजयदेवनारायण साही, 'वर्धमान और पतनशील', पृ. 24

5. वही, पृ. 23
6. धूमिल, 'संसद से सड़क तक', पृ. 41-42
7. कुँवर नारायण, 'इन दिनों', पृ. 114
8. वही, पृ. 115
9. वही, पृ. 14
10. वही, पृ. 14
11. वही, पृ. 87
12. जयशंकर प्रसाद, 'कामायनी', पृ. 11
13. कुँवर नारायण, 'इन दिनों', पृ. 84
14. वही, पृ. 104
15. वही, पृ. 7
16. वही, पृ. 57
17. वही, पृ. 94
18. वही, पृ. 94
19. वही, पृ. 94
20. वही, पृ. 95
21. पंकज बिष्ट (सं.), 'समयान्तर', जनवरी, 2006; पृ. 12
22. कुँवर नारायण, 'इन दिनों', पृ. 95
23. पंकज बिष्ट (सं.), 'समयान्तर', जनवरी, 2006; पृ. 11
24. कुँवर नारायण, 'इन दिनों', पृ. 128
25. वही, पृ. 136
26. वही, पृ. 36
27. वही, पृ. 36
28. वही, पृ. 100
29. वही, पृ. 99
30. वही, पृ. 99
31. वही, पृ. 46
32. वही, पृ. 36
33. 'ईशावास्योपनिषद्', मंत्र 6
34. कुँवर नारायण, 'इन दिनों', पृ. 9
35. कुँवर नारायण, 'कोई दूसरा नहीं', पृ. 159
36. कुँवर नारायण, 'इन दिनों', पृ. 89
37. वही, पृ. 10
38. वही, पृ. 10
39. वही, पृ. 10

40. वही, पृ. 19
41. वही, पृ. 36
42. वही, पृ. 57
43. वही, पृ. 57
44. वही, पृ. 20
45. वही, पृ. 134
46. वही, पृ. 71
47. वही, पृ. 71-72
48. वही, पृ. 16
49. वही, पृ. 101
50. वही, पृ. 77
51. वही, पृ. 77
52. अली सरदार जाफ़री (सं.), 'दीवान-ए-ग़ालिब', पृ. 106
53. ज्ञानरंजन (सं.), 'पहल', अंक-69, पृ. 223
54. कुँवर नारायण, 'इन दिनों', पृ. 44
55. अली सरदार जाफ़री (सं.), 'दीवान-ए-ग़ालिब', पृ. 88
56. कुँवर नारायण, 'इन दिनों', पृ. 77
57. कुँवर नारायण, 'कोई दूसरा नहीं', पृ. 10
58. कुँवर नारायण, 'इन दिनों', पृ. 119
59. 'श्रीमद्भगवद्गीता', 2 / 48
60. गोस्वामी तुलसीदास, 'श्रीरामचरितमानस', अयोध्याकांड, श्लोक सं.-2
61. कुँवर नारायण, 'इन दिनों', पृ. 17-18
62. वही, पृ. 33
63. वही, पृ. 129
64. वही, पृ. 15
65. वही, पृ. 19
66. वही, पृ. 18
67. वही, पृ. 15
68. वही, पृ. 26
69. वही, पृ. 39
70. वही, पृ. 87
71. वही, पृ. 122
72. वही, पृ. 88
73. वही, पृ. 40
74. वही, पृ. 107-08

75. अली सरदार जाफ़री (सं.), 'दीवान-ए-ग़ालिब', पृ. 31
76. कुँवर नारायण, 'इन दिनों', पृ. 98
77. नरेश सक्सेना, 'समुद्र पर हो रही है बारिश', पृ. 2
78. कुँवर नारायण, 'इन दिनों', पृ. 111
79. वही, पृ. 112
80. वही, पृ. 111
81. वही, पृ. 41
82. वही, पृ. 38
83. प्रताप सोमवंशी (सं.), 'अमर उजाला', कानपुर, 18 मार्च, 2006; पृ. 4
84. वही, पृ. 4
85. कुँवर नारायण, 'इन दिनों', पृ. 42
86. अमर्त्य सेन, 'द आर्ग्यूमेंटेटिव इंडियन', पृ. 5
87. कुँवर नारायण, 'इन दिनों', पृ. 130
88. वही, पृ. 42
89. पंकज बिष्ट (सं.), 'समयांतर', जनवरी, 2006; पृ. 15
90. वही, अक्तूबर, 2005; पृ. 10
91. वही, पृ. 9
92. कुँवर नारायण, 'इन दिनों', पृ. 42
93. कुँवर नारायण, 'परिवेश : हम-तुम', पृ. 89
94. कुँवर नारायण, 'इन दिनों', पृ. 12
95. अली सरदार जाफ़री, 'दीवान-ए-ग़ालिब', पृ. 44
96. कुँवर नारायण, 'आज और आज से पहले', पृ. 101
97. कुँवर नारायण, 'कोई दूसरा नहीं', पृ. 9
98. कुँवर नारायण, 'इन दिनों', पृ. 135

गहनता ही उदात्तता का तर्क

कवि कुँवर नारायण ने अपनी एक कविता में उस कुएँ का ज़िक्र किया है, जो ट्यूनीशिया में है और जिसके बारे में कहा जाता है कि *"उसका पानी / धरती के अन्दर ही अन्दर / उस पवित्र कुएँ से जुड़ा है / जो मक्का में है।"* इस लोक-मान्यता के उल्लेख के बाद कविता की पंक्तियाँ हैं—*"मैंने तो यह भी सुना है / कि धरती के अन्दर ही अन्दर / हर कुएँ का पानी / हर कुएँ से जुड़ा है।"* यों हम देखते हैं कि किसी काल में धर्म-सम्बन्धी विमर्शों ने जिस मिथ को गढ़ा होगा, उसमें निहित संवेदना को आहत न करते हुए कैसे कवि ने उसकी संरचना को एक बेहद सुन्दर और मानवीय सच में रूपान्तरित कर दिया है—ऐसा सच, जिस पर न सिर्फ़ आधुनिक विज्ञान ऐतराज़ नहीं कर सकता, बल्कि एक बड़े मानी में जिस तक वह ख़ुद भी पहुँचता रहा है। इसलिए यह कहना शायद ग़लत न हो कि संवेदना और विज्ञान के तनावपूर्ण सन्तुलन से जो सौन्दर्य सम्भव होता है, कुँवर नारायण उस सौन्दर्य के कवि हैं। इसके अलावा उनकी कविता हमेशा हमें बताती है कि दुनिया की सभी चीज़ों, स्थितियों, घटनाओं और मनुष्यों में एक अनिवार्य क़िस्म की पारस्परिकता है। इसलिए किसी एक घटक के स्वभाव, भूमिका और अहमियत को समझने के लिए उस पूरे संजाल को समझना ज़रूरी है, जिसका कि वह घटक है। अकारण नहीं कि अपने सबसे प्रिय कविता-संग्रह 'कोई दूसरा नहीं' में *"...हमारे लिए जो / ग़ैर नहीं / वह हमारे लिए / मामूली भी नहीं होता"*—इस सार्वजनीन सचाई की बुनियाद पर कुँवर नारायण ने यह स्थापना की है—*"मामूली न होने की कोशिश / दरअसल किसी के प्रति भी / ग़ैर न होने की कोशिश है।"* मौजूदा दौर में उनकी विशिष्टता यह है कि इतने संयत, विचारशील और पारदर्शी ढंग से कविता में उन्होंने ही साबित किया है कि बड़प्पन का संघर्ष वस्तुतः मनुष्य हो सकने का संघर्ष है। इस मक़ाम पर निजता और सामाजिकता के बीच का फ़र्क़ बेमानी मालूम होता है और हम महसूस करते हैं कि अगर हम अपनी सीमाओं से उबर सकते हैं, तो यह हमारे ही नहीं, सबके उत्कर्ष में मददगार हो सकता है। कवि के शब्द हैं—*"...अपने को बड़ा रखने की / छोटी-से-छोटी कोशिश भी / दुनिया को बड़ा रखने की कोशिश है।"* बहरहाल, मैं

यहाँ अपने वक्तव्य को कवि के सबसे नए, वर्ष 2009 में प्रकाशित हुए संग्रह 'हाशिए का गवाह' पर एकाग्र करूँगा और चूँकि *"धरती के अन्दर ही अन्दर / हर कुएँ का पानी / हर कुएँ से जुड़ा है"*, इसलिए मुझे उम्मीद है कि मेरी बातों का कुछ रिश्ता कविता के उनके बाक़ी सफ़र से भी होगा।

हाल ही में आए साक्षात्कारों के अपने संग्रह 'तट पर हूँ पर तटस्थ नहीं' में एक जगह कुँवर नारायण कहते हैं—*'मेरी कविता कुछ-कुछ मेरे स्वभाव की ही तरह है।'* इस स्वभाव को समझने के लिए उनके इस बयान पर ग़ौर करें—*"जब से होश सँभाला, घर में तुलसी की रामायण...को मौजूद पाया। राम का चरित एक आदर्श आचार-संहिता की तरह मन पर अंकित हो गया।"* प्रसंगवश, राम के व्यक्तित्व की उस विशेषता को—जिससे भारतीय जनता आज भी सबसे अधिक प्रभावित है—तुलसीदास ने एक श्लोक में यों शब्दबद्ध किया है—*"प्रसन्नतां या न गताभिषेकतस्तथा न मम्ले वनवासदुःखतः... ।"* यानी वह राम, जिनकी भावभंगिमा राज्याभिषेक के समाचार से न तो प्रसन्नता को प्राप्त हुई और न वनवास के दुख से मलिन ही हुई। कुछ इस तरह की निस्पृहता कवि कुँवर नारायण के व्यक्तित्व और कविता के केन्द्र में है। इसीलिए 1955 में वारसा में विश्व-कवि पाब्लो नेरुदा से जब वे मिलते हैं, तो अपना परिचय पूछे जाने पर सिर्फ़ इतना कहते हैं—*"पढ़ता-लिखता हूँ : भारतीय हूँ... ।"* क्या इससे अधिक सादगी, शालीनता और गरिमा से अपना परिचय दिया जा सकता था? जवाब में नेरुदा ने जो कहा, वह किसी काव्य-न्याय से कम न था—*"ओह, गाँधी का देश।"* जिस कविता में यह प्रसंग है, कुँवर नारायण ने लिखा है कि शायद नेरुदा सोच रहे थे—*" 'फ़क़ीर दार्शनिकों का देश?...' "* कविता की जिस परम्परा में उन्होंने अपने को अवस्थित किया, वह उन्हीं के शब्दों में, *"शाही महलों से दूर / इतिहास के गली-कूचों में"* ग़ालिब, मीर और कबीर की तरह भटकती है—

"बीच बज़ार में खड़ा वह अधनंगा फ़क़ीर
हो सकता है कबीर,
कि सीकरी से दूर
किसी नदी के घाट पर
हो सकती है किसी
तुलसी या सूर की कुटिया..."

उनकी कविता में सत्ता और पूँजी के संकेंद्रण और आत्यन्तिक क़िस्म की भौतिकता का सतत प्रतिकार देखने को मिलता है। लाज़िम है कि वे अपनी बात बहुत शाइस्तगी, संजीदगी और निश्छलता से कहना पसन्द करते हैं—एक ऐसे दौर में, जब उन्होंने ठीक ही लिखा है कि *"यह हक़ सिर्फ़ झूठ को है / कि वह ज़ोर से*

बोले / और विशिष्ट बना रहे।'' यह महत्त्वपूर्ण है कि प्रायः शहरी परिवेश में अपनी रिहाइश के बावजूद वे यांत्रिकता, महानगरीय ऐश्वर्य और विलासिता की संस्कृति का प्रत्याख्यान करते हैं। अचरज नहीं कि उनकी नज़र में द्वारिका दिल्ली में नहीं, बल्कि भारतीय गाँवों के *'विश्वासों की धूप-छाँह में कहीं अभी भी बची है।'*

आज के समाज में जैसे-जैसे लोगों के भीतर की शान्ति और धीरज छीजता गया है, उसी अनुपात में उनकी आत्मवत्ता और मननशीलता का क्षरण हुआ है। वे एक निर्मम क़िस्म की अविचारित और व्यावसायिक होड़ में मुब्तला हैं। आपाधापी और हड़बड़ी के इस आलम में कुँवर नारायण का संयम हमें चकित करता है, जब रोज़ यह 'क्रूर चेतावनी' सुनकर भी कि *''समय कम है-समय कम है-''*, वे लिखते हैं—

''मुझे मालूम है सब कुछ :
फिर भी
मुझे कोई जल्दी नहीं!''

इस बिंदु पर सौन्दर्य, कविता और कला-सम्बन्धी उनके दृष्टिकोण की एक छानबीन की जा सकती है। अपनी एक कविता की शुरूआत में उन्होंने पिकासो का यह कथन उद्धृत किया है—*''मैं जो सोचता हूँ उसे चित्रित करता हूँ, / केवल उसे नहीं जो देखता हूँ।''* ज़ाहिर है कि कला सिर्फ़ देखे हुए की प्रतिच्छाया नहीं, बल्कि वह कलाकार के अपने मौलिक चिन्तन, कल्पना और सौन्दर्यबोध का प्रत्यक्षीकरण भी है। इसीलिए सुन्दरता को बहुत अधीर, उत्कंठित या आक्रामक होकर जबरन कविता में नहीं लाया जा सकता। उसे कविता में लाने का कोई निश्चित तरीक़ा या फ़ॉर्मूला नहीं है। कुँवर नारायण ने सुन्दरता का यह बहुत सार्थक बयान अपनी कविता में दर्ज किया है—

''-मेरा पीछा मत करना,
प्रतीक्षा करना
मैं स्वयं ही आऊँगी तुम्हारे जीवन में।''

उनकी कविता की एक ख़ास पहचान है, भौतिक की बजाय उसके आत्मिक संसार का अधिक समृद्ध होना। इस लिहाज़ से वे हमें जीवन की एक वैकल्पिक दृष्टि और संस्कृति मुहैया कराते हैं। उनके ही निर्मित एक बिम्ब का सहारा लेकर कहें, तो *'विरक्ति के एक लम्बे रास्ते पर चलते हुए वे अकेलेपन के उस दूसरे अर्थ की खोज करते हैं, जिसमें इतना कवित्व है।'* इसका मतलब यह नहीं कि उनकी काव्यानुभूति वस्तु-तत्त्व से रहित है और उसमें आत्मतत्त्व सब-कुछ है; बल्कि उनके यहाँ प्यार का क्षण देह और आत्मा के बीच की विभाजक रेखा के मिट जाने का क्षण है—

''जहाँ दुनियादारी का घनत्व कुछ कम था
और इतना अपारदर्शी न था यथार्थ

उस देह की चमक
आत्मा की तरह अलौकिक दिखी थी।"

इसके बरअक्स आत्मतत्त्व के अतिरेक से एक ऐसा अध्यात्म जन्म ले सकता था; जो व्यापक जीवन की ऐन्द्रियता, ऊष्मा और मर्मस्पर्शिता से वंचित होता। बहुत-से कवि कविता करते हुए भी कविता के अपने संसार से निर्वासित होकर दार्शनिक, आध्यात्मिक, बौद्धिक वग़ैरह होते देखे गए हैं। उनकी रचनाओं की शक्ति, मूल्य और प्रासंगिकता की हानि इसलिए हुई कि उन्होंने धीरे-धीरे 'ज्ञान', 'सिद्धान्त' या 'शास्त्र' के प्रश्नों को ऐकान्तिक महत्त्व देकर मनुष्य होने की बुनियादी स्थिति—अपनी ज़िन्दगी के वृहत्तर परिप्रेक्ष्य—से अपने को स्वायत्त या निरपेक्ष कर लिया। इससे जो शून्य पैदा हुआ, उसे उन्होंने एक क़िस्म की 'ईश्वरता' या ऐश्वर्य से भरने की विफल चेष्टा की। शायद ऐसी परिणतियों से सावधान होने के सबब कुँवर नारायण कहते हैं कि मैं ईश्वर नहीं हूँ, जो यह कह सकूँ कि *"सिद्धान्ततः मैं अपनी रचनाओं से परे हूँ।"* इसके विपरीत उनका बयान है—*"...मैं मनुष्य हूँ / भाग नहीं सकता एक मनुष्य होने की ज़िम्मेदारियों से।"*मनुष्य होने के धर्म से प्रतिश्रुत होने के नतीजे में उनकी कविता से एक महत्त्वपूर्ण सवाल उठता है। हमारे यहाँ धर्म एक संश्लिष्ट अवधारणा है। वह जीवन का एक शिल्प, शैली, विवेक या संस्कृति भी है। 'महाभारत' के अनुसार, धर्म ही प्रजा को धारण करता है और धारण करने के कारण ही उसे धर्म कहते हैं—*"धारणाद् धर्ममित्याहुर्धर्मो धारयते प्रजाः।"* ('महाभारत', कर्णपर्व, 69 / 58) इसलिए धर्म को उसके नैतिक आशय से विच्छिन्न करके क्या उसके समारोही या कर्मकांडी रूप के अर्थ-भर में उसे 'रिड्यूस' किया जा सकता है? अगर नहीं, तो 'धर्मेतर अध्यात्म' जैसी कोटि का क्या मतलब है, जिसे हिन्दी में कुछ लोग बहुत बलपूर्वक रेखांकित करते हैं? क्या एक ऐसा अध्यात्म, जिसका ज़िन्दगी की जय-पराजय, उत्थान-पतन, अभावों, आँसुओं और विडम्बनाओं से कोई वास्ता नहीं है? देह से पृथक् आत्मा या परमात्मा से पृथक् आत्मा? इस तरह के विभाजनों को नामंजूर करते हुए कुँवर नारायण सच से उसकी संश्लिष्ट समग्रता में सम्बोधित होते हैं और कविता में उतने ही अध्यात्म की बात करते हैं, जितना वह सामान्य जीवन में सम्भव है। किसी शुद्ध, सात्त्विक, स्वायत्त, विशिष्ट या उच्च-भ्रू अध्यात्म को वे प्रस्तावित नहीं करते। उन्होंने साफ़ लिखा है—

"...मेरा अध्यात्म प्रामाणिक नहीं,
मेरी कारीगरी में त्रुटियाँ हैं,
कलाओं में कामसूत्र के प्रक्षेप हैं,
मेरे आत्मबोध में स्थूल के हस्तक्षेप हैं।"

ग़ौरतलब है कि अपनी काव्य-यात्रा में कुँवर नारायण हर तरह के अतिवाद,

सीमांकन, इकहरेपन, वर्गीकरण और विभाजन के ख़िलाफ़ रहे हैं। सचाई, पक्षधरता और स्पष्टता का दावा करने से ये चीज़ें हासिल नहीं होतीं; बल्कि जटिल, गहन और बहुआयामी स्थितियों से निष्कवच होकर जूझने से ज्ञानात्मक संवेदना का ज़्यादा सही, अन्तरंग और बड़ा परिप्रेक्ष्य निर्मित किया जा सकता है। आकस्मिक नहीं कि बा.वा. कारंत के रंगकर्म में *''पूरी पृथ्वी की तरह खुला मंच / और आकाश की तरह मुक्त नेपथ्य''* कुँवर नारायण को बरबस आकृष्ट करते हैं। उनके जीवन-दर्शन और काव्य-दर्शन में एक अविभाज्य रिश्ता है, जिसे समझने की एक कुंजी मानो उनकी इन पंक्तियों में है—*''दिशाएँ कोने नहीं बनातीं : / हर तरफ़ दिशाओं का खुला आकाश होता है।''* यह एक असीमता का एहसास है—अनुभूति का वह चरम धरातल, जिसे उन्होंने अपने नए संग्रह की कविताओं में आविष्कृत किया है। अचरज नहीं कि यह उनके सबसे प्रिय कवियों, कबीर और ग़ालिब की ज़मीन है। कबीर ने हद से बेहद होने के अनन्तर दोनों के पार जा सकने को चरम स्थिति माना था। यह तब मुमकिन है, जब तमाम विरुद्धों के बीच उस तार को पकड़ा जा सके, जो उन्हें एक-दूसरे पर निर्भर बनाता है और उनके परे किसी आधारभूत और सर्वातिशायी सच को उजागर करता है। मसलन ग़ालिब के *'दश्त को देख के घर याद आने'* से उनकी इस कामना का सम्बन्ध है कि *''बेदर-ओ-दीवार सा इक घर बनाया चाहिये / कोई हमसाय: न हो और पास्बाँ कोई न हो।''* इसी तरह कुँवर नारायण एक दुर्लभ स्थापना करते हैं कि तारे चमकते हैं, क्योंकि वे *''अँधेरों की बर्दाश्त के बाहर''* हैं। उनकी कविता की जड़ें परम्परा, संस्कृति, इतिहास और दर्शन में बहुत गहरे गई हैं। इस अर्थ में गहनता उसकी उदात्तता का तर्क है। उनका यह कथन यहाँ प्रासंगिक है कि *''अब मैं जिन आँखों से देख रहा हूँ / उनकी रोशनी / बहुत दूर से आ रही / और बहुत दूर तक जा रही है।''* स्वभावत: 'रामायण' और 'महाभारत' के साक्ष्य से कविता के रूप में ज़िंदगी की शुरूआत और समापन, दोनों के नेपथ्य में वे एक बहेलिया छिपा हुआ पाते हैं। इस नज़र से देखें, तो अन्त भी आरम्भ ही है। कभी फ़िराक़ साहिब ने कहा था—

''किसने कहा ये तुमसे ख़िज़्र / आबे-हयात सम नहीं
अब न ख़ुशी की है ख़ुशी / ग़म भी अब तो ग़म नहीं।''

कुछ इसी क़िस्म के एहसास की एक अनूठी अभिव्यक्ति, कुँवर नारायण के शब्दों में—

''...एक ही बात है हँसना और रोना-
एक ही मुद्रा के दो पहलू
एक तरफ़ एक सुन्दर चेहरा
दूसरी तरफ़ एक भूली-बिसरी तिथि...''

मगर आख़िरकार सुख और दुख के पार, इन दोनों के ही उत्स के रूप में वे उस बुनियादी संवेदन को पहचानते हैं, जिसका नाम प्रेम है और उसे इंसान की शाश्वत, सार्वभौम तथा आत्यन्तिक आकांक्षा के तौर पर प्रतिष्ठित करते हैं। यह उसकी हक़ीक़त है, उसका सपना और दरअसल, उसके अस्तित्व की सार्थकता का प्रतिमान—

"कृतज्ञ हूँ प्रेम का
जिसने ख़ुशियों से भी बड़ी
एक उदासी से भर दिया है जीवन
उस प्रेम को बेहद जीना चाहता हूँ
बेहद समय में
बेहद जगह बनाकर।"

अन्त में, यह स्पष्ट करना ज़रूरी है कि कुँवर नारायण के इस प्रेम का स्वरूप वायवी, अमूर्त या आध्यात्मिक हर्गिज़ नहीं है। उनकी सहृदयता का विस्तार भारत के जन-जन तक है। उसकी जीवन-स्थितियों में निहित अपार यातना, विवशता और करुणा से वे वाबस्ता हैं। हमारी नज़र अक्सर छोरों पर रहती है। इसलिए बीच के फ़ासिले में नामालूम ढंग से घटित हो रही ट्रेजेडी की शिनाख़्त कई बार हम नहीं कर पाते। मसलन शहादत उचित ही एक सर्वोच्च मूल्य के रूप में सर्वमान्य है। मगर क्या उसकी छाया में हम एक व्यापक जन-समाज की त्रासदी को अनदेखा नहीं करते, जिसकी बाबत कुँवर नारायण कहते हैं— *"बिल्कुल मामूली ज़िन्दगी जीते हुए भी / लोग चुपचाप शहीद होते देखे गए हैं।"* ये हमारे देश के वही सरसठ प्रतिशत लोग हैं, जो आज बीस रुपये प्रति व्यक्ति प्रतिदिन से भी कम आमदनी पर ज़ीने को मजबूर हैं; जिनकी क़ीमत पर हमारा प्रभु-वर्ग इस मिथ के प्रचार में संलग्न है कि भारत दुनिया की उभरती हुई महाशक्ति है और अमेरिकी राष्ट्रपति से इस आशय का प्रमाणपत्र पाकर प्रसन्न है। सच तो यह है कि भूमंडलीकरण, उदारीकरण और निजीकरण की नीतियों की बदौलत आज के हिन्दुस्तान में, बक़ौल असग़र अली इंजीनियर, *"ग़रीब, तेज़ी से ग़रीबी के दलदल में गहरे, और गहरे धँसते जा रहे हैं; जबकि कुबेरपतियों की सम्पत्ति दिन दूनी, रात चौगुनी बढ़ रही है।...ओबामा भी इसी प्रकार की 'प्रगति' के हामी हैं–ऐसी प्रगति के, जो ग़रीब और अमीर के बीच की खाई को और गहरा कर रही है।"* इस पृष्ठभूमि में, भीतर-ही-भीतर दो हिस्सों में विघटित हो गए हमारे राष्ट्र की विडम्बना की ओर कुँवर नारायण की कविता 'उदासी के रंग' बहुत गहरा और मार्मिक संकेत करती है। साथ ही, रूपक की भाषा में ज़ाहिर होने की सिफ़त के चलते वह अपने पाठकों को पूरी स्वतंत्रता देती है कि वे किस

रूप में उसका पाठ करें। वह स्वतंत्रता, जो कोई भी आततायी सत्ता अपनी जनता को नहीं देना चाहती। कविता और सत्ता का यही फ़र्क़ है, जिसका—कविता की अन्य विशेषताओं के अलावा—कुँवर नारायण ने बराबर ध्यान रखा है। बहरहाल, उनकी इस कविता के पाठ से मैं अपने वक्तव्य का समापन करता हूँ—

'उदासी के रंग'

"उदासी भी
एक पक्का रंग है जीवन का

उदासी के भी तमाम रंग होते हैं
जैसे
फक्कड़ जोगिया
पतझरी भूरा
फीका मटमैला
आसमानी नीला
वीरान हरा
बर्फ़ीला सफ़ेद
बुझता लाल
बीमार पीला

कभी-कभी धोखा होता
उल्लास के इन्द्रधनुषी रंगों से खेलते वक़्त
कि कहीं वे
किन्हीं उदासियों से ही
छीने हुए रंग तो नहीं?"

(प्रतिष्ठित हिन्दी कवि कुँवर नारायण को साहित्य अकादेमी द्वारा 'महत्तर सदस्यता' से सम्मानित किए जाने के अवसर पर 20 दिसम्बर, 2010 को साहित्य अकादेमी सभागार, नई दिल्ली में प्रस्तुत वक्तव्य का किंचित् संशोधित पाठ।)

मध्यम-मार्ग की कविता

"मेरा विश्वास है कि बाहरी जीवन की खोज से पहले आन्तरिक जीवन की खोज आवश्यक है। कवि के आन्तरिक जीवन की विशिष्टता ही है जो अपने युग को, कोई विशेष अर्थ देकर, नए की तरह अपनी कला में प्राप्त करती है। कवि की वैयक्तिकता वह अनिवार्य माध्यम है, जिसके द्वारा जीवन कला में परिणत होता है। इसीलिए कला जीवन का अनुकरण नहीं, जीवन का मर्म है।"[1]

—कुँवर नारायण

कविता दरअसल इसका इम्तिहान है कि उसके रचयिता की, अपने समय और समाज से संवाद की प्रकृति क्या है? इस रिश्ते में कितनी ईमानदारी और उत्कटता है? सामाजिक-सांस्कृतिक प्रक्रिया में वह किस तरह हस्तक्षेप करता है और चीज़ों को क्या नया अर्थ देना चाहता है? प्रदत्त स्थितियों का उसकी आत्मा पर कितना गहरा असर है? मिथक, इतिहास, विभिन्न दर्शन एवं काव्य-परम्पराओं और सृष्टि के अनेक रूपों से उसकी बहस और संसक्ति किन बिन्दुओं पर है? दुनिया को अपने शब्दों में मूर्त करने और उसका आख्यान रचने के ढंग में ऐसा क्या है; जो उसका अपना है और किसी और में नहीं मिल सकता? शायद यही वे मुख्य प्रश्न हैं, जो एक कवि के प्रसंग में उठते हैं और इनका फ़ैसला उसके अन्त:करण की ज़मीन पर ही हो सकता है, किसी स्वायत्त संसार में नहीं। इस बुनियादी बात को कुँवर नारायण ने हमेशा अपनी काव्य-दृष्टि के केन्द्र में रखा और अपनी रचनाओं के ज़रिए उसे चरितार्थ किया। जिस बौद्धिक सान्द्रता, संवेदनात्मक गम्भीरता और कलात्मक परिष्कार के लिए उनकी कविता जानी जाती है; उसका रहस्य यह है कि आत्म-शक्ति और आत्म-साक्षात्कार को उन्होंने जीवन के समस्त आन्दोलन की धुरी के रूप में स्थापित किया है। कविता की सचाई और विश्वसनीयता इससे तय होती है कि जो कुछ उसमें कहा गया, वह कवि की समग्र चेतना से छनकर आ रहा है या नहीं। इस 'आग के दरिया में डूबकर जाने' का उसके पास कोई विकल्प नहीं है। कविता की मार्मिकता और इसी वजह से उत्कृष्टता इस नुक़्ते पर मुन्हसिर है कि अपने सत्य को पाने और प्रकट करने के लिए कवि ने अपने वजूद को किस हद तक दाँव पर लगाया।

दूसरे, उसी कविता के महान होने की सम्भावना होती है; जो वास्तविक जीवन को—उसके अन्तर्विरोधों, तनावों और द्वन्द्वों के साथ—एक चुनौती के रूप में स्वीकार करती है। एक व्यापक जीवन के समान्तर—उसके समकक्ष उतने ही बड़े और स्पंदित जीवन की रचना के लिए—जो कविता उससे 'हारी होड़' लगाने की हिम्मत करती है; उसके ही कुछ जीतने की उम्मीद की जा सकती है। आख़िर निराला सरीखे महाकवि ने भी साक्षात् ज़िन्दगी के सौन्दर्य के सम्मुख कविता की अपर्याप्तता को महसूस किया था—*''मैंने स्तुति की–'हे वन्य वह्नि की तन्वि नवल! कविता में कहाँ खुले ऐसे दल दुग्ध-धवल?' ''*[2] इस पृष्ठभूमि में अचरज नहीं कि कुँवर नारायण सत्य और शब्द या अनुभव और अभिव्यक्ति के बीच के संकट को बख़ूबी पहचानते हैं। अलबत्ता कविता के कर्तव्य से अन्तरंग रहकर—

''तुम्हारे रूप की समृद्धि के प्रहरी
अकिंचन शब्द, केवल दास हैं :
एक पराई सम्पत्ति की तिजोरी के
सिर्फ़ आसपास हैं।''[3]

दुनिया कुँवर नारायण के लिए कभी भी सरल और एकरैखिक नहीं रही; बल्कि उसे उन्होंने उसकी समग्र जटिलता, उसके विविध और संश्लिष्ट आयामों में समझना और व्यक्त करना चाहा है। आज के साहित्यिक माहौल में कई बार भूमंडलीकरण, अमरीकी नव-उदार पूँजीवाद और सैन्य साम्राज्यवाद, बाज़ारवाद, साम्प्रदायिकता, बेरोज़गारी, ग़रीबी, उपभोक्तावाद, सांस्कृतिक राष्ट्रवाद, स्त्री, दलित, प्रकृति, संस्कृति, मनुष्येतर जीव-सृष्टि, अध्यात्म, प्रेम, सौन्दर्य और मृत्यु वग़ैरह से जुड़े विमर्श कुछ इस तरह चलाये जाते हैं; गोया वे एक-दूसरे से अलग हों और इस अलगाव में ही उनकी सार्थकता हो। सच यह है कि अन्तरसम्बन्धों की चेतना के बिना हम उनके सही और कारगर रूप की रचना नहीं कर सकते। इसलिए कुँवर नारायण अपनी कविता में आर्थिक-सामाजिक यथार्थ तक सीमित नहीं रहते, बल्कि नैतिक और सांस्कृतिक जैसे उसके अन्य आयामों का मूल्यांकन करते हुए एक वृहत्तर जीवन-यथार्थ को विन्यस्त करते हैं। महत्त्वपूर्ण कविता आसन्न स्थितियों से आक्रान्त नहीं होती, उनसे प्रतिकृत होने की प्रक्रिया में अपने सोच के क्षितिज उदार बनाती है। उनका स्पष्ट मंतव्य है—*''साहित्य की उपयोगिता बहुत कुछ इस पर निर्भर करती है कि वह हमें कितनी बड़ी जीवन-दृष्टि दे पाता है–हमारे समय को कितने विविध, जानदार और मौलिक तरीक़ों से हमारे लिए सोच-समझ पाता है।''*[4] इसके अलावा काव्य-भाषा की 'रेंज' को विस्तृत करने और उसमें नई जान डालने के लिए वे संवेदना और ज्ञान के बीच एक द्वन्द्वात्मक सम्बन्ध को अनिवार्य मानते हैं। कविता के मोर्चे पर जीवन से निकटता काफ़ी नहीं; बल्कि ज्ञान के अनेक

अनुशासनों की नव्यतम उपलब्धियों से बराबरी के स्तर पर गहरा, उन्मुक्त और व्यापक संवाद भी ज़रूरी है। आज समाज और राजनीति में नैतिकता के ह्रास के चलते भाषा के अर्थ का जिस तरह क्षरण हुआ है, उससे चिंतित होकर कवि ने शब्दों को पुनरुज्जीवित करने के लिए इस सम्भावना की ओर ध्यान आकृष्ट किया है—
''कहीं अमरीकी विचारक विलार्ड वान ओरमन कीन (1908) ने कहा है कि शब्द ऊर्जस्वी कणों (Charged Particles) की तरह होते हैं। अति इस्तेमाल से उनकी यह ऊर्जा क्षीण पड़ जाती है। उन्हें फिर से ऊर्जावान बनाने में अन्य विषयों की रगड़ सहायक हो सकती है।''[5]

कविता विचारधारा और आलोचना का अनुसरण करके नहीं, उनसे संवाद और बहस के माध्यम से ही सार्थक हो सकती है। बहुत आलोचना-सजग या ऐकांतिक वैचारिक आग्रहों से संचालित होकर राजनीतिक तौर पर सही कविता लिखी जा सकती है; पर उसी समय यह भी मुमकिन है कि वह सच्ची, समावेशी और विचलित कर देनेवाली शक्ति से सम्पन्न न हो। आलोचना का मुँह जोहने के चलते वह अपने अनुभूत जीवन को काट-छाँटकर, उसके उसी रूप को सामने रखेगी; जिसे कहना उसके लिए आसान और सुविधाजनक होगा। जटिलता, अन्तर्विरोध, विवाद या अस्वीकृति के भय से कविता सत्य से अपनी प्रतिश्रुति को गँवा नहीं सकती। अहम मुद्दा यह है कि समग्र जीवन में प्रवेश करने के लिए वह अपने स्रष्टा से जोखिम उठाने की माँग करती है और कथ्य की एक व्यापक 'रेंज', उसकी सशक्त अन्विति की बदौलत ही कोई कवि बड़ा होता है। वह विभिन्न भाव-स्थितियों से एक साथ मुख़ातब होने और उनका संश्लेषण करने में सक्षम होता है। कविता के मिज़ाज और संरचना में यह द्वन्द्वात्मकता निहित है कि अपनी सार्वजनीनता के बावजूद वह अकेलेपन से पैदा होती है और अकेला करती भी है। मनुष्य को अधिक संवेदनशील, उदात्त और मननशील बनाने के अर्थ में। शमशेर बहादुर सिंह के शब्दों में—

''कवि घंघोल देता है
व्यक्तियों के जल
हिला-मिला देता
कई दर्पनों के जल
जिसका दर्शन हमें
शान्त कर देता है
और गम्भीर
अन्त में।''[6]

इसलिए किसी के समर्थन या विरोध के विचार को अपनाना अनुचित नहीं है। देखने की बात सिर्फ़ यह है कि उसका आभ्यंतरीकरण हुआ है या नहीं; जिसके

अभाव में वह रचना पर आरोपित या 'सुपर-इंपोज़्ड' ही होगा, जो कि एक वांछनीय स्थिति नहीं है। कुँवर नारायण किसी विचारधारा के साथ होने का न दावा करते हैं, न अभिनय। उन्होंने न किसी बाने को ओढ़ा और न ही किसी बाह्य सत्य की अधीनस्थता स्वीकार की। उनके यहाँ कविता किसी राजनीतिक, धार्मिक, सामाजिक या आर्थिक दर्शन का उपनिवेश नहीं बनने पाती और उसका सन्दर्भ कुछ हो सकता है, तो वह सम्पूर्ण जीवन ही है और तमाम विचारधाराएँ इसी जीवन का अविभाज्य हिस्सा हैं। जीवन की ही तरह कविता की इस स्वभावगत संश्लिष्टता की सबसे ख़ूबसूरत अभिव्यक्ति रघुवीर सहाय ने की है—

"मेरी कविता में ऊषा के
भीतर मेरी मृत्यु भी लिखी
चिड़िया के भीतर है मेरी
राष्ट्र भावना, बच्चों में दुःख।
माना सब कुछ गबड़सबड़ है
पर मैंने यों ही देखा था
नारी चिड़िया देश जागरण
बच्चा प्रकृति दुःख वासना
अलग-अलग डिब्बों में मेरी
पीड़ाएँ मत बंद कीजिए
जिन्हें एक में मिला-जुलाकर
मैंने की थीं ये रचनाएँ।" [7]

शायद रघुवीर सहाय की तरह कुँवर नारायण उस भाषा को पाना चाहते हैं, *"जिसके दो अर्थ न हों।"*[8] शब्द के पीछे उन्हें जो अर्थ दिखता है, वह उससे कहीं बड़ा होता है और इन अर्थों के योग से वे ऐसी भाषा की तलाश करते हैं, जिसमें *'द्विविधाओं और द्वाभाओं के सन्देहात्मक क्षितिज न हों।'*[9] इसीलिए हम देख सकते हैं कि उनकी कविता बौद्धिक सान्द्रता के साथ ही अपनी सादगी और निश्छलता के लिए मशहूर है और संजीदा या संश्लिष्ट होने के कारण पारदर्शी है। आकस्मिक नहीं कि भाषा और समाज, दोनों ही स्तरों पर सार्थकता को वे प्रेम और मैत्री में एकाग्र मानते हैं, आत्मबद्धता या अलगाव में नहीं। इसीलिए विषमता और वैमनस्य का भाषायी और सामाजिक परिवेश उन्हें विचलित और निराश करता है— *"वहाँ विभाजित स्वार्थों के जाल बिछे दिखते / जहाँ अर्थपूर्ण सन्धियों को होना चाहिए।"*[10] रचना और आलोचना के फ़र्क़ और विशिष्टता को रेखांकित करता हुआ उनका यह वक्तव्य यहाँ प्रासंगिक है— *"समीक्षा की यह बुनियादी ज़रूरत है कि वह एक रचना को विश्लेषणात्मक ढंग से सोचे, जबकि एक रचनाकार की यह बुनियादी ज़रूरत है*

कि वह जीवन को संश्लिष्ट और समावेशी ढंग से सोचे–उसकी विविधता में भी और उसकी अखंडता में भी। विश्लेषण का अर्थ अनिवार्यतः विभाजन नहीं, एक रचना या कृति को बेहतर और कई दृष्टियों से सोचने–समझने की कोशिश है।''[11]

इसके दूसरे सिरे पर जब वे कविता को 'जीवन की आलोचना' कहते हैं, तब सच यह है कि उन्होंने अपनी रचनाओं में संश्लेषण और विश्लेषण की भिन्न प्रक्रियाओं के सह–अस्तित्व को सम्भव किया है। इसीलिए वैविध्य से उनके यहाँ सम्पूर्णता या एकता का निषेध नहीं होता और आलोचना के समक्ष 'रचना को कई दृष्टियों से सोचने–समझने' का जो प्रस्ताव वे रखते हैं; वह स्वयं उनकी कविता में जीवन को कई दृष्टियों से सोचने–समझने और व्याख्यायित करने की कोशिश में बदल जाता है। संवाद, जाँच–पड़ताल और चिन्तन की जिस बहुलवादी समृद्ध संस्कृति में उनका विश्वास है; उसकी बुनियाद में द्वन्द्व और प्रगति की चेतना है और उसके न रहने पर जड़ता और दुराग्रह ही पनप सकता है। इस सन्दर्भ में विष्णु खरे ने उनकी काव्य–दृष्टि की सही और मूल्यवान् शिनाख़्त की है—''*...सुकरात के प्रतीक से कुँवर नारायण के काव्य–व्यक्तित्व का एक केन्द्रीय तत्त्व पहचाना जा सकता है। सुकरात स्वयं कुछ कहता न था, किन्तु किसी भी दिये गए मुद्दे पर इतने अलग–अलग पहलुओं से प्रश्न पूछता था–और वे प्रश्न सारगर्भित तथा प्रतिकूल होते थे–कि उत्तर देनेवाला धीरे–धीरे अपने ही जवाबों में तरमीम करता हुआ असली जवाब तक पहुँच जाता था। दिये गए मुद्दे पर कई पहलुओं से सोचना विश्व की प्रत्येक महान सभ्यता का सार्थकतम गुण रहा है–महानतम कवि, दार्शनिक, राजनीतिज्ञ तथा वैज्ञानिक इसी की देन हैं। दुर्भाग्यवश, कई 'रैशनल' तथा द्वन्द्वात्मक विचार–प्रणालियों में अबौद्धिकता की तानाशाही, परीक्षण, बहस तथा मत–वैभिन्न्य को घोंट देने की द्वन्द्वात्मकता–विरोधी प्रवृत्ति भी प्रचंड हो उठती है। उससे कला और संस्कृति का ह्रास तो होता ही है, जिसके लिए वह सब कुछ किया जा रहा है, उसकी प्रगति–धारा को भी वर्षों पीछे मोड़ दिया जाता है।''*[12]

कविता और मनुष्यता में कुँवर नारायण जो अन्योन्याश्रित सम्बन्ध देखते हैं; उससे भारतीय काव्य और चिन्तन–परम्परा से उनकी गहरी संसक्ति प्रमाणित होती है। साहित्यिक–सांस्कृतिक भूमंडलीकरण, संचार–क्रान्ति और सूचनाओं के विस्फोट के इस समय में—जब मानव–सभ्यता बाज़ारवाद के सर्वग्रासी हमले का सामना कर रही है—कविता के वर्तमान और भविष्य को लेकर वे आश्वस्त हैं; क्योंकि एक तो उनका मानना है कि कलाएँ हमेशा से घुमन्तू या 'ट्रैवेलर' रही हैं, दूसरे, उनका कहना है कि ''*कविता कमोडिटी नहीं है, न हो सकती है। कविता का अस्तित्व जो है, वह जैविक है। कहीं–न–कहीं हमारे स्वभाव में, हमारी मानसिकता में और हमारे अस्तित्व में व्याप्त है।''*[13] प्रसंगवश, आचार्य रामचन्द्र शुक्ल ने अपने प्रसिद्ध

निबन्ध *'कविता क्या है'* में इसी आशय को शब्द दिये हैं—*"कविता इतनी प्रयोजनीय वस्तु है कि संसार की सभ्य और असभ्य सभी जातियों में पायी जाती है। चाहे इतिहास न हो, विज्ञान न हो, दर्शन न हो, पर कविता अवश्य होगी। इसका क्या कारण है? बात यह है कि मनुष्य अपने ही व्यापारों का ऐसा घना मंडल बाँधता चला आ रहा है, जिसके भीतर फँसकर वह शेष सृष्टि के साथ अपने हृदय का सम्बन्ध कभी-कभी नहीं रख सकता। इस बात से मनुष्य की मनुष्यता जाती रहने का डर रहता है। अतएव मानुषी प्रकृति को जाग्रत रखने के लिए कविता मनुष्य-जाति के संग लग गई है।...जानवरों को इसकी ज़रूरत नहीं।"*[14] अन्तिम पंक्ति में जिस कटुता के साथ शुक्ल जी कविता से विच्छिन्न लोगों की अमानवीयता पर तंज़ करते हैं, कुछ वैसे ही ठंडे और तल्ख़ स्वर में कुँवर नारायण ने इस निर्मम यथार्थ की ओर संकेत किया है—*"वैसे कोई चाहे तो जी सकता है / एक नितान्त कवितारहित ज़िन्दगी / कर सकता है / कवितारहित प्रेम।"*[15]

यहीं इस प्रश्न पर भी बात कर लेना मुनासिब होगा कि अपनी कविता में वे किससे प्रतिबद्ध हैं? उनके दृष्टिकोण को समझने में नागार्जुन की कविता 'प्रतिबद्ध हूँ' की ये पंक्तियाँ काफ़ी मदद करती हैं—*"सबसे और किसी से नहीं / और जाने किस-किस से... / सम्बद्ध हूँ, जी हाँ, शतधा सम्बद्ध हूँ।"*[16] एक कलाकार की भूमि और भूमिका के बारे में शायद इससे अधिक संश्लिष्ट और सम्यक् बयान—इतने साफ़ और आत्मीय लहज़े में—मुमकिन नहीं है। जिस समय वह समूची सृष्टि से—उसके ज्ञात और प्रत्यक्ष ही नहीं, अज्ञात और परोक्ष पहलुओं से भी—अपनी अदम्य संसक्ति को सूचित करता है; उसी समय यह कहकर कि वह किसी से सम्बद्ध नहीं, एक रचनाकार की निजी स्वतंत्रता को भी सर्वोच्च मूल्य के रूप में प्रतिष्ठित करता है। ज़ाहिर है कि दुनिया से एक आत्यन्तिक लगाव के बिना रचनाएँ जीवन्त और सार्थक नहीं हो सकतीं, पर सृजनात्मक कर्म की स्वाधीनता उनके होने की पूर्व शर्त है। इसी अर्थ में कुँवर नारायण व्यक्ति और समाज, कला और प्रगतिशीलता, वस्तुगत और आत्मगत के बीच भिन्नता और विरोध का नहीं; द्वन्द्व और सहकार का एक विकासोन्मुख रिश्ता देखते हैं। संश्लिष्टता के इसी इसरार के नतीजे में उन्हें 'नई कविता' के ज़माने में भी न आधुनिकतावादी माना जा सका, न प्रगतिवादी। दरअसल इन शिविरों से अलग हटकर वे आचार्य शुक्ल के इस मंतव्य के नज़दीक थे—*"...कविता सौन्दर्य और सात्विकशीलता या कर्तव्यपरायणता में भेद नहीं देखना चाहती। इसी से उत्कर्ष-साधन के लिए कवियों ने प्राय: रूप-सौन्दर्य और अन्त:करण के सौन्दर्य का मेल कराया है।...सत्कवि मनुष्यमात्र के हृदय में सौन्दर्य का प्रवाह बहानेवाला है। उसकी दृष्टि में राजा और रंक सब समान हैं। वह उन्हें मनुष्य के सिवा और कुछ नहीं समझता।"*[17]

निश्चय ही कुँवर नारायण की कविता में सौन्दर्य और सात्विकता एक-दूसरे के सहचर ही नहीं, कारक भी हैं। जिस नज़र से वे दुनिया को देखते हैं, उसमें स्नेह और समता की कामना है। उनकी प्रतिबद्धता मनुष्यमात्र के प्रति है। रघुवीर सहाय ने जिस तरह भाषाहीन लोगों की यातना के आगे स्तब्धता महसूस की थी— *"मेरा सब क्रोध सब कारुण्य सब क्रन्दन / भाषा में शब्द नहीं दे सकता / क्योंकि जो सचमुच मनुष्य मरा / उसके भाषा न थी"*[18]—कुँवर नारायण भी इस विडम्बना से वाक़िफ़ हैं और उसके यथासम्भव प्रतिकार में ही कवि-कर्म की सार्थकता को लक्ष्य करते हैं—

"अगर ज़बान हूँ
तो दे सकता हूँ ज़बान
ज़बान के लिए तरसती ख़ामोशियों को -
शब्द रख सकता हूँ वहाँ
जहाँ केवल निःशब्द बेचैनी है।"[19]

यह उनकी कविता का एक अहम सरोकार है। इसीलिए ज़िन्दगी में 'पराक्रम की धुरी पर जिस प्रगति-बिन्दु' को वे पाना चाहते हैं, वह *"यांत्रिकता की अपेक्षा / मनुष्यता की ओर ज़्यादा सरका हुआ"*[20] है। टेक्नोलॉजी और भौतिकता के अप्रत्याशित वर्चस्व के इस दौर में मनुष्य के आत्मिक मूल्यों पर उन्होंने लगातार इसरार किया है, जिसका एक विशेष महत्त्व है। रमेशचन्द्र शाह ने भारतीय काव्य-परम्परा से इसका जो सम्बन्ध स्थापित किया है, कुँवर नारायण की कविता को उसी दृष्टि-बिन्दु से देखे जाने की ज़रूरत है— *"क्या यह उस तरह कविता की भारतीय अवधारणा में ही निहित नहीं है, जिसे आधुनिक हिन्दी कवि ने नए सिरे से स्वायत्त किया है? 'होगा फिर से दुर्धर्ष समर / जड़ का चेतन से निशिवासर / भारती इधर, हैं उधर सकल / जड़ जीवन के संचित कौशल...' सरीखी काव्य-पंक्तियों का-बल्कि तुलसीदास का काव्य-साक्षात् और पुनर्मूल्यांकन करनेवाली निराला की उस पूरी समूची कविता का ही भला और क्या प्रयोजन हो सकता है? कुँवर नारायण की कवि-भारती भी क्या...उसी 'जड़ जीवन के संचित कौशल' के विरुद्ध ही सक्रिय नहीं दीखती?"*[21] शाह यह भी कहते हैं कि उनमें एक द्वन्द्व-चेतना है, जिसके कारण वे प्रगतिकामी कवि हैं और जड़ता और गतानुगतिकता के विरुद्ध हैं। उनकी कविता में *'विरुद्धों का एक नया सामंजस्य'* घटित होता है— *"उन विरुद्धों का, 'जिनके बिना'-विलियम ब्लेक के कथनानुसार- 'कोई विकास, कोई प्रगति सम्भव नहीं।' "*[22] आकस्मिक नहीं कि आचार्य शुक्ल ने सच्चा कवि उसे माना है; जो जीवन के सुन्दर, मधुर, भव्य, अद्भुत और विशाल ही नहीं; उसके उग्र, भीषण, कठोर, अप्रिय और असुन्दर रूपों को भी अपनी रचनाशीलता में प्रत्यक्ष करता है। ग़ौरतलब है कि कुँवर नारायण की कविता किसी वस्तु, व्यक्ति, घटना या परिस्थिति के अनुभव के सभी सम्भव आयामों की

छानबीन करती है और शायद इसीलिए अर्थ के एकाधिक स्तरों पर एक साथ चलती है। आचार्य शुक्ल के शब्दों में कहें, तो वह *"रागों या वेगस्वरूप मनोवृत्तियों का सृष्टि के साथ उचित सामंजस्य स्थापित करके मानव-जीवन के व्यापकत्व की अनुभूति उत्पन्न करने की"*[23] कोशिश करती है। इसकी सर्वश्रेष्ठ व्यंजना कुँवर नारायण की इन काव्य-पंक्तियों में है—

> *"अबकी अगर लौटा तो*
> *मनुष्यतर लौटूँगा...*
> *अबकी अगर लौटा तो*
> *हताहत नहीं*
> *सबके हिताहित को सोचता*
> *पूर्णतर लौटूँगा।"*[24]

उनकी काव्य-वस्तु में ऐसे बहुत-से महत्त्वपूर्ण आशय मौजूद हैं, जिनकी इस पुस्तक में विस्तृत चर्चा हुई है और अगर उनसे फिर मुख़ातब हुआ जाए, तो यह बहस असमाप्य ढंग से चलायी जा सकती है। इसलिए हम उनके काव्य-शिल्प की एक अहम विशेषता की ओर ध्यान आकृष्ट करके अपनी बात समाप्त करेंगे। असल में, कुँवर नारायण तीखे, आक्रामक और उत्तेजित लहज़े के कवि नहीं हैं। इसके विपरीत वे बहुत संयत, गम्भीर और उदात्त चेतना से सम्पन्न हैं। उन्होंने अपनी कविता के लिए छन्द का एक बिलकुल नई तरह का अनुशासन ईजाद किया है, जिसमें मर्यादा भी है और परम्परा की जकड़न से मुक्ति भी। यहाँ उनकी 'विट' के अनेक आकर्षक रूप हैं और उनके 'मूड्स' की विविधता की तरह संरचना, लय और तुकों के विभिन्न दिलचस्प प्रयोग। कभी-कभी वे व्याकरण के नियमों को विचलित कर या नए शब्द गढ़कर भाषा में अनोखा सौन्दर्य पैदा करते हैं। लेकिन इन सबसे बड़ी उपलब्धि यह है कि अपने संकोच, विनयशीलता और मध्यम मार्ग (सन्दर्भ : बुद्ध) पर चलने की बुनियादी प्रतिश्रुति के कारण उनकी अभिव्यक्ति में ख़ास तरह की सांकेतिकता होती है। कई बार यही अन्दाज़ उनकी कविता को सुन्दर, बहुअर्थगामी और मार्मिक बनाता है। वाल्टर बेंजामिन के शब्दों में—*"Every artistic thing that is beautiful has semblance (Schein) because it is alive in one sense or another"*.[25]

सन्दर्भ

1. कुँवर नारायण, 'परिवेश : हम-तुम', पृ. 6
2. नन्दकिशोर नवल (सं.), 'निराला रचनावली' (भाग-एक), पृ. 349
3. कुँवर नारायण, 'परिवेश : हम-तुम', पृ. 29
4. कुँवर नारायण, 'साहित्य के कुछ अन्तरविषयक सन्दर्भ', पृ. 41
5. वही, पृ. 37

6. शमशेर बहादुर सिंह, 'प्रतिनिधि कविताएँ', पृ. 173
7. रघुवीर सहाय, 'प्रतिनिधि कविताएँ', पृ. 143-44
8. वही, पृ. 74
9. कुँवर नारायण, 'कोई दूसरा नहीं', पृ. 26
10. वही, पृ. 26
11. कुँवर नारायण, 'साहित्य के कुछ अन्तरविषयक सन्दर्भ', पृ. 43
12. विष्णु खरे, 'आलोचना की पहली किताब', पृ. 85-86
13. विनोद मेहता (प्र. सं.), 'आउटलुक' (हिन्दी साप्ताहिक), 1 मई, 2006; पृ. 54
14. आचार्य रामचन्द्र शुक्ल, 'प्रतिनिधि निबन्ध', पृ. 69
15. कुँवर नारायण, 'कोई दूसरा नहीं', पृ. 54
16. नागार्जुन, 'प्रतिनिधि कविताएँ', पृ. 16
17. आचार्य रामचन्द्र शुक्ल, 'प्रतिनिधि निबन्ध', पृ. 70-71
18. रघुवीर सहाय, 'प्रतिनिधि कविताएँ', पृ. 73
19. कुँवर नारायण, 'कोई दूसरा नहीं', पृ. 40
20. वही, पृ. 7
21. यतीन्द्र मिश्र (सं.), 'कुँवर नारायण : उपस्थिति', पृ. 190
22. वही, पृ. 189-90
23. आचार्य रामचन्द्र शुक्ल, 'प्रतिनिधि निबन्ध', पृ. 65
24. कुँवर नारायण, 'कोई दूसरा नहीं', पृ. 9
25. एम. बुलक और गाइकल टब्ल्यू. जेनिंग्स (सं.), 'वाल्टर बेंजामिन' (सेलेक्टेड राइटिंग्स, भाग-एक), पृ. 283

जीवन का दबाव अब ज़्यादा है

कुँवर नारायण से एक साक्षात्कार

हिन्दी काव्य-दृश्य में कुँवर नारायण एक बेहद शालीन और प्रबुद्ध उपस्थिति हैं। उनसे संवाद करना एक दुर्लभ अनुभव है। उनकी रुचियों, सरोकारों और मंतव्यों से वाक़िफ़ होना किसी उपलब्धि से कम नहीं। उनकी कविता अपनी बौद्धिक दृढ़ता और क्लासिकी संयम के लिए विख्यात है। आधी शताब्दी से अधिक समय से रचनारत कवि से बात करना जैसे कविता के इतिहास से भी रूबरू होना है। सर्वाधिक उल्लेखनीय यह है कि मौजूदा साहित्यिक वाद-विवाद से जुड़े मुद्दों पर भी वे सादगी और विनम्रता से अपनी मूल्यवान् सम्मति ज़ाहिर करते हैं। यह बातचीत नई दिल्ली में कवि के ग्रेटर कैलास स्थित घर पर 6 जुलाई, 2004 की शाम सात बजे सम्भव हुई। महत्त्वपूर्ण यह भी है कि शायद पहली बार कुँवर जी ने एक ऐसे संवाद के लिए अपनी स्वीकृति प्रदान की, जिसमें प्रश्नकर्ता के पास कोई तैयारी नहीं थी और न ही उसने सवालों की कोई रूपरेखा कवि के समक्ष पहले से प्रस्तुत की थी।

—पंकज चतुर्वेदी

पंकज—तीसरा सप्तक में सम्मिलित होने के लिए अज्ञेय ने आपको कैसे आमंत्रित किया? कैसा लगा आपको?

कुँवर नारायण—उस समय दो सप्तक निकल चुके थे। सप्तकों की एक परम्परा बन गई थी। उनकी एक साख थी। उन्हें स्वीकृति मिल गई थी और वे काफ़ी चर्चित थे। मेरी शुरू की दो-तीन कविताएँ *प्रतीक* में छप चुकी थीं। ये कविताएँ अज्ञेय जी को अच्छी लगी होंगी। 1956 में मेरा एक कविता-संग्रह *चक्रव्यूह* तो निकल ही चुका था। अज्ञेय लखनऊ आते रहते थे। आकाशवाणी में भी उनसे भेंट हुई थी। जब उन्होंने मुझे आमंत्रित किया तो मैंने कहा कि मेरा संग्रह प्रकाशित हो चुका है और आप नए कवियों को लेते हैं। उन्होंने कहा कि ऐसा कोई नियम नहीं है।

सबसे पहले रघुवीर सहाय ने *हरी घास पर क्षण भर* की कविताएँ पढ़कर सुनाई थीं, जब हम लखनऊ विश्वविद्यालय में साथ पढ़ते थे। अंग्रेज़ी विभाग में हम लोग

एक ही 'क्लास' में थे। रघुवीर अज्ञेय और मुझसे, दोनों से मिलते रहते थे। रघुवीर के उन दिनों के कई पत्र मेरे पास हैं, जिनमें वे अपनी छोटी-छोटी कविताएँ लिख-लिखकर भेजते रहते थे। मैंने फ्रेंच कवि मलार्मे के अनुवाद हिन्दी में किए थे, जो अज्ञेय ने प्रतीक में छापे थे। मलार्मे, बॉदलेयर, रैम्बो, वर्लेन जैसे प्रतीकवादी कवि मुझे पसन्द थे। उन दिनों मैंने अंग्रेज़ी कविताएँ भी लिखी थीं, जो कहीं छपवायीं नहीं और आज तक नहीं छपवायीं। मुझे लगता था कि विदेशी भाषा में कविता लिखी नहीं जा सकती। अब मेरा दृष्टिकोण थोड़ा बदला है। अंग्रेज़ी अब कोई एक भाषा नहीं है। कई अंग्रेज़ियाँ हो गई हैं। हर देश की अपनी अंग्रेज़ी है। ये अंग्रेज़ी की विभिन्न बोलियाँ हैं। भाषा बदलती है, तो दृष्टिकोण भी बदलता है। एशिया में अंग्रेज़ी के ज़्यादा पाठक ('रीडरशिप') हैं, बनिस्बत इंग्लैंड के। अब संकट इंग्लैंड की अंग्रेज़ी पर है।

पंकज—*तीसरा सप्तक* के अन्य छह कवियों से आपका कैसा रिश्ता था? इनमें आपके सबसे प्रिय या घनिष्ठ कवि कौन-से थे?

कुँवर नारायण—फ़ैक्टरी मज़दूरों को लेकर कुछ बहुत अच्छी और संवेदनशील कविताएँ मदन वात्स्यायन ने लिखी थीं। बाद में पता नहीं किन कारणों से वे काव्य-परिदृश्य से ग़ायब हो गए। वैसे मुझे सबसे प्रिय विजयदेवनारायण साही थे। केदार और सर्वेश्वर की कविताएँ मुझे उस समय भी पसन्द थीं, आज भी पसन्द हैं। ये तीन सशक्त कवि उस सप्तक में थे।

पंकज—अज्ञेय के चयन के आधार क्या थे?

कुँवर नारायण—अज्ञेय कोई भविष्य इन कवियों का देखते होंगे। इनमें उन्हें सम्भावना दिखायी दी होगी। फलीभूत न हो पाए, यह अलग बात है। इसका उलट भी हो सकता है कि मौजूदा तौर पर कवि में अच्छी कविताएँ मिलीं, पर बाद में वह विकसित नहीं हुआ।

पंकज—उनके चयन का वैचारिक आधार क्या होता था?

कुँवर नारायण—मदन की वाम रुझान की कविता है और केदार की भी। उनके अपने जो भी पूर्वग्रह रहे हों, चयन में उन्होंने भरसक निष्पक्षता बरती।

पंकज—तीनों सप्तकों में कुल इक्कीस कवि होते हैं। एक आलोचक का कहना है कि इनका एक 'सार-सप्तक' बनना चाहिए। आपका चुनाव क्या होगा?

कुँवर नारायण—अज्ञेय, मुक्तिबोध, शमशेर, रघुवीर सहाय, धर्मवीर भारती, भवानीप्रसाद मिश्र और केदारनाथ सिंह। भाषा के साथ जितना सहज या 'रिलैक्स्ड' व्यवहार भवानी भाई ने किया, किसी और ने नहीं! वैसे सात की यह सीमा बाँधना हमको बिलकुल अनुचित लग रहा है। इनमें कम-से-कम दस-बारह अच्छे कवि हैं और मैं साही, नरेश मेहता और सर्वेश्वर के नाम ज़रूर शामिल करना चाहूँगा।

पंकज—डॉ. नामवर सिंह ने पहले अपनी किताब *कहना न होगा* में संकलित एक इंटरव्यू में आपको अपना सबसे प्रिय आलोचक बताया और बाद में *वर्तमान साहित्य* में प्रकाशित एक बातचीत में कहा कि आप आलोचना में जोखिम नहीं उठाते और लगता है कि कवि के रूप में ही बचे रहना चाहते हैं। दूसरी बात उन्होंने यह कही कि आप *"अशोक वाजपेयी की परम्परा में उनकी अभिरुचियों के राजकुमार"* हैं। आप इस सम्बन्ध में क्या कहना चाहेंगे?

कुँवर नारायण—इससे क्या मतलब है, ठीक से मेरी समझ में आया नहीं। अशोक और हममें ऐसी क्या 'कॉमन' चीज़ उन्हें दिखी, जो उन्होंने इतना घनिष्ठ सम्बन्ध बता दिया? क्या चीज़ उनके दिमाग़ में थी? न हमारी समीक्षा में और न ही कविता में कोई समानता है। किस तरह की रुचियों का राजकुमार वे बता रहे हैं? उनकी यह कविता हमारी समझ में नहीं आई। रही बात आलोचना में मेरे जोखिम न उठाने की, तो ऐसा नहीं है। *विवेक के रंग* में मैंने उषा प्रियंवदा के कहानी-संग्रह *ज़िन्दगी और गुलाब के फूल* की समीक्षा लिखी थी। निर्मल वर्मा की कहानियों पर जब मेरी समीक्षाएँ निकली थीं, तब निर्मल कहाँ स्थापित थे?

पंकज—1968 में प्रकाशित डॉ. नामवर सिंह की आलोचना-कृति *कविता के नए प्रतिमान* कविता से जुड़े एक समूचे दौर का विश्लेषण करती हुई मुक्तिबोध को उसके केन्द्र में स्थापित करती है। क्या उसके बाद हिन्दी में ऐसी कोई पुस्तक आई है?

कुँवर नारायण—एक तो यह कि ज़रूरी नहीं कि सर्वश्रेष्ठ समीक्षा पुस्तक-रूप में आई ही हो। उस वक़्त पत्रिकाओं की बड़ी महत्त्वपूर्ण भूमिका थी, जिनमें तमाम लोग लिखते रहे हैं। *कविता के नए प्रतिमान* के समय और उसके बाद आलोचना एक बड़ी सामूहिक गतिविधि थी और उस स्तर पर उसका निर्माण हो रहा था। जब तक हम इस समग्र समीक्षात्मक साहित्य को दृष्टि में न रखें, मुझे यह मानने में असुविधा है कि *कविता के नए प्रतिमान* उस पूरे परिदृश्य का प्रतिनिधित्व करती है। वह अपनी बात अच्छी तरह कहती है, लेकिन अपने समय की बात भी उतने ही अच्छे और निष्पक्ष ढंग से कह पाती है, यह विचारणीय मुद्दा है।

पंकज—क्या उतने बड़े कैनवस पर कविता से जुड़ी बहस या कविता का मूल्यांकन हुआ है, उसके बाद?

कुँवर नारायण—इसका यह महत्त्व तो है ही कि उन्होंने पहली बार एक विस्तृत फलक पर उस दौर की कविता पर विचार किया।

पंकज—क्या हिन्दी में इन दिनों कविता की आलोचना, उसके मूल्यांकन का अभाव है?

कुँवर नारायण—ज़्यादातर रिव्यू की तरह का लेखन है, जिससे जल्दबाज़ी

और ऊपरी आकलन का भाव तो जुड़ा ही है। अच्छी अकादमिक और गम्भीर समीक्षा नहीं दिखायी पड़ती। अच्छी आलोचना गम्भीर अध्ययन और समय माँगती है। *युग-चेतना* में मैंने एक सम्पादकीय लिखा था—*हिन्दी पत्रिकाओं में पुस्तक समीक्षा,* जिसकी नामवर जी ने बहुत प्रशंसा की थी। इसके अलावा *अध्ययन और रचनात्मक साहित्य* और *हिन्दी आलोचना और रचनात्मक साहित्य* शीर्षक लेख भी लिखे, जो इस प्रसंग में देखे जा सकते हैं। तब से अब स्थिति में बहुत फ़र्क़ नहीं आया है। कमोबेश वैसा ही वातावरण आज भी है। केवल पुस्तक का परिचय देनेवाले आलेख लगते हैं। कुछ अपवादों को छोड़कर।

पंकज—ऐसे कुछ आलोचक जो आपको पसन्द हों, उनके नाम बतायेंगे?

कुँवर नारायण—हमारे समकालीनों में देवीशंकर अवस्थी, साही, मुक्तिबोध, मलयज, नेमिचन्द्र जैन, नामवर सिंह, अशोक वाजपेयी, विष्णु खरे, मंगलेश डबराल, गिरधर राठी, मैनेजर पाण्डेय और परमानन्द श्रीवास्तव वग़ैरह हैं। परमानन्द जी की विशेषता है कि वे हमेशा सजग रहते हैं और कोई भी अच्छी किताब आने पर तुरन्त उसकी चर्चा करते हैं।

पंकज—आलोचना के क्षरण या उसके अभाव की वजह आपको क्या लगती है?

कुँवर नारायण—अध्ययन की कमी, उस कृति के भी और उससे बाहर भी, जो अच्छी समीक्षा है। विश्वविद्यालय इस प्रक्रिया को प्रोत्साहित करते थे, जो अब नहीं कर पा रहे हैं। ये गम्भीर साहित्य को इस तरह पेश करते थे कि दिलचस्पी और जागृति बढ़ती थी। कितना सारा हमारा समय पुस्तकालयों और बहस-मुबाहसों में बीत जाता था। कविता तो बिना पढ़े अच्छी लिखी जा सकती है, लेकिन अच्छी आलोचना नहीं। सिर्फ़ साहित्य नहीं, मानविकी वग़ैरह को पढ़ने से अच्छी समीक्षा की दृष्टि मिलती है, नई दृष्टि मिलती है।

पंकज—कुछ आलोचकों का मानना है कि अच्छी कविता के लिए जीवानुभव पर्याप्त नहीं है, कवितानुभव भी चाहिए। आप क्या कहेंगे?

कुँवर नारायण—बिना प्रामाणिक जीवनानुभव के अच्छा काव्यानुभव दे पाना सम्भव नहीं है। जीवनानुभव को सीमित अर्थ में न लें! दोनों के बीच विभाजन या फाँक नहीं होती है। मैं उन्हें संयुक्त मानता हूँ। एक किताब पढ़ने का अनुभव भी जीवनानुभव के बराबर हो सकता है। घनानन्द ने जो कहा है, वह इसी अविभाज्य सम्बन्ध—'नॉन-स्प्लिट रिलेशनशिप' की बात है—*लागे हैं लोग कवित्त बनावत / मोहिं तो मेरे कवित्त बनावत।* राजशेखर ने दूसरे की कविता (विरचना) को भी काव्य का जायज़ स्रोत माना है। *काव्य-मीमांसा* में उन्होंने कविता के जायज़ स्रोतों में खगोलशास्त्र और आयुर्वेद तक को शामिल किया है।

पंकज—कविता के लिखे जाने में, आपके अनुसार विचारधारा की क्या भूमिका है?

कुँवर नारायण—हमारा दृष्टिकोण बहुलतावादी या बहुसन्दर्भवादी रहा है—'एक्लेक्टिकल'। यह कविता की ज़रूरतों से मेल खाता है। मुझे जहाँ जो भी ठीक लगा, सही लगा, उसे मैंने अपनाया। जो ठीक नहीं लगा, उसके प्रति बहुधा निरपेक्ष रहा । जैसे मार्क्सवाद ने शोषण, ग़रीबी, सामाजिक समता पर ज़ोर दिया, वह मुझे ठीक लगता है। जहाँ उसमें आलोचना के प्रति असहिष्णुता या तानाशाही रवैया दिखायी दिया, उसे स्वीकार नहीं कर सका। दूसरे, यथार्थ को मैं केवल सामाजिक-आर्थिक आशयों में सीमित नहीं मानता हूँ। उसके ज़्यादा बड़े अभिप्राय या निहितार्थ हैं।

पंकज—आचार्य शुक्ल का कथन है कि *'सत्य एक होता है, झूठ सबके अपने-अपने होते हैं'*?

कुँवर नारायण—हम तो सवाल वही उठायेंगे कि क्या सत्य एक ही होता है? सचाई के भी कई मुख होते हैं।

पंकज—*'अज्ञेय ने चौथा सप्तक निकाला है',* यह कहकर जब लखनऊ में एक इंटरव्यू में शमशेर से उस पर प्रतिक्रिया माँगी गई, तो उन्होंने कहा कि *'अज्ञेय जी समर्थ हैं, निकाल सकते हैं।'* ज़ाहिर है कि यह अज्ञेय के साहित्यिक से अधिक साहित्येतर सामर्थ्य की ओर संकेत था। बाद में केदारनाथ सिंह ने कहा कि अज्ञेय ने पहले के तीन सप्तकों के कवियों से बदला लेने के लिए *चौथा सप्तक* निकाला है। नामवर सिंह ने भी कहा कि संगीत में तीन सप्तक होते हैं—तार, मध्य और मन्द्र—जब संगीत में ही चौथा सप्तक नहीं होता, तो कविता में क्या होगा? आपको *चौथा सप्तक* की असफलता का क्या कारण जान पड़ता है?

कुँवर नारायण—नई कविता का आन्दोलन काफ़ी स्थापित हो चुका था और बहुत सारे कवि बहुत अच्छा लिख रहे थे, जिनमें से सात को चुनना पहले की तुलना में काफ़ी कठिन था। अज्ञेय जी सही चुनाव नहीं कर पाए। कविता के आन्दोलन में *चौथा सप्तक* उस तरह की सक्रिय भूमिका नहीं निभा पाया, जैसी पिछले तीन सप्तकों ने निभायी थी। वह एक साधारण संग्रह मात्र होकर रह गया। उन तीनों सप्तकों को एक आन्दोलन का बल मिला था, जबकि *चौथा सप्तक* उसका 'फुटनोट' होकर रह गया।

पंकज—समकालीन कविता में मंगलेश डबराल की जो पीढ़ी है, जिसे हम शायद मँझली पीढ़ी कह सकते हैं, उसके अनेक कवि अब स्थापित हो चुके हैं, जैसे आलोक धन्वा, वीरेन डंगवाल, मंगलेश डबराल, राजेश जोशी, असद ज़ैदी, ज्ञानेन्द्रपति और अरुण कमल आदि। मगर इनके बाद जो बहुत सारे युवा कवि हैं,

उनकी कोई प्रतिष्ठा नहीं बन पा रही है। इसके पीछे क्या वजह है-क्या जनांदोलन का अभाव है या साहित्यिक आन्दोलन का?

कुँवर नारायण—शायद इसके लिए थोड़ा समय और चाहिए। अभी कुछ जल्दी है। इतने बड़े सामूहिक उत्पादन से महत्त्वपूर्ण रचना को छनकर आने में थोड़ा समय लग सकता है। आन्दोलन से जुड़ी कविता में जो कुछ नाम बहुत तेज़ी से उभरकर सामने आ जाते हैं, ज़रूरी नहीं कि वह महान कविता हो। बड़ी कविता को सामने आने में वैसे भी ज़्यादा समय लगता है। बड़ी कविता आन्दोलनों को लेकर उस तरह से प्रतिबद्ध नहीं हो पाती है। आन्दोलन की चकाचौंध, जुलूस, दरिया से अलग होकर जो लिख रहा है, वह महत्त्वहीन नहीं हो सकता—*सुना है कि कविता वहीं अब बचेगी / ज़रा हाशिये को भी रखना नज़र में।* जुलूस में एक सुरक्षा मिली रहती है, ज़िन्दगी का दबाव कम रहता है। जब आप अलग खड़े होते हैं, तो जीवन का पूरा दबाव आपके ऊपर पड़ता है। उससे जो कविता निकलती है, वह बहुत प्रामाणिक होती है।

पंकज—आपकी सबसे प्रिय कविता या वे पंक्तियाँ जो अक्सर आपके ज़ेहन में रहती हों, 'हॉण्ट' करती हों?

कुँवर नारायण—पिछले दो-एक वर्षों से रॉबर्ट फ्रॉस्ट की एक कविता द रोड नॉट टेकेन की ये पंक्तियाँ प्रिय हैं—*दो रास्ते थे एक जंगल में / एक रास्ते पर ज़्यादातर लोग जा रहे थे / दूसरे पर कम; जिस पर कम लोग जा रहे थे / वही रास्ता पकड़ा और / सारा फ़र्क़ जीवन में उसी से पड़ा!* शेक्सपीयर और ग़ालिब के मैं सबसे निकट रहा हूँ। कबीर के भी। ग़ालिब का एक कम मशहूर शे'र मुझे प्रिय है—

सुरमए हफ़्ते नज़र हूँ, मेरी क़ीमत ये है
रहे चश्मे ख़रीदार पर एहसाँ अपना।

शेक्सपीयर और ग़ालिब की उद्धरण-योग्य पंक्तियों की तुलना की जाए, तो ग़ालिब की ज़्यादा होंगी। जीवन के जितने मौक़ों पर ग़ालिब याद आते हैं, दूसरा कोई कवि याद नहीं आता।

पंकज—हर कवि कविता से जुड़े अपने स्वप्न को साकार करना चाहता है। आपका यह सपना सबसे ज़्यादा आपके किस कविता-संग्रह से सच हुआ?

कुँवर नारायण—*कोई दूसरा नहीं।*

पंकज—आपके इस संग्रह में एक कविता है—आदमी का चेहरा। रेलवे स्टेशन पर कुली को कवि ने उसकी लाल कमीज़ पर टँके नम्बर से ही हमेशा जाना था, उसके चेहरे से उसे कभी नहीं पहचाना था। लेकिन एक दिन वह कुली नहीं मिलता है और कवि का बयान है—*आज जब अपना सामान ख़ुद उठाया / एक*

आदमी का चेहरा याद आया। सवाल है कि क्या तकलीफ़ सहते समय ही मनुष्य की याद आती है?

कुँवर नारायण—सही-सही याद नहीं कर पा रहा हूँ कि किस घटना से और कैसे यह कविता जन्मी। लेकिन एक बूढ़े, कमज़ोर कुली को देखकर लगा था कि अगर मुझे इसी हालत में यही (बोझा ढोना) करना पड़े, जो एक कुली को करना पड़ रहा है, जिस हाल में उसे आराम करना चाहिए। मगर उस कुली में कहीं आत्म-दया नहीं थी। हिम्मत या परिस्थिति का सामना करने का जीवट था। पहले हमारे लिए वह एक अनाम संज्ञा था, उसके बाद वह एक विशेष व्यक्ति था। अपनी ही छवि का अन्तरण ('ट्रांसपोज़ीशन') था यह। अपने व्यक्तित्व का उसके व्यक्तित्व में स्थानान्तरण।

पंकज—बीसवीं सदी का सबसे बड़ा हिन्दी कवि आप किसे मानते हैं?

कुँवर नारायण—निराला को, भाषा की सबसे विस्तृत 'रेंज' के कारण। किसी भी तरह की भाषा को कविता बना देने का सामर्थ्य निराला में है।

पंकज—जो हिन्दी कवि इस समय हैं, उनमें आपको सबसे प्रिय कवि कौन है?

कुँवर नारायण—विनोद कुमार शुक्ल। (इस प्रश्न के उत्तर में कुँवर जी ने पहले शमशेर का नाम लिया था, तब उन्हें याद दिलाना पड़ा कि प्रश्न जीवित कवियों के बारे में है।)

पंकज—आप कहते हैं कि कविता सघन क्षणों ('इंटेंस मोमेंट्स') में लिखी जाती है। इस बात को कुछ स्पष्ट करेंगे?

कुँवर नारायण—कविता लिखने का कोई सामान्य ('यूनीफ़ॉर्म') नियम नहीं है। कविता की बनावट से पता लग जाता है कि वह सघन क्षणों की कविता है या ज़्यादा लम्बे समय में लिखी गई या स्मृति की पुनर्निर्मिति की कविता है। जैसे *आदमी का चेहरा* कविता घटना के वक़्त नहीं लिखी गई थी। एक स्मृति को पुनर्गठित किया गया था। यह भी हो सकता है कि एक लम्बी कविता में विभिन्न समयों के सघन क्षण हों। सघन क्षणों को कभी हमने बहुत ठंडी भाषा में भी व्यक्त किया है। ऐसे क्षणों को पहले लिख लेते ('जॉट डाउन') हैं। बाद में इत्मीनान से उन्हें पुनर्संयोजित करते हैं।

पंकज—साम्यवादी व्यवस्थाओं के बिखराव और पराभव के बाद जो एकध्रुवीय विश्व बना है और जो बाज़ार-केन्द्रित सभ्यता अस्तित्व में आई है, हिन्दी कविता पर उसका क्या असर पड़ा है?

कुँवर नारायण—कलाएँ हमेशा वैश्विक या घुमन्तू रही हैं। विभिन्न देशों में कलाकारों की नियमित आवाजाही रही है। बुद्ध के समय से ही। कलाएँ, बड़े विचार

और साहित्य हमेशा यात्री ('ट्रैवेलर') रहे। रही बाज़ार के वर्चस्व की बात, तो यह बहुत कुछ कवि पर निर्भर करता है। हम हर बार दबाव के सामने घुटने टेक दें, यह ज़रूरी नहीं है। जैसे नैतिकता का संघर्ष है। यह एक बिलकुल निजी तरह का संघर्ष है। व्यवसायीकरण या व्यावसायिकता को हम ख़ारिज नहीं कर सकते। उससे समझौता तो करना पड़ेगा-ग़लत समझौता नहीं करना चाहिए। यह मजबूरी हो सकती है कि हम घूस दें, लेकिन घूस लेने की कोई मजबूरी नहीं हो सकती। हम एक सामान्य नियम बना लेते हैं। जैसे चारों ओर भ्रष्टाचार है, इसलिए हम भी भ्रष्ट हैं। बहुत-सी बहसों को हम ध्रुवान्तों ('एक्स्ट्रीम्स') पर रखकर सोचते हैं, लेकिन मध्य की व्यावहारिक ज़मीन पर रखकर देखें, तो ज़्यादातर समस्या तो वहीं हल हो जाती है, जिसे बुद्ध मध्यम-मार्ग कहते हैं।

आग का वादा

कवि-व्यक्तित्व

कुँवर नारायण पिछले लगभग छह दशकों से रचनारत हैं। आज जब त्रिलोचन और रघुवीर सहाय हमारे बीच नहीं हैं, तो बेशक वह हिन्दी के सबसे बड़े कवि हैं। मुक्तिबोध ने 1964 में ही उनके महत्त्व को पहचानते हुए लिखा था कि वह *'अन्तरात्मा की पीड़ित विवेक-चेतना और जीवन की आलोचना'* के कवि हैं। मगर 1964 से 1994, यानी तीस वर्षों का लम्बा वक़्फ़ा ऐसा भी रहा है; जिसमें सतत रचनाशीलता के बावजूद कुँवर नारायण को हिन्दी आलोचना में वह सम्मान और शोहरत नहीं मिली, जिसके दरअसल वह हक़दार थे। उलटे, उनकी कविता की सायास उपेक्षा, अवमूल्यन और अन्यथाकरण का प्रकट न सही, पर गुपचुप एक प्रायोजित सिलसिला इस बीच ज़रूर चलता रहा। इसे अंजाम देनेवाले लोग हिन्दी की विश्वविद्यालयी दुनिया, प्रकाशन-तंत्र और पुरस्कार-तंत्र पर क़ाबिज़ थे। इन्हें कौन नहीं जानता? इन्होंने यह साबित करना और करवाना चाहा कि कुँवर नारायण तो एक ख़ास स्कूल के कवि हैं।

मगर 1993 में 'कोई दूसरा नहीं' सरीखे एक सौ कविताओं के अनूठे संग्रह के प्रकाशन और 1995 में इसके लिए उन्हें 'साहित्य अकादेमी पुरस्कार' सहित अनेक सम्मान मिल जाने पर ऐसी कोशिशें अन्तिम तौर पर नाकाम हो गईं। साहित्य-संसार में सक्रिय विभिन्न विचारधारात्मक शिविरों के आर-पार कुँवर नारायण को एक क़िस्म की सर्वानुमति या व्यापक प्रतिष्ठा हासिल हुई। ज़ाहिर है कि इस मक़ाम पर किसी 'साहित्यिक राजनीति' के ज़रिए नहीं पहुँचा जा सकता; बल्कि शब्द और कर्म, संवेदना और विचार तथा कविता और जीवन की वह दुर्लभ एकता ज़रूरी है, जो उनके यहाँ मिलती है। दूसरे शब्दों में, प्रगतिशील दिखना नहीं, होना अनिवार्य है। मसलन यह सभी जानते हैं कि कुँवर नारायण ने किसी ख़ास विचारधारा से ख़ुद को प्रतिबद्ध नहीं किया; पर यह ख़बर बहुत कम लोगों तक पहुँची कि उन्होंने कविता की एक फ़ेलोशिप के तहत आयोवा जाने से इनकार कर दिया, क्योंकि उन्हें यह लिखकर देने को कहा गया था—*''मैं वामपंथी नहीं हूँ।''* इसी तरह उन्होंने पहली

बार एक उद्योगपति के नाम पर रखे गए हिन्दी साहित्य के बदनाम पुरस्कार 'दयावती मोदी कविशेखर सम्मान' को भी नामंजूर कर दिया, जिसे कथित प्रगतिशीलों और कलावादियों ने प्रसन्न और आत्ममुग्ध भाव से स्वीकार किया। हिन्दी कवियों में कोई संघर्ष न करते हुए उसका दिखावा करने का चलन आम हो गया है; जबकि कुँवर नारायण जो कुछ करते हैं, उसका सार्वजनिक ज़िक्र करने में संकोच करते हैं। एक तरफ़ वे साहित्यकार हैं, जो नैतिक और अनैतिक का फ़र्क़ भूल चुके हैं; दूसरी तरफ़ कवि है, जिसे इस द्वन्द्व को मिटाने की सज़ा मालूम है—*"नर और कुन्जर के फ़र्क़ को मिटाते ही / मिट गया जो / वह एक शोकातुर पिता था।...सज़ा सिर्फ़ इतनी थी / कि इस अन्तर को समझती हुई दृष्टि से / नरक देखना पड़ा था धर्मराज को।"*

कुँवर नारायण की कविता जिस बौद्धिक सान्द्रता और क्लासिकी संयम के लिए मशहूर है; उससे कम महत्त्वपूर्ण उनके स्वभाव की सादगी और विनयशीलता नहीं है, जिनके होने को हिन्दी के ज़्यादातर नामचीन साहित्यकार अपने बड़प्पन में बाधक समझते हैं। ऐसों को अशोक वाजपेयी की ये काव्य-पंक्तियाँ याद रखनी चाहिए—*"कि जीवन में आभिजात्य तो आ जाता है / गरिमा आती है बड़ी मुश्किल से।"* कुँवर नारायण की कविता और व्यक्तित्व, दोनों में ही जिस उदात्तता, गरिमा और संवेदनशीलता का विरल संश्लेष है; उससे रश्क करने से ज़्यादा अहम यह जानना है कि इसकी क़ीमत चुकानी पड़ती है, सब-कुछ पा लेने की ग़रज़ या चालाकी से यह मुमकिन नहीं। इसके लिए सिर्फ़ 'दुनियादारी' से नहीं, 'साहित्य की राजनीति' से भी अलहदा और निर्लिप्त रहना ज़रूरी है। दूसरे, हमारी रौशनी और ऊर्जा के स्रोत महज़ बाहरी ज्ञान-विज्ञान में नहीं; बल्कि भारत की अपनी दार्शनिक, सांस्कृतिक, नैतिक और मिथकीय विरासत में भी हैं, जिसके आशयों को नए सन्दर्भों में अन्वेषित किए बिना हम अपनी समूची आत्मवत्ता को अर्जित नहीं कर सकते। बग़ैर इस बुनियाद के मुक्ति की उम्मीद करना बेमानी है। कुँवर नारायण के शब्दों में *'पराक्रम की धुरी पर ही प्रगति-बिन्दु'* का स्वप्न देखा जा सकता है। उनकी कविता में भारत की श्रेष्ठ सर्जनात्मक मनीषा का सारभूत रूप मिलता है। यों इसका मिलना कुछ दूसरे कवियों में भी इन दिनों बताया जा रहा है, पर बतानेवाले भी जानते हैं कि दूसरों के बारे में यह बयान जितना झूठ है, कुँवर नारायण के सम्बन्ध में उतना ही सच। तीसरे, कुँवर नारायण की कविता हमें सिखाती है कि शाश्वत मूल्यों के इसरार का मतलब समकालीनता की अन्तर्वस्तु से इनकार हरगिज़ नहीं है, जिसकी कोशिश हिन्दी आलोचना के एक तबक़े द्वारा बराबर की जाती है। इसके विपरीत, कुँवर नारायण की कविता के सफ़र में आठवें दशक में इमर्जेन्सी, 1992 में अयोध्या-केन्द्रित उग्र हिन्दुत्ववादी साम्प्रदायिकता और 2002 में एकध्रुवीय हो चुकी दुनिया में अमेरिका के नव-उदार आर्थिक-सांस्कृतिक और सैनिक साम्राज्यवाद—यानी मौजूदा

भारत और विश्व की कितनी ही विसंगतियों और विडम्बनाओं का गहरा और सशक्त प्रतिकार देखने को मिलता है।

कुँवर नारायण भारत के पहले और एकमात्र कवि हैं, जिन्हें रोम का अन्तरराष्ट्रीय 'प्रीमिओ फ़ेरोनिआ सम्मान' हाल में दिया गया है। ऐसे में 'भारतीय ज्ञानपीठ' के लिए यह आत्म-व्यंग्य ही होता, अगर वह अपना शीर्ष पुरस्कार उन्हें प्रदान न करती। मेरे जैसे उनके अनगिनत प्रशंसकों के लिए यह दोहरी ख़ुशी का मौक़ा है, जिसे मुहैया कराने के लिए वे इस संस्था के शुक्रगुज़ार हैं। दरअसल, सबसे बड़ी बात यह है कि कुँवर नारायण भारत के आम आदमी को, उसकी ज़िन्दगी के रोज़मर्रा के प्रसंगों में बार-बार याद आने और उसका साथ देनेवाले मूल्यवान् कवि हैं। कैसा सुखद इत्तिफ़ाक़ है कि इसी महीने की दस तारीख़ को बनारस के दशाश्वमेध घाट पर प्रतिदिन शाम को होनेवाली भव्य गंगा-आरती को देखने के लिए मैं एक नाव में मशहूर कवि असद ज़ैदी, उनकी जीवन-संगिनी प्रो. नलिनी तनेजा और प्रसिद्ध कवि-मित्र व्योमेश शुक्ल के साथ था। मैंने कहा कि *'नाव से यह दृश्य देखना बहुत अच्छा लगता है।'* असद जी ने पूछा—*'अच्छा क्यों लगता है?'* मैं अपनी आत्मा की हक़ीक़त जानता था कि मुझे वह सब-कुछ किसी रूढ़ धार्मिक-पौराणिक मानी में अच्छा नहीं लग सकता। फिर क्या बात थी ? क्या सिर्फ़ उसका सौन्दर्य खींचता था ? नहीं। मैंने उनसे कहा—*'मुझे कुँवर नारायण की एक कविता याद आती है'—* *''आग का वादा-फिर मिलेंगे / ...नदी के किनारे!''*

—24 नवम्बर, 2008

❑❑❑